Jost Hermand

Der alte Traum vom neuen Reich

Jost Hermand

Der alte Traum vom neuen Reich

Völkische Utopien und Nationalsozialismus

athenäum

CIP-Titelaufnahme der deutschen Bibliothek:

Hermand, Jost:
Der alte Traum vom neuen Reich: völk. Utopien u.
Nationalsozialismus / Jost Hermand. – Frankfurt am Main:
Athenäum, 1988
ISBN 3-610-08476-6

Lektorat: Annalisa Viviani
Satz: Computersatz Bonn GmbH, Bonn
Druck und Bindung: Bercker, Graphischer Betrieb GmbH, Kevelaer
Printed in West Germany
ISBN 3-610-08476-6

Inhalt

Ideologische Auswirkungen der Weltwirtschaftskrise von 1929

Endlich am Ruder

Der Griff zur Weltmacht

Anhang

Vorwort

Jedesmal, wenn in der Bundesrepublik Deutschland ein neuer »Streit« um den Nationalsozialismus entbrennt, wird eine Frage besonders heiß diskutiert, nämlich die Frage nach der Kontinuität oder Diskontinuität innerhalb der deutschen Geschichte.[1] Auf der einen Seite stehen dabei Historiker, die im Hinblick auf die Einschätzung dieses Phänomens vornehmlich von politökonomischen, sozialgeschichtlichen, kurz: materialistischen Gesichtspunkten ausgehen. Ihr Bemühen konzentriert sich meist darauf, die unübersehbaren Konstanten innerhalb des deutschen Weltmachtstrebens seit dem späten 19. Jahrhundert herauszuarbeiten. Sie legen also bei der Interpretation dieses Phänomens den Hauptakzent gern auf den unverhohlenen Führungsanspruch jenes gesellschaftlichen Konsortiums aus Großindustriellen, Bankpräsidenten, preußischen Junkern, Generalstabsoffizieren und hohen Verwaltungsbeamten, das von der Jahrhundertwende bis in die dreißiger Jahre weithin das gleiche geblieben sei. Im Rahmen dieser Richtung wird deshalb die Figur Adolf Hitlers häufig zu einer quantité négligeable innerhalb eines polykratischen Herrschaftssystems degradiert, dem es auch ohne die Hilfe eines solchen »Führers« gelungen wäre, die breiten Massen des deutschen Volkes nach dem »Schwarzen Freitag« des Jahres 1929 – durch eine massenmedial vermittelte »Neutralisierung und Umfunktionierung des antikapitalistischen Ressentiments« – für einen »völkischen« Aufstieg zu enthusiasmieren.[2] Schließlich sei diesem Konsortium ein ähnlicher Coup bereits zu Beginn des Ersten Weltkriegs gelungen. Bei dieser Forschergruppe gilt also der Nationalsozialismus lediglich als eine, wenn auch brutalste Variante all jener Ideologien, die bereits der antisozialistischen und imperialistischen Politik Wilhelms II. zugrunde gelegen hätten. Dementsprechend nimmt diese Richtung in ihrer Kritik am Nationalsozialismus meist folgende Haltungen ein: entweder sie weist nachdrücklich, ja mit Stolz auf den Widerstand derjenigen linken Parteien und Bewegungen hin, die sich diesem »aufhaltsamen« Prozeß entgegenzustellen versuchten, oder sie schließt sich jenen Theoretikern an, die nach 1945 – auch im Hinblick auf ihr eigenes Versagen – von einer »Kollektivschuld« des deutschen Volkes gesprochen haben.[3]

Auf der anderen Seite stehen dagegen Historiker, welche die Schuld an dem »Verhängnis von 1933«, wie sie es nennen, allein Hitler in die Schuhe schieben, also die nationalsozialistische Machtübernahme als einen unvorhergesehenen »Betriebsunfall« innerhalb der deutschen Geschichte hinstellen, um so die adligen und bürgerlichen Führungsschichten von einer Mitschuld an dieser Entwicklung freizusprechen. Im Rahmen dieser Sehweise fällt alles Licht allein auf den »gewissenlosen Opportunisten« Hitler, den »Magier der Massen«, den völkischen »Rattenfänger von Hameln«, dem es geradezu über Nacht gelungen sei, Deutschland in die Irre zu leiten. Diese Gruppe lehnt also die These, daß es vielleicht auch ohne Hitler zum deutschen Faschismus gekommen wäre, radikal ab. Für sie hat es zwischen 1933 und 1945 keinen Nationalsozialismus, sondern nur einen monokratischen Hitlerismus gegeben. Alles Furchtbare dieser Jahre sei von seiner Person ausgegangen und mit seiner Person wieder verschwunden. Der Hitlerismus, behaupten diese Schichten geradezu unentwegt, weise keine tiefreichenden Wurzeln in der deutschen Geschichte auf, sondern sei lediglich eine vorübergehende, einem Meteor zu vergleichende Rechtfertigungs- und Verschleierungsideologie gewesen. Aufgrund solcher Anschauungen stellen diese Forscher Hitler entweder als einen unerklärlichen, aus dem Nichts auftauchenden Dämon, einen pseudoreligiösen Fanatiker, pathologischen Grenzfall, wenn nicht gar Wahnsinnigen oder auch eiskalten Realpolitiker hin, dem es ausschließlich um Machtgewinnung und Machterhaltung gegangen sei. Jedenfalls weise sein Regime weder spezifisch »deutsche« noch spezifisch »kapitalistische« Züge auf, sondern ähnele in seinem totalitären Anspruch eher der Diktatur eines Stalin. Und daher lasse sich, erklären sie, das Dritte Reich nur personalistisch, aber nicht kollektivistisch verstehen. In ihrer eigenen Haltung diesem Phänomen gegenüber neigt diese Gruppe entweder dazu, den Hitlerismus – aufgrund des immer größer werdenden Abstands – historisch zu »objektivieren« und damit ad acta zu legen, das heißt ihn als eine vorübergehende »Panne« hinzustellen oder ihn im Rahmen der immer noch weitverbreiteten Antitotalitarismustheorien als eine ideologische Trumphkarte des Kalten Krieges auszuspielen.

Wie bekannt, ist in letzter Zeit über den Gegensatz dieser beiden Richtungen viel Aufhebens gemacht worden. Die einen gelten als Liberale oder Linksliberale, die anderen als Revisionisten oder Neokonservative, die einen als materialistisch, die anderen als personalistisch orientierte Faschismus-Forscher.[4] Und zwar wird dabei in der Hitze des Gefechts oft übersehen, daß eine sowohl die sozio-ökonomische Basis als auch den ideologischen Überbau ins Auge fassende Geschichtsschreibung beide dieser Sehweisen ins Spiel bringen müßte, um der Komplexität einer Bewegung wie der des deutschen Faschismus wirklich gerecht zu werden. Doch um eine solche Ursachenforschung geht es vielen Historikern und Politologen momentan gar nicht. Da, wo seit der »Wende« von 1982/83 und dann verschärft im Rahmen des sogenannten »Historikerstreits« über Hitler und den Nationalsozialismus debattiert wird, dreht es sich wegen der inzwischen eingetretenen ideologischen Verschiebungen weniger um Phänomene wie »faschistisches Weltmachtstreben« oder gar »Mitschuld des Kapitalismus« als um Problemumkreise wie »Heimat«, »Gnade der späten Geburt« oder »Vertreibung aus dem Osten«, die auf revisionistischer oder neokonservativer Seite immer stärker in einem deutschnationalen Sinne ausgelegt werden, während die Liberalen oder Linksliberalen weiterhin an einer Verdammung des Nationalprinzips schlechthin festzuhalten versuchen und im Hinblick auf ihren eigenen Staat, die 1949 gegründete Bundesrepublik, lieber von Verfassungspatriotismus oder sozialer Kollektivität sprechen. Während also die revisionistischen Historiker – mit dem sicheren Instinkt, daß in der westdeutschen Bevölkerung nach vierzig Jahren einer relativ abstrakten europäischen oder nordatlantischen Identität das Bedürfnis nach einer wesentlich konkreteren Identität entstanden ist – wieder offen mit der Schimäre einer nationalen »Selbstbefindlichkeit« operieren und im Sinne sozialpartnerschaftlicher Vorstellungen von einem »nationalen Gemeinwohl« oder »deutschen Gemeinsinn« sprechen, ja sich auf ihrem extrem rechten Flügel höchst gefährlichen Anschlußphantasien hingeben, stützen sich die liberalen Faschismus-Forscher nach wie vor auf allgemeine Staatsvorstellungen und stehen Konzepten wie »Nation«, »Volk« oder »Gemeinsinn« mit deutlich ablehnenden Gefühlen gegenüber, da sie solche Phänomene im Gefolge der Theorien der Frankfurter Schule als »negativ besetzte« empfinden.

Viele der liberalen oder linksliberalen Faschismus-Forscher gehen daher selbst der Frage, welche berechtigten Träume, Hoffnungen und Sehnsüchte zu den faschistischen Nationalvorstellungen geführt haben, also der Frage, ob sich in dem älteren völkischen Streben nach etwas Überpersönlichem, Höherem nicht auch etwas Positives zu erkennen gibt, von vornherein peinlichst aus dem Wege. Für all das, was sich mit Begriffen wie nationaler Gemeinsinn, kollektives Verantwortungsgefühl, Verzicht auf rücksichtslose Selbstentfaltung oder gar Opferbereitschaft für von allen anerkannte Werte umschreiben läßt, das heißt Werte, die letztlich nur im Rahmen eines verbrauchsegoistisch orientierten Wirtschaftsliberalismus, aber nicht im Rahmen eines demokratischen Verantwortungsbewußtseins belanglos sind, haben deshalb die meisten liberalen Historiker und Politologen, die sich – nach dem vor über vierzig Jahre erfolgten Zusammenbruch des deutschen Faschismus – noch immer als die gebrannten Kinder eines falschen Kollektivs empfinden, nicht viel übrig. Darin sehen sie etwas, was – zumindest für Deutschland – ein für allemal »verhunzt« sei. Genau betrachtet, gilt das sogar für manche der auf anderen Gebieten höchst engagierten sozialdemokratischen oder linken Faschismus-Forscher, die fast alle höheren Werte, soweit sie sich auf den Staat beziehen, von vornherein als hohle Phrasen, als manipulierende Propaganda, als ideologischen Schaum vorm Mund abtun – und damit bedenkenlos den Rechten überlassen.

Und zwar tun das einige solcher Faschismus-Forscher nicht nur im Hinblick auf die staatlichen Wertvorstellungen des Nationalsozialismus, sondern auf staatliche Wertvorstellungen überhaupt. Schließlich hat sich in der Bundesrepublik innerhalb breiter Schichten, zu denen sich auch diese Kreise rechnen, längst die bindungslose »Verfreiheitlichung« als alleinseligmachendes ideologisches Prinzip durchgesetzt. Aufgrund einer solchen Einstellung empfinden viele Bundesbürger und Bundesbürgerinnen den Staat bloß noch als ein wirtschaftliches Rahmengebilde, innerhalb dessen dem persönlichen Bereicherungs- und Selbstentfaltungsdrang des Einzelnen, wie es Ludwig Erhard in den späten fünfziger Jahren – auf der Höhe des sogenannten Wirtschaftswunders – einmal formulierte, »so wenige Schranken wie nur möglich entgegengesetzt werden sollten«.[5] Doch sind Begriffe wie »soziales Gewissen« oder »nationaler Gemeinsinn«, könnte man spätestens an dieser Stelle fragen, angesichts der fortschreitenden Rationalisierung, Bürokratisierung, Anonymisierung, mit einem Wort: der zunehmenden »Entfremdung«, der eine wirtschaftliche Dauerkrise mit unübersehbaren Begleiterscheinungen wie permanenter Arbeitslosigkeit, rücksichtsloser Ausplünderung aller natürlichen Rohstoffe, steigender Verschmutzung der Umwelt usw. zugrunde liegt, wirklich so konservativ oder gar reaktionär, wie sie im liberalen oder linksliberalen Lager gern hingestellt werden, wo sich eine höchst problematische Überschätzung des subjektiven Faktors durchgesetzt hat? Im Hinblick auf solche Phänomene könnte man sich eher fragen, ob nicht in dem von den Völkischen wie auch manchen der späteren Nationalsozialisten so vielbeschworenen »Gemeinsinn« doch eine gerechtfertigte Forderung, ja vielleicht sogar ein »depravierter Sozialismus« steckt, wie sich Bertolt Brecht einmal ausgedrückt hat?[6]

Um bei der Beantwortung solcher Fragen nicht in aktualitätsverhafteten Affekten befangen zu bleiben, muß man auch im Hinblick auf die hier aufgeworfenen Probleme wohl oder übel bis zum 18. Jahrhundert zurückgehen, da alle wahrhaft relevanten Fragen nun einmal eine lange Vorgeschichte haben. Wo tauchen diese Hoffnungen auf einen Staat, in dem einer für alle und alle für einen da sind, eigentlich zum erstenmal auf? Und wie kam es, daß solche noblen Aspirationen später bis zur Unkenntlichkeit korrumpiert wurden? Es kann doch nicht sein, daß dieser Traum lediglich ein ideologisches Truggebilde gewesen ist? Am Anfang dieser Entwicklung müssen doch auch hoffnungsvolle Idealisten gestanden haben, welche die Arbeit an einem anderen, besseren Staat als ihren höchsten Lebenszweck empfanden, da sie sich nicht mehr mit einer absolutistischen Willkürherrschaft begnügen wollten, sondern einen Staat freier Menschen herbeisehnten, in dem jeder dem anderen ein Helfer ist. Alle diese nationalen Utopien können doch nicht nur propagandistische Tricks, nicht nur Verschleierungstaktiken, nicht nur ideologische Machwerke gewesen sein. Ja, selbst wenn sie später unter Bismarck und Hitler, als sich die Träume eines deutschen Einheitsstaates endlich erfüllten, in den Sog übelster Manipulierungsstrategien gerieten, so spricht das immer noch nicht gegen die ursprünglich noble Intention solcher Vorstellungen, die einmal zum besten Ideengut der Aufklärung gehörten und auch im Rousseauismus des Sturm und

Drang, in der Romantik, den Befreiungskriegen und der Achtundvierziger Revolution, jedenfalls da, wo man am Gedanken eines freiheitlich-demokratischen Miteinanders festhielt, nichts oder wenig von ihrer bisherigen utopischen Leuchtkraft verloren. Dafür spricht, daß diese Gedanken auch dann noch, als sie die wilhelminischen und nationalsozialistischen Führungsschichten aufs schamloseste zu ihren Zwecken mißbrauchten, von breiten Teilen der Bevölkerung, die noch immer dem Traum einer wahren Volksgemeinschaft anhingen, weiterhin für bare Münze genommen wurden und damit tragischerweise zu jener chauvinistischen Begeisterungswelle beitrugen, die das schmutzige, wenn nicht mörderische Tun der Herrschenden überhaupt erst ermöglichte.

Die Widersprüche, die sich im Verlauf dieser Entwicklung einstellten und von Jahr zu Jahr immer eklatanter wurden, sind so komplex, daß es höchst sorgfältiger Einzelanalysen bedarf, um auf diesem Gebiet keinen vorschnellen Verallgemeinerungen zu verfallen. Schließlich geriet dieser Traum eines glücklich geeinten deutschen Volks schon 1871, dem Jahr der Gründung des Zweiten Reichs im Spiegelsaal zu Versailles, die nicht aus einer demokratischen Massenbewegung hervorging, sondern durch einen geschickten Coup von oben erfolgte, in ein ideologisches Zwielicht, das etwas höchst Trügerisches hat. Auf der einen Seite schien der Begriff »Reich« auch nach diesem Zeitpunkt weiterhin Gemeinsinn, gesamtgesellschaftliche Verbundenheit, ja wahre nationale Brüderlichkeit, also ein Staatsbewußtsein zu implizieren, dem das Postulat zugrunde liegt, daß in diesem Staat keiner lediglich seinen eigenen Interessen folgt, sondern sich alle zum Wohle der Gesamtheit in ein größeres Ganzes einordnen. Auf der anderen Seite wurde die Reichsvorstellung nach 1871 so stark ins Chauvinistische verfälscht, daß sie nur noch den ausbeuterischen und imperialistischen Absichten der wilhelminischen und später nationalsozialistischen Führungseliten diente. Gerade auf diesem Gebiet gilt es darum wesentlich genauer als bisher zwischen zwei verschiedenen Formen eines »nationalen Gemeinsinns« zu unterscheiden: einem demokratisch-freiheitlichen und einem manipulierten, das heißt einem, mit dem sich die Unteren gegen die Oberen durchzusetzen versuchen, und einem, der die Unteren lediglich vor den Karren der Oberen spannt. Wie alle ideologischen

Zentralbegriffe – ob nun »Freiheit« oder »Demokratie« – hat also der Begriff »nationaler oder sozialer Gemeinsinn« nur dann einen Sinn, wenn man ihn so konkret wie nur möglich auf die dahinterstehenden politischen, ökonomischen und gesellschaftlichen Interessen bezieht. Legt man ihn im Sinne der Oberen aus, ist er stets verlogen. Versteht man ihn jedoch im Sinne der Unteren, gehört er zu den positivsten Werten schlechthin, da nur er einen ideologischen Rahmen garantiert, innerhalb dessen alle anderen Werte überhaupt erst einen Sinn bekommen.

Um bei solchen Diskussionen nicht ständig ins Abstrakte oder Spekulative zu geraten, würde es sich also in Zukunft selbst bei tagespolitischen Auseinandersetzungen empfehlen, mit dem Begriff »Gemeinsinn« historisch wesentlich genauer und zugleich politisch abwägender umzugehen. Denn nur dann wäre es möglich, diesen so vielfach verhunzten Terminus wieder aus der ideologischen Konkursmasse des deutschen Faschismus herauszuklauben und ihm einen Teil seines früheren Glanzes zurückzugeben. Um für solche längst fälligen Debatten die nötigen Argumente bereitzustellen, soll in den folgenden Kapiteln dieser Begriff bis zu seinen Anfängen zurückverfolgt und dann auf seine wandlungsreiche Geschichte eingegangen werden. Anstatt sich dabei mit einer reinen Begriffsgeschichte zu begnügen, obwohl auch sie äußerst aufschlußreich sein könnte, werden hierbei zur Illustration dieses Wandels vor allem jene national orientierten Manifeste, Traktate, Visionen, Prophezeiungen, Utopien und Zukunftsromane herangezogen, die aufgrund ihrer ideologischen Eindeutigkeit einen besonders unmittelbaren Einstieg in die Entwicklungsgeschichte jener Hoffnungen erlauben, sich erstmals in den freiheitlich-demokratischen Staatsutopien des späten 18. Jahrhunderts manifestieren und dann im 19. und frühen 20. Jahrhundert – im Zuge der bereits angedeuteten Wendung ins Chauvinistische – schließlich in die völkischen, alldeutschen, protofaschistischen und nationalsozialistischen Visionen einer uneingeschränkten Weltherrschaft übergehen. Und zwar soll dabei stets sorgfältig unterschieden werden, welchen dieser Visionen vornehmlich idealistische und welchen vornehmlich machtstrategische Absichten zugrunde liegen, die sich also der aufgebotenen Zukunftsbilder nur aus propagandistischen Gründen bedienen, ohne wirkliche Veränderungstendenzen damit zu verbinden.

Seltsamerweise sind diese Visionen, Utopien und Zukunftsromane bei der Erforschung der Vorgeschichte des Nationalsozialismus bisher weitgehend übersehen worden,[7] obwohl sie bei der Entstehung und Entfaltung eines auch die breiten Massen ergreifenden Nationalbewußtseins sicher eine beachtliche Rolle gespielt haben und für viele jener chauvinistischen Sehnsüchte mitverantwortlich sind, die in den Jahren nach 1933 zu wahnwitzigen, ja bestialischen Überspitzungen der älteren deutschnationalen Vorstellungen führten. Die Fülle dieser Schriften ist, sofern man auch die reiche Science-fiction-Literatur mitberücksichtigt, kaum zu überschauen. So sind allein in den fünfzig Jahren zwischen 1895 und 1945, als dieser Wandlungsprozeß ins Chauvinistische und Imperialistische seinen Höhepunkt erlebte, etwa zwei- bis dreihundert solcher Romane erschienen, die zum Teil hohe Auflagen erlebten und von Hunderttausenden, wenn nicht Millionen gelesen wurden. Da viele dieser Werke den späteren Säuberungsaktionen zum Opfer fielen, bereitet es heute einige Mühe, überhaupt noch an sie heranzukommen. Und so begegnet man ihnen selbst in großen Bibliotheken nur noch in Ausnahmefällen. Aus diesem Grunde sollen den Lesern im folgenden nicht nur theoretische Abstraktionen, sondern zugleich ausführliche Inhaltsangaben und Zitate gewisser Kernstellen geboten werden, um ihnen die Möglichkeit zu geben, die in diesem Buch aufgestellten Thesen anhand bestimmter Texte selbst überprüfen zu können. Dies dürfte hilfreicher sein, als den Benutzern eines solchen Buchs lediglich einen Leitfaden der Geschichte des völkischen Denkens in Deutschland zur Hand zu geben. Schließlich spiegelt sich in den hier vorgestellten national-demokratischen, völkischen, alldeutschen, protofaschistischen und nationalsozialistischen Utopien die Geschichte dieser Ideen wesentlich plastischer wider als in einer rein ideengeschichtlichen Präsentation der gleichen Leitkonzepte.

Dennoch verstehe man dieses Buch nicht falsch. Es soll hier nicht nur um die Geschichte eines bestimmten literarischen Genres und der in ihm vermittelten Inhalte gehen. Das Ganze läuft eher auf den Appell hinaus, sich der Einsicht anzuschließen, daß die hier dargestellten Entwicklungen keine zwangsläufigen und unaufhaltsamen waren, sondern daß dieser Prozeß – unter anderen politischen und materiellen Voraussetzungen – vielleicht ganz anders verlaufen wäre. Ja, nicht allein das. Dies Buch will in seinen Lesern die Bereitschaft wecken, sich diesen Prozeß als einen veränderbaren vorzustellen, um so wieder zu einem sinnvollen Staatsbegriff zurückzufinden, der auf einem wahrhaft sozialen Gemeinsinn beruht. Denn was ist das für ein Staat, dem in letzter Instanz ein profithungriger und damit verbrauchsorientierter Wirtschaftsliberalismus zugrunde liegt, dessen wichtigster Antriebsmotor die ständige Akzeleration der ökonomischen Expansionsrate ist und der darum viele jener Bedürfnisse, deren Stillung ein wahrhaft demokratisches Gemeinschaftsbewußtsein voraussetzt, notwendig unbefriedigt läßt? Daß die Nationalsozialisten Begriffe wie »Gemeinsinn« und »Gemeinwohl« in ihrem Sinne ausgeschlachtet haben und daß manche der heutigen Reaktionäre diese Begriffe noch immer im Sinne der Oberen mißbrauchen, sollte deshalb gerade jene Demokraten, die unter einem Staat nicht nur ein wirtschaftliches Rahmengebilde verstehen, nicht davon abhalten, diese Begriffe und die dahinterstehenden Inhalte auch für ihre Staatsvorstellungen zu reklamieren. Allerdings würde es sich hierbei empfehlen, solche Konzepte nicht noch einmal einseitig »national« aufzuladen, sondern eher ihre »sozialen« Aspekte in den Vordergrund zu rücken, das heißt im Hinblick auf ein neues »Gemeinwohl« vornehmlich das Wachstumseinschränkende, Umweltschonende, Pazifistische, Antiautoritäre, Kulturbewahrende und Fürsorgende zu betonen und diesen Vorstellungen zugleich eine emotional-engagierte Grundlage zu geben. Nur dann würde man die »Hohlräume des Gefühls«, die inmitten einer rein egoistisch-verbrauchsorientierten Gesellschaft immer größer werden, nicht von vornherein jenen politischen Kontrahenten überlassen, welche gerade die Sehnsucht nach einer »nationalen Identität« nur allzu gern zur Verschleierung der tatsächlichen gesellschaftlichen Mißstände benutzen.

Das Wunschbild eines glücklich geeinten Vaterlands

Die aufgeklärte Vorstellung von »teutscher« Freiheit

Wenn in Deutschland vom frühen 16. Jahrhundert bis zur Mitte des 20. Jahrhunderts von nationaler Herkunft, völkischer Identität oder angeborenen Wesensmerkmalen der Deutschen schlechthin die Rede war, tauchte hierbei fast immer das Leitbild des »Germanischen« auf. Unter den »alten Germanen«, wie man sie gern nannte, verstand man in diesem Zeitraum ein geradezu mythisch gesehenes Wunsch- oder Traumvolk edler, mutiger, freiheitsliebender, sittenstrenger, treuer, biederer Menschen, das sich hinter keiner anderen Nation der Welt, nicht einmal hinter den vielgepriesenen Römern, zu verstecken brauche. Und zwar stützten sich die Vertreter dieser These, da es von diesen alten Germanen lange Zeit weder irgendwelche archäologischen Relikte noch literarischen Überlieferungen gab, fast ausschließlich auf *ein* Dokument, nämlich die *Germania* des Tacitus. Von diesem Werk hatte sich nur ein Manuskript erhalten, das 1455 nach Italien gelangte, wo es vor allem durch die Schrift *Germania antiqua* bekannt wurde, in der Enea Silvio Piccolomini, der spätere Papst Pius II., alles Negative aus der taciteischen *Germania* zusammenstellte, um damit zu beweisen, wie segensreich der Einfluß der römisch-katholischen Kirche auf das ehemals »barbarische« Deutschland gewesen sei.[1]

Im Gegensatz dazu strichen deutsche Humanisten wie Conrad Celtis, Jakob Wimpfeling, Heinrich Bebel, Johannes Naukler, Ulrich von Hutten, Andreas Althamer, Philipp Melanchthon, Johannes Aventinus und Sebastian Münster – aufgrund ihres weltlich-politischen Interesses an nationalen Charakteristika und zugleich ihrer Kritik des als rein »segensreich« interpretierten Einflusses der römisch-katholischen Kirche auf Deutschland – in ihren Schriften zwischen 1501 und 1541 vor allem das Positive heraus, was Tacitus über die Germanen gesagt hatte. Schließlich sind die Germanen, trotz ihrer Neigung zu Faulheit und Trunksucht, die keineswegs unterschlagen wird, in seiner *Germania* auf allen anderen Gebieten geradezu Musterknaben: Sie sind ein reines, unvermischtes Volk, das heißt ein »Menschenschlag eigener Art«, der weder »Städte« noch »Geldgeschäfte« kennt, sondern auf dem Lande lebt, sich seiner großen »Viehherden« erfreut, weder Prunk noch Verschwendung liebt, sondern einfachste Gewänder, meist nur einen »leichten Überhang« trägt oder bei heißem Wetter einfach nackt herumläuft, keinen Sinn für erotisch »Aufreizendes« hat, sondern die »reinen Sitten« schätzt und sich erst »spät« zum »Liebesgenuß« entschließt, kaum »Ehebruch« kennt, Frauen nicht als Hetären oder Sklavinnen mißbraucht, sondern sie »verehrt«, ja glaubt, daß in ihnen »etwas Heiliges und Seherisches wohne«, es gern sieht, wenn die Frauen ihre Kinder an der eigenen Brust nähren, statt sie Ammen zu übergeben, überhaupt das Einfache und Natürliche liebt, die Ehrlichkeit über alles schätzt, das heißt »ohne Falsch und Trug« lebt, sich ständig im Waffenspiel erprobt, um auf eventuelle Kriege vorbereitet zu sein, seine Götter in heiligen »Hainen«, statt in dunklen Tempeln verehrt, keine Diktatoren über sich duldet, sondern auf seinen Things über alle gestellten Anträge »gemeinsam« berät und entscheidet, seine Könige und Heerführer selbst wählt usw. usw.[2]

Daß Tacitus dieses Bild der Germanen hauptsächlich als ein Gegenbild zur von ihm beklagten moralischen und politischen Dekadenz seiner eigenen Landsleute verstanden wissen wollte, wurde von den deutschen Humanisten meist unterschlagen. Ob mit Absicht oder in nationaler Naivität: sie übernahmen dieses ins Positive stilisierte Germanenbild einfach so, wie es dort stand. Nachdem sie sich den alten Römern oder auch den gegenwärtigen Italienern lange Zeit kulturell unterlegen gefühlt hatten, fanden sie bei Tacitus endlich eine Bestätigung ihres eigenen Selbstwertgefühls, das heißt den »klassischen« Beweis, ebenfalls eine glänzende Vergangenheit zu haben, ebenfalls ein welthistorisch hochqualifiziertes Volk zu sein, ebenfalls von moralisch und politisch bedeutsamen Altvordern abzustammen. Und so wurde die *Germania* des Tacitus schon damals gegen französische Gebietsansprüche im Elsaß ins Feld geführt oder als ideologische Untermauerung zur steigenden Hochschätzung des Cheruskerfürsten Arminius herangezogen, der – neben der Siegfried-Figur – später einmal als »Hermann der Deutsche« zum höchsten Leitbild eines wahren deutschen Wesens werden sollte.[3]

Als Ergebnis dieser deutsch-humanistischen Aneignung der *Germania* läßt sich daher folgendes festhalten, was auch in den folgenden Jahrhunderten nicht an Gültigkeit verlieren sollte: Durch die in den Schriften dieser Autoren vorgenommene Gleichsetzung des »Germanischen« mit dem »Deutschen« erhielten die Bewohner des Heiligen Römischen Reichs erstmals eine deutsche, ja eine tausend- bis zweitausendjährige deutsche Geschichte und zugleich eine ins Ewige erhobene Vorstellung ihres eigenen Wesens, das unter ständiger Heranziehung der *Germania* mit freiheitsliebend, tapfer, aufrichtig, sittenstreng, anspruchslos usw. gleichgesetzt wurde und damit genau den frühbürgerlichen Tugendvorstellungen des beginnenden 16. Jahrhunderts entsprach, in dem sich diese Klasse – im Zuge der gerade erst einsetzenden Akkumulation von Kapital – noch vor allem um Einfachheit, Sparsamkeit, Sauberkeit, Sittenstrenge usw. bemühte und zugleich nach einer gesellschaftlichen Legitimationsbasis suchte, um sich gegen Kirche und Fürstenwillkür als ein mit möglichst vielen Tugenden ausgestatteter Stand durchzusetzen.

Nachdem der humanistische Nationalismus, der protestantische Affekt gegen die römisch-katholische Kirche und der frühbürgerliche Aufruhrgeist der ersten Hälfte des 16. Jahrhunderts wieder abgeklungen waren, ging zwar dieses positiv überhöhte Bild der Germanen nicht völlig verloren, trat jedoch im Zuge der gegenreformatorischen Strömungen und der am französischen Rationalismus geschulten deutschen Frühaufklärung wieder stark in den Hintergrund. Selbst bei den meisten Vertretern der deutschen Hochaufklärung, bei denen man noch am ehesten einen kritisch-aufrührerischen Geist im Dienst eines utopisch anvisierten »Gemeinsinns« erwarten würde, handelte es sich vorwiegend um bürgerliche Liberale, denen eher ihre eigene Freiheit oder Freizügigkeit als die Wohlfahrt des »großen Haufens«, des gemeinen Volkes, der Nation am Herzen lag. Sie huldigten daher weitgehend Reformen, von denen sie sich eine Erweiterung ihrer eigenen Privilegien, also eine Beseitigung der klerikalen oder absolutistischen Bevormundung auf intellektuellem, ästhetischem und moralischem Gebiet versprachen. Wegen dieser Selbstisolierung von den breiten Massen mußten sich die bürgerlichen Liberalen zur Durchsetzung ihrer Wünsche zwangsläufig an den niederen Adel oder die kleinen Höfe halten, das heißt sich die von ihnen anvisierten Reformen von halbwegs »aufgeklärten« Edelleuten oder sogenannten »guten Landesvätern« versprechen.

Aufgrund dieser ideologischen Ausgangsposition war die politische Leitfigur dieser Schichten fast ausschließlich der Philosoph, der Aufklärer, der alte Weise oder fürstliche Berater, der seine Hoffnungen weniger auf die eingeborenen Qualitäten des deutschen Volkes setzt und diese gar von den alten Germanen abzuleiten versucht, sondern sich an den aus Frankreich oder England importierten Ideen einer allgemeinen kosmopolitisch-ausgerichteten Aufklärung orientiert. Dafür sprechen all jene Romane zwischen *Der redliche Mann am Hofe* (1742) von Johann Michael Loen bis zu *Der goldne Spiegel oder Die Könige von Scheschian* (1772) von Christoph Martin Wieland,[4] deren Protagonisten bei Hofe Reformen durchzusetzen versuchen, die auch dem niederen Adel und dem gehobenen Bürgertum eine Mitbeteiligung an den staatlichen Angelegenheiten ermöglichen, statt auf diesem Gebiet alles von vornherein der absolutistischen Willkür des jeweils regierenden Fürsten zu überlassen. Wegen dieser reformistischen Grundeinstellung schreckten die meisten deutschen Liberalen vor den Ereignissen der Französischen Revolution, vor allem der propagandistisch aufgebauschten »Bluthherrschaft« der Jakobiner, ängstlich zurück und verlagerten ihre ohnehin bescheidenen politischen Hoffnungen zusehends ins Ästhetische, Moralische oder Pädagogische. Es war ihre Überzeugung, daß der politischen Befreiung eine von den oberen Klassen gelenkte geistige Befreiung vorauszugehen habe, wie Friedrich Schiller 1793 in seinen Briefen *Über die ästhetische Erziehung* erklärte. Ja, vier Jahre später schrieb er noch deutlicher:[5]

»Deutsches Reich und deutsche Nation sind zweierlei Dinge. Abgesondert vom Politischen hat der Deutsche sich einen eigenen Wert gegründet, und wenn auch das Imperium unterginge, so bliebe die deutsche Würde unangefochten. Sie ist eine sittliche Größe, sie wohnt in Kultur und im Charakter der Nation, der von ihren politischen Schicksalen unabhängig ist. Dies Reich blüht in Deutschland, es ist im vollen Wachsen, [...] und indem das politische Reich wankt, hat sich das geistige immer fester und vollkommener gebildet.«

Durch diesen Rückzug aus dem Politischen ins Geistige, diese Flucht in die »überschwengliche Misere«, wie Friedrich Engels diesen Vorgang später genannt hat,[6] blieb die deutsche »Hoch- und Hofklassik« letztlich ein Kulturphänomen, das zwar einen gewissen »Vorschein«-Charakter aufweist, aber den politischen und sozialen Forderungen des eigenen Tages größtenteils aus dem Wege ging.[7] Das soll nicht heißen, daß ihre Hauptvertreter nicht in ihren aufs höchste idealisierten Träumen weiterhin aufkärerischen Reformvorstellungen anhingen. Doch sie erhoben solche Konzepte aus dem Bereich des Realen mehr und mehr ins Allgemein-Menschliche. Auf diese Weise landeten sie schließlich bei Gesellschaftsutopien wie denen in Johann Wolfgang von Goethes *Wilhelm Meisters Wanderjahre* (1821) oder *Faust II* (1833), wo nach wie vor adlige Lenkungsorganisationen (die Turmgesellschaft) oder tatkräftige Selbsthelfernaturen (der landgewinnende Faust) im Zentrum stehen, die als Leitfiguren einer anderen besseren Gesellschaft noch immer aus dem Umkreis des reformgesinnten Liberalismus der Zeit vor der Französischen Revolution stammen.

Im Gegensatz zu diesen »Liberalen« gaben sich die radikal gesinnten Schichten, die zwar auch an der Aufklärung partizipierten, aber dabei nicht von spezifisch großbürgerlichen, sondern von kleinbürgerlichen oder gesamtgesellschaftlichen Konzepten ausgingen, seit 1750 meist als »Patrioten« oder »Demokraten« aus. Sie sahen ihr politisches Telos nicht allein in einer allmählichen Einbeziehung der bürgerlichen Vertreter von Besitz und Bildung in den Bereich der adligen Freizügigkeit, sondern in einer Freiheit, die durch einen revolutionären Akt von unten, einen Volksaufstand, einen nationalen Gesamtwillen zustande kommt, welche also neben der »Freiheit« auch die »Gleichheit« und »Brüderlichkeit« nicht aus dem Auge verliert. Während die Liberalen bei ihren Staatsvorstellungen stets von der lenkenden Rolle der oberen Gesellschaftsschichten ausgegangen waren, die sie auch in einem Staate der Zukunft beizubehalten gedachten, stand also bei den Demokraten fast immer der Gedanke der »Volkssouveränität« im Vordergrund. Sie gingen nicht von einer ins Luxurierend-Privilegierte oder Abstrakt-Kosmopolitische abgehobenen Vorstellungswelt aus, sondern verstanden sich als Repräsentanten eines Volkes, das in seiner überwältigenden Mehrheit, das heißt über 90 Prozent der Gesamtbevölkerung, aus Bauern, Handwerkern, Kleinbürgern, Dienstboten usw. bestand, deren Hauptinteresse weniger der Freiheit als einem besseren Auskommen, einer gerechteren Lastenverteilung wie überhaupt einer größeren Sozialfürsorge galt.

Was diese Schichten empörte, deren politische und literarische Manifestationen meist mit Etiketten wie patriotisch-pietistische Empfindsamkeit, teutsch-germanophiler Klopstockianismus und rousseauistisch-jakobinischer Sturm und Drang umschrieben werden, war also weniger ihre höchstpersönliche Benachteiligung (obwohl auch diese sie wurmte), als das Leid jenes Volks, das ständig den Willkürmaßnahmen der Fürsten, der unbarmherzigen Ausbeutung durch den Adel, den Schrecken der Kriege, den Folgen der chronisch wiederkehrenden Mißernten sowie all den Nachteilen der noch unterentwickelten materiellen Produktionsverhältnisse ausgesetzt war. Sie erkannten, daß die Idee eines guten Landesvaters eine hoffnungslose Illusion war, da es selbst »besseren« Fürsten wie Friedrich II., obwohl man ihn als den »Großen« apostrophierte, letztlich doch nur um in Raubkriegen erzielte Landgewinne ging, ja daß selbst unter aufgeklärten Monarchen wie Joseph II. das Volk weiterhin ein Objekt fürstlicher Willkür und Laune blieb – und setzten daher ihre Hoffnungen nicht mehr auf irgendwelche benevolenten Despoten des immer stärker auseinanderfallenden »Heiligen Römischen Reichs«, sondern begannen, von einem Staat, einer Nation, einem auf dem Gedanken bäuerlicher und kleinbürgerlicher Simplizität beruhenden Gemeinwesen zu träumen, das endlich von der Mehrheit des Volkes als das ihre empfunden werden kann.

Was daher den Protesten der wahrhaft demokratisch empfindenden »Patrioten« dieser Ära zugrunde lag, war nicht allein eine verschwommene Sehnsucht nach nationaler Identität, sondern eine ganz konkrete Frontstellung gegen den eklatanten Luxus der unzähligen Hofhaltungen sowie gegen den großbürgerlichen Liberalismus, dessen Reformbestrebungen sich nur im Umkreis der bestehenden Höfe oder zumindest des Adels entwickeln konnten. Daß diese Frontstellung schon in der Mitte des 18. Jahrhunderts häufig eine deutlich antifranzösische Komponente aufweist, hat daher weniger mit einer spezifisch chauvinistischen Haltung zu tun, sondern muß weitgehend als Ausdruck eines kleinbürgerlichen Klassenhasses verstanden werden, der sich gegen die Verschwendungssucht, die Frivolität und das Prunkbedürfnis der deutschen Aristokratie wandte, die ihren Lustschlössern Namen wie Mon repos, Eremitage oder Sanssouci gab, französisch miteinander parlierte, Louis-Quinze-Möbel liebte, sich Maitressen hielt – und alles Deutsch-Bürgerliche als ungefüg, klotzig, barbarisch belächelte, wenn nicht gar verachtete. Von solchen Fürsten bevormundet, ja in jeder Weise schikaniert zu werden, mußte in jenen Schichten, die sich von dieser Welt ausgeschlossen fühlten, von den Ideen der Aufklärung ergriffen wurden und zugleich ein deutsches Nationalgefühl unterstützten, notwendig zu einer politischen und gesellschaftlichen Radikalisierung führen. Und zwar wandten sie sich hierbei nicht nur gegen die Höfe, sondern auch schon gegen jene reformfreudige Großbourgeoisie, welche die aus Frankreich und England importierten Ideen einer industriellen Produktionssteigerung und Verstädterung unterstützte und dabei, aufgrund ihres gesteigerten Luxusbedürfnisses, lieber mit der herrschenden Aristokratie sympathisierte als mit den Demokraten, dem ungebildeten »großen Haufen«, dem »Pöbel« gemeinsame Sache zu machen.

All diesen materiellen und ideologischen Entwicklungstendenzen setzten die patriotisch fühlenden Demokraten ein Volkskonzept entgegen, das eine entschieden »populistische« Note hat. Statt sich wie die gehobene Bourgeoisie den Adel und den Höfen anzupassen, gesellschaftlich aufsteigen zu wollen, sich wie Goethe und Schiller adeln zu lassen, entwickelten diese Kreise ein Selbstbewußtsein, das auf trotziger Ablehnung aller höfischen und liberalen Werte beruht und vor allem germanische und christlich-protestantische Tugenden wie Bescheidenheit, Sittenreinheit und nationalen Gemeingeist herausstreicht.[8] Ihre Vertreter wollten keinen Klassenstaat, in dem die wenigen prassen und die vielen darben, sondern eine Demokratie, der das Prinzip der Brüderlichkeit aller zugrunde liegt. Aus diesem Grunde setzten sie ihre politischen Hoffnungen allein auf eine von den Unteren erkämpfte »Gemeinverfassung«, wie sie es nannten,[9] da sich ein wahrhaft freiheitlicher Geist nur innerhalb eines alle Klassenschranken einebnenden Nationalstaates entwickeln könne, während die Beibehaltung des Absolutismus notwendig zu einer Fortsetzung des unerträglich gewordenen Herrschaftssystems der französisch parlierenden Aristokratie führen müsse. Das Beharren auf einem deutschen »Gemeinsinn« ist daher in diesen Jahrzehnten noch keineswegs der Ausdruck einer nationalen Überheblichkeit. Im Gegenteil. Wenn in diesem Umkreis von einer verstärkten Deutschheit die Rede ist, dann stets von einer Deutschheit, die eine freiheitlich-rebellische Note hat, das heißt sich gegen die deutschen Fürsten und nicht gegen andere Völker wendet. Als oberstes Ziel dieser Deutschheit gilt dabei meist eine allumfassende Vollendung zur »Humanität«. Und dies wird als ein Postulat aufgerichtet, dem auch andere Völker nacheifern sollten, um so eine Entwicklung in Gang zu setzen, an deren Ende einmal eine den ganzen Erdball umspannende Völkerfamilie, das heißt ein Bund freier, gleicher und brüderlicher Staaten steht.

Die ersten Ansätze zu solchen national-demokratischen Neigungen finden sich innerhalb jener protestantisch-pietistischen Bewegung der ersten Hälfte des 18. Jahrhunderts, die das Christlich-Protestantische immer stärker mit dem Deutsch-Protestantischen gleichsetzte. In ihren Schriften ist daher schon um die Jahrhundertmitte manchmal kaum noch zwischen dem inneren und dem äußeren Vaterland zu unterscheiden. Ja, nicht nur das. In diesem Bereich setzt überhaupt eine deutliche Säkularisierung vieler bürgerlich-christlicher Begriffe wie Familie, Gemeinde, Opfertod usw. ins Patriotische ein,[10] die nicht einmal vor der Parallelisierung des christlichen Märtyrers Jesus mit nationalen Märtyrern wie Siegfried oder Hermann zurückschreckte. Literarisch wird diese Gleichsetzung erstmals im Werke Friedrich Gottlieb Klopstocks greifbar, der in diesen Jahrzehnten nicht nur seinen *Messias* (1749–73), sondern auch seine *Hermanns-Dramen* (1769-87) verfaßte, in denen der Gedanke der nationalen Erweckung mit der gleichen schwärmerischen Inbrunst vorgetragen wird wie der Gedanke der religiösen Erweckung.

Aus ähnlichen Quellen speist sich das Denken Johann Gottfried Herders, in dessen Schriften sich von Anfang an eine Tendenz ins Protestantisch-Nationale findet, die ihn – wie Klopstock – äußerst allergisch gegen das dem französischen Absolutismus »nachgeäffte« Verhalten der deutschen Fürsten und der sie unterstützenden Hofkreise stimmte. Aus diesem Grunde schweifte Herders Blick schon früh zu jener grauen Vorzeit zurück, in der es noch keine Klassen gegeben habe, sondern alle Menschen – im Rahmen ihrer Stämme und Völkerschaften – noch frei, gleich und brüderlich gewesen seien. Das zeige sich nicht nur in den Geschichten Abrahams, Isaaks und Jakobs, sondern in fast allen auf urzeitliche Ereignisse zurückgehenden Märchen, Sagen und Erzählungen. Daß es in seinem eigenen Vaterlande so wenige

Überlieferungen dieser Art gebe und in der deutschen Literatur fast ausschließlich die Stimme der Gebildeten vorherrsche, führte Herder weitgehend auf die kulturelle Überfremdung Deutschlands durch die jeden nationalen »Gemeingeist« unterdrückenden Aristokratie zurück. Auch hier, behauptete er, habe zu Anfang sicher das »ganz Volksartige« im Vordergrund gestanden, das jedoch später einer Ausdrucksweise gewichen sei, die nur noch die »geteilten politischen Interessen« widerspiegele.[11] Und darum setzte auch Herder seine Zukunftshoffnungen allein auf eine von den Unteren erkämpfte »Gemeinverfassung«.[12] Nur innerhalb eines freiheitlich-nationalen Staatsgebildes, erklärte er, könne sich ein wahrhaft national-demokratischer Geist entwickeln, während die Beibehaltung des Absolutismus notwendig zu einer Fortsetzung des aristokratischen Modediktats einer am französisch-höfischen Geschmack orientierten Fürstenclique führen müsse, die in Deutschland nichts mehr befürchte als die Entstehung eines christ-demokratischen Nationalismus, der auf dem Gedanken der Volkssouveränität beruht.

Die teutsch-germanophilen Vertreter dieser Richtung zogen dagegen bei ihren Staatsvorstellungen eher die *Germania* des Tacitus als Leitbild einer national-gefärbten Freiheitsvorstellung heran.[13] In dieser Schrift fanden sie alles, was sie dem »abgefeimten« Charakter der Römer, der Welschen und damit der »französelnden« Aristokratie als wahrhaft deutsch entgegensetzen konnten: nämlich ein Bild der Deutschen, das vor allem die biederen, gemüthaften, treuen, tapferen Elemente dieses Volks und zugleich seinen ausgeprägten Gemeinschaftssinn betont. Die in diesem Traktat so positiv dargestellten Germanen, mit denen Tacitus seinen juristisch-advokatischen, ökonomisch-händlerischen und individualistisch-dekadenten Landsleuten einen Tugendspiegel vorzuhalten versuchte, der sie an ihre eigene tugendhaft-republikanische Vergangenheit erinnern sollte, wurden von den Deutschheitsschwärmern dieser Ära ebenso realistisch aufgefaßt wie von den Humanisten des 16. Jahrhunderts. Daher tauchen in den Schriften aller wahrhaft »Teutschen«, wie sie sich gern nannten, immer wieder jene aufrechten, geraden, trotzigen, freiheitsliebenden und zugleich von einem starken Gemeinschaftssinn beseelten Germanengestalten auf, die in ihrer »edlen Wildheit« einen eindeutig antihöfischen Charakter haben. In der Literatur gehörten zu den bekanntesten Vertretern dieser germanophilen Deutschtumsgesinnung vor allem die Mitglieder des Göttinger Hain-Bundes, also Ludwig Christoph Heinrich Hölty, Johann Martin Miller, Friedrich Leopold zu Stolberg und Johann Heinrich Voss, in deren Gedichten – in Anlehnung an Klopstocks Oden und Hermanns-Dramen – ständig von den teutschen Eichen, den Gräbern der Altvordern, dem mythisch-teutonischen Dichtergott Braga, dem angestammten Landleben, dem Harz als dem deutschen Olymp, von Vaterlandshelden wie Hermann, Tell, Hutten und Gustav Adolf, von teutscher Treu und Redlichkeit, ja von Opfer- und Todesbereitschaft fürs heilige Vaterland – und andererseits ebenso häufig von welscher Tücke, Sittenverderbnis, Frivolität, Flatterhaftigkeit, Intrigantenwesen, Prunksucht und buhlerischer Liederlichkeit die Rede ist.[14] Bescheidenheit steht hier gegen Luxus, Germania gegen Lutetia, als dränge bereits alles auf einen »Befreiungskrieg« der Söhne Teuts gegen die verderbenbringenden Römer und Gallier hin. Vieles, was dabei auf den ersten Blick wie christgermanischer Hochmut, kleinbürgerliche Borniertheit oder überspitzter Nationalismus wirkt, entpuppt sich jedoch auch hier als Ausdruck einer spezifisch mittelständischen Aversion gegen jene französische »Manier«, der in diesen Jahrzehnten vor allem die Höfe, der Adel und die Großbourgeoisie nacheiferten. Ähnliche Rückbezüge auf die Vorbildlichkeit der »alten Deutschen«, die noch »gemeinfrei«, das heißt noch keinem Grundherren dienst- und zinspflichtig gewesen seien, finden sich in der *Osnabrückischen Geschichte* (1768) von Justus Möser sowie dem Hymnus *An die Freiheit* (1789) von Christian Friedrich Daniel Schubart, in dem als »Symbolfigur der republikanischen Freiheit« abermals Hermann der Cherusker im Mittelpunkt steht.[15]

Ihre breiteste Entfaltung erlebte diese national-demokratische Deutschtumsgesinnung, die eindeutig von der gesellschaftlichen Perspektive der unteren Bevölkerungsschichten ausgeht, nach dem Ausbruch der Französischen Revolution von 1789. Jetzt sahen die teutschgesinnten Patrioten und Demokraten endlich jene Zeit gekommen, in der das von ihnen so sehnlichst herbeigewünschte »levé en masse« plötzlich über Nacht politische Realität geworden war. Es mangelte daher in den folgenden Jahren auch in Deutschland nicht an leidenschaftlichen Aufrufen, die sich unmittelbar ans »Volk«, an den »großen Haufen« wandten, sich endlich

1 Johann Wilhelm Meil: Germanen (um 1800).

als »Nation« zu fühlen und die Fürsten zum Teufel zu jagen.[16] Die Sprecher dieser Richtung fühlten sich nicht als Vertreter der gebildeten Bourgeoisie, sondern als Vertreter aller Schichten des Volks. Statt abstrakt für irgendwelche kosmopolitischen Allgemeinheiten zu schwärmen, waren sie der Überzeugung, daß das deutsche Volk nur dann eine allgemeine Freiheit und Gleichheit erringen könne, wenn ein gesellschaftlicher Gesamtwille vorhanden ist, wenn die politische Souveränität direkt beim Volke liegt, wenn sich jeder für den Staat als Ganzes verantwortlich fühlt, wenn jeder volkhaft, deutsch, germanisch empfindet, wenn das Vaterland zum Objekt einer allgemeinen Liebe wird, kurz: wenn sich auch der gemeine »Landmann« und der emeine »Handwerksmann« mit ihrem Staat identifizieren können.[17] Die staatspolitische Utopie dieser Patrioten und Demokraten war daher nicht die konstitutionelle Monarchie, sondern die deutsche Republik,[18] wie überhaupt »Patriotismus und Republikanismus« in diesen Schichten geradezu Synonyme wurden.[19] So schrieb Anton Joseph Dorsch 1791 in seinem Essay *Über die Geschichte der Vaterlandsliebe* in apodiktischer Klarheit, daß »die eigentlichen Sitze der Vaterlandsliebe« stets die Republiken gewesen seien, während sich in Monarchien oder Diktaturen, wo das Staatsgeschäft nur von einem ausgeübt werde, beim »großen Haufen« kein wirkliches Interesse für die öffentlichen Angelegenheiten des Staates entwikkeln könne.[20] Und auch Heinrich Christoph Albrecht, einer der einflußreichsten norddeutschen Jakobiner, erklärte 1793 in seinem *Versuch über den Patriotismus* mit gleicher Eindeutigkeit: »Patriotismus kann nur in Republiken Leidenschaft werden.«[21]

Doch diese deutsch-jakobinische Begeisterungswelle währte nur wenige Jahre. Es wurden zwar viele Revolutionsaufrufe gedruckt,[22] und auch Dichtungen erschienen, die durchaus den Ehrentitel einer deutschen Jakobinerliteratur verdienen,[23] ja es kam 1793 sogar zur Gründung einer Jakobinerrepublik in Mainz, der ersten Republik auf deutschem Boden – aber das »Volk«, der »große Haufen«, stieg nicht wie in Frankreich auf die Barrikaden, das heißt erkämpfte sich nicht die von seinen Führern erträumte »Freiheit, Gleichheit und Brüderlichkeit«. Dazu waren in Deutschland die ökonomischen und gesellschaftlichen Verhältnisse – aufgrund der altertümlichen Kleinstaaterei, der konfessionellen Gegensätze und der zurückgebliebenen materiellen Produktionsbedingungen – einfach noch zu »unterentwickelt«. Es gab daher in diesem Lande nur wenige, die auch nach der sogenannten »Schreckensherrschaft« der Jakobiner, die in den konservativen Organen weidlich hochgespielt wurde, an den Ursprungsideen der Französischen Revolution sowie der Utopie einer deutschen Republik festhielten. Zu den bekanntesten dieser »Aufrechten« gehörten Männer wie Jean Paul und Johann Gottfried Seume, die selbst unter dem Druck der absolutistischen Reaktion nicht davon abließen, sich weiterhin zu republikanischen Idealen zu bekennen.[24] Doch wirkliche Utopien, in denen ein gesellschaftliches Gesamtsystem solcher Hoffnungen dargestellt wird, wurden in den späten neunziger Jahren, als auch in Frankreich die Revolution längst in die Einmannherrschaft Napoleons eingemündet war, kaum noch geschrieben.

Eins der wenigen Werke dieser Ära, das sich in der Nachfolge der jakobinisch-republikanischen Hoffnungen als »Utopie« klassifizieren ließe, ist *Der geschlossene Handelsstaat* (1800) von Johann Gottlieb Fichte. Im Gegensatz zu den Monarchien des 17. und 18. Jahrhunderts, die man nicht als wirkliche »Staaten«, sondern nur als Willkürregime bezeichnen könne,[25] wird hier eine deutsche Republik anvisiert, in der lediglich der »Wohlstand der Nation«, aber nicht der Wohlstand »einiger Individuen« im Vordergrund stehen solle.[26] Dementsprechend heißt es in dieser Schrift, die letzten Endes – wie so viele der älteren Utopien – auf einen nationalen Sozialismus hinausläuft:[27]

»In diesem Staate sind Alle Diener des Ganzen, und erhalten dafür ihren gerechten Anteil an den Gütern des Ganzen. Keiner kann sich sonderlich bereichern, aber es kann auch keiner verarmen. Allen Einzelnen ist die Fortdauer ihres Zustands, und dadurch dem Ganzen seine ruhige und gleichmäßige Fortdauer garantiert.«

Um ein solches Ziel zu erreichen, entwirft Fichte in diesem Traktat das Bild eines »Vernunftstaats«,[28] der sich gegen jede Überfremdung von außen, das heißt die Gefahr eines möglichen Rückfalls ins Absolutistische, energisch abschirmt. Von Bestand werde eine solche Republik nur dann sein, hören wir hier, falls dieser Staat eine ökonomische Autarkie anstrebe und sich seine Bewohner eine weitgehende Mäßigung auferlegten, statt nach Luxus und gesellschaftlicher Protzerei zu streben, woraus sich nur allzu leicht neue Klassengegensätze ergeben könnten.

Von den Befreiungskriegen zur Achtundvierziger Revolution

Während es den älteren Aufklärern, Patrioten und Jakobinern keine Mühe bereitet hatte, zwischen dem Französischen als Ausdruck des höfischen Absolutismus und dem Französischen als Ausdruck der Großen Revolution von 1789 einen klaren Trennungsstrich zu ziehen, sahen sich die nationalfühlenden Kreise in Deutschland nach 1800 plötzlich mit einer völlig neuen Situation konfrontiert. Nach diesem Zeitpunkt gab es nur noch ein Frankreich, nämlich das des siegreichen Feldherrn und ersten Konsuls der französischen Republik Napoleon Bonaparte, der ihnen als Vollstrecker und zugleich Bändiger der Französischen Revolution gegenübertrat und sich mit seinen ihm bedingungslos folgenden Armeen anschickte, ganz Europa in einer Folge von Blitzkriegen in die Knie zu zwingen. Im Zuge dieser Eroberungskriege wurden sowohl Österreich und Preußen vernichtend aufs Haupt geschlagen als auch ein von Napoleon abhängiger »Rheinbund« gegründet und viele der kleineren reichsunmittelbaren Territorien einfach mit größeren Herzog- oder Königtümern verschmolzen. Und so schlug 1806 schließlich die letzte Stunde jenes »Heiligen Römischen Reichs deutscher Nation«, das sich bereits seit der Mitte des 17. Jahrhunderts in einem fortschreitenden Zersetzungsprozeß befand.

Innerhalb der bürgerlichen Intelligenz Deutschlands war die Reaktion auf diese Vorgänge eine recht zwiespältige. Während viele der älteren Liberalen – ob nun Wieland, Goethe, Jean Paul oder Hegel – in Napoleon weitgehend ein welthistorisches Vollzugsorgan höchst progressiver Ideen sahen, der Deutschland nicht nur als Unterdrücker, sondern auch als Befreier betreten habe, die also im Hinblick auf dieses Phänomen eine deutlich dialektisierende Optik beibehielten,[1] fiel die Reaktion auf Napoleon bei den eher nationalbewußten, demokratischen Schichten eindeutig negativ aus. Sie verachteten diesen Mann als ausländischen Despoten, der das »germanische« Freiheitsverlangen rücksichtslos mit Füßen trete und eine unwürdige Knechtsgesinnung nach Deutschland einzuschleppen versuche. Und die geschichtlichen

Ereignisse bestärkten sie in dieser Ansicht geradezu von Jahr zu Jahr. Schließlich erhob sich Napoleon im Jahr 1804 selbst zum Empereur und stiftete in den folgenden Kriegen nicht mehr wie bisher Republiken, sondern setzte seinen Schwager und seine Brüder in den eroberten Gebieten als Fürsten ein, das heißt schwenkte eindeutig in die Bahnen des älteren Absolutismus zurück. Es nimmt daher nicht wunder, daß es in den Jahren nach 1806, nach dem Sieg über Preußen und der Auflösung des alten Reichs, bei den demokratisch fühlenden Schichten zwar zu einer deutlichen Renaissance pietistisch-nationaler und teutsch-germanophiler Tendenzen kam, jedoch das »jakobinische« Element der gleichen Gesinnung, das in den neunziger Jahren so eng mit den Hoffnungen der Französischen Revolution verbunden war, allmählich in den Hintergrund trat und somit eine gewisse Verengung der demokratisch-patriotischen Ideologie ins Deutsch-Nationale einsetzte. Dennoch sind auch die politischen Manifeste und Utopien der folgenden Jahre noch immer so stark von einem freiheitlichen Geist durchweht, daß es geradezu blasphemisch wäre, schon im Hinblick auf diese Jahre von Tendenzen ins Prä- oder Protofaschistische zu sprechen.

Allerdings sollte man hierbei, um sich keiner unziemlichen Pauschalisierung schuldig zu machen, die sich bei typologischen Überblicken wie dem hier angestrebten nur allzu leicht einstellen, nicht einfach von einer deutschnationalen Ideologie der Jahre zwischen 1806 und 1815 sprechen, sondern wiederum zwischen mindestens drei verschiedenen Spielarten unterscheiden: einer pietistisch-nationalen, einer antifranzösisch-germanophilen und einer deutsch-romantischen, die zwar alle drei das gleiche Telos, nämlich die Befreiung Deutschlands vom französischen Joch ins Auge faßten, aber dabei in ihren Zielrichtungen und den anzuwendenden Mitteln deutlich voneinander abwichen. Am leichtesten zu charakterisieren ist die pietistisch-nationale Strömung, die sich deutlich an die bereits von Klopstock inaugurierte Richtung anschloß und ihren populärsten Ausdruck in den Befreiungskriegsgedichten eines Ernst Moritz Arndt, Theodor Körner und Max von Schenkendorf gefunden hat, in denen man sakroprofanen Wortbildungen wie nationale Erweckung, deutscher Gott, Tod fürs Vaterland oder der Vorstellung einer volkhaftempfindenden Gemeinde österlich Auferstehender begegnet.[2]

2 Caspar David Friedrich: Hünengrab im Schnee (1807). Dresden, Gemäldegalerie.

Nicht ganz so einfach ist die antifranzösisch-germanophile Richtung zu umschreiben, da sie ihren deutsch-freiheitlichen Grundzug häufig recht synkretistisch mit anderen Ideologiekomplexen, darunter auch pietistisch-nationalen, vermischte. Als ihre Hauptvertreter gelten gemeinhin neben Ernst Moritz Arndt, der sich auch auf diesem Gebiet hervortat, vor allem Johann Gottlieb Fichte, Friedrich Ludwig Jahn, Heinrich von Kleist und Caspar David Friedrich, die in ihren antifranzösischen Werken häufig auf Germanenmotive zurückgriffen, um ihnen einen spezifisch »teutschen«, das heißt rebellischen, aus dem Volke stammenden Charakter zu geben. So verstand Fichte in seinen damals mit großer Begeisterung aufgenommenen *Reden an die deutsche Nation* vom Winter 1807–08 unter den Deutschen ein Volk, das schon in grauer Vorzeit, als es noch vornehmlich aus reinen, unvermischten Germanen bestand, einen entschiedenen Hang zur Freiheit besessen habe, der erst unter dem Einfluß der Ausländerei und der Klassenteilung allmählich verloren gegangen sei und den es in den bevorstehenden Befreiungskriegen wiederzugewinnen gelte. Trotz unleugbar nationalistischer Töne faßte Fichte dabei eine Sozialutopie in Form eines strikt republikanischen Gemeinwesens ins Auge, das noch immer »den alten Anhänger des aufklärerischen Rationalismus und der französischen Revolutionsideen« verrät.[3] Neben seinen *Reden an die deutsche Nation* kommt dieses demokratisch-patriotische Engagement am deutlichsten in Fichtes 1807 entworfenem Bruchstück einer Utopie zum Ausdruck, die den Titel *Die Republik der Deutschen, zu Anfange des zweiundzwanzigsten Jahrhunderts, unter ihrem fünften Reichsvogte* tragen sollte. Fast noch schärfer als in seinem *Geschlossenen Handelsstaat* erklärte Fichte hier, daß sich die Fürsten und der Adel wegen ihrer »Verkommenheit« als »unfähig« erwiesen hätten, weiterhin »die Nation zu führen«, und setzte daher an ihre Stelle eine freiheitliche Republik, die sich ihr oberstes Organ in einem wählbaren »Reichsvogt« schafft.[4]

Ebenso entschieden bekannte sich Arndt in diesen Jahren zu einer auf »teutschem« Geiste beruhenden Republik. Als Bauernsohn von Rügen und nordisch gesinnter Protestant berief er sich immer wieder auf den freien Geist der alten Germanen, das heißt trat für die Abschaffung der entwürdigenden Leibeigenschaft wie überhaupt aller Klassengegensätze ein, um so im deutschen Volk

3 Georg Friedrich Kersting: Auf Vorposten (1815). Berlin/West, Nationalgalerie.

jenen althergebrachten Gemeinsinn zu wecken, den er auch äußerlich durch die Wiedereinführung der altdeutschen Tracht unterstreichen wollte. Dementsprechend beschwor Arndt bereits in seinem *Deutschen Kriegslied* von 1806 in der Tradition Klopstocks und des Göttinger Hains »Gott und Hermanns Blut«, um so an den »alten deutschen Mut« zu appellieren.[5] Aus dem gleichen Grunde zog er in seinem Buch *Geist der Zeit* (1806–18) in aller Schärfe gegen jene deutschen Fürsten vom Leder, die sich Napoleon gegenüber entweder neutral oder gar entgegenkommend verhalten hatten. Arndts Perspektive einer Befreiung Deutschlands geht in all diesen Schriften eindeutig vom »Volke« aus. Das Ziel seiner Hoffnungen war ein befreites und glücklich geeintes »Germanien«, in dem es keine Kleinstaaterei, keine souveränen Fürsten, sondern nur noch die eine große deutsche Nation geben sollte, die sich in einem »Großen Rat« ein neues Regierungsorgan schafft.[6] Um dieses Ziel zu erreichen, predigte Arndt ab 1806 unablässig eine christgermanische Gesinnung, die zwar nicht ganz frei von gewissen ideologischen Überspitzungen ist, jedoch nie die Idee der Gleichrangigkeit aller Völker vor Gott und dem Geist der Geschichte aus dem Auge verliert, welche noch immer deutlich an Herder gemahnt. Ja, in seinem Aufsatz *Über die künftige ständische Verfassung in Deutschland* von 1814 erklärte Arndt ausdrücklich, daß es letztlich die Französische Revolution gewesen sei, die auch in Deutschland jene »Ideen«, nämlich die der Freiheit und der Volkssouveränität, »in die Köpfe und Herzen gebracht« habe, welche »zur Begründung der Zukunft am notwendigsten« seien.[7] In diesem Sinne schrieb Arndt im Hinblick auf die Zukunft der europäischen Nationen:[8]

»Alle Staaten, auch die noch keine Demokratien sind, werden von Jahrhundert zu Jahrhundert mehr demokratisch werden. [...] Denn wo der Bauer und Bürger, dieser größte und ehrwürdigste Teil jedes Volkes, öffentlich vertreten wird, da kann man die Verfassung schon demokratisch nennen, weil der Geist und die Gewalt der Menge, welche in diesen beiden ausgedrückt werden, auch unwillkürlich die übrigen Stände ergreift und ihnen zuerst eine volkähnliche Färbung, dann auch eine volkliche Gesinnung gibt.«

Fast die gleichen Thesen finden sich in dem Buch *Deutsches Volkstum* (1810) des Turnvater Jahn. Wie Fichte ging auch er von der Anschauung aus, daß jedes Volk seine nationale Eigenart in absoluter Autarkie entwickeln müsse, um so seine »menschheitliche« Vollendung zu erreichen. Und wie Arndt war er davon überzeugt, daß hierbei der christgermanische Weg der einzig richtige sei. Aus diesem Grunde wandte sich auch Jahn schroff gegen jede Form der »Ausländerei«, der Verwelschung und damit des Verzichts auf die ursprünglich freiheitsbetonten Eigenschaften der alten Germanen. Allerdings faßte er hierbei für die Zukunft Deutschlands eine konstitutionelle Monarchie und nicht eine deutsche Republik ins Auge, welche im Konzert der europäischen Völker, wie es heißt, zwar keine »alleingebietende«, aber doch eine »vollwichtige« Rolle spielen wird.[9] Was Jahn dabei im einzelnen, vor allem im Bereich der »Volkserziehung«, der »Volksverfassung« und eines alle Mitglieder des Staates vereinenden »Volksgefühls« vorschlug, ist zwar in seiner volkhaften Ausrichtung durchaus sozial und nicht im späteren Sinne biologisch-blutsmäßig gemeint, geht jedoch durch die merkliche Überbetonung eines nicht klar definierten deutschen Nationalcharakters zum Teil in eine »Deutschtümelei« über, die sich in der Folgezeit – im Zuge der Herausbildung einer völkischen und faschistischen Opposition – durchaus mißverstehen ließ und auch in diesem Sinne mißverstanden wurde.

Doch nicht nur Jahn, auch Friedrich und Kleist wurden wegen ihrer teutsch-germanophilen Neigungen später gern faschisiert. Am leichtesten machten es sich die völkischen und nationalsozialistischen Theoretiker in diesem Punkte bei Friedrich, der mit seiner nationalbetonten Ideologie eindeutig in den Umkreis der Arndtschen und Jahnschen Ideen gehört. Jedenfalls setzte sich auch Friedrich entschieden für die Bauernbefreiung ein, war zutiefst von der Verkommenheit der meisten deutschen Fürsten überzeugt und huldigte auf vielen seiner Bilder einer christgermanischen Motivwelt, die das Altgermanische mit dem Protestantischen und Neogotischen zu verbinden sucht und dabei auf die Ahnenreihe Christus, Arminius, Hutten, Körner und Scharnhorst zurückgreift. Und doch war auch Friedrich kein Protofaschist, sondern blieb stets einer Gesinnung treu, die von der »großen Sache des Volkes« ausgeht, wie er am 12. März 1814 an Arndt schrieb, und sich von allen »Fürstenknechten«, welche sich den herrschenden Dynastien nur allzu willig unterwärfen, schärfstens distanziert.[10] Noch eindeutiger läßt sich der Vorwurf des Präfaschistischen von Kleist abwehren. Zwar sind die Worte »frei« und »Freiheit« in seiner *Hermannsschlacht* von 1808 wesentlich seltener als in den *Hermann*-Werken eines Johann Elias Schlegel oder Klopstock.[11] Dennoch läßt sich von diesem Stück kaum behaupten, daß es zur Stärkung der traditionellen Fürstenmacht geschrieben sei. Im Gegenteil. Kleist tritt hier für ein »germanisch« aufgefaßtes Wahlkönigtum ein, das im Hinblick auf die damals herrschenden Gottesgnadentum-Vorstellungen der regierenden Fürstenhäuser etwas durchaus Provozierendes hatte. Die gleiche freiheitsbetonte und menschheitliche Komponente hat die in diesem Drama vertretene Anschauung, daß in einem späteren Völkerbund aller freiheitsliebenden Nationen nur ein Vertreter jener Staaten an der Spitze stehen dürfe, der sich zum Gedanken der Gleichrangigkeit aller Völker bekenne, aber niemals der Vertreter einer nach Weltmacht strebenden Nation.

Mit solchen Ideen gehört Kleist weder in den Umkreis jener Deutschtümler, wie sie zum Teil unter den Jahnschen Turnern anzutreffen sind, noch in den Umkreis jener national empfindenden Romantiker, die sich im Sinne eines Adam Müller, Joseph Görres und Jakob Grimm entweder für die Rückkehr zum mittelalterlichen Ständestaat einsetzten oder sich zu einer Hypostasierung des deutschen Wesens im Sinne mystischer »Urkräfte« bekannten. Kleist sah im Volk nichts Mystisches, Ewiges, Tümliches, keinen dunklen Schoß, keine heilige Mythe,[12] sondern etwas ganz Konkretes, Gesellschaftliches, nämlich die unterdrückte Mehrheit der Bevölkerung, die sich nach Freiheit, Gleichheit und Brüderlichkeit sehne. In diesem Punkt dachte er ähnlich wie die preußischen Reformer um den Freiherrn vom Stein, Scharnhorst, Gneisenau und Hardenberg, die nach der beschämenden Niederlage von Jena und Auerstedt im Jahr 1806 klar erkannten, daß sich das Joch der französischen Herrschaft nur dann abschütteln lasse, wenn man dem in der französischen Armee herrschenden natinalen »Gemeingeist« etwas Ebenbürtiges entgegenstellen würde. Auch die Gesinnung dieser Gruppen sollte daher nicht in die braune Sauce des Präfaschismus hineingerührt werden. Schließlich gingen sie fast immer von der Überzeugung aus, daß zu einem wahren Gemeinwesen die volle Gleichberechtigung aller es verkörpernden Staatsbürger gehöre, die sich nur durch demokratische »Reformen« der gesamten Staatsverwaltung, einschließlich

4 Ludwig Ferdinand Schnorr von Carolsfeld: Cäcilia Tschudi als Walküre (1813).

der Städteordnungen, der Gerichtsbarkeit und der vom Volke getragenen Armee, erreichen lasse. In diesen Kreisen wurde weder einer rassischen Überheblichkeit noch einem imperialistischen Eroberungsdrang, sondern einer antinapoleonischen Unabhängigkeitsbewegung das Wort geredet, die in einem durchgreifend reformierten und mit allen bürgerlichen Freiheiten ausgestatteten deutschen Einheitsstaat kulminieren sollte. Ja, selbst da, wo diese Bewegung germanophile Elemente aufweist, sind sie meist im Sinne einer der Französischen Revolution von 1789 vergleichbaren deutschen Revolution, nämlich einer Rückkehr zu den republikanischen Tugenden der »Alten« gemeint, indem man dem französischen Römerkult den deutschen Germanenkult zur Seite stellte.

Daß eine solche Bewegung der französischen Besatzungsmacht ein Dorn im Auge sein würde, war vorauszusehen. Doch nicht nur die Franzosen, auch viele der deutschen Fürsten standen diesen patriotisch gesinnten Reformgruppen mit höchst ambivalenten Gefühlen gegenüber. Einerseits begrüßten sie eine solche Bewegung, da sie sich von ihr in einem kommenden Krieg gegen Napoleon die Wiedergewinnung ihrer vollen Souveränität versprachen, andererseits beargwöhnten sie diese Tendenzen ins Deutschnationale, die nicht nur ihr Gottesgnadentum, sondern ihre Existenz als selbständige Fürsten schlechthin in Frage stellten. Und so trieben manche der deutschen Fürsten zwischen 1806 und 1812, also bis zum Ausbruch der Befreiungskriege, ein höchst intrigantes Doppelspiel, indem sie die antinapoleonische Stimmungsmache zwar heimlich unterstützten, sie jedoch in einseitig dynastische Bahnen zu lenken versuchten. Dennoch konnten sie nicht verhindern, daß im Zuge dieser Entwicklung einzelne ihrer Generale das nationale Geschick einfach in die eigene Hand nahmen und schließlich eine alles mitreißende antinapoleonische Volksbewegung entstand, dessen Ergebnis jener »halbe Insurrektionskrieg« von 1812/13 war, den Friedrich Engels später als die wichtigste politische Massenbewegung in Deutschland seit den Bauernkriegen bezeichnet hat.[13]

Es ist eine der vielen Tragödien der deutschen Geschichte, daß dieser Befreiungskrieg nicht zur Gründung eines nationalen Volksstaats führte, sondern die deutschen Fürsten 1814/15 auf dem Wiener Kongreß alle in diesem Kriege geweckten Hoffnungen durch ihr eigensinniges Beharren auf ihren alten Rechten und Privilegien wieder zunichte machten. Auf diesem Kongreß wurde nicht einmal das »Heilige Römische Reich Deutscher Nation« wiederhergestellt, sondern lediglich ein lockerer »Deutscher Bund« ins Leben gerufen, der sich aus 39 souveränen Einzelstaaten, darunter vier freien Städten, zusammensetzte. Eine der ersten Reaktionen darauf war die 1815 aus den früheren Landsmannschaften hervorgehende »Deutsche Burschenschaft«, deren Gründer weitgehend Anhänger der Jahnschen Turnbewegung sowie Angehörige der ehemaligen Freiwilligenverbände der Befreiungs-

5 Philipp Veit: Germania (1848). Monumentalgemälde für die Frankfurter Paulskirche, heute im Nürnberger Germanischen Nationalmuseum.

kriegsära waren, die sich weiterhin für eine nationale Einigung Deutschlands einsetzten und als ihre Bundesfarben von den Lützowschen Jägern die Farben Schwarz-Rot-Gold übernahmen. Zu den Hauptaktionen der frühen Burschenschaft gehörte das Wartburgfest von 1817, auf dem die dort versammelten Studenten nicht nur Symbole der Reaktion ins Feuer warfen, sondern sich ebenso nachdrücklich zu einem im Zeichen des Rechtes und der Freiheit vereinigten Vaterlands bekannten. Ein Jahr später entwarf Karl Follen, der mit seinem Bruder Adolf 1815 in Gießen die erste deutsche Burschenschaft gegründet hatte, seine *Grundzüge für eine künftige Teutsche Reichsverfassung*, in denen er nochmals den allgemeinen Wunsch der studentischen Jugend nach einem parlamentarischen Einheitsstaat unterstrich. Um die alten feudalistischen Strukturen zu durchbrechen, wurde hier ganz Deutschland in gleich große »Gaue« eingeteilt, was an die Neustrukturierung Frankreichs in gleich große Departements während der Französischen Revolution erinnert. An die Spitze des neuen deutschen Reiches, schrieb Follen in dieser Schrift, dürfe keiner der bisherigen Fürsten stehen, sondern müsse eine Art germanischer Volkskönig treten, der aus einem frei gewählten Parlament hervorgeht. Dementsprechend heißt es an einer Stelle mit spezifisch freiheitlich-republikanischer Grundgesinnung:[14]

»Alle Deutschen sind einander an Rechten vollkommen gleich. Vorrechte kommen nirgend vor. Ihr Recht und Gesetz entsteht durch gleiche Abstimmung aller nach Mehrzahl. Seine gesetzgebende Gewalt übt das Volk durch von ihm selbst gewählte Vertreter. Wählbar ist jeder, der unbescholten und wehrhaft gemacht ist. Seine richterliche und vollziehende Gewalt übt das Volk durch Richter und Beamte, die alle den Volksvertretern verantwortlich sind.«

Daß solche Thesen den Fürsten als»Hochverrat« erscheinen mußten, konnte nicht ausbleiben. Sie griffen daher den Mord an Kotzebue, den der junge Burschenschafter Carl Sand im 23. März 1819 beging, als willkommenen Anlaß auf, nicht nur die Burschenschaften, sondern alle nationalen Bestrebungen in den einzelnen deutschen Staaten als »demagogische Umtriebe« anzuprangern. Kodifiziert wurde diese Reaktion im Herbst 1819 in den »Karlsbader Beschlüssen«, die nicht nur die Mitgliedschaft in der Burschenschaft unter Strafe stellten, sondern das gesamte deutschsprachige Presse- und Buchwesen einer scharfen Zensur unterwarfen, um so jeder Form einer Propagierung nationaler Ideen in Deutschland ein für allemal den Riegel vorzuschieben.

Das Ergebnis dieser Entwicklung war, daß sich in Deutschland nach 1820 eine von oben erzwungene »biedermeierliche« Gesinnung verbreitete, die allen politisch-riskanten Fragen aus dem Wege ging und den Gedanken eines glücklich geeinten Vaterlands erst einmal ad acta legte. Und auch als in den frühen dreißiger Jahren, im Gefolge der Pariser Julirevolution von 1830, wieder für einige Jahre kritische Tendenzen in die Literatur eindrangen, blieben diese weitgehend auf den Bereich der feuilletonistisch-bürgerlichen Hochliteratur beschränkt. Das gilt vor allem für die sogenannte »jungdeutsche« Bewegung, die im Gegensatz zur Literatur der Befreiungskriegsära von der breiten Masse des deutschen Volkes kaum wahrgenommen wurde.[15] Dennoch wurde selbst diese Richtung von oben her verboten, und zwar durch jenen berühmt-berüchtigten Bundestagsbeschluß von 1835, dessen Rückwirkungen auf die davon Betroffenen ebenso hart waren wie die Rückwirkungen auf die von den Karlsbader Beschlüssen betroffenen ehemaligen Befreiungskrieger und Burschenschafter.

Einen neuen Auftrieb bekamen die deutschnationalen Hoffnungen erst wieder nach 1840, als durch die Rheinkrise, die Schleswig-Holstein-Debatte sowie den Rummel um den Weiterbau des Kölner Doms die alte Sehnsucht nach einem deutschen Einheitsstaat neu entfacht wurde. Doch nicht allein diese Vorgänge, auch die in diesen Jahren einsetzende revolutionäre Unruhe innerhalb breitester Bevölkerungsschichten trugen dazu bei, daß die Literatur der Jahre zwischen 1840 und 1848 – im Gegensatz zur ästhetischen Finesse der bürgerlich-liberalen Litertur der Jungdeutschen – keineswegs vor einer Wendung ins Deutschnationale und damit bewußt Volkstümliche zurückschreckte. Dafür sprechen nicht nur die vielen Rheinlieder dieser Ära, sondern auch das allbekannte *Lied der Deutschen,* das August Heinrich Hoffmann von Fallersleben 1841 auf der damals noch britischen Insel Helgoland verfaßte und in dem er sich zu der als progressiv geltenden »großdeutschen« Lösung, das heißt einer Vereinigung aller deutschsprachigen Länder unter Einschluß Deutsch-Österreichs bekannte, um so der von vielen Verfechtern der »deutschen Freiheit« abgelehnten preußisch-kleindeutschen Lösung entgegenzutreten.[16] Als jedoch 1848 tatsächlich die Revolution ausbrach und das erste deutsche Parlament in der Frankfurter Paulskirche zusammentrat, um über die Verfassung eines zukünftigen deutschen Reiches zu beraten, setzten sich in diesem Parlament nicht die Befürworter der pluralistisch-großdeutschen, sondern die Befürworter der preußisch-kleindeutschen Lösung durch. Allerdings mußten diese Schichten zu ihrer tiefen Beschämung erleben, daß König Friedrich Wilhelm IV. von Preußen die ihm angebotene deutsche Kaiserkrone 1849 verächtlich von sich wies. Und damit blieb die Hoffnung auf einen deutschen Einheitsstaat, der die Grundlage weitreichender demokratischer Reformen und damit einer Umstrukturierung ins Freiheitlich-Brüderliche bilden sollte, ein zweites Mal unerfüllt.

Unter Bismarck und Wilhelm II.

Die völkische Opposition nach 1871

Der langgehegte Traum eines deutschen Einheitsstaats erfüllte sich erst 1871, aber er erfüllte sich falsch. Schließlich kam er nicht durch eine breite revolutionäre Volksbewegung zustande, sondern durch einen von Bismarck geschickt inszenierten Krieg gegen den alten »Erzfeind« Frankreich, mit dem er die Mehrheit der Deutschen in einen nationalen Begeisterungstaumel hineinriß, der seinen Höhepunkt in der Kaiserproklamation im Spiegelsaal von Versailles vom 18. Januar 1871 fand. Das zweite Reich, das damit ins Leben gerufen wurde, war weder die von den deutschen Jakobinern, Befreiungskriegern und Burschenschaftlern noch die von den Vormärzlern und Achtundvierzigern erträumte deutsche demokratische Republik. Es war eine konstitutionelle Monarchie, in der es zwar einen »frei, geheim und allgemein« gewählten Reichstag gab, wo aber die politische Souveränität nicht in den Händen des Volkes, ja nicht einmal in den Händen der inzwischen immer mächtiger gewordenen Bourgeoisie, sondern weiterhin in den Händen der Fürsten und der mit ihr liierten Aristokratie lag. Dafür sorgte vor allem die Machtstellung, die nach der neuen Verfassung dem Kaiser und dem Kanzler zufiel. Dieser Kanzler war nämlich nicht dem Reichstag, sondern nur seinem Kaiser gegenüber verantwortlich, der ihn einsetzte und mit dessen Vertrauen er regieren mußte. Und so folgte für viele Deutsche, nachdem die erste Begeisterungswelle über den frisch errungenen Sieg über Frankreich und die spektakuläre Gründung des Zweiten Kaiserreichs wieder abgeebbt war, schnell eine Periode der politischen Ernüchterung, in der immer wieder die gleiche Frage auftauchte, und zwar die, ob dieses neue Reich, das als Hohenzollernreich in Analogie zum Sacrum imperium der Hohenstaufenära konzipiert worden war, wirklich die Erfüllung jenes Traumes sei, den mehrere Generationen demokratisch-patriotisch gesinnter Deutscher als ihren höchsten empfunden hatten?

Noch am zufriedensten mit dem neuen Reich waren jene Bevölkerungsteile, die bereits in den fünfziger Jahren der Idee des demokratischen »Volksstaats« abgeschworen hatten und zu den nationalpolitischen Pragmatikern übergegangen waren. Angesichts der kläglichen Niederlage der Achtundvierziger Revolution hielten diese Schichten plötzlich nichts mehr von hochgespannten republikanischen Hoffnungen, sondern schlossen sich lieber jener Gesinnung an, der August Ludwig von Rochau 1853 in seinen *Grundsätzen der Realpolitik* den wirkungsmächtigsten Ausdruck gab.[1] Und wer sich nicht bereits zwischen 1850 und 1855 zu dieser Haltung bekehrte, der tat es spätestens 1866, als sich durch den Sieg Preußens über Österreich in der Schlacht bei Königgrätz die reale Chance einer preußisch-kleindeutschen Lösung des allgemeinen Einheitsverlangens abzeichnete. Im Zuge dieser Entwicklung sympathisierten große Teile der bürgerlichen Mittelschichten – vor allem in Preußen, aber auch in anderen deutschen Staaten – immer stärker mit der in diesem Zeitraum entstehenden Nationalliberalen Partei, die sich nicht mehr als republikanische Volkspartei, sondern als spezifisch bürgerlich-nachmärzliche Partei verstand. Diese Partei setzte sich »im Lichte ihrer Erfahrungen«, wie sie es nannte, einerseits von der erstmals in der Achtundvierziger Revolution aufgetauchten Gefahr einer »Pöbelrevolte« ab und schloß andererseits einen realpolitischen Kompromiß mit der herrschenden preußischen Aristokratie, um so an der Herbeiführung eines Reichs mitzuwirken, in dem der deutschen Bourgeoisie wenigstens in den Bereichen »Besitz und Bildung« die Möglichkeit zugestanden wurde, einen gewissen Stellvertretungsanspruch zu entwickeln. Diese Partei drang daher zwar auf größere Gewerbefreiheit, auf Bildungsreformen und auf nationale Einheit – jedoch ohne dabei eine volkhafte Gemeinschaft oder gar Gleichheit aller ins Auge zu fassen. Wohl das beste Beispiel hierfür bietet Gustav Freytag, der in seinen nationalliberal-orientierten Schriften zwischen 1850 und 1880 nicht mehr wie die Vormärzler im Namen des Volkes auftrat, sondern stets den sogenannten Mittelstand als die eigentlich staatstragende Schicht bezeichnete und dementsprechend in seinen höchst beliebten Romanen die bürgerlichen Kaufleute und Gelehrten in den Mittelpunkt rückte. Sein »Volk« bestand nicht mehr aus der Mehrheit der unteren Klassen, sondern nur noch aus der Minderheit jener Bourgeoisie, die sich durch ihre Bildung und ihr Besitzstreben den Anspruch auf ein Mitspracherecht in allen über die bloßen Klassenschranken hinausgehenden nationalen Fragen erworben habe.

Doch selbst die Reichsbegeisterung dieser Schichten hielt nicht

6 Johannes Schilling: Germania auf dem Niederwald bei Rüdesheim (1883).

lange vor, da Bismarck sein in den sechziger Jahren mit den Nationalliberalen eingegangenes Zweckbündnis nach 1871 allmählich lockerte und schließlich 1878 offen zu den Konservativen überging. Und so wurde diese Partei, die vornehmlich an dem bürgerlichen Stellvertretungsanspruch in Sachen »Besitz und Bildung« festzuhalten versuchte, aber aufgrund ihrer klassenkompromißlerischen Haltung in Sachen»Politik« keine neuen utopischen Leitkonzepte mehr entwickelte, im Laufe der wilheminischen Ära immer bedeutungsloser, ja zerfiel schließlich in mehrere bürgerlichliberale Splitterparteien, die sich durch ihr innerparteiliches Gezänk mehr und mehr zu politischer Bedeutungslosigkeit verdammten. Auf der einen Seite standen dabei Gruppen, die sich weiterhin als »Fortschritts«- oder »Freisinns«-Parteien ausgaben, auf der anderen die sich den »Kartell«-Parteien der adlig-großbürgerlichen Führungsschichten anschließenden Nationalliberalen. Beide dieser Gruppen fanden in der offiziellen Politik des Bismarck-Reichs und der folgenden Wilhelminischen Ära kein wirkliches Genügen. Die einen verlangten mehr soziales Mitgefühl, ja sympathisierten auf ihrem linken Flügel sogar mit den von der politischen Macht ausgeschlossenen unteren Bevölkerungsteilen, die anderen wollten mehr Rücksichtslosigkeit auf ökonomischer Ebene, indem sie einen Annexionismus befürworteten, der weit über die ihnen viel zu milde erscheinende Flotten- und Kolonialpolitik des neuen Reiches hinausging. Daher waren beide Fraktionen mit den tagespolitischen Ereignissen zwar unzufrieden, entwickelten jedoch aufgrund ihrer unentschiedenen Mittelstellung zwischen Aristokratie und Proletariat keine spezifisch bürgerlichen Utopien mehr, die im Wunschbild einer vom gesamten Volk getragenen Republik kulminiert hätten.

Noch unzufriedener mit dem neuen Reich waren der Allgemeine deutsche Arbeiterverein und die Sozialistische Arbeiterpartei, die sich 1874 – unter Wilhelm Liebknecht und August Bebel – zur Sozialistischen Arbeiterpartei Deutschlands, der späteren SPD, zusammenschlossen. Diese Partei machte aus ihrer Unzufriedenheit kein Hehl, sondern stellte dem neuen Kaiserreich ihren Traum einer sozialistischen deutschen Republik entgegen, in der einmal jene Ideale der »Freiheit, Gleicheit und Brüderlichkeit«herrschen sollten, welche die bürgerliche Klasse nach ihren »heroischen« Aufschwüngen in den Befreiungskriegen und der Achtundvierziger Revolution durch ihren Klassenkompromiß mit dem preußischen Adel so schmählich verraten habe. Obwohl sich die Sozialdemokraten – unter Berufung auf Engels –hierbei im Hinblick auf die Zukunft wiederholt gegen alle »bürgerlichen Phantastereien« auf dem Gebiet des Staatswesens aussprachen, griffen ihre Anhänger in den achtziger und neunziger Jahren dennoch gierig zu allen Sozialutopien, die ihnen ein zukünftiges Glück der »befreiten Menschheit« ausmalten. Und dazu gehörten neben den eindeutig utopischen Partien in Bebels *Die Frau und der Sozialismus* (1879) vor allem Bücher wie *Ein Rückblick aus dem Jahre 2000* (1888) von Edward Bellamy, *Freiland. Ein soziales Zukunftsbild* (1889) von Theodor Hertzka, *News from Nowhere* (1890) von William Morris und *Auf zwei Planeten* (1897) von Kurd Laßwitz. In den hoffnungsvoll stimmenden Zukunftsbildern solcher Werke fanden diese Menschen, die weitgehend aus dem Kleinbürgertum oder der Arbeiterklasse stammten, all das, was sie in dem von Arbeit und Ausbeutung gezeichneten Alltag ihrer eigenen Zeit bitter entbehren mußten. Als sich jedoch im Laufe der neunziger Jahre die ökonomische Situation allmählich besserte und schließlich eine Konjunkturperiode ersten Ranges begann, durch die Deutschland zur zweitstärksten Industriemacht der Welt aufstieg, traten solche Utopien wieder in den Hintergrund. Was die Sozialdemokraten und ihre Anhänger jetzt propagierten, war ein Revisionismus, der sich zusehends mit jenem »großen Stück vom Kuchen« begnügte, das bei dieser Enwicklung auch für die deutsche Arbeiterklasse abfallen würde. Und so wurde selbst in diesem Bereich die Hoffnung auf eine utopische Umwälzung aller Verhältnisse zusehends durch ein Evolutionskonzept verdrängt, das weniger einen marxistischen als einen monistisch-darwinistischen Grundzug hatte.

Doch nicht nur die Liberalen und Sozialdemokraten, auch Teile der bürgerlichen Intelligenz wurden von dieser Entwicklung affiziert. Relativ unwandelbar verhielten sich in diesem Zeitraum nur diejenigen, die sich zu nichtswürdigen Speichelleckern des neuen Regimes erniedrigten, das heißt erst Bismarck und dann Kaiser Wilhelm II. ihre untertänigste Ehrerbietung entgegenbrachten. Doch dazu gehörten sicher nicht alle wilhelminischen Bildungsbürger. Es gab auch solche, bei denen man immer wieder auf einen kritisch unzufriedenen Ton stößt. Sie konnten den mit viel Aplomp aufgezogenen Sedan- und Kaiser-Geburtstags-Feiern der Wilhelminischen Ära nur wenig Geschmack abgewinnen, waren sich jedoch noch unklar, woher sie als Mittelständler utopische Leitbilder eines anderen, besseren Deutschland hernehmen sollten. Am wenigsten Interesse brachten sie den herkömmlichen Nationalliberalen entgegen. Aber auch die Fortschritts- und Freisinnsparteien dieser Jahre ließen sie relativ kühl, da sie sich kaum noch als Bürgerliche, sondern immer stärker als gesellschaftliche Außenseiter empfanden. Etwas mehr Mitgefühl entwickelten einige Vertreter dieser Intelligenzschicht in den späten achtziger und frühen neunziger Jahren für die Belange der deutschen Sozialdemokraten, denen sie mit einem gesellschaftskritischen Engagement zur Seite zu treten versuchten, das auf künstlerischem Gebiet meist »naturalistische« Formen annahm. Doch als dieser Versuch scheiterte, und zwar einerseits an ihrer eigenen Unwilligkeit, sich der strikten Organisation dieser Partei unterzuordnen, andererseits an dem immer deutlicher werdenden revisionistischen Kurs der Sozialdemokraten, schloß sich auch diese Gruppe dem allgemeinen Trend zu gesellschaftlichen und geistigen Außenseiterpositionen an.

Als das erste Leitbild einer solchen Außenseiterhaltung bot sich in diesem Zeitraum die faszinierend irrlichternde Figur Friedrich Nietzsches an, der sich in den Schriften seiner »kritischen« Periode sowohl von den Wohlstandsparolen der Nationalliberalen als auch von der gesellschaftskritischen Mitleidsethik der bürgerlichen Parteigänger der Sozialdemokratie schärfstens distanziert hatte – und solchen Vorstellungen in seinem als Utopie angelegten Großtraktat *Also sprach Zarathustra. Ein Buch für Alle und Keinen* (1883–85) mit Bildern einer heroischen, die eigene Zeit und ihre Niedrigkeit weit überbietenden Zukunftsvision entgegengetreten war. Was die sich ins Außenseiterische zurückziehenden Gruppen der bürgerlichen Intelligenz an diesem Buch – neben der brillanten Formulierungskunst des Ganzen – so anziehend fanden, war vor allem das in ihm zum Ausdruck kommende Zeitablehnungspathos, das sich im Hinblick auf die Zukunft freilich nicht nur pessimistisch, sondern auch optimistisch auslegen ließ. Daher wimmelt es bereits in den späten neunziger Jahren von Schriften, die unter Berufung auf Nietzsche oder die bewußt dekadentistische Literatur des »Fin de siècle« zu dystopischen Verurteilungen der eigenen Gegenwart neigen. In ihnen wird in geistutopischer Vereinseitigung die bürgerliche und proletarische Welt der Arbeitsamkeit stets als »niedrig« und die der Kunst gewidmete Sphäre der außenseiterischen Intelligenz stets als kulturell»höherwertig« hingestellt. Deshalb blieben fast alle diese Schriften, die sich nicht mehr als gesellschaftspolitische Utopien, sondern nur noch als geistige Rückzüge in die Welt der »künstlichen Paradiese« des Jugendstils oder Symbolismus verstehen, im Bereich eines neuromantischen Sezessionismus befangen, in dem es – unter betont ästhetisierender Perspektive – nur noch Künstler und Philister, Leute mit Geschmack und Banausen, Erwählte und Verworfene zu geben scheint. Andererseits erschienen im gleichen Zeitraum auch von Nietzsche beeinflußte Schriften, in denen – inmitten geradezu dystopischer Verurteilungen der Niedrigkeit der gegenwärtigen Kommerzwelt, der Subalternseelen und »letzten Menschen« – auch Nietzsches Konzepte der Fernstenliebe, der Höherzüchtung des Menschen, des Durchbruchs neuer Vitalkräfte ins Spiel gebracht werden. Dafür sprechen jene seit den neunziger Jahren erscheinenden Tod- und Auferstehungsutopien, in denen plötzlich immer nachdringlicher eine durchgreifende »Gesundung« des deutschen Volkes ins Auge gefaßt wird. Allerdings vollzieht sich die Gesundung Deutschlands in diesen Werken nicht mehr unter patriotisch demokratischem Vorzeichen, sondern meist im Rahmen ausgesprochen sozialaristokratischer Wiedererweckungskonzepte, welche bereits eine Fülle an Ideologieelementen aufweisen, die sich im Gegensatz zu älteren nationalen Tod- und Auferstehungsutopien, wie denen der Befreiungskriegsära, erstmals ohne Zwang als prä- oder protofaschistisch charakterisieren lassen.

Wohl am deutlichsten läßt sich diese Wendung ins Protofaschistische innerhalb der an Nietzsche anschließenden sozialdarwinistischen Traktate dieser Jahre verfolgen. Aus der Fülle der Autoren, zu denen unter anderem Otto Ammon, Alfred Ploetz, Wilhelm Schallmeyer und Alexander Tille gehören, die sich für Konzepte wie Eugenik, Rassenhygiene, Aufartung, ja selbst Euthanasie einsetzten, um so unter dem Vorwand des Kampfes gegen die schleichende »Entartung« zur inneren und äußeren Stärkung des neugegründeten Reichs beizutragen, sei in diesem Zusammenhang lediglich Tille herausgegriffen, der in seinem Manifest *Von Darwin zu Nietzsche. Ein Buch Entwicklungsethik* (1895) – wie schon der *Zarathustra*-Dichter – alle »christlich-human-demokratischen« Ideologien schärfstens verwarf und sich zu einer Auslese der Fähigsten im Sinne einer »Hebung und Herrlichergestaltung« der innersten Qualitäten des deutschen Volkes bekannte.[2] Statt einem sozialistisch-libertären »Glücksutilitarismus«, das heißt der »sogenannten Volksverbrüderung, dem Weltfrieden, dem allgemeinen Hegelschen, Bebelschen und Bellamyschen Glücke« zu huldigen, trat Tille in diesem Buch energisch für das

Recht der biologisch Stärkeren ein, die er in chauvinistischer Korrumpierung der bisherigen Nationalkonzepte einfach mit den Edelmenschen unter den Deutschen gleichsetzte.[3] Er ging hierbei sogar noch einen Schritt über die meisten der damaligen Sozialdarwinisten hinaus, indem er diesem Chauvinismus eine spezifisch kapitalistisch-imperialistische Note gab und erklärte, daß den biologisch, sprich: wirtschaftlich Stärkeren nicht nur das Recht auf Herrschaft über das eigene Volk, sondern auch das Recht auf »Eroberung« fremder Länder und die »Ausrottung« der dortigen Urbevölkerung zustehe, um so die Menschheit vor einem Absinken ins Schwächliche und damit biologisch Minderwertige zu bewahren.[4] Im Zuge solcher Überlegungen erschien ihm schließlich selbst Nietzsches Übermensch-Konzept als nicht ausreichend, da es keine spezifisch rassistischen Elemente enthielt. Tille schloß daher sein Buch *Von Darwin zu Nietzsche* mit einem geradezu ins Wahnwitzige übersteigerten Bekenntnis zu einem deutschen »Volksdienst«, bei dem es weniger um die Wohlfahrt der Nation als um den polit-ökonomischen Expansionismus der herrschenden Klasse geht:[5]

»Diese Betrachtungen führen bereits hinaus über die Grenze von Nietzsches Gedankenwelt. Hier setzt die Nationalökonomie mit ihren ehernen Gesetzen ein; hier beginnt das Reich der Bevölkerungspolitik, das Reich der Mächte Arbeit und Zeugung, die zu allen Zeiten Geschichte gemacht haben. Um aber auf diese Gebiete jene neuerworbenen Kenntnisse anwenden zu können, dazu muß man mit seinem Empfinden auf dem Boden *einer* Nationalität stehen. Nietzsche war seinem eigenem Volke halb entfremdet und konnte sich mit dem Aufblühen des politischen Interesses im neuen deutschen Reiche niemals anfreunden. Nationale Politik hatte ihm etwas Engherziges. In diesem Sinne war er den Humanitätsideen noch nicht entwachsen: er glaubte noch der Menschheit direkt dienen zu können. Er dachte noch nicht daran, daß jeder Mensch zuerst seinem Volke angehört und daß niemand der Menschheit besser dienen kann, als indem er seinem Volke dient. Wer im Dienst seines Volkes, seiner Rasse, dessen oder deren Leistungsfähigkeit hebt, der hebt damit zugleich die Durchschnittsfähigkeit der Menschheit.«

Aufgrund solcher Thesen avancierte Alexander Tille, der seine Karriere als Germanistikdozent angefangen hatte, schließlich zum »Geschäftsführer und Syndikus mehrerer Industriellenverbände« und bekannte sich immer offener zu einem ungezügelten Wirtschaftsannexionismus,[6] für den das völkische Gedankengut nur noch ein Feigenblatt eines ins Maßlose gesteigerten Profitstrebens war.

Doch es waren nicht nur die Vertreter des Sozialdarwinismus, die sich seit Anfang der neunziger Jahre, als in Deutschland nach einer langanhaltenden ökonomischen Depression plötzlich eine wirtschaftliche Konjunktur größten Ausmaßes einsetzte,[7] immer offener in den Dienst der neuen, aus den Reihen der Großindustriellen herauswachsenden Führungsschicht stellten, ja sich zeitweilig geradezu als »völkische Opposition« zur wilhelminisch gemäßigten Reichspolitik aufspielten, die ihnen als zu zahm, zu gemäßigt, zu »saturiert« erschien, um dem deutschen Reich – aufgrund seiner ökonomischen und kulturellen Großleistungen – endlich die ihm zustehende Weltmachtstellung zu sichern. Es wurden in diesen Jahren auch eine Fülle betont völkisch-imperialistischer Organisationen gegründet, die sich immer stärker für eine Stärkung des völkischen Gedankens im Innern und zugleich eine kriegerische Wendung nach Außen einsetzten. Und dazu gehörten neben Organisationen wie dem Deutschen Flottenverein, dem Deutschnationalen Flottenverein, dem Verein der Deutschen im Ausland, der Deutschen Kolonialgesellschaft, dem Deutschen Kriegerbund, dem Wehrkraft-Verein, dem Deutschen Ostmarken-Verein, dem Bund der Landwirte, dem Deutsch-nationalen Handlungsgehilfenverband vor allem der Deutschbund unter Friedrich Lange und der Alldeutsche Verband unter Ernst Hasse, Alfred Hugenberg, Emil Kirdorf, Carl Peters und Heinrich Claß, die beide 1894 gegründet wurden.[8] Während sich der Deutschbund für eine durchgreifende »Reichsbeseelung« im völkischen Sinne einsetzte, wobei er sich neben einigen rein chauvinistisch ausgelegten Schriften Herders, Fichtes und Arndts vornehmlich auf Bücher wie die *Deutschen Schriften* (1878–82) von Paul de Lagarde und *Rembrandt als Erzieher* (1891) von Julius Langbehn stützte, vertrat der Alldeutsche Verband eine aggressive Annexionspolitik, die sich weniger kultur- als wirtschaftspolitische Ziele setzte und in dem auch von Alexander Tille vertretenen Konzept gipfelte, daß die zukünftige deutsche Politik zur Eroberung neuer überseeischer Rohstoffgebiete und neuer Siedlungsräume in Osteuropa bereit sein müsse.[9] Die Vertreter dieser Richtung schreckten daher nicht davor zurück, den alten Slogan »Am deutschen Wesen soll die Welt genesen« aus dem Bereich des Geistigen zusehends in den Bereich des Geopolitischen zu übertragen und jede humanistisch-liberale Anwandlung sofort als ein Zeichen von Schwäche auszulegen. Dementsprechend hieß es im ersten *Bekenntnis* des Deutschbundes:[10]

»Wir lassen uns in dieser Erkenntnis nicht beirren durch den Wahn eines Weltbürgertums; sondern mit Bedacht hegen und pflegen wir unser Volkstum, weil wir wissen, daß [...] nur auf dem Acker des Volkstums gesät, gepflegt und geerntet werden kann. Der Menschenliebe wollen wir nicht entsagen, aber allerdings wollen wir uns mehr und mehr zu der Gewohnheit des Denkens, Wollens und Handelns erziehen, daß wir Menschenliebe nicht besser betätigen können, *als wenn wir unser eigenes Volkstum erhalten, kräftigen und veredeln.* Für diesen Zweck scheuen wir auch den Krieg nicht, denn solch ein Krieg bedeutet uns nicht Unrecht, sondern eine heilige Pflicht und ein höchstes Opfer für Volkstum und Menschheit.«

Den wahrhaft militanten Vertretern dieser Vereine, Bünde, Orden und Verbände erschien daher das Wilhelminische Reich nur als ein Zwischen- oder Interimsreich, auf das in nicht allzu ferner Zukunft ein neues, alle diese Hoffnungen einlösendes Drittes Reich folgen müsse, in dem das Volk der Deutschen endlich die Chance erhalte, sich in seiner angestammten Kraft und Herrlichkeit zur führenden Weltmacht zu entfalten. Als die Haupthindernisse auf diesem Weg betrachteten die Führer dieser Organisationen einerseits die Hohenzollerndynastie und die mit ihr liierte Landjunkerelite, durch welche die deutsche Politik immer wieder in höchst traditionelle, kontinentaleuropäische Bahnen zurückgelenkt werde, andererseits jene »vaterlandslosen Gesellen«, welche sich unter dem Banner der Sozialdemokratie versammelten und die wegen ihrer anarchischen Aufmüpfigkeit, ihres hochverräterischen Internationalismus und ihrer minderwertigen Rassevoraussetzungen eine nicht zu unterschätzende Gefahr für den »gesunden« Mittelstand und die von ihm erhoffte Weltmachtstellung der Deutschen darstellten.

Die Traktate, Manifeste und Utopien dieser Richtung, die sich in ihren Anfängen gern als »völkische Opposition« bezeichnete, sind schon in den neunziger Jahren geradezu Legion.[11] Um im Rahmen der in diesem Buch gesetzten Grenzen zu bleiben, sollen im folgenden nur jene Schriften herausgegriffen werden, in denen sich dieser mittelständisch-parvenühafte Führungsanspruch in besonders deutlicher Form zu erkennen gibt und schließlich in die Ideologie eines deutsch-germanischen Großreiches übergeht. Für all jene dystopisch eingefärbten Zukunftsvisionen, die sich kurz vor der Jahrhundertwende dem »Bebelschen und Bellamyschen Glücksutilitarismus« entgegenzustellen versuchten, wie es Alexander Tille einmal formuliert hat,[12] liefert ein Pamphlet wie *Sozialdemokratische Zukunftsbilder* (1892) von Eugen Richter wohl das aufschlußreichste Beispiel. Richter, der als scharfer Kritiker Bismarcks und der Sozialdemokraten erst einer der maßgeblichen Führer der Deutschen Freisinnigen Partei und dann ab 1893 der Freisinnigen Volkspartei war, entwarf in dieser Schrift das Bild einer Gesellschaft, in der die Sozialdemokraten die Macht übernommen haben und damit die bisherige Staatsordnung plötzlich vom Chaos bedroht wird. Durch die sozialistische Mißwirtschaft entsteht in dem von Richter geschilderten Staat ein so hohes Defizit, daß die Arbeitszeit drastisch verlängert werden muß, was erst zu großen Streikbewegungen und dann zu einer von den aufgebrachten Arbeitern angezettelten Gegenrevolution führt. Diesen Moment benutzen sowohl die Franzosen als auch die Russen, um mit ihren Truppen in Deutschland einzufallen und sich wertvolle Reichsgebiete anzueignen. Und so herrschen am Schluß dieser Schrift im Innern des Reichs »Anarchie und vollständige Auflösung«, während die deutschen Truppen an den Grenzen eine »blutige Niederlage« nach der anderen einstecken müssen.[13] Wer sich in dieser Situation als Retter erweisen soll, wird in diesem Büchlein noch nicht angedeutet.

Gegen Ende der neunziger Jahre ging man bei solchen dystopischen Zukunftsbildern oft schon einen Schritt weiter und ließ auf die schwarz in schwarz gemalten Untergänge bereits erste Visionen einer völkischen Wiedererweckung folgen. Aus der Fülle dieser Werke sei in diesem Zusammenhang lediglich der Zukunftsroman *Planetenfeuer* (1899) des Nationalökonomen Max Haushofer herausgegriffen, der sich in Form einer apokalyptischen Vision gegen jene nationalliberalen, feministischen und sozialdemokratischen Tendenzen innerhalb des wilhelminischen Reiches wendet, die nach Meinung des Autors zu einer fortschreitenden Verkrüppelung aller menschlichen Urinstinkte führen müssen. Und zwar entwirft Haushofer in diesem Roman ein Bild Münchens im Jahr

1999, wo nach friedlichen Jahrzehnten einer sozial-liberalen Koalition, durch die jede »persönliche Note« erstickt sei, eine in jeder Weise erschlaffte, drogensüchtige, gebärfaule und sich langweilende Bevölkerung durch eine planetarische Katastrophe, die zu einem mörderischen Meteorregen führt, wieder einen Sinn für ins Heldenhafte zielende Instinkte bekommt.[14] Die gesellschaftliche Perspektive geht dabei eindeutig von den Oberschichten, den Edelmenschen und Volksführern aus. Sie sind die wahrhaft »national« Denkenden, während das Volk – wie Nietzsches »letzte Menschen« – in einem dumpfen Materialismus vor sich hinvegetiert. Es sind daher die »Ausnahmemenschen«, welche noch einen Sinn für »ungeheure Ereignisse« haben, die in diesem Roman der allgemeinen Entnationalisierung, Entvolkung und damit »Versumpfung« mit dem Rufe »Es lebe Deutschland und seine Zukunft« entgegenzutreten versuchen.[15] Dementsprechend heißt es an einer Stelle:[16]

»Nationalität und Staatswesen sind unser geschichtlicher Boden; an diesem Boden muß das ganze Volk mit heiliger Liebe hangen, nicht bloß etliche zehntausend oder hunderttausend Gebildete und Wohlhabende. Geht diese Liebe, diese Begeisterung verloren, so wird das Volk zum schnellen und langsamen Selbstmörder; sein lebendiger Inhalt und seine staatliche Form versteinern, zerbröckeln, verfaulen und zerfließen, und werden die Beute jener Völker, die sich ihre Kraft, ihre Begeisterungsfähigkeit, ihre Vaterlandsliebe erhalten haben.«

Als drittes Beispiel dieser schleichenden Faschisierung ins Antisozialistische, Sozialdarwinistische, Chauvinistische und schließlich Rassistische innerhalb der völkischen Utopien vor 1914 sei auf Hanns Ludwig Roseggers Zukunftsroman *Der Golfstrom* (1913) hingewiesen, dem wie Haushofers *Planetenfeuer* das gleiche dystopische Katastrophenmodell zugrunde liegt.[17] Hier wird die Handlung dadurch in Gang gesetzt, daß die Amerikaner den Golfstrom umleiten wollen, um so ganz Europa in eine »neue Eiszeit« zu stürzen. Neben dieser apokalyptischen Drohung stellt Rosegger als weitere Gefahr für Europa jene sich überall bildenden »Arbeiterparteien« hin, die »den Kommunismus oder den Kollektivismus an die Stelle des Kapitals setzen wollen«, um so »die bestehende ökonomische und gesellschaftliche Ordnung zu Fall zu bringen«.[18] Als nicht minder bedrohlich für den Fortbestand der europäischen Völker beurteilt er den steigenden Wohlstand und damit den »besorgniserregenden Grad« der allgemeinen »Verweichlichung«, der zu einer fortschreitenden »Demokratisierung« breitester Schichten geführt habe.[19] Diese Entwicklung sei noch dadurch befördert worden, heißt es bei ihm, indem man aus »dem Balkan, aus Afrika und sogar aus China« eine Fülle »billiger, rassefremder Arbeiter« nach Europa gebracht habe, die sich hier »niedergelassen, angesiedelt, naturalisiert und durch die Vermischung mit der ansässigen Bevölkerung die tüchtigen germanischen und romanischen Rassen verdorben« hätten.[20] Als die Amerikaner ihr Golfstrom-Projekt wirklich durchführen wollen, kommt es zwischen den beiden Kontinenten zum Krieg, bei dem die deutschen Luft-und Seestreitkräfte – aufgrund der Hinterlist und Feigheit der anderen europäischen Nationen – den kürzeren ziehen. Diese Niederlage löst im deutschen Reich eine Revolution jener »Sozialisten des marxistischen Flügels« aus, die mit Unterstützung des »lichtscheuen Gesindels« aus den »untersten Schichten des Proletariats« erst einen »Generalstreik« proklamieren und dann eine »nebelhafte ›Deutsche Republik‹« gründen.[21] Doch die Proletarierheere unter Führung einiger »marxistischer Himmelsstürmer und bebrillter Kathedersozialisten« werden von kaisertreuen ostelbisch-preußischen »Musketieren« in einem Blitzkrieg von drei Tagen niedergemäht. Und auf diesen »politischen Reinigungsvorgang« folgt dann, nach dem Hereinbrechen der Eiszeit, ein »biologisch-sozialdarwinistischer«, der nicht minder drastische Formen annimmt. Im Hinblick auf diese zweite »Reichsverbesserung« heißt es an einer Stelle des Romans:[22]

»Ein großer bedeutungsvoller Ausleseprozeß bereitet sich vor. Die Stärksten pochten auf ihre Kraft, aus der sie für sich Sonderrechte ableiteten, und gingen daran, die Schwächeren und Schlechteren zu versklaven, wenn notwendig, sogar auszutilgen. [...] Die Eiszeit rettete uns vor dem Verfaulen und unser Volk wurde wieder enthaltsam, stark, bescheiden, arbeitsfreudig, es gesundete.«

Ja, Rosegger entwirft schließlich – in spezifisch präfaschistischer Weise – sogar Bilder jener Menschen, die in dem von ihm anvisierten neuen Reich die politisch Tonangebenden sein werden:[23]

»Die Einheimischen und Fremden, welche in den Straßen Berlins standen, unterscheiden sich beträchtlich von dem Mob, der seinerzeit bei ähnlichen Gelegenheiten zusammenströmte. Hochgewachsene, blonde,

7 L. Berwald: Teutonicus furor. Germanischer Angriff im Kampf gegen die Römer (um 1880).

blauäugige Gestalten bildeten Spalier. [...] Verschwunden waren die Rassenschädlinge, die Kleinen, Gedrungenen, Untersetzten, die Schwarzhaarigen mit platten Nasen, die Dunkelhäutigen mit mongolischen Bakkenknochen und die Verunstalteten, deren körperliche Häßlichkeit der Ausdruck ihrer geistigen Beschaffenheit war – die Eiszeit rottete sie aus, trieb sie dahin, wo es sich bequem leben ließ, nach Afrika, nach Amerika. Und übrig blieb das Germanische, das nun, befreit von keltischen, mittelländischen und orientalischen Parasiten, aufatmete.«

Während in den USA der »halunkenhafte« Mischling Tom-Tom mit Unterstützung der Sozialisten und Anarchisten eine Herrschaft des »Pöbels« einführt,[24] setzt sich in Deutschland – aufgrund der autoritär-monarchischen Regierungsformen und der durch die Eiszeit wesentlich härter gewordenen Lebensbedingungen – nicht nur ein Wille zum Leben, sondern auch ein Wille zur Macht durch. Hier lehnt man deshalb die Rückführung des Golfstroms in seine ursprünglichen Bahnen, obwohl die technischen und militärischen Voraussetzungen für ein solches Unternehmen durchaus vorhanden wären, entschieden ab, um die neu errungene

Härte, Kraft und Gesundheit nicht wieder leichtfertig aufs Spiel zu setzen. Demzufolge heißt es gegen Ende des Romans:[25]

»Das Entsetzen vor dem nahen Ende reinigte uns von Schlacke, Fehlern und Gebrechen. Wir steiften den Nacken und sind heute stärker und gesünder und besser als unsere Vorfahren vor einem halben Jahrhundert waren. Wir verachten das gefährliche Glück eines milden Klimas, um unser Volk dadurch für immer unverwundbar zu machen.«

Ja, es erschienen in diesen Jahren sogar schon völkisch-oppositionelle Utopien, die in ihren Zukunftsvisionen weit über den enggesteckten Rahmen des Wilhelminischen Reiches hinausgriffen und sich zu einem durch nichts eingeschränkten Imperialismus bekannten. Dafür spricht das anonym erschienene Buch *Germania triumphans. Rückblick auf die weltgeschichtlichen Ereignisse der Jahre 1900 bis 1915 von einem Größtdeutschen* (1895), das sich nicht wie die im gleichen Jahr veröffentlichte Utopie *Aria. Das Reich des ewigen Friedens im 20. Jahrhundert* von Otto Henne

8 Heinrich Günther: Walküre (um 1885).

am Rhyn mit Theodor Hertzkas liberalen *Freiland*-Phantasien begnügt, sondern ein deutschnationales und zugleich rabiat antisemitisches Großreich anvisiert, das von der Wolga bis nach Flandern reicht und obendrein ausgedehnte Kolonien in Afrika und Südamerika besitzt. Einen ebenso imperialistischen Charakter hat das Pamphlet *Die Zukunft Deutschlands* (1908) von Rudolf Martin, in dem neue Steuererhöhungen gefordert werden, um Deutschland endlich in die Lage zu versetzen, mit dem Aufbau einer unschlagbaren Luft- und Seeflotte zu beginnen und mit kolonisierender Absicht nach Afrika und in den Nahen Osten vorzustoßen. Wohl die ausführlichste Schilderung eines solchen Großimperiums findet sich in Max Heinrichkas Buch *100 Jahre deutsche Zukunft. Ein kurzer phantastisch-historischer Rückblick aus dem Jahr 2021, dem Jahr der 150. Wiederkehr der Gründung des Deutschen Reiches* (1913), wo ein Deutschland beschrieben wird, das sich nicht nur Holland, Luxemburg und Oberitalien einverleibt hat, sondern zugleich in Afrika, Ostindien und Amerika über große Kolonien verfügt. Die SPD wird in dieser Schrift durch eine nationale Partei, die sogenannte Volking-Partei, verdrängt, die sich nach gelungener Faschisierung der Arbeiterklasse wieder auflöst, so daß es in diesem großdeutschen Reich am Schluß nur noch bürgerlich-nationale Parteien gibt, die voller Liebe an ihrem Kaiser hängen.

Doch nicht alle Utopien dieser Art traten für eine Beibehaltung der Hohenzollerndynastie ein. Im Gegenteil. Die Mehrheit versprach sich das kommende Heil nicht von irgendeinem weiteren Friedrich oder Wilhelm, sondern nur von einem völkisch legitimierten Führer, einem Starken von oben, einem germanischen Lykurg, der die Deutschen endlich in das gelobte Dritte Reich führen werde. Und zwar berief man sich hierbei gern auf Paul de Lagarde, der bereits im Jahr 1878 im Hinblick auf das politische Treiben der Gründerzeit geschrieben hatte:[26]

»Nur eines Mannes großer, fest, reiner Wille kann uns helfen, nicht Parlamente, nicht Gesetze, nicht das Streben machtloser Einzelner. Dieser Mann fehlt uns.«

Und so erschien gerade in den Jahren vor dem Ersten Weltkrieg, als es immer deutlicher wurde, daß Wilhelm II. in seiner Außenpolitik kläglich »versagt« hatte, eine stattliche Reihe zutiefst vergrätzter imperialistischer Manifeste, die ihrer Sehnsucht nach einem anderen, stärkeren Kaiser Ausdruck verliehen. Das bekannteste Buch dieser Art war das Manifest *Wenn ich der Kaiser wär'* (1912) des Alldeutschen Heinrich Claß, der sich als Autor Daniel Frymann nannte. Im Sinne aller völkisch »Unzufriedenen« forderte Claß hier eine Reichspolitik, die sich vor allem zwei Ziele setzte: einen verschärften Antisozialismus und einen verschärften Imperialismus. Dem entspricht, daß sich Claß im Hinblick auf die Verhältnisse innerhalb Deutschlands vor allem gegen die »unterminierenden Tendenzen« der Sozialdemokraten, die »verhängnisvolle Rolle der Juden«, die »gewaltige Binnenwanderung von Ost nach West« sowie die verstärkte Einschleusung »volksfremder Industrie- und Landarbeiter« wandte.[27] Im Hinblick auf die Außenpolitik forderte Claß eine aggressive »Ausdehnung nach Südosten«, um den Deutschen endlich genug »Land zur Ansiedlung« zu verschaffen.[28] Doch um eine solche Politik zu betreiben, die sich einzig und allein zu völkischen Zielen bekenne, müsse man erst die bestehenden Parlamente, ja vielleicht sogar den Kaiser abschaffen, erklärte Claß immer wieder, und nach einem wahrhaft deutsch-nationalen »Führer« Ausschau halten, der nichts anderes wolle, als das deutsche Volk so groß und so stark zu machen, daß es zur führenden Weltmacht aufsteigen könne.[29] In Erwartung dieses »Führers« schrieb Claß gegen Ende seines Buchs:[30]

»Wenn heute der Führer ersteht, wird er sich wundern, wieviele Getreue er hat – und wie wertvolle, selbstlose Männer sich um ihn scharen. Wird der Ruf nach dem Führer noch nicht gehört? Dann soll er noch lauter erschallen, daß er nicht weiterhin überhört werden kann!«

Ähnlich wie Claß träumte auch Heinrich Teut in seiner Utopie *Neudeutschland* (1913) von einem großgermanischen Stammesreich, daß außer dem wilhelminischen Staatsgebilde auch Deutschösterreich, Holland, Nordbelgien, Böhmen, Luxemburg und die deutschsprachige Schweiz umfassen sollte. Bismarck, heißt es hier, sei zwar der »Schöpfer des deutschen Reiches, aber nicht des Reichs der Deutschen« gewesen.[31] Diese Tat werde erst ein künftiger »Volksheld« vollbringen. Erst ein solcher Mann, lesen wir weiter, werde Deutschland genug Siedelboden verschaffen und es damit innerlich so stärken, daß es in den kommenden weltpolitischen Auseinandersetzungen die zivilisierten Länder des

9 Germanen in Keilform angreifend (1880).

Nordens vor der Eroberungsgier der »asiatisch-mongolischen Horden« bewahren könne.[32] Nicht minder rassistisch trat Ernst Wachler in seinem Roman *Osning* (1914) auf, wo er den Teutoburger Wald mit den Externsteinen und dem Hermann-Denkmal als ein deutsch-mythologisches Landschaftsbild beschreibt, das mit allen Attributen eines germanischen Olymp ausgestattet ist. Dieses Buch gipfelt in der Forderung, Deutschland ein zweitesmal von »Rom« zu befreien, diesmal vom Rom der Katholiken und der »westlichen Überfremdung«, unter der das deutsch-germanische Wesen zu verkümmern drohe. Eine solche Wiedergeburt kann nach Wachlers Meinung nur durch einen jungen Ario-Heroiker, einen wahrhaften »Führer« erfolgen, den er in der Figur des jungen Asbrant zu schildern versucht, der einen Geheimorden der »Herrmann-Söhne« gründet, dessen höchstes Ziel die »Herrschaft« der germanischen Nordländer über alle anderen Völker der Erde ist.[33]

Obwohl in diesen völkischen Tod- und Auferstehungsutopien manches durchaus aufs Konto des Kolportagehaften geht und an die mit sensationellen Weltuntergängen durchsetzten Bestsellerromane dieser Jahre erinnert, zeigt gerade diese Art von Literatur wohl am deutlichsten, wie stark bereits in dieser Zeit jene Kräfte waren, die im Namen des Volkes mit plebiszitären Suggestivformeln wie »wir«, »uns«, »wir Deutschen« usw. an breiteste Leserschichten appellierten, ihre politischen Hoffnungen nicht auf einen vordergründigen Hohenzollernkult, sondern auf ein das Zweite Reich weit überbietendes Dritte Reich zu setzen, in dem das Leben wieder einen Zug ins Große, ins Heroische, ins Idealische bekommen werde. Und die hohen Auflagen dieser sich mit der Aura des Prophetischen umgebenden Bücher gaben solchen Spekulationen durchaus recht. Allerdings blieben solche Utopien, die den wilhelminischen Imperialismus mit noch aggressiveren Weltherrschaftsphantasien zu übertrumpfen suchten, weitgehend auf den »niederen« Bereich der Literatur beschränkt. In den »höheren Regionen« gaben sich die völkisch-orientierten Schichten – bei gleicher Grundgesinnung – selbstredend wesentlich vornehmer. Hier versuchten sie alle diese Fragestellungen auf einer betont geistigen, religiösen, kulturphilosophischen, kurz: ins Idealische erhobenen Ebene abzuhandeln. Und aus solchen Bemühungen entwickelte sich schließlich um die Jahrhundertwende eine neuromantisch-konservative Richtung, deren Ideologie weitgehend im Zeichen jener »Fortschrittlichen Reaktion« steht, die später sowohl von den Vertretern der »Konservativen Revolution« als auch von vielen Nationalsozialisten als die entscheidende Grundlage ihrer eigenen Gedankengebäude anerkannt wurde.

Der Gedankenkreis der »Fortschrittlichen Reaktion« um die Jahrhundertwende

Wie wir gesehen haben, wandten sich die innenpolitischen Ideologiebildungen der »Völkischen Opposition« meist gegen das »nachdrängende Proletariat«. Trotz ihrer spezifisch mittelständischen Ausrichtung tendierten sie darum häufig ins Aristokratische, Führerhafte, wenn nicht gar Cäsarische. Jedenfalls fühlten sich ihre Vertreter weit über den ins »Untermenschliche« abgesunkenen Plebs erhaben, der überhaupt keine »höheren« Ziele mehr kenne. Parvenühafte Übermenschenvorstellungen – zum Teil durch eine intensive *Zarathustra*-Lektüre geweckt oder weiter angefeuert – gehen deshalb in den weltanschaulichen Verlautbarungen und Romanen dieser Richtung oft seltsame Mischungen mit handfesten Besitz- und Machtansprüchen ein, wobei die dahinterstehenden Schichten nicht verschmähten, sich zur Rechtfertigung ihrer eigenen Klassenideologie ständig auf jenes über allen gesellschaftlichen Aufspaltungen stehende »deutsche Volk«zu berufen, dem nach langen Jahrhunderten der Kleinstaaterei und Erniedrigung endlich eine führende Rolle in der Welt zustehe. Die meisten Sprecher der »Völkischen Opposition«, denen der offizielle Kurs der wilhelminischen Regierung, und zwar sowohl gegen die Sozialdemokraten als auch die anderen Kolonial- und Weltmächte, viel zu »milde« erschien, empfanden demzufolge das Zweite Reich bereits in den neunziger Jahren als ein bloßes Übergangsreich auf dem Wege zu jenem magischen Dritten Reich, von dem sie sich die wahre Erfüllung ihrer Träume versprachen: nämlich eine Diktatur der bürgerlichen Führungsschichten, die sich eines »Starken von oben« bedienen, der erst den aufmüpfigen Kulis und Untermenschen ein für allemal klar macht, wo sie hingehören, und sich dann – aufgrund der wiedergewonnenen Stärke des neuen Reichs – imperialistisch nach außen wendet.

Damit verglichen, wirken die Vertreter der »Fortschrittlichen Reaktion« um 1900 wesentlich idealistischer und vornehmer, indem sie behaupteten, nur das »Höhere« im Auge zu haben und so zu einer längst fälligen »Reichsbeseelung« beizutragen, die im Zuge der politischen und ökonomischen Aufwärtsentwicklung nach 1871 viel zu kurz gekommen sei. In ihren Schriften finden sich daher kaum handfeste Macht- oder Herrschaftsansprüche, sondern eher ins Idealische verklärte Kultur- und Gesellschaftskonzepte, die auf den ersten Blick fast einen Zug ins Geistutopische haben. Jedenfalls stellten sich diese Schichten nicht einfach in den Dienst des Kapitals, sondern versuchten im Gegenteil, den von ihnen als »verheerend« empfundenen Auswirkungen der rapiden Industrialisierung und Verstädterung Deutschlands das Bild eines Deutschen Reichs entgegenzusetzen, das nicht auf einer ins

Zügellose entfesselten Freiheit, nackten Besitzgier und privategoistischen Selbstentfaltung, sondern wieder auf Wertvorstellungen wie Gemüt, Innerlichkeit, Glauben, Vertrauen und Bindung beruht, wo also weniger das Gesellschaftliche als das Gemeinschaftliche im Vordergrund steht. Aus diesem Grund neigten die meisten Vertreter dieser »Fortschrittlichen Reaktion«, die den wahren Fortschritt lediglich in einer Wiedererweckung des Alten oder gar Ältesten sahen, oft zu romantisch-utopischen Wertvorstellungen, die sie als Ausdruck spezifisch mittelständischer Intelligenzanschauungen sowohl antikapitalistisch als auch antisozialistisch verstanden. Als die Hauptschlagworte wurden hierbei von diesen Kreisen gern Slogans wie »Idealismus statt Materialismus«, »Kultur statt Zivilisation«, »Religio statt Liberatio«, »Volk statt Masse« und »Rasse statt Völkerchaos« in die Debatte geworfen.[1] Realgeschichtlich gesehen, standen hinter solchen Anschauungen meist Vertreter jener bürgerlichen Bildungsschichten, welche sich zu Unrecht von der Macht ausgeschlossen fühlten und daher ihre ideologischen Ansprüche, die ohne die ökonomische Konjunktur um 1900 wohl kaum in dieser Form entstanden wären, mit geistigen Überlegenheitsgefühlen zu kompensieren suchten. Aufgrund dieses Ressentiments gingen viele ihrer durchaus »idealisch« gemeinten Anschauungen, sobald sie an die Grenzen einer möglichen Verwirklichung stießen, nur allzu oft ins Großspurig-Utopistische, wenn nicht gar Cäsarisch-Wahnwitzige über.

Noch am harmlosesten äußerte sich dieser Drang ins »Höhere« in den geistidealistischen Schriften von Hermann Cohen, Paul Natorp, Eugen Kühnemann, Karl Vorländer, Hugo Münsterberg und Eduard Wechßler sowie den Beiträgen der Zeitschrift *Die Tat*, in denen um 1900 dem herrschenden »Materialismus« im Zuge eines Neokantianismus, Neofichteanismus und Neohegelianismus ein neuer Idealismus oder Wertaktivismus entgegengesetzt wurde. In ihnen trat zwar eine massive Nationalisierung des deutschen Idealismus ein, indem man der angeblichen »Oberflächlichkeit« der Franzosen eine durch nichts bewiesene deutsche »Tiefe« entgegenhielt, die sich vor allem in der Fähigkeit zu Intuition und Wesenschau äußere. Jedoch aus solchen Thesen wurden lediglich verblasene geistidealistische Folgerungen gezogen, in denen zwar von einem »Deutschen Weltreich des Geistes«, aber nicht von einem deutschen Kolonialimperium die Rede ist. Das gleiche gilt für jene Schriften, in denen – wie in den Büchern von Julius Langbehn, Eugen Diederichs, Leopold Ziegler, Arthur Moeller van den Bruck, Albert Dresdner, Richard Benz und anderen – der westlichen »Zivilisation« die deutsche Kultur« entgegengehalten wird. Während in den westlichen Zivilisationen ein linear-progressives Denken und damit eine Tendenz zur Veräußerlichung aller alten Werte vorherrsche, heißt es hier, neigten die meisten Deutschen zu einem zyklischen Denken, das immer wieder zu den Grundwerten der völkischen Substanz zurückkehre. Deutschsein wurde deshalb im Umkreis dieses Denkens gern mit kulturkonservativ gleichgesetzt, das heißt als Bewahrung des ewig-einen Status quo hingestellt. Und auch jene Gruppen, welche das Motto »Religio statt Liberatio« auf ihre Fahnen schrieben, setzten der liberalistischen Veräußerlichung der westlichen Demokratien meist die spezifisch deutsche Neigung zu mystischer Wesenschau und völkischer Metaphysik entgegen, wobei sie entweder im Gefolge Paul de Lagardes eine »Germanisierung des Christentums« propagierten oder im Rahmen synkretistisch-neureligiöser Bünde, Kreise und Orden – wie dem Werdandi-Band, dem Mittgart-Bund, dem St.-Georgs-Bund, dem Sera-Kreis, dem Wälsungen-Orden, der Deutschen Erneuerungsgemeinde oder der Nordungen – eine Reihe von Gemeinden zu schaffen suchten, die im Zuge der fortschreitenden Remythisierung nicht davor zurückschreckten, auch chauvinistische Elemente in ihre Religionsvorstellungen einzubeziehen.

Wirklich utopische Werke waren auf der Grundlage dieser drei Konzepte kaum zu entwerfen, da diese geistidealistischen, kulturellen und religiösen Theoreme selten mit konkreten politischen oder gesellschaftlichen Vorstellungen verbunden wurden. Literarische Widerspiegelungen solcher Tendenzen bilden daher höchstens jene Sucherromane um die Jahrhundertwende, die aus dem Bereich des Theosophisch-Anthroposophischen, Philosophisch-Idealistischen, Neuchristlich-Mythischen und Romantisch-Mittelalterlichen zum Teil bis ins Gralshaft-Erwählte vorstoßen. Die Protagonisten solcher Werke sind meist anspruchsvolle Einzelgänger, mystisch vergrübelte Hinterweltler oder geistig Auserwählte, die stets »auf dem Wege« sind, stets »ringen«, stets mit faustischem Eifer nach den höchsten Erkenntnissen trachten. Vielleicht genügen hier drei prototypische Beispiele. Erstens: Er-

10 Fritz Boehle: St. Georg (1906).

win Guido Kolbenheyers *Montsalvasch* (1912), in dem die Auseinandersetzung eines idealistisch gesinnten Philosophiestudenten mit der Welt der gesellschaftlichen Konventionen als des »reinen Toren« mit der Canaille der Philister dargestellt wird, die nicht den geringsten Sinn für irgendeinen »Zug ins Höhere« hat. Zweitens: Hermann Burtes *Wiltfeber* (1912), der als »urdeutscher Fürsichmann«, wie es in Anlehnung an Nietzsches *Zarathustra* heißt,[2] in utopischer Selbstgewißheit ein »Neues Reich« ins Auge faßt, jedoch an der Macht der Umstände scheitert, da seine national-religiösen Forderungen so hochgespannt sind, daß sie die gegebene Situation einfach übergreifen. Drittens: Friedrich Lienhards *Der Spielmann* (1913), der als impressionistischer Globetrotter beginnt, sich an der Riviera mit kleinen Abenteuern zerstreut, dann jedoch zur Einsicht reift, den Montserrat besteigt, nach Deutschland zurückkehrt und sich dort als Befürworter einer »Reichsbeseelung« aufspielt, die auf einer seltsamen Mischung klassisch-humanistischer, protestantisch-neureligiöser und hybrid-chauvinistischer Ideen beruht. Statt weiterhin der »Frau Welt« zu huldigen, versucht Lienhards Spielmann in den folgenden Abschnitten – in Anlehnung an die alten Gralsmythen – ein Pilger des Lebens und schließlich ein von innen her durchleuchteter Heiliger zu werden, der sich am Schluß auf die Wartburg zurückzieht, um von der Höhe dieses christ-germanischen Wertberges aus den Deutschen ein Beispiel wahren Geistesadels zu geben.[3]

Wirklich utopische Züge nimmt diese »Fortschrittliche Reaktion« erst da an, wo sie aus dem Bereich des idealistisch, kulturell oder religiös Vereinzelten ins Gesellschaftliche vorstößt, wo also solchen Führergestalten um einer besseren Zukunft willen die nötigen Volksmassen zugeordnet werden, mit denen sie ihre Ideen in die Tat umsetzen können. All jene, die sich auf die Formel »Volk statt Masse« beriefen, legten hierbei den Hauptakzent auf einen nationalen Gesamtwillen, den sie im Sinne des für diese Richtung allgemein bezeichnenden romantischen Antikapitalismus und Antisozialismus über allen realexistierenden Parteien anzusiedeln versuchten. Es war überhaupt ihre Absicht, die verschiedenen Klassen wieder in ein geschlossenes Volksganzes zurückzuführen. Deshalb wandten sie sich voller Ekel gegen den herrschenden Liberalismus, Parlamentarismus und Konstitutionalismus – und stellten den Dienst am Staat wesentlich höher als die Interessen der Einzelnen oder auch gewisser Kasten. Aus diesem Grunde gingen die Vertreter dieser Richtung in ihren politischen Hoffnungen weit über das wilhelminische Zwischenreich hinaus und faßten bereits einen deutschen Volksstaat ins Auge, innerhalb dessen sich alle Menschen als gleichwertige Volksgenossen empfinden können. Solche Ideen finden sich nicht nur bei den mit den Alldeutschen und ähnlichen Organisationen sympathisierenden Schichten, sondern auch bei geistig wesentlich »höherstehenden« Publizisten wie Houston Stewart Chamberlain, der mit seinen *Grundlagen des 19. Jahrhunderts* (1899) den völkisch interessierten Gruppen ein Werk schenkte, das von ihnen geradezu wie ein Brevier einer nationalen Regeneratio gelesen wurde. Als die Hauptfeinde des deutschen Volkes werden in diesem Buch der Judensozialismus, das Großstadtwesen und die Hierarchie der katholischen Kirche hingestellt, die Chamberlain als »die rote, graue und schwarze Internationale« anprangerte, womit er den Vertretern der »Fortschrittlichen Reaktion« eins ihrer effektivsten Schlagworte lieferte.

Fast alle diese Gedankengänge kulminierten letztlich in einem völkischen Gemeinschaftsdenken, dem das geradezu religiöse Konzept einer Hingabe an einen »Starken von oben« oder »Zwingherrn zum Deutschtum« zugrunde liegt. Beispiele dafür sind zwischen 1900 und dem Beginn des Ersten Weltkriegs überall mit Händen zu greifen. Nicht nur betont konservative Autoren wie Arthur Moeller van den Bruck und Oswald Spengler, auch geistidealistische Autoren wie die Beiträger der Zeitschrift *Die Tat* bekannten sich damals zu mit »faustischen« Kräften begabten Führernaturen, die ihre Herrschaft nur zugunsten des Volkes ausüben. Dementsprechend schrieb ein *Tat*-Autor wie Ernst Horneffer im Jahr 1909:[4]

»Der Deutsche haßt es, sich Kollegien, beschließenden Körperschaften, Parteien zu unterwerfen, weil er deutlich fühlt oder weiß, daß dies der Sieg der Masse, der Dummheit über den begabten Einzelnen ist! Aber gerne folgt er einer überragenden Persönlichkeit, die sein Vertrauen genießt.«

Im Bereich des Literarischen hat diese Gesinnung ihren markantesten Ausdruck wohl in den Schriften Stefan Georges und seiner Jünger gefunden. Dieser Kreis bezeichnete sich nach 1900 gern als die Vertretung des »Geheimen Deutschland« und wollte in seiner Betonung von »Herrschaft und Dienst« das ideologische Leitbild eines nur dem Höchsten verschriebenen Deutschen Reiches sein, das sich weit über den niedrigen »Materialismus« der Wilhelminischen Ära erhebt. Autoren wie Friedrich Wolters und Friedrich Gundolf wandten sich deshalb in dem von diesem Kreis herausgegebenen *Jahrbuch für die geistige Bewegung* unter dem Motto »Der herrscher tut not! Darum nehmen wir nicht von der menschheit, sondern nur vom Manne gebot und bild« scharf gegen die »flach rationalistischen« Tendenzen innerhalb der Frauenbewegung, die unkriegerische Haltung der Sozialdemokraten wie überhaupt gegen alle »feigen knechte der humanität«, deren Bemühungen lediglich zu einer allgemeinen »artverschlechterung« beigetragen hätten.[5] Statt sich in den Dienst einer längst fälligen Demokratisierung Deutschlands zu stellen, setzte dieser Kreis seine Zukunftshoffnung allein auf einen kriegerischen Männerbund, der allen Völkern ein Beispiel wahrer Größe und innerer Geschlossenheit zu geben versucht. Ihre erhabenste und zugleich gefährlichste Vision eines solchen Zukunftsstaats findet sich in Georges Gedicht *Der Dichter in Zeiten der Wirren*, in dem dieses antiliberale und antihumanistische Führer-und-Volk-Konzept eine deutliche Wendung ins Irrationale erfährt und zugleich Elemente in sich aufnimmt, die sich später durchaus als »faschistisch« verstehen ließen:[6]

»Ein jung geschlecht das wieder mensch und ding
Mit echten maßen mißt, das schön und ernst
Froh seiner einzigkeit, vor fremden stolz
Sich gleich entfernt von klippen dreisten dünkels
Wie seichtem sumpf erlogner brüderei
Das von sich spie was mürb und feig und lau
Das aus geweihtem träumen tun und dulden
Den einzigen der hilft den Mann gebiert..
Der sprengt die ketten fegt auf trümmerstätten
Die ordnung, geißelt die verlaufnen heim
Ins ewige recht wo großes wiederum groß ist
Herr wiederum herr, zucht wieder zucht, er heftet
Das wahre sinnbild auf das völkische banner
Er führt durch sturm und grausige signale
Des frührots seine treue schar zum werk
Des wachen tags und pflanzt das Neue Reich.«

Doch als wirklich präfaschistisch – im Sinne einer ario-germanischen Erwähltheitsgesinnung und Blutsmystik – lassen sich innerhalb dieser »Fortschrittlichen Reaktion« letztlich nur jene hochgestochenen Führernaturen charakterisieren, die ihrer Ideologie das Motto »Rasse statt Völkerchaos« zugrunde legten. Während die Teutschheitsschwärmer des späten 18. Jahrhunderts mit dem Bild der Germanen noch die Vorstellung einer geradezu rousseauistischen Freiheit und ursprünglichen Güte des Menschen verbunden hatten, ging es den arischen Rassefanatikern um 1900, selbst wenn sie sich zur Legitimierung ihrer Anschauungen auf die Wohlfahrt des deutschen Volkes beriefen, fast nur noch um massive Herrschaftsansprüche. Allerdings sollte man im Hinblick auf solche Tendenzen zwischen mindestens drei verschiedenen Richtungen unterscheiden: einer adlig-aristokratischen, einer großbürgerlich-alldeutschen und einer eher kleinbürgerlich-geistaristokratischen, mögen auch diese drei Gruppen in ihren Endzielen, nämlich der Zurückdrängung der rassisch unterwertigen Tschandala-Ideologie der Sozialdemokraten und der aggressiven Befürwortung imperialistischer Annexions- und Siedlungsvorstellungen, weltanschaulich weitgehend übereinstimmen.[7]

In Adelskreisen berief man sich bei solchen Vorstellungen meist auf den Grafen Gobineau, der die Gesellschaftsformationen der mitteleuropäischen Völker in drei Gruppen eingeteilt hatte: Adel gleich reine Rasse, Bürgertum gleich Mischrasse und Proletariat gleich niedere Rasse. So führte etwa Guido von List in seinem Buch *Die Armanenschaft der Ario-Germanen* (1908) den deutschen Adel auf einen altgermanisch-aristokratischen Geheimbund zurück, der eine kraftvolle Sippengliederung bevorzugt und sich nur unter einem nordischen Führerkaiser wohlfühlt. In der »Tschandala-Rasse« der Proletarier sah er dagegen eine »untergeordnete Herdenmenschheit«, deren Dasein sich in bloßer Befehlserfüllung erschöpft.[8] Um Deutschland wieder in ein starkes »Ariogermanien« zurückzuverwandeln, schlug er vor, die Sozialdemokratische Partei zu »zertrümmern und in alle Winde zu zerstreuen«, die Mischlingsrassen durch »strengst gehaltene und durchgeführte Fremdengesetze« aus dem deutschen Reich auszuschließen, mit der »Zucht« einer neuen Edelrasse zu beginnen und sich schließlich einem »Starken von oben« zu unterstellen, der dem deutschen Volke neue Siedlungsräume erobert.[9] All dies klei-

11 G. E. Doepler: Odin, der Göttervater (um 1890).

dete List immer wieder in Zukunftsvisionen ein, in denen sich Wagnersches Pathos, sektiererischer Wahnwitz, Kyffhäuser-Schwärmereien und protofaschistische Aggressivität aufs Seltsamste vermischen:[10]

»Noch fliegen nur die Raben um den Untersberg, in dem der Armanengeist seiner Wiedergeburt entgegensieht, aber die Zeichen mehren sich, woraus es zu erkennen ist, daß die Zeit nahe ist, in welcher dessen Tor sich öffnen muß für den Auszug der Wiedergeborenen, für den ›Starken von oben‹, der da kommen wird, um mit schlichtenden Schlüssen den Streit zu beenden, um das erneute Armanenrecht allen Völkern zu geben für die werdende kommende Zeit. So stehen wir denn vor der Morgen-Götter-Dämmerung des arischen Geistes, schon heben sich die Nebel, schon will emporsteigen die Waberlohe, welche die neue Sonne gebiert.«

Ähnliche Prophezeiungen finden sich bei Houston Stewart Chamberlain, der jedoch in seinen *Grundlagen des 19. Jahrhunderts* (1899) den Gobineauschen Feudaladel durch einen irrationalen Blutsadel ersetzte und obendrein wie List einen nackten Imperialismus propagierte. Ob in Geschichte, Religion, Kultur oder staatlichem Leben: in allem sah Chamberlain das Werk arischer Herrenschichten, während er bei niederen Rassen lediglich die Neigung zu einem alles nivellierenden »Völkerchaos« konstatierte. Aufgrund dieser Rassenlehre entwickelte er eine Ideologie, nach der die Germanen, als der letzte Sproß der Arier, von der Vorsehung zur Weltherrschaft berufen seien, um die Menschheit vor der völligen »Bastardisierung« zu bewahren.

Eng verwandt mit diesem Adelsrassismus war die Propaganda der Alldeutschen, also von Männern wie Joseph Ludwig Reimer, Ludwig Kuhlenbeck, Ernst Hasse und Heinrich Claß, die anfangs eher feudalagrarische Interessen vertraten, sich jedoch wie List und Chamberlain um die Jahrhundertwende zu Vertretern einer aristokratisch-großbürgerlichen Kartellpolitik entwickelten. Zu Beginn der neunziger Jahre träumten sie noch lediglich von einem deutschen »Stammesreich«, das alle Völker germanischen Blutes einschließlich der Österreicher, Niederländer, Schweizer und Skandinavier unter die deutsche Oberhoheit stellen würde. Doch nach 1900 bekannten sich auch diese Kreise immer offener zu einem Imperialismus, der in einer rassebewußten »Civitas germanica« oder einem »Pangermanischen Weltreich deutscher Nation« kulminieren sollte, um so dem deutschen »Wandertrieb«, wie es beschönigend hieß, neue »Lebensräume« zu eröffnen.[11]

Neben diesen geschlossenen Gruppen – den feudalen Agrariern mit ihrem germanisch-gefärbten Junkerbewußtsein, den großbürgerlichen Chamberlain-Anhängern und den in eine imperialistisch-kapitalistische Politik einschwenkenden Alldeutschen – traten im gleichen Zeitraum eine Fülle bürgerlicher Einzelgänger auf, die sich ebenfalls zum arischen Rassegedanken und zur germanischen Weltherrschaft bekannten, ihrer Weltanschauung jedoch eine ausgesprochen geistutopische Verbrämung gaben. Man denke an Rassentheoretiker wie Arthur Bonus, Georg Hauerstein, Philipp Stauff, Wilhelm Schwaner, Ludwig Wilser, Friedrich Fischbach, Georg Biedenkapp und viele andere, welche sich in ihren Schriften energisch für die Wiederseßhaftmachung altarischer Familien, den Bau germanischer Weihehallen, die Einführung des germanischen Rechts (Ararita), die Aufstellung von Wuotansaltären, die Gründung deutsch-arischer Sekten usw. einsetzten. Wohl die seltsamste Ausprägung dieses geistutopischen Rassenwahns findet sich in den Schriften von Adolf Lanz oder Jörg Lanz von Liebensfels, wie er sich zeitweilig nannte. Lanz gab ab 1905 die Zeitschrift *Ostara* heraus, die sich im Untertitel *Bücherei der Blonden und Mannesrechtler* nannte und zeitweilig eine Auflage von 100 000 Exemplaren erreichte. Wie die Sozialdarwinisten teilte Lanz die gesamte Menschheit in zwei Rassen ein: die lichten »Asen«, Blonden, Heldlinge oder Ario-Heroiker und die dunklen »Wanen«, Tschandalas, Buhlschrättlinge oder Sodomsäfflinge, wie er sie nannte, die ihre rassischen Minderwertigkeitskomplexe mit christlichen oder humanistisch-pazifistischen Phrasen zu überblenden suchten. Um nicht unter die Oberhoheit dieser unterrassigen Bestienhorden zu geraten, forderte Lanz alle nordischen Asen oder Asinge in seinen Schriften immer wieder auf, sich zu einem militanten Orden zusammenzuschließen und den Affenmenschen wieder das Joch schwerster Körperarbeit aufzuerlegen. Dementsprechend schrieb er 1908 in seinem *Ostara*-Aufsatz *Das Gesetzbuch des Manu*:[12]

»Ja, es ist eine Schmach und eine Schande, wenn der Asing (Ario-Germane, Deutscher) ein ›Hundeleben‹ – wie Manu sagt – *im Lohndienste* führen soll, während er doch *zum Herrn geboren* ist. Es ist herzzerreißend, wenn man sieht, wie Menschen der herrlichsten asischen Rasse Fabriksarbeiter und Tagesschreiber in einem Amte sein müssen, wenn sie vielleicht gar ihre Geistesarbeit in den Dienst eines ganz minderwertigen Mischlings stellen müssen. Dieses edle Rassenblut soll und wird – vorausgesetzt, daß es sich rein erhält – nicht untergehen. Es wird der Tag kommen, wo man diese Menschen suchen wird und wo man Prämien auf ihre Zeugung aussetzen wird, ebenso wie der Tag kommen wird, an dem man die Mischlingsbrut, die Staat, Gesittung, Religion und Gesellschaft zerstört, vom Erdboden hinwegtilgen wird müssen, da es keinem Staatsmann gelingen wird, die Ansprüche jener faulen, gesinnungslosen und verseuchten Bestienhorde zu befriedigen. Ja, Freiheit aus dem ›Savravitti‹, aus dem ›Hundeleben der Lohnarbeit‹ für den *Asing* (Arier, Deutschen, Germanen usw.), und den alten Affenmenschen wieder verknechten und ihm das Joch der Kultur anlegen, das er störrisch abgeworfen hat.«

Was sich im Rahmen solcher Ideologiebildungen jedoch schließlich durchsetzte, war nicht der Haß auf die Untermenschen, das heißt das die bürgerlichen Machtpositionen gefährdende Proletariat, sondern eine Verschiebung all dieser Ideologien ins

Antisemitische. Da man im Zuge der allgemeinen Wendung ins Biologisch-Völkische auch den Arbeiter für die künftige deutsche »Volksgemeinschaft« gewinnen mußte, wärmten daher viele Rassentheoretiker nach 1900 lieber die alten antisemitischen Klischees auf, statt weiterhin lediglich auf den Tschandalas herumzuhacken, das heißt stellten nicht den Proleten, sondern den Juden als den Sündenbock aller gesellschaftlichen Krisen und Widersprüche hin. Und so wurde in der völkischen Propaganda aus der Figur des Veitel-Itzig-Juden um 1900 zusehends ein sinnlich-geiferndes, blutrünstiges Schreckgespenst, das ausgesprochen »untermenschliche« Züge trägt. Ob an der großstädtischen Nivellierung, der proletarischen Verelendung, der fortschreitenden Entgermanisierung und Kulturverhunzung: an allem waren plötzlich die Juden schuld, die man in diesen Kreisen als die Vertreter einer geheimen Internationale hinstellte, welche die gesamte Menschheit in ein gleichmacherisches »Völkerchaos« stürzen wolle. Die Hauptschuldigen dieser Tendenzen sah man hierbei vor allem in der goldenen Internationale (die Rothschilds), der roten Internationale (Marx, Heine, Lassalle, Bernstein, Rosa Luxemburg) und der grauen Internationale der großstädtischen Pressejuden, durch die es zum Siegeszug übelster Boulevardblätter über das deutschbewußte Zeitungswesen gekommen sei.

Die logische Konsequenz dieses Antisemitismus war das Postulat einer durchgreifenden Blutsreinigung und arischen Höherzüchtung des deutschen Volks, um so die sogenannten Mischmasch-Menschen wieder unter die Knute der germanischen Oberschicht zu bringen. Aufgrund dieser Einstellung traten einige Vertreter dieser Richtung bereits um 1900 für die Schaffung von Eheattesten, das Verbot von Mischehen und die Verleihung von Prämien für nordische Ehen ein. Und zwar wurde dabei meist die magische Formel »Eugenik« oder »Rassenhygienik« verwandt, die vor allem Heinrich Driesmans popularisierte. Im Sinne solcher Konzepte setzte sich etwa Guido von List schon 1908 für eine konsequente »Reinzucht« aller übriggebliebenen Ario-Heroiker ein, um der Menschheit wieder eine arische Elite zurückzugeben.[13] Die gleichen züchterischen Ambitionen finden sich bei manchen Alldeutschen. Nichtarische Elemente sollten auch in dem von ihnen anvisierten »Germanischen Weltreich deutscher Nation« aus rassenpolitischen Gründen kinderlos bleiben und ihre erotischen Bedürfnisse in offiziell zugelassenen Bordellen befriedigen, was Joseph Ludwig Reimer in seinem Buch *Ein pangermanisches Deutschland* (1905) höchst sarkastisch als eine »schmerzlose«, ja »lustvolle« Ausrottung bezeichnete, während er die blonden und blauäugigen Germanen unter den Deutschen selbstverständlich zu einer fleißigen Fortpflanzungstätigkeit ermunterte.[14] Ja, manche drangen bereits in diesen Jahren auf die praktische Verwirklichung einer solchen rassischen Höherzüchtung. So veröffentlichte Theodor Fritsch, der Leiter des antisemitischen Reichs-Hammer-Bundes, 1904 den Plan zu einer »Deutschen Erneuerungsgemeinde«, die sich in ländlicher Abgeschlossenheit und in getreuer Anlehnung an die altgermanische Gemeindeverfassung auf die Herausbildung einer neuen arischen Führungsschicht konzentrieren sollte.[15] Ähnliche Siedlungsgemeinschaften schlug Ernst Wachler, der unentwegte Thing-Fanatiker, in seinem Roman *Osning* (1914) vor, wo er sich ebenfalls für den Gedanken ländlicher Rassenzuchtkolonien einsetzte, in denen »blonde und blauäugige Knaben aus allen Ländern germanischer Zunge« unberührt vom »Pesthauch unseres Zeitalters« in den »Künsten der Waffen und des Geistes« unterwiesen werden, um so eine neue Führungselite heranzubilden. Noch radikaler ging Lanz von Liebenfels vor, der in seiner *Ostara* jedem Minderrassigen, der sich mit Fortpflanzungsabsichten trägt, sofort mit dem Kastrationsmesser drohte. Auch er träumte von arischen Reinzuchtkolonien und empfahl zu diesem Zwecke Rassenschönheitspreise, die Anwendung der Euthanasie, die klösterliche Abschließung bestimmter nordischer Zuchtmütter, das Zeugungsvorrecht des ario-germanischen Helden sowie die radikale Liquidierung aller Juden.

Wohl die entschiedensten Ansichten dieser Art finden sich bei Willibald Hentschel, dem Gründer des »Mittgart-Bundes zur Erneuerung der germanischen Rasse«, der in seiner *Varuna. Eine Welt- und Geschichtssicht vom Standpunkt des Ariers* (1901) ebenfalls ländliche Zuchtkolonien propagierte, deren Mitglieder auf jeden Besitz verzichten, in landwirtschaftlicher Autarkie leben, nur selbstgewirkte Kleider tragen, die altgermanischen Feste feiern und sich sonst ausschließlich der Aufzucht rassenstarker Nachkommen widmen. Hentschel versprach sich von solchen eugenischen Pfanzstätten, in denen jeweils hundert Ario-Heroiker

12 Fritz Erler: Aus germanischer Vorzeit (1913). Zerstört, früher Hannover, Neues Rathaus.

mit tausend »Nordinnen« zusammengeführt werden sollten, einen jährlichen Überschuß von 100 000 Edelariern, aus dem sich eine »neue völkische Oberschicht« bilden werde.[16] Daß man im Laufe des 19. Jahrhunderts von der »seelischen Höhenlinie« des deutschen Volkes abgewichen sei,[17] führte er wie viele Eugeniker dieser Jahre auf die verhängnisvolle »Demokratisierung« der modernen Gesellschaft zurück, nach der einer Schneiderseele das gleiche Recht auf Fortpflanzung zustehe wie einem göttlich erwählten Heros. Im Gegensatz zur bürgerlichen Monogamie forderte daher Hentschel à la Hans Blüher die zeugerische »Autokratie der Herrschaftskaste«, der man nicht nur das »Ius primae noctis«, sondern die absolute Verfügungsgewalt über den Leib aller blond-blauäugigen Nordinnen geben solle.[18] Ihren klarsten Ausdruck findet diese Gesinnung in seinem Büchlein *Vom aufsteigenden Leben* (1910), wo Hentschel von einem »neuen Gott« der Rasse phantasiert, der von seinen Jüngern und Propheten eine Verkündung der arischen Weltmission verlangt. Hentschel rief hier die germanischen Führernaturen auf, sich in Walburgen oder auf Tanzbergen zu versammeln und durch sexuelle Kampfauslese dafür zu sorgen, daß alle Kinder »Helden zu Vätern« haben.[19] Erst dann werde Wuotan, der nordische Wandergott, wieder deutschen Boden betreten und die neuen Arier mit einer magisch leuchtenden Siegrune auszeichnen. In diesem Sinne heißt es an einer Stelle:[20]

»Nun ist uns der Gott erschienen, der das Gesetz des Lebens in Wahrheit erfüllt; er wird sein Volk noch einmal erhöhen. Liebevoll ruht sein Auge auf uns. Nicht aus Tempeln und kostbaren Altarschreinen blickt er auf uns und nicht vom Kreuze. Denn er ist in Wahrheit auferstanden. Er wandelt im Lichte, in Wald und Feld, auf Wegen, Wellen und Wogen. Gemessenen Schrittes schreitet er hinter dem Schollen wendenden Pfluge. Er ist, wo Männer in Kampf und Not erprobt werden, wo Fahnen wehen und Herzen mutiger schlagen. Er freut sich der harten und schwieligen Hände und wendet nicht den Rücken, wo Schweiß von den Stirnen rinnt. Er achtet jegliches Manneswerk. Sein Auge ruht sinnend auf den Spielen blondgelockter Kinder, den Vorspielen ihrer künftigen Werke. Er liebt die hochgewachsenen, breithüftigen Frauen mehr, als Menschen sie lieben. Er raunt ihnen vom Helden. Sanft leitet er, die gebären wollen ...«

Noch mystischer gehts eigentlich nicht. Daher nimmt es nicht wunder, daß in diesen rassistischen Erwähltheitsmythologien ständig irgendwelche anspruchsvollen Parzival-Gestalten auftauchen, die von der »Vorsehung« mit charismatischen Kräften ausgestattet sind und das deutsche Volk, das in den Niederungen des Materialismus zu versumpfen droht, wieder zu den lichten Höhen einer Walhalla- oder Gralsburg-Existenz emporführten. Gerade in dieser Figur gehen deshalb das Völkische und das Mythologische oft eine besonders innige Verbindung ein.[21] Wenn man in diesen Kreisen den Namen »Parzival« aussprach, meinte man damit nicht nur Wolframs Parzival, sondern auch Dürers Ritter, der sich seinen Weg durch Tod und Teufel bahnt,[22] den Kämpfer Martin Luther, der das arische Religionsempfinden von Juda und Rom befreit habe, wie es im Jargon der Völkischen dieser Jahre hieß, den Wagnerschen Parsifal wie überhaupt jeden begnadeten Starken von oben, der dem führerlosen deutschen Volk wieder ein weltanschauliches Telos gibt, für das es sich zu leben und zu sterben lohnt.

Die seltsamste Ausprägung erhielt dieser völkische Gralskult wohl im Rahmen jener Autorengruppe, bei der das Germanische aufs engste mit dem Theosophisch-Okkulten vermischt wird.[23] Vor allem der Gedanke der arischen »Pranasophie« hat immer wieder zu den skurrilsten Ideologiekomplexen Anlaß gegeben. So versuchte etwa Guido von List den nordischen Armanismus in direkter Anlehnung an die Theosophie aus der mystischen Esoterik des Wuotanismus abzuleiten, um so auf den aristokratisch-imperialistischen Grundzug des deutschen Wesens hinzuweisen. Ähnlichen Gedanken begegnet man ab 1910 in der Zeitschrift *Prana*, die sich ebenfalls auf einer gralshaft-ariosophischen und zugleich imperialistischen Ebene bewegte. »Prana« meint hier synkretistisch das Ga-Llama der altiranischen Lebensweisheit, den Logos der Evangelien, den Spiritus vitae des Paracelsus, das »Wasser des Lebens« des Omar Khajam sowie den Elan vital der modernen Lebensphilosophie.[24] Außerdem wird in diesem Blatt ständig auf den arischen Sonnenchristus, die Rosenkreuzer, die *Edda*, den Okkultismus und die magische Kraft des Hakenkeuzes hingewiesen, wodurch sich das Ganze immer stärker in ein germanisches Tatsymbol verwandelt, in dem sich die weltballumspannende Kraft der »arischen« Sonnenreligion manifestiere.[25] Fast die gleichen Ideen finden sich bei den Vertretern des von Fidus inspirierten St.-Georgs-Bundes, der zarathustrischen Mazdaznan-Bewegung und des deutschen Schaffer-Bundes, die sich ebenfalls zu einer biosophischen Hakenkreuz-Ideologie bekannten, der sie altindische Fruchtbarkeitsmythen unterzuschieben versuchten.

Doch das entscheidende Symbol dieser Richtung blieb stets der Gral. So verband Hans von Wolzogen, der Herausgeber der *Bayreuther Blätter*, die zukünftige Germanisierung der Religion stets mit der Wagnerschen *Parsifal*-Idee. Heinrich Driesmans stellte 1913 im *Werdandi-Jahrbuch* Christus als germanischen »Eugeneten« unmittelbar neben »Siegfried den Sonnenhelden« und »Parzival den Gralssucher«.[26] Andere dieser germanophilen Rassetheoretiker sahen in den Hütern des Grals nicht mehr die christlichen Ordensritter, sondern die Gesamtheit aller nordischen Menschen und setzten das Blut Christi einfach mit dem arischen Blut gleich. Diese gewaltsamen Umdeutungsversuche führten schließlich zu der These, daß der arische Gral erst dann wieder zu leuchten beginne, wenn die nordische Rasse ihre ursprüngliche »Reinheit« zurückerlangt habe. Ernst Wachler träumte daher schon 1901 in seinem Büchlein *Über die Zukunft des deutschen Glaubens* von dem Zeitpunkt, an dem sich die »angestammte Kraft« des deutschen Volkes ins gralshafter Verklärung »über den ganzen Erdball ergießen werde«.[27]

Wohl den besten Einblick in den Dschungel dieser präfaschistischen Gralsmythologie erhält man bei Lanz von Liebenfels, der als Herausgeber der *Ostara* bei den völkischen Kreisen ein solches Ansehen besaß, daß er von Guido von List als der »armanische Ulfila der Zukunft« gefeiert wurde. Interessanterweise war Lanz ursprünglich Ordensbruder, trat jedoch aus Abneigung gegen den »jüdischen Jesuitismus« aus dem Kloster aus und gründete einen Orden ariosophischer Mannesrechtler, dem er als »Templeisen-Orden« bezeichnete, wobei er sich sowohl auf christliche als auch auf nordische Religionsvorstellungen stützte. Um diesem Bund ein sichtbares Zentrum zu geben, erwarb er 1908 Burg Werffenstein an der Donau und hißte dort im Bewußtsein seiner Sendung die erste Hakenkreuzfahne, worunter er eine symbolische Manifestation des nordischen »Götterelektrons« verstand. Er wurde daher von seinen Anhängern wie ein zweiter Christus, ein zweiter weltgeschichtlicher Reformator verehrt, in dessen Templeisen-Burgen sich die letzten Ario-Heroiker zum Endkampf auf die Weltherrschaft vorbereiten. Durch diese rassistische Überspanntheit blieb vom christlichen Heilsschema, das Lanz ursprünglich vorgeschwebt hatte, nur wenig erhalten. Vor allem das Jüngste Gericht nahm in seinen Augen mehr und mehr die Vision eines wahnwitzigen Blutbades an, das in der unbarmherzigen Liquidierung aller Tschandalas und Rassenpanscher gipfeln sollte. Lanz ließ sich deshalb in seiner *Theozoologie* (1906) zu folgendem rassisch betonten *Vaterunser* hinreißen, das wie ein militärischer Appell an alle »asischen Heldlinge« wirkt:[28]

»Vater unser, der du leibhaftig wohnst im Fleische, im Blute, im Gehirn, im Samen der besseren, edleren Menschen, der Gottmenschen, deiner Söhne. Geheiligt werde dein Name, das ist dein Same. [...] Dein Reich komme. Laß endlich die Gottmenschen über die Affenmenschen siegen. [...] Gib uns das ewige Brot. Gib uns den himmlischen Gralsbecher!«

Wie zu erwarten, mündet das Ganze schließlich in eine grotesk-überspannte Apotheose des arisch-deutschen Imperialismus:

»Wir wollen unser Schwert geschliffen und unsere Kriegsleier gestimmt halten, wenn's los geht zur Wiedereroberung der Welt. Was warten wir noch? Sollen wir die Welt noch weiter von hirnlosen Affenlümmeln ausschinden lassen? Überall ist Menschenmangel, während wir auf kleiner deutscher Erde verhungern vor Menschenüberfluß. Der Erdball war und ist Germaniens Kolonie! Jedem wackeren deutschen Soldaten einen Bauernhof, jedem Offizier ein Rittergut! Ich möchte sehen, ob wir da nicht alles niederwerfen würden. Unter dem Jubel der befreiten Gottmenschen würden wir den ganzen Erdball erobern. Bisher haben nur die Romanen und Slawen gegen uns geschürt. Nun aber beginnen auch wir zu schüren. Und es soll geschürt werden, bis die Funken aus den Schloten deutscher Schlachtschiffe stieben, und die Feuerstrahlen aus deutschen Geschützen zucken. Noch einmal über die Alpen, noch einmal nach West und Ost auf uralten Väter-Kriegspfaden und Ordnung gemacht unter der zänkischen Udumubande. ›Komme Frauja, Liebesgott, Jesus!‹ Das sind die letzten Worte deines unvergleichlichen Buches, der Hl. Schrift! Zieh uns voraus sieghafter Affenbezwinger und erlöse uns von den Sodomsschratten, denn dein ist das Weltreich und die Kraft und die Herrlichkeit in Ewigkeit. Amen.«

Während in den Bereichen »Idealismus statt Materialismus«, »Kultur statt Zivilisation« und »Religio statt Liberatio« der mittelständische Stellvertretungsanspruch noch durchaus ins Geistaristokratische oder Geistutopische tendierte, brach also in den Bereichen »Volk statt Masse« und »Rasse statt Völkerchaos« selbst im Umkreis der sogenannten »Fortschrittlichen Reaktion« häufig der gleiche ungezügelte Haß auf die von der Sozialdemokratie erfaßten Arbeitermassen sowie der gleiche Drang ins Imperialistische durch, der bereits die sozialdarwinistisch-alldeutsch orientierten Gruppen der »Völkischen Opposition« motiviert hatte. Auf dem Sektor des Volkhaften und Rassistischen gehen deshalb diese beiden Richtungen in den Jahren zwischen 1900 und 1914 immer stärker ineinander über. Wenn daher Lanz auf dem Umschlag seiner *Ostara* behauptete, daß dieses Blatt in »Wort und Bild« den Nachweis zu erbringen suche, daß nur der »blonde heldische Mensch der schöne, sittliche, adelige, idealistische, geniale und religiöse Mensch, der Schöpfer und Erhalter aller Wissenschaft, Kunst und Kultur und der Hauptträger der Gottheit« sei, ja daß er mit diesem Blatt lediglich die »vornehmen, Schönheit, Wahrheit, Lebenszweck und Gott suchenden *Idealisten*« ansprechen wolle, so beweist das letztlich nur, wie tief selbst in diesen Bereichen der Begriff »Idealismus« bereits abgesunken war.

Und doch hielt man im Umkreis der »Fortschrittlichen Reaktion« – bei aller Tendenz ins Imperialistische – stets am Begriff der »Kultur« fest. Statt wie die Vertreter der »Völkischen Opposition« einfach in aller Offenheit von dem Bedürfnis nach neuen Rohstoffquellen und einem vergrößerten Siedelboden zu sprechen, hängte man hier diesem Eroberungsdrang immer wieder das Mäntelchen der Kulturmission um. So stellte etwa Adolf Harpf, einer der *Ostara*-Autoren, 1908 im 19. Heft dieser Zeitschrift den Krieg vornehmlich als »Kultur- und Rassenauffrischer« hin, der dafür sorge, daß die arische Rasse nicht der Faulheit, der Erschlaffung, der Degeneration, der Bastardisierung, das heißt einer »internationalen Allvermischung (Panmixie)« verfalle, sondern sich immer wieder zur Höhe des völkischen Gedankens emporringe, sich auf seine angestammte kulturelle Eigenart besinne und damit aus einem Volk zu einem »Übervolk« werde.[29] Ja, andere dieser völkischen Rassenfanatiker boten das Gefühl der kulturellen Überlegenheit der Deutschen nicht nur gegen die Gefahr des Sozialismus und der Rassenvermischung, sondern auch gegen die immer größer werdende »Gelbe Gefahr« auf, um so – mit der gleichen Direktheit wie die Alldeutschen – einen deutschen Herrschaftsanspruch auf gesamt Osteuropa und Zentralasien anzumelden. Eins der offensten Bekenntnisse dieser Art legte der Germanist und Kulturmissionar Adolf Bartels ab, der 1908 in seinem Aufsatz *Rassenzucht* ohne große Umschweife erklärte:[30]

»Im besonderen unserer deutsch-germanischen Rasse gestehe ich noch eine große Zukunft zu – nicht, daß ich die Deutschen, wie die Juden sich selber,für das auserwählte Volks Gottes und zur Weltherrschaft berufen hielte, aber als das geistig und seelisch bewegteste und als das im Kern gerechteste Volk der Welt sehe ich die Deutschen an und glaube, daß ihre Sendung auf Erden die höchste ist, die man sich denken kann, die, die Welt immer wieder zu verjüngen. Vielleicht stellt uns das Schicksal sehr bald vor eine große Aufgabe, vielleicht kracht der russische Koloß, revolutionszersetzt, einmal wirklich zusammen, und uns fällt die Aufgabe zu, Krieger und Kolonisten, wie schon einmal im Mittelalter, nach Osten zu senden, das ungeheure Land bis zum Stillen Ozean und bis zum Pamir-Plateau mit Militärkolonien zu durchsetzen, damit ein Widerstand gegen die andringende gelbe Gefahr möglich ist. Dazu ist es dringend nötig, daß wir unser Rassenbewußtsein und unsere Rasse selber stärken, damit nicht, wie schon einmal, der Mongole bis in das Herz Europas dringe und im Bunde mit den schlechtrassigen Elementen unter uns nicht nur unsere jetzige Kultur vernichte, sondern auch noch die höhere, die wir wie alle edlen Rassen ersehnen, für ewige Zeiten unmöglich mache.«

Hitlers »Wiener Lehr- und Leidensjahre«

So viel zu den Vertretern der alldeutschen und geistaristokratischen Opposition zum offiziellen Kurs der wilhelminischen Reichspolitik, die ihre Zukunftshoffnungen weitgehend auf einen »Starken von oben« setzten, der sich nicht mit dem bereits Errungenen zufrieden gibt, sondern den Deutschen endlich zu einer von allen anderen Völkern der Erde respektierten, ja gefürchteten Weltmachtposition verhilft. Neben der Befürwortung eines aggressiven Imperialismus entfachten sie dabei, wie wir gesehen haben, einen ebenso aggressiven Haß auf die Sozialdemokratie, in der sie – wegen des von ihr vertretenen Pazifismus und Internationalismus – ein Haupthindernis auf dem Wege zu nationaler »Kraft und Herrlichkeit« sahen. An finanzieller Unterstützung mangelte es diesen Gruppen keineswegs. Manche wurden von den deutschen Industriellenverbänden selbst dann gefördert, wenn sie die Rückkehr zu einem auf räuberischer Landnahme beruhenden pangermanischen Stammesreich propagierten, in dem es einmal keine Industrie mehr geben würde,[1] da diese Verbände selbst in solchen Konzepten willkommene Stimmungsmacher einer allgemeinen imperialistischen Propaganda sahen. Allerdings blieb die Wirkung solcher Gruppen lange Zeit auf einen relativ kleinen Kreis beschränkt, da sie mit ihren zum Teil maßlos überspannten Thesen bei den unteren Klassen keine wirklich politischen Emotionen in Gang zu setzen vermochten. Sich für arische Rassenzüchtung, die Rückkehr zur angestammten Scholle oder die Ausrottung ganzer Völker einzusetzen: all dies waren keine Ziele, mit denen man – inmitten einer ökonomischen Hochkonjunktur ohnegleichen – breitere Bevölkerungsschichten ansprechen konnte.

Einen stärkeren Zuspruch innerhalb der deutschnationalen Bewegung hatten daher, genau besehen, in diesen Jahren nur jene Gruppen, die wesentlich traditioneller auftraten und in ihren Parteiprogrammen – ob nun aus Überzeugung oder nur aus Taktik – auch die Sorgen und Nöte der unteren Schichten berücksichtigten. Und zwar griffen hierbei fast alle, die von taktischen Erwägungen ausgingen, zu den seit altersher beliebten antisemitischen Parolen, denen sie lediglich eine zeitgemäßere Form gaben.

Das gilt vor allem für die deutsch-nationalen oder christlich-sozialen Parteien dieses Zeitraums, welche die dem Bürgertum »entfremdete« Arbeiterklasse nicht einfach verteufelten, sondern ihr einen nationalen Geist einzuhauchen versuchten. Und zwar taten sie das, indem sie sowohl den großbürgerlichen Liberalismus als auch den marxistischen Sozialismus als intellektuelle Ausgeburten jüdischer Hintermänner hinstellten, deren Ziel es sei, das deutsche Volk in zwei sich diametral gegenüberstehende Klassen aufzuspalten. Was diese Parteien als spezifisch »jüdisch« charakterisierten, war also alles, was eine weitere Zersplitterung des deutschen Volkes befördere, statt zu einer völkischen Reintegration der verschiedenen Bevölkerungsschichten beizutragen.

Ihre größte Wirkung hatten solche Parolen in jenen Großstädten, wo diese Klassenspaltung besonders deutlich zum Ausdruck kam. In Berlin war es Adolf Stoecker, der 1878 mit seiner Christlich-sozialen Partei eine der ersten solcher antisemitischen Parteien gründete, welche das »moderne Judentum« für die Aufspaltung des deutschen Volkes in eine liberale Bourgeoisie und ein sozialdemokratisch »verseuchtes« Proletariat verantwortlich machte, durch die ein Großteil der Bevölkerung ihr früheres Interesse an Staat und Kirche verloren habe. Solche Parolen stießen jedoch nicht nur bei Bismarck und Wilhelm II. auf Widerstand, sondern wurden auch von der Mehrheit der Berliner Bevölkerung abgelehnt, da die Judenschaft in dieser Stadt nur eine kleine Minderheit bildete und zudem weitgehend assimiliert war. Einen etwas größeren Zuspruch hatte dagegen die Gruppe der »Jungen« um Friedrich Naumann, die sich 1895 von der christlich-sozialen Bewegung abspaltete und 1896 den National-sozialen Verein gründete, der das völkische Gedankengut erstmals mit den Belangen der Arbeiterbewegung zu verbinden suchte.[2] Doch auch diese Partei löste sich später wieder auf. Völlig andere Verhältnisse herrschten dagegen in Wien, dieser »rassisch bedrohten« Metropole eines Vielvölkerstaats, wie es im Jargon der Völkischen hieß, wo die Christlich-soziale Partei unter Karl Lueger, die den gleichen Antisemitismus predigte wie die Stoeckersche Bewegung, nach 1890 schnell zu einer politischen Massenpartei anwuchs, die sich breitester Unterstützung bei den bürgerlichen Schichten erfreute. Ja, Lueger wurde in der Folgezeit so populär, daß er nach 1894 viermal die Wahl zum Wiener Bürgermeister gewann.

Und in dieses Milieu wuchs der junge Adolf Hitler hinein, der später zum realpolitischen Vollstrecker so vieler dieser Ideen werden sollte. Was wir über seine politischen Zukunftshoffnungen aus der Zeit vor dem Ersten Weltkrieg wissen, ist leider herzlich wenig. Und das wenige, was wir wissen, nämlich das, was er in *Mein Kampf* (1925–27) in den ersten drei Kapiteln unter den Überschriften »Im Elternhaus«, »Wiener Lehr- und Leidensjahre« und »Allgemeine politische Betrachtungen aus meiner Wiener Zeit« memoirenhaft festgehalten hat, ist obendrein so stark ins Legendäre stilisiert, daß man es höchst kritisch auswerten muß. Hitler schreibt hier gleich zu Anfang, daß er es später stets als Segen empfunden habe, in einem Städtchen wie Braunau am Inn geboren zu sein, das genau »an der Grenze jener zwei deutschen Staaten« lag, »deren Wiedervereinigung« ihm bereits als Vierzehnjährigem »als eine mit allen Mitteln durchzuführende Lebensaufgabe« erschienen sei.[3] Er stellt sich also als einen völkischen Nationalisten hin, der nie daran gezweifelt habe, daß »gleiches Blut« in ein »gemeinsames Reich« gehöre.[4] Der erste, lesen wir in *Mein Kampf*, der diese Gesinnung in ihm geweckt habe, sei Leopold Pötsch, sein Geschichtslehrer an der Linzer Realschule, gewesen.[5] Doch seine eigentliche »Erweckung« zum deutschbewußten Arier, heißt es weiter, sei erst in jenen fünf »Wiener Lehr- und Leidensjahren« zwischen 1908 und 1913 erfolgt, wie Hitler mehrfach betont, als er sich pötzich einem »widerlichen Rassenkonglomerat« von Deutschen, Böhmen, Ungarn, Polen, Italienern und Juden gegenübergesehen habe.[6] Doch auch der krasse Gegensatz zwischen Arm und Reich, das heißt die deutliche Spaltung in ein an nationalen Belangen völlig uninteressiertes, materialistisch-schmarotzendes Bürgertum und eine von den Sozialdemokraten demagogisch verführte Arbeiterschaft, habe ihm in dieser Stadt eine solche Wut eingeflößt, daß seine deutschnationalen Gefühle geradezu von Woche zu Woche immer stärker geworden seien.

Und aus diesem Grunde habe er sich schon damals, als er noch blutarm gewesen sei und sich im »herben Kampf ums Dasein« als Hilfsarbeiter durchschlagen mußte, für die Sache des Volkes entschieden.[7] Schon in den ersten Wiener Jahren habe er eingesehen, erklärt Hitler in *Mein Kampf* immer wieder, wer die wirklich Schuldigen an der politischen und sozialen Misere gewesen seien: nämlich die »volksfremden« Juden. Sie und niemand sonst hätten sich schon damals des bürgerlichen Liberalismus und des marxistischen Sozialismus nur bedient, um das deutsche Volk innerlich auseinanderzureißen und dann auf der Walstatt dieses Trümmerfeldes ihre sinistre Weltherrschaft aufzurichten. Daß er so früh zu dieser Einsicht gekommen sei, führt Hitler vor allem auf das eindrucksvolle Auftreten der Christlich-sozialen Partei unter Karl Lueger und des Alldeutschen Verbandes unter Georg von Schönerer zurück, die sich auf antisemitischer Grundlage zu einem national-sozialen Verantwortungsbewußtsein bekannt hätten. Es ist höchst aufschlußreich, daß Hitler bei einem Vergleich dieser beiden Organisationen der Luegerschen Christlich-sozialen Partei deutlich den Vorzug gibt. Was er an den Alldeutschen unter Schönerer vor allem kritisiert, ist deren »unzureichende Auffassung« der »sozialen Frage«, das heißt ihre Beschränkung auf großbürgerlich-kapitalistische Interessen, durch welche sich dieser Verband den Weg zu den breiten Massen versperrt habe.[8] Ebenso kritisch äußert sich Hitler über die von Schönerer unter dem Motto »Ohne Juda, ohne Rom / Wird erbaut Germanias Dom« inaugurierte »Los-von-Rom-Bewegung«, die wegen ihrer antikirchlichen Tendenzen bei den unteren Bevölkerungsschichten höchst unpopulär gewesen sei.[9] »Dem politischen Führer«, schreibt Hitler an dieser Stelle mit realpolitischer Einsicht in das Taktische erfolgversprechender Strategien, »haben religiöse Lehren und Einrichtungen seines Volkes immer unantastbar zu sein.«[10] Aus diesem Grunde sei aus den Bestrebungen der Alldeutschen in Wien zwar eine kritisch-nörgelnde »Partei«, wie es heißt, aber keine wirkliche, das ganze Volk ergreifende »Bewegung« hervorgegangen.[11]

Der Christlich-sozialen Partei unter Karl Lueger spendet Hitler dagegen in *Mein Kampf* wegen ihrer traditionalistischen, volksverbundenen Züge wesentlich mehr Lob. Sie habe früh die Bedeutung der »sozialen Frage« erkannt und damit die Emotionen der breiten Masse wesentlich stärker für sich mobilisiert als der Alldeutsche Verband. Lueger sei überhaupt ein »kluger Taktiker« gewesen. Er habe es äußerst geschickt verstanden, erklärt Hitler an der gleichen Stelle, sich die »einmal vorhandenen Einrichtungen geneigt zu machen, um aus solchen alten Kraftquellen für die eigenen Bewegungsmöglichkeiten großen Nutzen ziehen zu können«.[12] Allerdings übt Hitler auch an der Christlich-sozialen Partei einige Kritik, da sie nicht »revolutionär« genug aufgetreten sei, das heißt in den Volksmassen keine wirklichen »Leidenschaften« geweckt habe.[13] Statt sich mit »elementarem Schwung« für eine »deutsche Wiedergeburt« einzusetzen, habe Lueger mit dem Regime der Habsburger einen Kompromiß nach dem anderen geschlossen und damit die Chance versäumt, ein wahrer Volksführer zu werden, wie Hitler im Rahmen seiner Rückschau auf diese Jahre erklärt.[14]

Doch Schönerer und Lueger werden nicht die einzigen Einflüsse auf den jungen Hitler gewesen sein, selbst wenn er in den hier referierten Kapiteln aus *Mein Kampf* fast nur auf sie zu sprechen kommt. Zugegeben, die Parolen der Christlich-sozialen Partei scheinen ihn am stärksten beeindruckt zu haben. Aber auch die von ihm später so verachteten Alldeutschen und Geistaristokraten dürften ihn in diesen Jahren nicht unbeeindruckt gelassen haben. Schließlich war Hitler in dieser Zeit alles andere als ein einfacher Arbeiter, der ständig mit »Elend und Armut« zu kämpfen hatte, wie er später behauptete,[15] sondern eher ein Bohemien und Gelegenheitsmaler, der sich aufgrund einer kleinen Pension ein relativ sorgenfreies Leben leisten konnte. Und das gibt Hitler auch indirekt zu, wenn er an einer Stelle schreibt, daß er sich in diesen Jahren ständig autodidaktisch weitergebildet habe. Freilich habe er nicht einfach alles und jedes in sich hineingeschluckt, sondern sei bei seiner Lektüre vor allem auf eine »sinngemäße Eingliederung« des Gelesenen in seine deutschnationale, das heißt antisemitische und antimarxistische Weltanschauung bedacht gewesen. Jedenfalls schreibt er später in *Mein Kampf* über diese »Wiener Lehr- und Leidensjahre«:[16]

»Ich las damals unendlich viel, und zwar gründlich. Was mir so an freier Zeit von meiner Arbeit übrig blieb, ging restlos in mein Studium auf. In wenigen Jahren schuf ich mir damit die Grundlagen meines Wissens, von denen ich bis heute noch zehre. Aber mehr noch als dieses. In dieser Zeit bildete sich mir ein Weltbild und eine Weltanschauung, die zum granitenen Fundament meines derzeitigen Handelns wurden. Ich habe zu dem, was ich mir so einst schuf, nur weniges hinzulernen müssen, zu ändern brauchte ich nichts.«

Die meisten dieser Bücher werden eher wissenschaftliche oder populärwissenschaftliche Schriften aus den Bereichen Geschichte, Politik, Biologie und Vererbungslehre als belletristische Werke gewesen sein, obwohl Hitler auch solche – besonders Romane von Jules Verne, Kurd Laßwitz und Karl May –keineswegs verschmähte, ja sich sogar in die Klassiker der Weltliteratur vertiefte. Im Hinblick auf die Naturwissenschaften hat man in dieser Hinsicht vor allem auf den Einfluß der Schriften von Thomas Robert Malthus, Charles Darwin, Ernst Haeckel, Gregor Mendel, Wilhelm Bölsche und Alfred Ploetz auf den jungen Hitler hingewiesen.[17] Im Bereich Geschichte und Kulturgeschichte waren es neben den Schriften von Arthur Gobineau, Houston Stewart Chamberlain, Friedrich Nietzsche, Julius Langbehn und Gustave Le Bon wohl die Bücher jener politisierenden Sozialdarwinisten, die sich bereits in den neunziger Jahren den Alldeutschen und anderen völkischen Verbänden angeschlossen hatten, welche die tiefsten Spuren in Hitlers Denken hinterließen. Jedenfalls weist Hitler im vierten Kapitel von *Mein Kampf*, das irreführenderweise den Titel »München« trägt, ausführlich auf eine Reihe sozialdarwinistischer Theorien hin, die er sich bereits vor 1914 angeeignet habe. Und zwar wendet er sich hierbei sowohl gegen den Malthusianismus als auch gegen eine vorsichtige Binnenkolonisation, um mit der wachsenden Bevölkerungszunahme Deutschlands fertig zu werden, und bekennt sich im Hinblick auf den nötigen Lebensraum zu einem »natürlichen Kampf ums Dasein, der nur den Allerstärksten und Gesündesten am Leben läßt«.[18] Um für »die Zukunft der Nation neuen Grund und Boden sicherzustellen«, heißt es hier, werde man in Zukunft nicht umhin können, die kriegerische Eroberung neuer Siedelgebiete ins Auge zu fassen.[19]

Doch auch heute längst vergessene, zum Teil bis ins Triviale, Sektiererische und Obskurantistische reichende Autoren dieser Jahre müssen den jungen Hitler tief beeindruckt haben. Einer dieser hinterweltlerischen Phantasten, dessen Einfluß sich deutlich belegen läßt, war Hanns Hörbiger, an dessen *Glazial-Kosmogonie. Eine neue Entwicklungsgeschichte des Weltalls und des Sonnensystems aufgrund der Erkenntnis eines kosmischen Neptunismus und eines ebenso universellen Plutonismus* (1913) Hitler bis an sein Lebensende geglaubt hat.[20] Und zwar geht es in diesem Buch an zentraler Stelle um teils szientifische, teils abstruse Spekulationen über einen in grauer Vorzeit erfolgten Einsturz des ersten Mondes in die Erde und dann das »Einfangen« des zweiten, unseres heutigen Mondes in die Erdbahn, was zu drastischen Änderungen in der Erdrotation, zu Klimaumbrüchen, Sintfluten und Eiszeiten geführt habe.[21] Was hinter solchen katastrophenartigen Ereignissen steht, ist nach Hörbiger ein nie endenwollender Widerstreit zwischen einem feurigen Plutonismus und einem zu Vereisung drängenden Neptunismus, dem unter anderem auch die von den Germanen bewohnte Insel »Atlantis« zum Opfer gefallen sei.[22] Diese These, die schon Ludwig Wilser in seinem Buch *Die Germanen* (1904) vertreten hatte,[23] inspirierte noch in den zwanziger und dreißiger Jahren eine Reihe völkisch-orientierter Autoren zu mythologisch-phantastischen Romanen, die unleugbar faschistische Elemente enthalten.[24] Neben Hitler scheint auch Heinrich Himmler an die Hörbigersche Welteislehre geglaubt zu haben, die sich gerade in ihrer Tendenz zum Katastrophenartigen gut als Rechtfertigung von Gewalt mißbrauchen ließ.[25] Jedenfalls hat Himmler noch 1938 allen deutschen Wissenschaftlern verboten, in irgendeiner Weise dagegen zu polemisieren.[26]

Wesentlich schwerer zu belegen ist dagegen der Einfluß, den Jörg Lanz von Liebensfels auf den jungen Hitler gehabt haben soll.[27] Daß Hitler als Deutschnationaler und Antisemit in Wien mit einzelnen Heften der *Ostara*, ja vielleicht sogar mit Lanzens *Theozoologie oder die Kunde von den Sodoms-Äfflingen und dem Götter-Elektron* (1906) vertraut gewesen sein muß, ist mit Sicherheit anzunehmen. Wieviel er jedoch davon in seine »Weltanschauung« eingegliedert hat, darüber lassen sich nur Vermutungen anstellen. Daß sich Hitler später nie zu Lanz bekannt hat, beweist allein noch nichts. Vielleicht war ihm dieser Mann, der so vieles – vor allem auf rassenpolitischem Gebiet – in geistutopisch-wahnwitziger Form von dem vorweggenommen hat, was Hitler in den dreißiger Jahren ins Realpolitische zu übertragen versuchte, gerade wegen all dieser Vorwegnahmen eine »peinliche Scham«.

Auch Hitlers pseudoreligiöser Fanatismus, den er bereits in Wien entwickelte, muß auf solche obskuren Figuren zurückgehen. Schönerer und Lueger waren als bürgerliche Pragmatiker für ihn in dieser Hinsicht sicher nicht richtungsweisend. Solche Vorbilder boten eher Männer wie List und Lanz, welche schon damals dem gleichen »Reform«-Geist huldigten wie später Hitler, das heißt sowohl Fleisch als auch Alkohol und Nikotin verschmähten, ja überhaupt ein Leben asketischer Enthaltsamkeit propagierten, um so ihren Körper in ein Gefäß des Heiligen zu verwandeln. Doch von solchen Obskurantisten abzustammen, gab Hitler bereits in den frühen zwanziger Jahren nicht mehr zu. Schon in *Mein Kampf* stilisierte er sich völlig in die weltgeschichtliche Rolle des Einzigen, des Unvergleichlichen, des charismatisch begnadeten »Führers« hinein, der kein »Starker von oben«, sondern ein »Starker von unten« sein wollte, in dem sich die gesammelte Volkskraft verkörpere. Daß manches, was er an Ideen verkünde, auch schon »vorher gedacht worden« sei,[28] leugnete er – wenn auch ohne Namensnennung – keineswegs. Er gab jedoch nie zu, daß es schon vor ihm Männer gegeben habe, in denen diese Ideen wirklich »Gestalt« angenommen hätten. Während die bürgerlichen Ideologen meist reine Phantasten oder Spinner geblieben seien, erklärte Hitler immer wieder, habe er, der Mann aus dem Volke, von Anfang an klar erkannt, daß man nicht nur Zukunftspläne, sondern auch Taktiken entwickeln müsse, um solche Pläne tatsächlich in die Realität umsetzen zu können. Und zwar sei es dabei stets das Beste, bei solchen Plänen und den Mitteln zu ihrer Realisierung »im Namen des Volkes« aufzutreten, um so den ins Auge gefaßten Ideen von vornherein die nötige gesellschaftliche Schubkraft zu geben.

Die »Ideen von 1914« und die wilhelminisch-alldeutsche Annexionspolitik

Welch ein Chauvinismus durch all diese völkisch-alldeutschen Manifeste, Traktate und Utopien in den Jahren um die Jahrhundertwende in Gang gesetzt wurde, der breite Schichten der deutschen und österreichischen Bevölkerung erfaßte, zeigte sich vor allem in den Jahren 1913 und 1914, als es zu wahren Orgien imperialistischer Gefühlsentladungen kam. 1913 waren es die in größtem Maßstab aufgezogenen Jahrhundertfeiern der Völkerschlacht bei Leipzig, die Anlaß zu solchen deutschnationalen Stimmungsausbrüchen boten. In diesem Jahr wurden nicht nur die Breslauer Jahrhunderthalle und das Leipziger Völkerschlachtsdenkmal mit großem Gepränge eingeweiht, die in ihrer monumentalen Formgebung bereits in manchem auf die spätere NS-Architektur vorausweisen, sondern auch ein vielbeachtetes Treffen der Freideutschen Jugend auf dem Hohen Meißner bei Kassel einberufen sowie eine kaum übersehbare Fülle völkisch gestimmter Schriften auf den Markt geworfen, in denen die nationaldemokratische Erhebung der deutschen Befreiungskriege in eine chauvinistische Attacke gegen den »Erzfeind« Frankreich umfunktioniert wurde. Während man zwischen 1806 und 1815 eher von einer Abschüttelung der Fremdherrschaft, also einem »Freiheitskrieg« gesprochen hatte, trat bei den Interpretationen dieser Ereignisse jetzt fast ausschließlich das Imperialistisch-Aggressive in den Vordergrund. Und zwar war dabei im Hinblick auf das deutsche Volk meist von einer »Schicksals- und Opfergemeinschaft« die Rede, wie es in der zu diesem Anlaß erschienenen *Weiheschrift des deutschen Patriotenbundes* hieß, in der sich jeder – zum Wohle des Ganzen – blindlings einem höheren Willen unterzuordnen habe.[1] Zugegeben, es kam in diesen Schriften auch einige Unzufriedenheit mit der Seelenlosigkeit des Neuen Reiches, das heißt seiner kapitalistisch-materialistischen Fundierung, und damit der Wunsch nach einer durchgreifenden »Reichsbeseelung« zum Ausdruck, was jedoch letztlich überwog, war meist ein deutlich imperialistisches Reichskonzept, mit dem man sich einerseits gegen die »vaterlandslosen Gesellen« in der SPD wandte und andererseits eine aggressive Wendung nach außen befürwortete, um so dem deutschen Reich endlich die von vielen ersehnte Größe, wenn nicht gar Weltmachtstellung zu geben.

Die zweite deutschnationale Gefühlsentladung dieser Art erfolgte in den ersten Augusttagen des Jahres 1914, als der Erste Weltkrieg ausbrach. Viele Deutsche sahen in diesem Ereignis, das sie aus ihrer grauen Alltags- und Berufsmisere herausriß, ein kaum zu fassendes Mirakel, das heißt einen Aufbruch ins »Gemeinschaftliche«, zu völkischer Solidarität. Nicht nur die deutschnationalen Kreise innerhalb der Bourgeoisie, sondern auch die meisten Wissenschaftler und Künstler sowie große Teile des Kleinbürgertums und der Arbeiterklasse, ja selbst die Parteispitze der SPD, die sofort für eine Bewilligung der Kriegskredite stimmte, ließen sich von diesem Ereignis, diesem allgemein hochgejubelten »Augustwunder« einfach mitreißen und sangen auf den Straßen von Berlin zu Tausenden den Choral *Nun danket alle Gott*, nachdem Kaiser Wilhelm II. die Parole »Ich kenne keine Parteien mehr, ich kenne nur noch Deutsche« ausgegeben hatte. Vom Strom eines »einheitlichen Volksbewußtseins« ergriffen, hatten sie das Gefühl, daß dieser so gläubig, so idealistisch, so »rein« begonnene Krieg notwendig zu einer Beseitigung all jener ichsüchtigen, liberalistischen und materialistischen Ideen der von der Französischen Revolution von 1789 in die Welt gesetzten Ideen und zu einem Sieg der deutsch-idealistischen »Ideen von 1914«, wie es schon kurz darauf hieß,[2] das heißt einem Sieg von Werten wie Gemeinschaftlichkeit, Opferbereitschaft, Kulturbewußtsein, Streben nach Höherem usw. führen müsse.

Diese Aufwallung deutschnationaler Stimmungen führte in den Jahren 1914 und 1915 zu einer Hochflut geistutopischer Schriften, in denen der Erste Weltkrieg als ein Aufbruch ins Große, Erhabene, Geistige, Kulturmissionarische hingestellt wird, wobei man sich fast durchgehend an den von der »Fortschrittlichen Reaktion« um 1900 entwickelten Gegensatzpaaren »Idealismus statt Materialismus«, »Kultur statt Zivilsation«, »Religio statt Liberatio« und »Volk statt Masse« orientierte. Aus der Fülle der Publikationen, in denen das deutsche Reich als der entscheidende Präzeptor einer geistigen und seelischen Höherführung aller Völker herausgestrichen wird, seien in diesem Zusammenhang lediglich Bücher wie *Durch welche Kräfte wird Deutschland siegen?* (1914) von Gertrud Prellwitz, *Die weltgeschichtliche Bedeutung des deutschen Geistes* (1914) von Rudolf Eucken, *Deutschlands europäische Sendung* (1914) von Friedrich Lienhard, *Mobilmachung der Seelen* (1915) von Ernst Schulze, *Der deutsche Mensch* (1915) von Leopold Ziegler, *Deutschland als Welterzieher* (1915) von Joseph August Lux, *Deutscher Weltberuf* (1915) von Paul Natorp, *Händler und Helden* (1915) von Werner Sombart und *Der Genius des Krieges und der deutsche Krieg* (1915) von Max Scheler herausgegriffen. Die Autoren fast all dieser Bücher riefen in unmißverständlichen Worten zu einem »Kreuzzug des Geistes« gegen die »materialistischen Zivilisationen des Westens«, also gegen Frankreich und England auf, in denen – als den »Seuchenherden des Kapitalismus« – eine depravierende »Veräußerung« alles

13 Bruno Schmitz und Franz Metzner:
Völkerschlachtsdenkmal (1913). Leipzig.

Wertvollen ins Liberalistische und Kommerzialisierte herrsche. In diesen beiden Ländern, liest man immer wieder, bestimmten schon seit Jahrzehnten nur noch die Krämer und Händler das politische und gesellschaftliche Geschehen. In Deutschland habe sich dagegen – trotz gewisser Einbrüche der gleichen kapitalistisch-materialistischen Tendenzen – ein Sinn für Höheres, für Ideale, für Heldentum, für Gemeinschaftsbewußtsein, für Innerlichkeit erhalten, der dieser Nation die Legitimierung gebe, als der »Verwalter der geistigen Güter der Menschheit« allen anderen Völkern mit dem geistmissionarischen Anspruch einer »seelischen Höherführung« ins Antimaterialistische entgegenzutreten.[3]

»Nichts steht den Deutschen so schön«, heißt es einmal bei Joseph August Lux, »nichts macht ihn so unüberwindlich, als dieser Idealismus, der ihn zum Machthaber der Gesittung bestimmt, zum Führer unter den Völkern, zum Kulturerzieher.«[4] Der künftige Sieg Deutschlands in diesem Krieg wird daher in vielen dieser Schriften – im Sinne der bereits von den Vertretern der »Fortschrittlichen Reaktion« entwickelten Ideen – mit einem Sieg der deutschen Kultur sowohl über die westliche als auch die östliche Unkultur gleichgesetzt. Nur bei einem Sieg Deutschlands, hört man in diesem Umkreis immer wieder, werde es nicht zu einem allgemeinen Untergang, sondern zu einem bisher noch ungeahnten Aufstieg der Menschheit zu immer neuen »Höhen« kommen. Im Sinne solcher Thesen erklärte ein Mann wie der preußische General Helmuth von Moltke kurz nach Kriegsausbruch vor der Deutschen Gesellschaft von 1914:[5]

»Die romanischen Völker haben den Höhepunkt ihrer Entwicklung schon überschritten, sie können keine befruchtenden Elemente in die Weltentwicklung hineintragen. Die slawischen Völker, in erster Linie Rußland, sind noch zu weit in der Kultur zurück, um die Führung der Menschheit übernehmen zu können. Unter der Herrschaft der Knute würde Europa in den Zustand geistiger Barbarei zurückgeführt werden. England verfolgt nur materielle Ziele. Eine günstige Weiterentwicklung der Menschheit ist nur durch Deutschland möglich. Deshalb wird auch Deutschland in diesem Kriege nicht unterliegen, es ist das einzige Volk, das zur Zeit die Führung der Menschheit zu höheren Zielen übernehmen kann. [. . .] Dieser Krieg wird eine neue Entwicklung der Geschichte zur Folge haben, und sein Ergebnis wird der gesamten Welt die Bahn vorschreiben, auf der sie in den nächsten Jahrhunderten voranzuschreiten haben wird.«

Ja, selbst als in den Jahren 1916 bis 1918 auf die ersten Siege der deutschen Armeen eine Phase mörderischer Stellungskämpfe folgte, hielten diese Kreise an ihrer geistidealistischen Perspektive fest und stellten das allgemeine Massensterben als eine »Reinigung«, ein »Stahlbad«, einen »Gotteskampf«, ein kaum zu fassendes »Mysterium« hin, in denen sich die Wandlung Deutschlands aus einem bloßen Zweckverband in ein »Sacrum imperium«, das heißt ein »Dahinschmelzen des kleinen Egoitäten« und ein »Erwachen zum Volk« vollziehe.

In all dem manifestiert sich ein blinder Hochmut, ja eine geistaristokratische Hybris, die weniger idealistisch als verblasen wirkt. Schließlich war es für die Einsichtsvollen schon damals klar, daß der Erste Weltkrieg kein Kreuzzug des Geistes, sondern ein imperialistischer Raubkrieg war, den die deutschen Führungsschichten im Herbst 1914 höchst bewußt vom Zaun gebrochen hatten, um dem deutschen Reich endlich die von ihnen ersehnte Machtposition zu verschaffen.[6] Von entscheidender Bedeutung war hierbei die Tatsache, daß Deutschland im Jahr 1913 in der Weltrangliste der Industrienationen den 2. Platz eingenommen hatte, was sowohl die Alldeutschen als auch die wilhelminische Führungsspitze, die sich in diesen Jahren immer näher kamen, in dem Gefühl bestärkte, daß es jetzt an der Zeit sei, dieser ökonomischen Stärke auch einen weltpolitischen Ausdruck zu verleihen. Schon kurz nach Kriegsbeginn entwarfen darum diese Kreise, die in den sogenannten Geistaristokraten lediglich »nützliche Idioten« erblickten, anspruchsvolle Annexionspläne, wobei sie nicht nur auf dem europäischen Kontinent, sondern auch in Übersee eine Reihe von Gebieten oder auch ganze Länder ins Auge faßten, die nach einem Sieg der Mittelmächte Teile eines erweiterten deutschen Großreichs werden sollten. Das beweist unter anderem das vom Reichskanzler Theobald von Bethmann Hollweg abgesegnete *Septemberprogramm* von 1914, das auch von den Alldeutschen unterstützt wurde, selbst wenn diese in ihren eigenen Annexionsprogrammen noch weiter gingen als die Reichsregierung. Dafür spricht jene Denkschrift, die Heinrich Claß, der Vorsitzende des Alldeutschen Verbandes, ebenfalls im September 1914 drucken ließ, die sich nicht auf das von Bethmann Hollweg vertretene »Mitteleuropa-Programm« beschränkte, sondern auch nord- und osteuropäische sowie überseeische Gebiete in ihre Reichserweiterungsvorstellungen einbezog. Hier hieß es unter anderem:[7]

»Daß Mitteleuropa [...] zusammen mit den Landesteilen, die das Deutsche Reich und Österreich-Ungarn als Siegespreis gewinnen, ein großes einheitliches Wirtschaftsgebiet bilden wird, liegt als geradezu gebieterische Forderung in der Luft. Diesem Kern werden sich, ohne daß die Kernstaaten einen Druck auch nur versuchen werden, allmählich und mit geradezu gesetzmäßiger Gewißheit die Niederlande und die Schweiz, die drei skandinavischen Staaten und Finnland, Italien, Rumänien und Bulgarien anschließen. Nimmt man die Nebenländer und Kolonien dieser

Staaten hinzu, so entsteht ein gewaltiges Wirtschaftsgebiet, das schlechthin jedem anderen gegenüber seine wirtschaftspolitische Unabhängigkeit wird wahren und durchsetzen können.«

Selbst in den Jahren zwischen 1916 und 1918, als der Krieg allmählich stagnierte, hielten sowohl die Reichsregierung als auch die Alldeutschen und Nationalliberalen hartnäckig an solchen Annexionsvorstellungen fest und wandten sich immer wieder gegen einen möglichen Verständigungsfrieden, ja setzten schließlich beim Kaiser durch, daß der ihnen zu »gemäßigt« erscheinende Bethmann Hollweg durch einen Vertreter der Obersten Heeresleitung verdrängt wurde. Sogar in diesem Zeitraum war deshalb ständig von längst fälligen »Grenzveränderungen im Osten und Westen« die Rede, um Deutschland endlich jene Stärke zu geben, neben den bereits bestehenden Weltmächten, also England, Rußland und den Vereinigten Staaten, als vierte Weltmacht auftreten zu können.[8] Während die ostdeutschen Großagrarier dabei ihre Blicke vor allem auf Polen, Kurland und die Ukraine richteten, ja nach dem 1917 unterzeichneten Friedensvertrag von Brest-Litowsk auch die Krim, das Don-Gebiet und Transkaukasien in ihre Annexionspläne einbezogen, faßten die westdeutschen Großindustriellen vor allem die französisch-belgischen Kohle- und Erzlager sowie neue Kolonien in Übersee ins Auge, um so jenem »Imperium germaniae« vorzuarbeiten, das auch den Völkischen und Nationalsozialisten der Folgezeit stets als Leitbild deutscher Größe vorgeschwebt hat. Allerdings wurden solche Pläne in den Jahren zwischen 1914 und 1918 noch relativ »vertraulich« behandelt, das heißt nicht in den Vordergrund massenmanipulierender Propagandamanöver gerückt. Auf diesem Gebiet waren es erst die idealistisch-klingenden Phrasen der Geistaristokraten, die lange Zeit als Hauptschlagworte der ideologischen Kriegsführung verwendet wurden, und dann, als solche Parolen – angesichts der mörderischen Stellungskämpfe vor Verdun – allmählich an Glaubwürdigkeit verloren, jene preußischen »Durchhalte«-Maximen, die bereits Friedrich »der Große« in seinen Kriegen höchst wirkungsvoll eingesetzt hatte. Solche Parolen wurden vor allem von der Deutschen Vaterlandspartei propagiert, die 1917 gegründet wurde, sich der Unterstützung der Konservativen, Alldeutschen und Nationalliberalen erfreute und bis zum Kriegsende am Konzept des Siegfriedens, ja sogar gewissen Annexionsansprü-

14 Fidus: Des Ostens deutscher Friede (1918).

chen festhielt. Daß diese Partei selbst gegen Kriegsende, als sie bereits auf verlorenem Posten stand, noch eine massive Unterstützung, vor allem von seiten des mittleren und oberen Bürgertums fand, läßt bereits ahnen, wie stark in diesem Zeitraum all jene rechtskonservativen bis reaktionären Kräfte waren, die der nach dem Kriege gegründeten Weimarer Republik von vornherein ablehnend gegenüberstanden.

Nach der »Schmach von Versailles«

Die Hoffnung auf einen neuen Kaiser in den religiösen Zukunftsvisionen

Unmittelbar nach dem Zusammenbruch des Zweiten Reichs im November 1918 herrschte im Lager der Deutschnationalen erst einmal ein Gefühl tiefster Erniedrigung. Alles, worauf diese Schichten gehofft hatten, ob nun einen Starken von oben oder eine idealistisch-beseelte Volksgemeinschaft, schien in weite Ferne gerückt zu sein. Nicht ein völkisch-orientierter Führer stand plötzlich an der Spitze des Reiches, sondern eine Gruppe von Sozialdemokraten, in denen die Deutschnationalen nach wie vor lediglich »vaterlandslose Gesellen« oder »ehrvergessene Verräter« sahen, die der ungeschlagenen deutschen Armee meuchlings in den Rücken gefallen seien und sogar den »Schmachfrieden« von Versailles unterschrieben hätten. Doch nicht allein das. Durch sie habe Deutschland, wie sie behaupteten, neben seinen Kolonien auch einige seiner wertvollsten Grenzlandgebiete verloren und sich zudem verpflichtet, an den »Erzfeind« Frankreich auf Jahrzehnte hinaus »ungerechtfertigt« hohe Reparationen zu zahlen. Ebenso erbittert waren diese Schichten darüber, daß die westlichen Siegermächte ihre Blockade der deutschen Seehäfen auch nach Kriegsende nicht aufhoben, daß die Ernährungslage weiterhin katastrophal blieb, daß eine Hyperinflation einsetzte, welche viele Bürger ihrer Sparguthaben beraubte, daß die Deutschen nur ein Hunderttausendmannheer behalten durften, daß französische Truppen, unter ihnen sogar »farbige« Regimenter, in die Rheinlande einmarschierten usw. usw.

In einer solchen Situation, in der das Ressentiment der »deutschfühlenden« Kreise gegen die neuen Machthaber immer schärfere Formen annahm, mußte es im Bereich der nationalen Ideologieproduktion notwendig zu neuen Utopiebildungen kommen, nachdem die chauvinistischen Zukunftsphantasien in den Jahren zwischen 1916 und 1918, als weitgehend die Durchhalteparolen dominierten, stark in den Hintergrund getreten waren. Zu den ersten Utopien dieser Art gehören jene katholischen Zukunftsvisionen, die ab 1919 in Form populär geschriebener Traktate und Traktätchen in hohen Auflagen auf den Markt geworfen wurden. Die meisten dieser Schriften versuchten die kirchentreuen Kreise gegen die neue Republik aufzuputschen und in ihnen die Hoffnung auf eine neue Monarchie zu wecken. Und zwar stützten sie sich hierbei fast ausschließlich auf irgendwelche katholischen Seher und Seherinnen, deren Weissagungen sich um den Fall und die Wiedererrichtung eines großen Imperiums drehen.

Eine der ersten dieser Schriften erschien 1919 ohne Verfasserangabe unter dem Titel *Deutschlands Wiederaufrichtung 1925 und ein neues Kaisertum? Vorhersagen eines westfälischen Spökenkiekers aus dem Jahre 1919*, die sich gleich zu Anfang in aller Schärfe gegen den »Diktatfrieden« von Versailles wendet und auf einer möglichst schnellen »Revision dieses Friedensvertrages« besteht.[1] Der Autor dieser Schrift untermauert seine Hoffnung, daß die »böse, kaiserlose« Zeit spätestens im Jahr 1925 zu Ende gehen werde, vor allem mit der damals vielzitierten Weissagung des Abtes Hermann von Lehnin aus dem Jahr 1230, in der von der Hoffnung auf die Wiederkehr eines guten Monarchen die Rede ist, beruft sich jedoch außerdem auf katholische Seher und Seherinnen wie Rosa Asente, Helene von Brügge, Bernhardino von Busto, Josefa von Bourg, Bartholomäus Holzhauser, Katharina Emmerich und Papst Pius IX. sowie Dirk Knümann, einen im Jahr 1919 verstorbenen Schäfer aus dem Münsterländischen, der kurz vor seinem Tod vorhergesagt habe, daß es in Deutschland nicht zu einem Sieg der Bolschewisten, sondern zur Wiedereinführung der Monarchie kommen werde. Im Gegensatz zu den Hohenzollern, die sich nicht so bewährt hätten, wie man gedacht habe, lesen wir hier, werde der neue Monarch kein Protestant, sondern ein katholischer Kaiser – höchstwahrscheinlich ein Fürst aus dem Hause Habsburg – sein, unter dem – nach Jahren eines chaotischen Durcheinanders, wie es für alle Republiken typisch sei – in Deutschland wieder Ruhe und Ordnung eintreten würden. Und in diesem Zusammenhang heißt es im vierten »Gesicht« dieses alles voraussehenden Schäfers im Hinblick auf die um 1925 einsetzenden Veränderungen:[2]

»Deutschland erhält wieder einen gekrönten Herrscher, Frankreich hat sich freiwillig bereit erklärt, das Saargebiet sofort zu räumen. Die Besetzung deutschen Gebietes fällt fort, ferner erhält Deutschland seine Kolonien sowie Eupen-Malmedy zurück. Die weitere Wiedergutmachung

15 Otto Ubbelohde: Der deutsche Heiland (1924).

wird Deutschland erlassen. Deutsch-Österreich vereinigt sich mit Deutschland und letzteres erhält alle Gebiete zurück, die an Polen gefallen sind. Der Friedensvertrag von Versailles wird von Grund auf geändert.«

Fast die gleichen »Prophezeiungen« finden sich in dem Buch *Die Zukunft Deutschlands nach der Lehninschen Weissagung* (1919) von Franz Spirago, das sich ebenfalls auf die kryptischen Aussprüche des Abtes Hermann von Lehnin beruft. Nach dem »schweren, fast der Vernichtung gleichkommenden Schlag«, den »die deutsche Nation durch den ersten Weltkrieg erlitten« habe und der in der Weltgeschichte ohne Beispiel sei, wie Spirago behauptet, werde Deutschland für eine »Zeitlang ohne Herrscher« und »vom Ausland abhängig« sein, doch dann durch einen Herrscher aus dem Hause Habsburg wieder zu seiner alten Kraft und Größe zurückfinden.[3] Daß es mit Deutschland überhaupt so weit gekommen sei, wird von Spirago vornehmlich auf die »Kirchenspaltung« und die durch sie eingetretene »Glaubens- und Sittenlosigkeit« zurückgeführt.[4] Zu ähnlichen Folgerungen kommt Peter Antonius in seiner Schrift *Groß-Deutschlands Macht und herrli-*

che Zukunft im Lichte der Prophezeiungen. Deutschland unter dem kommenden Herrscher als Führer des neuen Völkerbundes. Ein tröstender Ausblick in die nächste Zukunft Deutschlands (1919), die zur Stützung ihrer Thesen ebenfalls auf die Weissagungen des Abtes Hermann zurückgreift und sich ein neues deutsches Kaiserreich von einem katholischen Monarchen verspricht, der die Bedingungen des Versailler Vertrags rückgängig macht, Deutsch-Österreich mit dem deutschen Reich vereinigt und zugleich alle Deutschen in den Schoß der alleinseligmachenden Kirche zurückführt.

Wohl am massivsten werden diese katholisch-monarchischen Hoffnungen in der Schrift *Der kommende Monarch und die unter ihm bevorstehende Friedenszeit nach den Weissagungen hervorragender katholischer Seher und Seherinnen* (1920) von Alfons Konzionatur vorgetragen, der insgesamt sechzehn Prophezeiungen aufbietet, um mit ihnen seine These zu erhärten, daß der kommende Monarch aus »einem alten deutschen angesehenen erzadligen Hause«, höchstwahrscheinlich dem der Habsburger, stammen und »Karl« heißen werde.[5] Alle Übel der Jetztzeit führt Konzionator auf den Abfall von Krone und Altar zurück. »So schlecht ist wohl die Menschheit noch nie gewesen wie heutzutage«, heißt es an einer Stelle, »wo man sich in den meisten Staaten anschickt, die Religion ganz auszurotten und die katholische Kirche zu unterdrücken.«[6] Was gegenwärtig den Ton angebe, behauptet er, sei eine materialistische »Geld- und Genußsucht«, die in der Weltgeschichte ihresgleichen suche.[7] Allerdings werde dieser neue Monarch erst dann kommen, wie Konzionator erklärt, wenn »überall die Republiken durch Kriege verheert sein werden und auf Erden die größte Trostlosigkeit herrschen wird«.[8] Erst ein solcher, von Gott ausgezeichneter Mann werde die »an der Spitze der Republiken stehenden Juden« stürzen, die vom Glauben an die alleinseligmachende Kirche Abgefallenen »züchtigen« und die alte »Ordnung« wiederherstellen, das heißt nicht nur die jüdisch-antichristlichen »Irrlehren« des Liberalismus und Sozialismus, sondern auch die des Protestantismus und Mohamedanismus ausrotten und alle Menschen auf das katholische Dogma verpflichten.[9] Alsdann werde es keine »Freistaaten« mehr geben, lesen wir in dieser Schrift, sondern in Mitteleuropa, und zwar unter Einbeziehung Belgiens und der Schweiz, ein großes deutschkatholisches Imperium entstehen. »Um diese Zeit«, heißt es schließlich triumphierend, »wird es in Deutschland *keine Juden* mehr geben und die *Ketzer* werden sich an die Brust schlagen«, um ihre früheren Verfehlungen zu bereuen.[10] Ja, Konzionator geht sogar noch einen Schritt weiter und behauptet, daß sich dieser Monarch stets auf Gottes »Unterstützung« verlassen könne.[11] Sein Reich werde darum bis ans Ende der Tage dauern.

Der Vorstoß der Neuen Rechten

Im Gegensatz zu den katholischen Habsburg-Schwärmern vertagte jedoch die Mehrheit der Deutschnationalen – nach der Überwindung jenes Schocks, in den sie die Flucht Wilhelms II. nach Holland und die Ausrufung der deutschen Republik am 9. November 1918 versetzt hatte – ihre Hoffnung auf ein neues starkes deutsches Reich keineswegs auf irgendeine glorreiche, aber nebulöse Zukunft, sondern begann schon im Winter 1918/19, sich neu zu gruppieren und einen aktiven Einfluß auf die Politik auszuüben. Da die Deutschnationalen im Januar 1919 bei den Wahlen zur Weimarer Nationalversammlung eindeutig den kürzeren gezogen hatten, unterstützten sie in den folgenden Jahren – neben parteipolitischen Aktivitäten – auch eine Reihe außerparlamentarischer Aktionen und setzten zugleich eine psychologische Kriegsführung gegen die neue Republik in Gang, die von vielen Vertretern der rechtsstehenden Presse lebhaft unterstützt wurde.[1]

Im Bereich der außerparlamentarischen Aktivitäten waren es vor allem die 1919 gegründeten Freikorps, welche sich weitgehend aus ehemaligen Frontoffizieren und Frontsoldaten, aber auch aus Arbeitslosen und Vertretern der Lumpenintelligenz zusammensetzten, die sich nicht allein maßgeblich an der Niederwerfung linker Aufstände und Räterepubliken beteiligten, sondern auch in Grenzgebieten (Oberschlesien, Baltikum usw.) »urdeutsches Land« gegen die »andrängenden« Ostvölker verteidigten und denen auf seiten der Deutschnationalen der Ehrentitel einer »völkischen Avantgarde« verliehen wurde. Ihre Stärke belief sich im Jahr 1919 auf rund 400 000 Mann. Neben dem früheren General Erich Ludendorff war das Idol dieser Schichten jener Wolfgang Kapp, der im September 1917 mit Alfred von Tirpitz die Deutsche Vaterlandspartei gegründet hatte, nach Kriegsende vom Baltikum aus eine Gegenrevolution in die Wege zu leiten versuchte und dann im März 1920 mit Unterstützung verschiedener Freikorps, vor allem der Brigade Ehrhardt, die Berliner Reichsregierung zu stürzen versuchte. Als die Freikorps nach dem gescheiterten Kapp-Putsch offiziell aufgelöst wurden, blieben viele ihrer Mitglieder in der Folgezeit im Rahmen illegaler Organisationen wie dem Bund Oberland, der Organisation Consul und der Reichsflagge aktiv, die zum Teil für die Fememorde an linksstehenden Politikern wie Matthias Erzberger und Walther Rathenau verantwortlich waren. Andere dieser Freischärler beteiligten sich 1923 am Ruhrkampf oder am Hitler-Putsch in München – und wurden später in Verbänden wie dem Stahlhelm oder der nationalsozialistischen Sturmabteilung (SA) aktiv.

Die Taktiken der psychologischen Kriegsführung auf seiten der Deutschnationalen sind dagegen nicht so leicht zu charakterisieren. Am eindeutigsten traten in diesem Bereich jene Kreise auf, die sich in ihren Publikationen zu einer schwarz-weiß-roten Gesinnung bekannten und ihre politischen Hoffnungen auf eine Wiederkehr der Monarchie oder eine Machtübernahme durch irgendeinen »Ersatzkaiser« wie Ludendorff oder Hindenburg setzten. Ihre Hauptwut galt der »Schmach von Versailles«, das heißt der Zurückstufung der Deutschen auf den Status einer zweitklassigen Nation. In diesem Bereich überwog daher eine monarchisch-konservative Gesinnung, die zwar von den Vertretern der älteren Verwaltungs- und Beamtenhierarchie nachdrücklich unterstützt wurde, jedoch von der Masse der deutschen Bevölkerung – nach der schmählichen Flucht der Hohenzollern – weitgehend abgelehnt wurde. Und so mußten sich die Konservativen in den folgenden Jahren etwas mehr einfallen lassen, als lediglich für einen neuen Kaiser zu schwärmen, der Deutschland wieder zu seiner früheren »Weltmachtstellung« verhelfen werde, wie General Wilhelm Groener im Mai 1919 vor hohen Offizieren seines Generalstabs erklärt hatte.[2] Aus diesem Grunde setzten die Konservativen – neben den alten Ideen der Völkischen Opposition, der Fortschrittlichen Reaktion und der Weltmission des deutschen »Wesens« – in den Jahren zwischen 1919 und 1923 ihre Hoffnungen in verstärktem Maße auf einen neuen Führer, einen »Starken von oben«, um nicht als traditionalistisch oder gar anachronistisch ausgelacht zu werden. Kurzum: nach diesem Zeitpunkt gaben sie sich nicht mehr als die Alte Rechte, sondern als die Neue Rechte aus. Und zwar gilt das sowohl für viele der deutsch-völkischen Parteien als auch für einige der geistaristokratischen Bünde und Einzelgänger dieser Periode, die in ihren sozialdarwinistischen oder rassistischen Utopieverschlägen stets »im Namen des Volkes« auftraten, das heißt sich in plebiszitärer Manier als die Führer künftiger Massenbewegungen aufwarfen.

Den geringsten Einfluß innerhalb dieser deutsch-völkisch gesinnten Gruppen hatten jene, die sich auf geistidealistische, urhaft-matriarchalische, neugermanische oder deutsch-christliche Wiedererweckungsphantasien stützten. Aus der Fülle dieser Ideologiebildungen, die nach allen Seiten ins Irrationale, ja Obskurantistisch-Sektiererische ausuferten, seien im Rahmen dieser knappen Übersicht lediglich »Kosmiker« wie Alfred Schuler und Ludwig Klages, die Anhänger des Germanenordens, der Thule-Gesellschaft und des Reichs-Hammer-Bundes, die 1920 gegründete Gemeinschaft deutsch-völkischer Bünde sowie die von Artur Dinter geleitete Deutsch-soziale Partei erwähnt, die weitgehend antisemitisch eingestellt waren und einem rassischen Erwähltheitsdünkel huldigten, der an die Haltung eines Guido von List oder Jörg Lanz von Liebensfels erinnert. Wohl das beste Beispiel für den neureligiösen Synkretismus dieser Richtung bietet ein Mann wie Dinter, der schon seinen Roman *Die Sünde wider das Blut* (1918), der seiner politischen Tätigkeit vorausging, unter das Motto stellte:[3]

»Dem Geiste den Sieg zu bringen über den Stoff und die ganze ringende Menschheit ihrer göttlichen Bestimmung entgegenzuführen, war das Ziel, das Gott sich setzte, als er die *Germanen* schuf.«

Noch penetranter wirkt sein *Völkisch-soziales Programm* von 1924, wo Dinter seine politischen Hoffnungen auf einen kommenden Führer setzt, der wie eine Mischung aus Christus, Siegfried und Parzifal wirkt. Hier heißt es wörtlich:[4]

16 Fidus: Exlibris für Wilhelm Schwaner (um 1925).

»Der Herzog Heiland selber, flammend von heiligstem Zorn, trägt uns die schwarz-weiß-rote Hakenkreuzfahne voran gegen Juda und Rom.«

Als Dinter mit solchen Parolen scheiterte, schloß er sich den Nationalsozialisten an, wurde aber selbst von ihnen 1928 wegen seiner überspannten deutsch-religiösen Anschauungen wieder in die Wüste geschickt.

Eine wesentlich größere Wirkung war dagegen jenen deutschnationalen Autoren beschieden, die ihren Thesen eine glaubwürdig-rationale Form zu geben suchten und nicht ständig ins Spinnerte abschweiften. Anfänglich übte Oswald Spengler die größte Anziehungskraft in diesem Bereich aus. Spengler kam in seinen Anschauungen weitgehend von Nietzsche her, hatte sich jedoch unter dem Eindruck des Ersten Weltkrieges mehr und mehr dem deutschnationalen Denken verschrieben. Das beweist am nachdrücklichsten sein zweibändiger *Untergang des Abendlandes* (1918–22), in dem er einerseits ein kulturgeschichtlich-düsteres Panorama eines unübersehbaren Verfalls der abendländischen Zivilisation entwirft, jedoch andererseits seine Hoffnung auf eine Wiedererstarkung des deutsch-faustischen Wesens nicht ganz aufgibt. Ja, er schreibt hier sogar in höchst aktualisierender Perspektive, daß er mit diesem Buch ein Werk angestrebt habe, das »neben den militärischen Leistungen Deutschlands nicht ganz unwürdig dastehen möge«.[5] Obwohl sich Spengler im Kriege einmal notierte, »lieber sterben« zu wollen, »als in einem erniedrigten Deutschland weiterzuleben«,[6] setzte er daher nach 1918 – aufgrund seiner neu hinzugewonnenen deutschnationalen Gesinnung – immer wieder dazu an, dem deutschen Volke mit neuen lebensstärkenden Utopien unter die Arme zu greifen.

Das beweist schon sein Buch *Preußentum und Sozialismus* von 1919, in dem er den Deutschen eine Wendung ins Harte, Tatkräftige, Faustische, Herrenmenschliche empfiehlt, um sich auf diese Weise gegen den Ansturm jener minderwertigen Rassen zu wappnen, die überall darauf warteten, die abendländische Kultur und Gesittung in den Schmutz zu treten. Sein ideologisches Leitbild ist dabei eindeutig jener »preußische« Mensch mit seiner »Durchhalte«-Moral, den die Deutschnationalen bereits während des Ersten Weltkriegs als die höchste Form des deutschen Wesens beschworen hatten. Statt jedoch anachronistisch auf eine Wiederkehr Friedrichs II. zu hoffen, wendet sich Spengler in diesem Buch an alle »Starken und Unbesiegbaren«, die den August 1914 als die erste tiefgreifende deutsche Revolution erlebt hätten, durch die sie sich wieder ihrer Volks- und Rassekräfte bewußt geworden seien, und fordert sie auf, sich in Zukunft dem Gedanken einer zweiten deutschen Revolution, und zwar einer »deutschen sozialistischen Revolution« zu verschreiben, die auf einer untrennbaren Synthese von »altpreußischem Geist« und »sozialistischer Gesinnung« beruhe.[7] Nur so, heißt es, könnten aus den erniedrigten Deutschen wieder hochgemute Preußen, wieder Wikinger, wieder Ordensritter werden – und damit ein Absinken Deutschlands in eine »englische«, das heißt kapitalistisch-materialistische Krämergesinnung vermieden werden.[8] Spengler faßt daher in diesem Buch immer wieder jenen Teil des deutschen Volkes ins Auge, »der durch Tatkraft, Selbstzucht und geistige Überlegenheit zur Führung der nächsten Generation berufen« sei, ja hofft eindeutig auf den »Sieg der Rasse« über die »Masse« und damit die Beherrschung der Erde »durch ein einziges gestaltendes Prinzip«, wie es verschleiernd und doch nur allzu deutlich heißt.[9] Dementsprechend erklärt er am Schluß dieses Traktats:[10]

»Ich wende mich an die Jugend. Ich rufe alle die auf, die Mark in den Knochen und Blut in den Adern haben. Erzieht euch selbst! Werdet Männer! Wir brauchen keine Ideologen mehr, kein Gerede von Bildung und Weltbürgertum und geistiger Mission der Deutschen. Wir brauchen Härte, wir brauchen eine tapfere Skepsis, wir brauchen eine Klasse von sozialistischen Herrennaturen. Noch einmal: der Sozialismus bedeutet Macht, Macht und immer wieder Macht. Pläne und Gedanken sind nichts ohne Macht. Der Weg zur Macht ist vorgezeichnet: der wertvolle Teil der deutschen Arbeiterschaft in Verbindung mit den besten Trägern des altpreußischen Staatsgefühls, beide entschlossen zur Gründung eines streng sozialistischen Staates, [...] beide zusammengeschmiedet durch eine Einheit des Pflichtgefühls, durch das Bewußtsein einer großen Aufgabe, durch den Willen, zu gehorchen, um zu herrschen, zu sterben, um zu siegen, durch die Kraft, ungeheure Opfer zu bringen, um das durchzusetzen, wozu wir geboren sind, was wir sind, was ohne uns nicht sein würde.«

Ebenso begierig, wenn nicht noch begieriger wurden von der rechten Intelligenz die Schriften Arthur Moeller van den Brucks aufgenommen, der sich schon 1915 in seinem Buch *Der preußische Stil* für eine völkische Reorientierung am friderizianischen Wesen eingesetzt hatte und nach 1918 – als Zentralfigur der Jungkonservativen Vereinigung, des sogenannten Juniklubs – wie Spengler, jedoch ohne dessen pessimistische Komponente, für eine Wiedererstarkung des deutschen Volks aus dem Geist eines nationalen Sozialismus eintrat. Das belegt unter anderem sein Buch *Das Recht der jungen Völker* (1918), das sich gegen Spenglers *Untergang des Abendlandes* wendet und die Deutschen nicht als ein geschichtlich gealtertes, sondern als ein relativ junges Volk charakterisiert. Um dieses Jungsein nicht einzubüßen, empfiehlt Moeller hier den Deutschen, nach Osten – zu Bauerntum, Mystik und Natur – aufzubrechen, statt weiterhin die westliche Verstädterung und Industrialisierung nachzuäffen. Die gleichen Thesen liegen seinem Hauptwerk, der Utopie *Das dritte Reich*, zugrunde, die 1923 erschien. Statt wie die »falschen« Konservativen dem Zweiten Reich nachzutrauern, das lediglich ein dürftiges »Zwischenreich« gewesen sei, wie es an einer Stelle heißt,[11] tritt Moeller in diesem Buch für einen Nationalismus ein, der weniger auf monarchisch-dynastischen Traditionen beruht, also nicht »restaurativ« ist, sondern sich zu deutsch-völkischen, deutsch-sozialen, national-sozialistischen Reichsvorstellungen bekennt, kurz:

der sich als »revolutionär« versteht, der etwas total Neues, etwas noch nie Dagewesenes, eine völkische Gemeinschaft schaffen will, die aus dem Blute kommt. Alles, wofür die bisherige Bourgeoisie geschwärmt habe, also Monarchismus, Liberalismus und Parlamentarismus, wird daher von Moeller als veraltet abgelehnt und eine über allen Parteien stehende »dritte Partei« gefordert, die sich um die Herbeiführung eines »Dritten Reiches« bemüht, in dem einmal Einer für Alle und Alle für Einen einstehen werden. In diesem Sinne heißt es am Schluß des Ganzen:[12]

»Wir setzen an die Stelle der Parteibevormundung den Gedanken des Dritten Reiches. Es ist ein alter und großer deutscher Gedanke. Er kam auf mit dem Verfalle unseres ersten Reiches. Er wurde früh mit der Erwartung eines tausendjährigen Reiches verquickt. Aber immer lebt in ihm noch ein politischer Gedanke, der sich wohl auf die Zukunft, doch nicht so sehr auf das Ende der Zeiten, als auf den Anbruch eines deutschen Zeitalters bezog, in dem das deutsche Volk erst seine Bestimmung auf Erden erfüllen werde.«

Das Zukunftsprogramm der frühen NSDAP

Die einzige Organisation, die sich neben den militärisch geführten Freikorps nach 1919 zu einer effektiven deutschnationalen Kampfgruppe entwickelte und 1923 sogar einen Putschversuch gegen die Reichsregierung unternahm, war die Nationalsozialistische Deutsche Arbeiterpartei (NSDAP). Ihre Anfänge sind ebenso obskur wie die der meisten völkischen Verbände oder Vereine dieser Art. Und zwar ging sie aus der 1919 in München gegründeten Deutschen Arbeiterpartei (DAP) hervor, die sich im März 1920 in NSDAP umbenannte. Ihre politischen Zielsetzungen bestanden anfänglich aus einem recht chaotischen Gemisch völkisch-antibolschewistischer Ideen im Sinne Karl Harrers, der als Gründer dieser Partei aus der Thule-Gesellschaft hervorgegangen war, sozialrevolutionärer Parolen, wie sie Gottfried Feder im ersten Parteiprogramm niederlegte, sozialistischer Vorstellungen im

Stile Ernst Röhms sowie radikal antisemitischer Anschauungen à la Dietrich Eckart.[1] Neben eher geistaristokratischen Anschauungen trifft man also in diesem Umkreis auch auf kleinbürgerliche, ja sogar ausgesprochen proletarische Vorstellungen. Eine etwas klarere Linie bekam das Ganze erst, als Adolf Hitler am 1. Januar 1920 als 55. Mitglied dieser Partei beitrat und am 29. Juli 1921 den Parteivorsitz übernahm. Der gleiche Wandel läßt sich im *Völkischen Beobachter* und den Publikationen des Franz-Eher-Verlags verfolgen, in denen sich in diesen Jahren die wichtigsten programmatischen Statements der nationalsozialistischen Bewegung finden.

Die NSDAP wandte sich von 1920 bis 1923 vor allem gegen die Novemberrevolution und den Schmachfrieden von Versailles, die sie als Verbrechen am »wahren Deutschtum« bezeichnete, wobei sie sich hauptsächlich der gängigen »Dolchstoß-Legende« bediente. Aus diesem Grunde unterhielt sie enge Beziehungen zu den putschistisch eingestellten Freikorps, ja hielt an diesen auch dann noch fest, als die Freikorps im Jahre 1920 von der Reichsregierung verboten wurden. All jene Politiker, die im Sinne der Deutschen Demokratischen Partei, der Deutschen Volkspartei und der Sozialdemokraten auf eine »Erfüllungspolitik«, das heißt eine Verständigung mit Frankreich und damit einen endgültigen Verzicht auf die abgetretenen Reichsgebiete drangen, griff dagegen die NSDAP in diesen Jahren geradezu pausenlos als »Lumpengesindel« an. Überhaupt rempelte diese Partei in ihren Anfängen erst einmal alle an, die nicht ihren deutschnationalen Kurs vertraten: die Bürgerlichen, die Industriellen und Monarchisten, die lediglich ihren eigenen Profit und ihr eigenes Sozialprestige im Auge hätten, sowie die Sozialdemokraten, welche die Masse der Enterbten und Entrechteten durch eine feige Stillhaltepolitik von ihren berechtigten Forderungen abzulenken versuchten. Solchen Maximen setzte die NSDAP eine Politik von unten entgegen, die alle egoistischen Teilinteressen verächtlich von sich weist und lediglich das Wohl des Volkes im Auge hat. Aus diesem Grunde dominierten in ihrem Parteivokabular von Anfang an Worte wie »völkisch«, »sozial«, »einheitlich« und »gemeinschaftlich«, mit denen sie eine Massenbewegung in Gang zu setzen versuchte, welche sich direkt aus der »völkischen Mitte« entfaltet und alle gesellschaftlichen Partikularinteressen bewußt hintan setzt. Was sich also in dieser Partei durchsetzte, war nicht das geistaristokratische Logenprinzip der Thule-Gesellschaft, sondern eine eindeutig populistische Gesinnung, die Dietrich Eckart bereits 1919 in den aggressiv-formulierten Sätzen zusammenfaßte:[2]

»Ein Kerl muß an die Spitze, der ein Maschinengewehr hören kann. Das Pack muß Angst in die Hosen kriegen. Einen Offizier kann ich nicht brauchen, vor denen hat das Volk keinen Respekt mehr. Am besten wäre ein Arbeiter, der das Maul auf dem richtigen Fleck hat. [...] Verstand braucht er nicht viel, die Politik ist das dümmste Geschäft von der Welt, und so viel wie die in Weimar [gemeint ist die Nationalversammlung] weiß bei uns in München jedes Marktweib.«

Und als ein solcher »Kerl«, ein solcher einfacher Frontsoldat, der das »Maul auf dem richtigen Fleck« hatte und sich obendrein als »Arbeiter« ausgab, bot sich Hitler an. Er rückte daher immer stärker in das Zentrum dieser Partei, das heißt wurde erst ihr Hauptredner und dann ihr alleinbestimmender Führer. Statt sich sozialrevolutionär gegen die Kapitalisten und geistaristokratisch gegen die »Sozis« zu wenden, vertrat er – als Schüler Schönerers und Luegers sowie als Freund Eckarts und Feders – von Anfang eine klar antisemitische Linie. Ohne jeden Abstrich gab er den »Juden« die Alleinschuld an der verhängnisvollen Aufspaltung Deutschlands in zwei sich befehdende Klassen, nämlich die Bourgeoisie und das Proletariat, die erst durch die Propagierung ihrer liberalistischen und sozialistischen Parolen entstanden seien. Hitler berief sich hierbei gern auf die 1919 veröffentlichten *Protokolle der Weisen von Zion*, in denen den Juden die Absicht einer alle Völker versklavenden Weltherrschaft untergeschoben wird.[3] Um dieses Ziel zu erreichen, träten die Juden, denen als einer seit Jahrhunderten versprengten Parasitenschicht jeder Sinn für Nationales, Völkisches oder Gemeinschaftliches abgehe, überall als raffiniert taktierende Lügner und Heuchler auf, die ihre kraß materialistischen und unidealistischen Anschauungen hinter öligen Phrasen einer allgemeinen Weltbeglückung versteckten. Und zwar bedienten sie sich dabei, wie Hitler immer wieder betonte, sowohl der verblendeten Bourgeoisie als auch der naiv gläubigen Arbeiterschaft, die sie durch ihre kosmopolitischen und pazifistischen Parolen so weit zu schwächen suchten, bis sie eines Tages ihren eigenen Weltherrschaftsabsichten keinen Widerstand mehr entgegensetzen würden.

Um also den Deutschen wieder ein »würdiges« Ziel zu geben, forderte Hitler die zukünftigen »Volksgenossen und Volksgenossinnen« in diesen Jahren ständig auf, dieses Pack endgültig zu vertreiben und sich wieder zu einem starken, einheitlichen Volk zusammenzuschließen. Nur die Dummen, betonte er in seinen Reden dieser Zeit, ließen sich von solchen »fremdvölkischen« Nutznießern zu Boden treten und ausschlachten. Wer dagegen noch einen Funken Nationalbewußtsein in sich verspüre, solle endlich einen völkischen »Haß« auf diese Verbrecherbande entwickeln. In diesem Sinne erklärte Hitler am 10. April 1923 in einem seiner bewußt entflammend gemeinten Appelle:[4]

»Bis auf den heutigen Tag ist das Halbe und Laue der Fluch Deutschlands geblieben. [...] Zur Befreiung gehört mehr als Wirtschaftspolitik, mehr als Fleiß, zum Freiwerden gehört Stolz, Wille, Trotz, Haß und wieder Haß! Wir haben die Pflicht darüber zu reden, da wir in naher Zukunft mit der Macht auch die weitere Pflicht haben werden, diese Verderber, Lumpen und Hochverräter an den Galgen zu hängen, an den sie gehören.«

Um den bereits in dieser Rede ins Auge gefaßten Putsch auch wirklich ausführen zu können, versicherte sich Hitler im Laufe des Jahres 1923 einer Reihe angesehener und zugleich schlagkräftiger Bundesgenossen. Mit Hilfe dieser Männer und Organisationen, zu denen außer der NSDAP und der SA vor allem der Bund Oberland, das frühere Freikorps Reichsflagge und eine Gruppe angesehener Offiziere um Erich Ludendorff gehörten, die sich am 2. November 1923 in Nürnberg zum Deutschen Kampfbund zusammenschlossen, führte Hitler im November 1923 schließlich den von ihm schon lange geplanten Staatsstreich aus. Den Auftakt dazu bildete eine Rede, die Hitler am 8. November 1923 im Münchner Bürgerbräukeller hielt und in der er das Bayerische Kabinett sowie die Reichsregierung unter Gustav Stresemann kurzerhand »absetzte«. Anschließend rief er nach dem Vorbild von Mussolinis »Marsch auf Rom«, der in Italien zur Machtergreifung der Faschisten geführt hatte, zu einem Marsch auf Berlin auf und forderte gleichzeitig alle Deutschen auf, die Novemberverbrecher, vor allem Friedrich Ebert, Oscar Cohn, Paul Levi, Theodor Wolff und Gerhard Bernhard, »tot oder lebendig in die Hände der völkischen nationalen Regierung zu liefern«.[5] Dieser Putsch wurde jedoch bereits am 9. November von der bayerischen Polizei niedergeschlagen. Hitler wehrte in dem darauffolgenden Prozeß jeden Vorwurf des »Hochverrats« ab und hielt eisern an seiner These fest, daß die Berliner Novemberverbrecher die eigentlichen »Landesverräter« seien.[6] Die Richter, die ihm sehr gewogen waren, verurteilten ihn zwar nach dem Buchstaben des Gesetzes zu fünf Jahren Festungshaft, ließen ihn aber schon nach sechs Monaten wieder laufen. Auch die anderen »Hochverräter« kamen mit höchst minimalen Strafen davon, da allen Angeklagten »ehrenwerte« Motive zugebilligt wurden. Ja, Ludendorff wurde von den gleichen Richtern für seine Teilnahme am Marsch auf die Feldherrnhalle von jeder Mitschuld freigesprochen. In den auf diesen Prozeß folgenden Monaten schrieb Hitler sein Buch *Mein Kampf* und entschied sich erst im Februar 1925, die im November 1923 aufgelöste NSDAP erneut ins Leben zu rufen.

Deutschnationale Erlöser- und Retterutopien

So viel zu den katholischen, deutschnationalen und nationalsozialistischen Reaktionen auf die Novemberrevolution und die »Schmach von Versailles«, welche die konservativ eingestellten Schichten in Deutschland so erbitterten, daß sie zwischen 1919 und 1923 eine geradezu unüberschaubare Flut an monarchisch-nationalen und deutschsozialen Schriften auf den Markt brachten, ja mit Hilfe der vielen Freikorps oder der NSDAP selbst vor rechten Staatsstreichen oder Putschs nicht zurückschreckten. All das ist mehr oder weniger bekannt. Weitgehend unbekannt sind dagegen die vielen deutschnationalen Zukunftsromane, die in diesen Jahren in hohen Auflagen erschienen und in ihrer nackten Ideologisierung wohl zu den besten Spiegelbildern der von den Rechten gehegten politischen Hoffnungen dieser Jahre gehören.[1] Wie schon in der Literatur der völkischen Opposition vor 1914 handelt es sich hierbei nur in den seltensten Fällen um monarchisch-affirmative Werke. Statt angesichts der »schäbigen November- oder Sozi-Republik« eine Rückkehr zum Kaiser- und

Kanzlerregiment des Zweiten Reiches zu empfehlen, wird in diesen Romanen das konservative Gedankengut meist einer gründlichen Renovierung unterzogen und als das Ziel aller politischen Hoffnungen ein mit völkischen oder pseudo-sozialistischen Phrasen verbrämtes neues Reich beschworen, in dem irgendein Starker von oben den Deutschen wieder ihr verlorenes Selbstbewußtsein zurückgibt. Der Haupthaß dieser Werke gilt dabei – wie in vielen Schriften der Deutschnationalen und Nationalsozialisten dieser Ära – fast immer den Franzosen, die als ein habgieriges, dekadentes, rassisch verderbtes Volk hingestellt werden, während man an die Engländer appelliert, sich doch endlich auf ihre »nordischen« Rasseninstinkte zu besinnen und ins deutsche Lager überzuwechseln.

Wie in den Schriften der Freikorps- und Hakenkreuzlerbewegung dieser Jahre drängt auch in diesen Romanen alles auf eine möglichst schnelle Veränderung der politischen Verhältnisse in Deutschland hin, was meist durch einen Putsch oder Coup von oben erreicht wird. Beginnen wir mit jenen Romanen, die hierbei im Sinne der deutschnationalen Freikorps ihre Hoffnungen auf einen Volkskaiser oder mit monarchischer Gewalt ausgestatteten Diktator setzten. So geht es in dem Roman *1934. Deutschlands Auferstehung* (1921) von Ferdinand Eugen Solf um den kaisertreuen Major Fritz von Seelow, der seit dem November 1918 schmollend auf seinem Gut in Pommern sitzt und unter der »Schmach von Versailles« leidet. In diesem Werk hat Frankreich nicht nur die Rheinlande, sondern ganz Deutschland besetzt und knechtet es nach allen Regeln der Kunst. Um das fremde Joch endlich abzuschütteln, baut ein genialer deutscher Ingenieur mit Hilfe der Schwerindustrie einen mysteriösen »Strahlenapparat«, mit dem man alle »fremden Explosivstoffe zur Entzündung bringen« kann.[2] Diesen Apparat stellt er einem Geheimklub ehemaliger Frontoffiziere unter der Leitung Erich Ludendorffs zur Verfügung, der daraufhin im März 1934 mit Unterstützung Seelows einen Coup inszeniert, die Franzosen aus Deutschland vertreibt und im deutschen Reich, nach der langen »kaiserlosen, schrecklichen Zeit«, wieder die Monarchie einführt.[3] Wie später bei den Nazis wird hierbei einerseits die gewaltige Überlegenheit der deutschen Ingenieure herausgestrichen, die für »Kaiser und Reich«, wie es heißt, auch vor der Anwendung »chemisch-medizinischer« Kriegsführungstaktiken nicht zurückschrecken würden, andererseits die »Rassentüchtigkeit« der deutschen Bauern als der entscheidende Garant einer ruhmreichen Zukunft des deutschen Volkes hingestellt.[4] Die «sogenannte Humanität« wird dagegen von einem Autor wie Solf als etwas zutiefst Verächtliches bezeichnet.[5] Ebenso »monarchisch« orientiert wirkt ein astrologisches Machwerk wie *Die Zukunft der Welt! Völkerschicksale in den Jahren 1925 bis nach 3000* (1925) von Max Bauer. Während sich die Planeten am 18. Januar 1871, dem Tage der Kaiserproklamation in Versailles, in einer höchst glücklichen Konstellation befunden hätten, lesen wir hier, habe die Gründung der Weimarer Republik am 9. November 1918 von vornherein unter einem ungünstigen Stern gestanden.[6] Bauer gibt daher diesem Staat politisch überhaupt keine Chance. Ein »Wiedererstarken Deutschlands« sieht er erst für die Jahre 1931 bis 1933 voraus, worauf es 1933/34 zu »Gebietsrückerstattungen« und 1941/42 zu einer »monarchistischen Diktatur« in Deutschland kommen werde.[7]

Doch solche Konzepte fanden in diesen Jahren selbst im rechten Lager keinen großen Widerhall. Die Deutschnationalen und Nationalsozialisten sehnten sich in diesem Zeitraum weniger nach einem Wilhelm III. als nach einem rettenden »Führer« oder »Starken von oben«, in dem sich der »gesammelte Volkswille« verkörpert. Ein interessantes Übergangswerk dieser Art bildet der Roman *Der Erlöser-Kaiser. Erzählung aus Deutschlands Zukunft und von seiner Wiedergeburt* (1923) von Adolf Reinecke. Reinekke war seit 1896 Herausgeber der Zeitschrift *Heimdall*, die sich auf einer rassistisch-alldeutschen Linie bewegte und einen wichtigen Sammelpunkt der Völkischen Opposition gegen das Hohenzollern-Regime bildete. Für die »Verjudung« und damit »Schwächung« des deutschen Volkskörpers machte Reinecke in diesem Blatt vor allem Wilhelm II. verantwortlich. Sogar die Niederlage des Jahres 1918 schob er den durch den materialistisch-liberalistischen »Zeitgeist« korrumpierten Hohenzollern in die Schuhe. Nach dem Zusammenbruch des Zweiten Reiches setzte Reinecke seine Hoffnung auf einen wahrhaft »volksverbundenen Kaiser« oder »kaiserlichen Führer«, der nach der »kaiserlosen, schrecklichen Zeit« Deutschland wieder zu neuen, noch ungeahnten Höhen emporführen würde.[8] Und als diesen »Erlöser-Kaiser« stellte er in seinem Roman den Fürsten Friedrich hin, dem der deutsche

17 Titelseite der »Ostara« unter Verwendung von zwei Franz-Stassen-Zeichnungen (1922).

Reichstag Mitte der zwanziger Jahre mit Zweidrittelmehrheit die Kaiserkrone anträgt. Friedrichs Ziel ist jenes großgermanische Stammesreich, das schon den Alldeutschen um 1900 als höchste Erfüllung ihrer Wünsche vorgeschwebt hatte. Um diesem Reich den Weg zu bereiten, läßt Friedrich erst die Polen ausrotten und dann an Weichsel und Warthe Aufzuchtkolonien der nordischen Rasse gründen. Darauf besiegt er mit den wiedererstarkten deutschen Truppen die Engländer und Franzosen und macht Deutschland zu einer Großmacht, neben der alle anderen europäischen Mächte ins Bedeutungslose herabsinken. Nicht nur Polen, das Baltikum, die Bukowina, Bessarabien, Böhmen, Mähren, die Slowakei, Deutschösterreich, Südtirol, Triest, die Schweiz, die Niederlande und Dänemark, auch Burgund, Lothringen und Flandern werden Teil dieses neuen Reiches. Den Höhepunkt des Ganzen bildet schließlich die Kaiserkrönung im Dom zu Aachen, den dieser von allen geliebte »Kaiser Blondbart« selbstverständlich in eine Deutschkirche des »arischen Heils« umfunktioniert – und wo ihm die Abgesandten der deutschen Stämme als dem gottgewollten »Erlöser« der nordischen Rasse ewige Treue schwören.[9] Und als dieses Dritte Reich, das alle anderen Reiche der Welt überstrahlt, sein fünfundzwanzigjähriges Jubiläum feiert, erklärt Kaiser Friedrich in einer feierlichen Ansprache:[10]

»Die Gedanken und Pläne zu den während meiner Regierungszeit ausgeführten Arbeiten, Maßnahmen und Einrichtungen stammen nur zum Teil von mir, in der Hauptsache aus der *völkischen Bewegung* vor mehreren Jahrzehnten. Mir war nur die Durchführung vergönnt und übertragen. Das zur Tat werden zu lassen, was bis dahin lange Zeit nur Wunsch und Hochziel war, *dazu bin ich gesandt* worden. Dazu wurde mir die große Liebe zu Deutschland und dem Deutschtum ins Herz gesenkt. Es war meine Aufgabe und Sendung, dies Volk der Deutschen, so oft verkannt und mißachtet, zu erhöhen, in sein Recht einzusetzen, ihm die ihm zukommende Geltung zu verschaffen. Wir wollen es in der Verfassung festlegen, daß in der bisherigen Weise nach meinem Tode weiterregiert werde, damit das Werk der innerlichen Einigung, Befriedigung, Verdeutschung fest und unvernichtbar dasteht, und daß Deutschland und Mitteleuropa bis in die fernsten Zeiten sich deckende Begriffe bleiben. Ich aber rufe: Heil unserem herrlichen und treuen Volke! Heil! Heil!«

Während bei Reinecke die Brücke von den Alldeutschen zu den Arierfanatikern unter den Nationalsozialisten geschlagen wurde, bewegte sich Otto Autenrieth eher auf einer bismarckisch-nationalbolschewistischen Linie. Dafür sprechen nicht nur seine vielen und höchst erfolgreichen Pamphlete, die er unter Titeln wie *Die drei kommenden Kriege* (1919), *Heraus aus dem Sumpfe der Revolution!* (1919), *Wenn wir Diplomaten hätten!* (1920), *Der Tag des Gerichts!* (1920), *Deutschland und England* (1921) und *Wird die deutsche Republik bestehen?* (1921) publizierte, sondern auch sein Buch *Bismarck II. Der Roman der deutschen Zukunft* (1921), in dem er seinen Ideen eine poetische Einkleidung zu geben versuchte. In ihm geht es um den Baron Otto von Fels, der im Gefühl echter Volksverbundenheit erst ein deutsches Arbeitermädchen heiratet und sich dann als neuer Götz von Berlichingen den Kommunisten anschließt. Innerhalb dieser Partei steigt er schnell zu einem populären Volksführer auf, dem man schließlich sogar die »Rote Armee« anvertraut. Und mit dieser Armee, wie auch mit Unterstützung der Russen, wagt Otto schließlich den entscheidenden Schlag gegen die französischen Besatzungstruppen. Nach dem gelungenen Aufstand wird er zum Führer, zum völkischen Diktator, ja zum neuen Bismarck erhöht, der die norddeutschen Kommunisten und die süddeutschen Nationalisten zu einer gesamtdeutschen starken »Wiederaufbaupartei« vereint. Anschließend rüstet er Deutschland, wiederum mit Hilfe der Sowjetunion, zur stärksten Militärmacht Europas auf, liquidiert

Polen, unterwirft Frankreich und wird so zum stärksten Mann der Welt, dem die vor Dankbarkeit überquellenden Deutschen die Kaiserkrone antragen. Aber Otto – der Schmied des neuen Reiches – lehnt sie ab, bittet jedoch die Abordnung, diese Krone später seinem Sohne anzutragen.

Einen ähnlichen Charakter hat der Roman *Des Götzen Moloch Ende. Politische Zukunftsphantasie* von Alfred Reifenberg, der zwar erst 1925 erschien, aber schon 1919/20 niedergeschrieben wurde. Auch in diesem Werk werden zu Anfang erst einmal die Folgen des »Schandfriedens« von Versailles, das heißt die »Schwarze Schmach«, das Wüten der Bolschewisten, die Geldentwertung und das Parteiengezänk dargestellt, durch die Deutschland im Chaos unterzugehen droht.[11] Als Retter in letzter Minute tritt hier ein hoher Reichswehroffizier auf, nämlich Oberst Konrad Eckart Tietmar, der sich »im Namen des Volkes« eine diktatorische Macht aneignet. Dieser Mann sorgt wieder für »Zucht und Ordnung«, indem er die kommunistischen »Hetzer« einfach standrechtlich erschießen läßt, das Parlament durch einen beratenden Ältestenrat ersetzt, der Armee neue Regimenter hinzufügt, eine allgemeine Arbeitsdienstpflicht einführt, den Siedlungswilligen genügend Land verschafft und der Jugend einen Sinn für völkische Ideale gibt, und zwar alles ohne großen Zwang, rein aufgrund seiner charismatischen Führerqualitäten. Und so stellt sich nicht nur das Bürgertum, sondern auch die Arbeiterklasse voll und ganz hinter ihn. Erst nachdem er alle diese Reformen und Maßnahmen durchgeführt hat, holt Tietmar schließlich zum rächenden Schlag gegen das »teuflische« Frankreich aus. Allerdings versichert er sich hierbei vorher der Hilfe der »stark mit germanischem Blut durchsetzten Angelsachsen«.[12] In dem daraufhin entbrennenden Krieg fallen die Deutschen mit ihren »Riesenflugzeugen«, »fliegenden Torpedos« und »Todesstrahlen« so mörderisch in Frankreich ein, daß die Franzosen »bataillonsweise zu formlosen Klumpen geballt« in die Luft geschleudert werden.[13] Dasselbe tun die stolzen »Söhne Albions« in Asien, wo sie mit Hilfe deutscher Strahlenkanonen dem »wahnwitzigen, verzweifelten Anprallen der Farbigen« mit der »granitenen Härte von Herrenmenschen« entgegentreten. Und so türmen sich auch dort »die Leiber der Gefallenen und Sterbenden« bald zu hohen »Gebirgen«.[14] Nach diesem glorreichen Sieg wird Frankreich auf das Grausamste bestraft, das heißt der Rest seiner Bevölkerung zu den Schwarzen nach Afrika verbannt, während sich Deutschland neben den im Ersten Weltkrieg verlorenen Gebieten auch Südtirol, das Sudetenland, das Baltikum, Belgien, die Niederlande, den Kongo und West-Marokko einverleibt und somit nicht nur die »Versailler Schmach aus dem Buch der Weltgeschichte löscht«, sondern zu einem »Großdeutschland« aufsteigt, dem alle anderen Nationen als dem »größten, mächtigsten Festlandsstaat Europas« den gebührenden Respekt zollen.[15] Und zwar tut Tietmar dies alles nicht für sich selbst, sondern bestimmt, daß nach »einem Ablauf von fünf Jahren« in Deutschland ein »Wahlkaisertum« eingeführt werden soll. Bis zu diesem Zeitpunkt führt er lediglich den Titel eines »Reichsverwesers«.[16]

Bei anderen Völkischen dieser Jahre wird dagegen auf solche Überhöhungen ins Monarchische weitgehend verzichtet – und die politische Zukunftshoffnung allein auf die Freikorpsbewegung oder die aus ihr hervorgehenden Führer gesetzt. Dafür spricht schon ein Roman wie *Der Freiheit Licht. Ein Zukunftsroman aus Deutschlands Not und Erhebung* (1920) von Käthe Röse-Strang, in dem die »Deutschbewußten« unter den ehemaligen Frontsoldaten dafür sorgen, daß Nordschleswig und das Saargebiet Teile des deutschen Reiches bleiben. Noch einen Schritt weiter in dieser Richtung geht der Roman *Kommen wird der Tag! Die Geschichte der nächsten Befreiung* (1921) von Roderich Müller-Guttenbronn, der sich als Autor Dietrich Arndt nannte. Wie viele vor ihm knüpft auch er an den obligaten Franzosenhaß an. Und zwar läßt Arndt die Vertreter dieses »üblen, niederträchtigen« Volks nicht nur die Rheinlande und das Ruhrgebiet, sondern – wie in napoleonischer Zeit – alle deutschen Länder besetzen. Und wie unter Schill und Lützow bilden sich auch jetzt wieder völkische Widerstandsgruppen, deren wichtigste der »Bund Freiheit« unter dem weizenblonden Wilhelm Weigand ist. Angesichts dieses Stimmungsumschwungs schwören selbst die Mehrheitssozialdemokraten ihrem bisherigen Internationalismus ab und bekennen sich lauthals zur »deutschen Idee«.[17] Doch auch die breiten Volksmassen, die besonders über die »stinkenden, geilen, geschlechtskranken Negerregimenter« der französischen Besatzungstruppen empört sind, welche alle deutschen Frauen und Mädchen vergewaltigen wollen, werden von dieser antifranzösischen Haßwelle ergriffen. Es gelingt daher dem »Bund Freiheit«, die französischen Truppen in einem wohlorganisierten Coup zu überwältigen und den »Schandvertrag von Versailles« zu annullieren. Deutschland erhält am Schluß dieses Romans alle 1918 abgetretenen Gebiete einschließlich seiner früheren Kolonien zurück, vereinigt sich mit Deutschösterreich und wird von einer rechtsextremistischen MSPD regiert, die bereits viele Züge der frühen NSDAP trägt. Den Abschluß des Ganzen bildet ein großes Nationalfest am Fuße des Völkerschlachtdenkmals zu Leipzig, wie es sich chauvinistischer kaum denken läßt.

Neben solchen Freikorpsutopien, in denen hinter dem Coup gegen Frankreich stets ein bestimmter »Bund« steht, der sich nach vollbrachter Tat wieder auflöst, gibt es jedoch in diesen Jahren auch einige Zukunftsromane, wo diese befreiende Aktion das Werk eines Einzelnen, meist eines ehemaligen Frontoffiziers oder Feldmarschalls, ist. Viele setzten hierbei ihre Hoffnung auf Generale wie Ludendorff oder Hindenburg, die als »Helden« des Ersten Weltkriegs unter den Deutschnationalen dieser Ära ein hohes Ansehen genossen. Dafür spricht ein Manifest wie *Der Feldherr Psychologos. Ein Suchen nach dem Führer der deutschen Zukunft* (1922) von Kurt Hesse, in dem Erich Ludendorff als der einzig mögliche Wegbereiter in eine bessere Zukunft hingestellt wird. Wilhelm Gellert trat dagegen in seinem Zukunftsroman *Tragödie dreier Weltteile. Deutschlands Erhebung. Der »Sturmvogel«, seine Taten und Fahrten im Kampfe um den fernen Osten* (1922) für ein energisches Zusammenwirken dieser beiden großen deutschen »Willensmenschen« ein,[18] denen es im Rahmen seiner utopischen Vision der kommenden Auseinandersetzungen zwischen den Roten und den Deutschnationalen gelingt, die «proletarische Diktatur« der Kommunisten und Unabhängigen Sozialdemokraten zu stürzen und ein rein nationalistisch orientiertes deutsches Reich zu errichten. Gellert beschreibt daher, wie Ludendorff und Hindenburg eine »wahre deutsche Revolution« entfesseln,[19] eine neue starke Reichswehr aufbauen, Böhmen und Österreich wieder dem deutschen Reiche einverleiben, ja mit ihren Truppen bis nach Polen und in die Ukraine vorstoßen, um durch eine »Germanisierung des Ostens«, die »weit über die bisherigen deutschen Grenzen« hinausgeht, dem deutschen Volke endlich das langentbehrte Siedelland zu geben und es wieder mit der »Mutter Erde« vertraut

18 Deutschordensritter von Polen und Sozialisten bedrängt. Wahlplakat der Deutschnationalen Volkspartei (1920).

zu machen.[20] Obendrein wird in diesem Roman geschildert, wie es deutschen Offizieren, die sich in den Dienst der weißen Herrenschicht der USA gestellt haben, gelingt, die Weltmachtgelüste Japans durch den Abwurf »chemischer Bomben« auf Tokio in Schach zu halten.[21]

Andere Autoren dieser Gruppe setzten dagegen ihre völkisch-utopischen Hoffnungen lieber auf irgendwelche Erlöser- oder Retterfiguren, die ihre wilhelminische Vergangenheit eindeutig hinter sich lassen und sich statt dessen mit jenen Kräften verbinden, in denen sie den »Geist der neuen Zeit« wittern. Dafür spricht unter anderem der Zukunftsroman *Die Rettung des Abendlandes. Eine Nibelungengeschichte aus der Gegenwart* (1921) von Ernst Otto Montanus, der sich schon im Titel bewußt gegen Spenglers These vom »Untergang des Abendlandes« wendet und statt dessen jenen idealistischen »Frontgeist« beschwört, welcher bereits die Soldaten des Ersten Weltkrieges in ihrem Willen zum Leben bestärkt habe. Werner Hillmann, Protagonist dieses Werkes, ist ein Frontoffizier Jüngerscher Prägung, der sich nach dem Schmachfrieden von Versailles ins »Nordische«, nach Norwegen, in den Germanfjord zurückzieht und dort in der Erwartung besserer Zeiten ein Zentrum zur »Erforschung der sozialen Fragen vom germanischen Standpunkte« gründet,[22] mit dem er auf die Besten unter den deutschen Studenten einzuwirken versucht. Hillmann interessiert sich weniger für die alten wilhelminischen Generale als für jene jungen Idealisten, die nach wie vor bereit sind, ihr Leben für Volk und Vaterland in die Schanze zu schlagen. Als sich die Verhältnisse in Deutschland zum Besseren wenden, das heißt sowohl die »privatkapitalistische Ausbeuterinternationale« als auch die »jüdisch-sozialistische Internationale der völkischen Zerfleischung« an Einfluß verlieren,[23] kehrt Hillmann heim ins Reich, um als Diplomat, Heerführer und schließlich Reichsverweser den längst fälligen Revanchekrieg gegen Frankreich in die Wege zu leiten. Im Rahmen der Vorbereitungen zu diesem Krieg überredet er nicht nur die drei skandinavischen Länder, sondern auch die Schweiz, die Niederlande und England, sich mit dem neuerstarkten deutschen Reich zu einem »Germanischen Bund« zusammenzuschließen,[24] um endlich die zum Untergang des Abendlandes führende Hegemonie der rassisch-minderwertigen Franzosen über Europa zu brechen. Als Führer dieses nord- und zentraleuropäischen »Germanenbundes« schlägt Hillmann anschließend die Franzosen so vernichtend aufs Haupt, daß sie sich von dieser Niederlage nie wieder erholen werden. Hierauf wird in den letzten Kapiteln dieses Romans in aller Ausführlichkeit geschildert, wie Hillmann in Deutschland die marxistisch orientierten Gewerkschaften abschafft, eine Art »preußischen Sozialismus« einführt, der auf der »Stimme des Bluts« und einem soldatischen »Kameradschafts«-Prinzip beruht, ohne dabei die früheren Eigentumsverhältnisse anzutasten,[25] eine imperialistische Expansion in Richtung Balkan, Vorderer Orient und Indien einleitet, alle Juden aus Deutschland verbannt und nach Palästina abtransportieren läßt – und schließlich in Deutschland eine »neue germanische Volksreligion« einführt, um so der deutschen »Weltmission« den Schimmer einer göttlichen Legitimation zu verleihen.[26] Darauf wächst der von Hillmann gestiftete »Germanenbund« so unaufhaltsam, daß seinem Drang zur Weltherrschaft am Schluß nur noch drei politische Machtfaktoren im Wege stehen:

Japan, die USA und das »internationale Judentum«.[27] Doch auch diese drei Mächte werden sich in den kommenden Kriegen, wie Montanus durchblicken läßt, sicher dem germanischen Führungsanspruch beugen müssen.

Nicht minder völkisch orientiert wirkt das Manifest *Unsere Stunde kommt!* (1923) von Kurt Anker, wo ebenfalls ein ehemaliger Frontoffizier im Vordergrund steht, der gegen die »rote Flut« der Novemberrevolution und die »rassisch-entarteten« Franzosen eine deutschnationale Sammlungsbewegung ins Leben ruft, deren Ziel ein »Sozialismus auf nationaler Grundlage« ist.[28] In diesem Zusammenhang wird erstmals auch die NSDAP erwähnt, jedoch diese Partei nur als eine unter anderen charakterisiert, die später in einer deutsch-sozialen Großbewegung aufgehen müsse. Den Hauptgegner Deutschlands sieht auch Anker weiterhin in Frankreich, das noch immer mit den »verbrecherischsten Mitteln das Wiedererstarken seines zusammengebrochenen Gegners zu unterbinden« suche.[29] Um diesen Feind eines Tages in die Knie zwingen zu können, setzt er allerdings seine Hoffnung weniger auf die Armee als auf ein völkisch erwachtes Proletariat, das er immer wieder auffordert, endlich neuen Mut zu fassen. Dementsprechend heißt es an einer Stelle mit deutlich sozialrevolutionärem Akzent:[30]

»Viele stehen noch zögernd und mürrisch abseits und können sich nicht losreißen von den alten Schlagworten. Aber die Stimmen der Erwachten mehren sich, und die Not der Zeit tut das ihre. Und so können wir auch hinsichtlich des Sieges der Nationale über die Internationale im deutschen Proletariat zuversichtlich sagen: Unsere Stunde kommt!«

Am Schluß dieses Abschnittes seien noch einige Romane erwähnt, in denen die Hoffnung auf ein wiedererstarkendes Deutschland fast ausschließlich mit der Hoffnung auf die Erfindung bestimmter »Wunderwaffen« verbunden wird, wo also neben den offiziershaften Führergestalten auch die großen deutschen Ingenieure eine wichtige Rolle spielen. Und zwar gilt das schon für jene zwei Romane, die Werner Grassegger 1922 herausbrachte: *Der zweite Weltkrieg. Deutschland die Waffenschmiede. Eine militärisch-politische Prophezeiung* und *Vom deutschen Aufstieg zu neuer Macht und Größe. Die rächende Stunde. Englands Schicksalstag. Ein Zukunftsbild*. In dem Buch *Der zweite Weltkrieg* spielen die ersten Episoden in Asien, wo es den Japanern unter dem Motto »Asien den Asiaten« mit Hilfe deutscher Wunderwaffen gelingt, England und Frankreich militärisch aus dem Felde zu schlagen und damit China, Indochina, Burma und Afghanistan von der »Vorherrschaft der weißen Rasse« zu befreien.[31] Dieser Erfolg ermöglicht es Deutschland, den langersehnten Krieg gegen Frankreich vom Zaun zu brechen, bei dem die Deutschen vor allem aufgrund ihrer hochentwickelten »Ingenieurskünste« den Sieg davontragen.[32] In dem darauf geschlossenen Friedensvertrag zu Wilhelmshöhe erhält Deutschland nicht nur seine in Versailles abgetretenen Gebiete zurück, sondern verleibt sich auch große Teile Polens sowie Istrien, Südtirol und Südslawien ein, um endlich genug »Lebensraum« für seine ständig wachsende Bevölkerung zu haben. Statt sich weiterhin von einer liberalen oder sozialistischen »Humanitätsduselei« zu einer erniedrigenden »Erfüllungspolitik« verleiten zu lassen, bekennt sich die neue Reichsregierung gegen Ende dieses Romans ohne jeden Skrupel zu einer chauvinistischen »Blut- und Eisen«-Politik, deren einziges Ziel darin besteht, Deutschland zur führenden Nation Europas und damit zu einer Japan und den USA ebenbürtigen Großmacht zu machen.[33] Auf einem ähnlichen Schema beruht Gellerts Roman *Vom deutschen Aufstieg zu neuer Macht und Größe*. Auch hier fällt der Sieg im nächsten Krieg den Deutschen zu, weil es einem ihrer genialen Ingenieure, dem Österreicher Neuhäuser, gelingt, eine mysteriöse Strahlenkanone zu erfinden, mit der er die gesamte englische Flotte mit einem Schlag außer Gefecht setzt. Daraufhin fallen die deutschen Truppen unter Leitung des ehemaligen Frontoffiziers Hein Ossenbrügge in Frankreich ein – und am Schluß steht wiederum ein glorreicher Siegfrieden, in dem Deutschland sein Territorium erheblich erweitern kann und damit zur stärksten Macht Europas wird.

Noch phantastischer geht es in dem Zukunftsroman *Die Stadt unter dem Meere* (1925) von Joseph Delmot zu. Hier zieht sich nach dem Ende des Ersten Weltkrieges ein deutscher Kapitän, namens Mader, mit seinem Schiff und seiner Mannschaft in eine »Riesenfelsenhöhle« zurück, so angeekelt ist er von den Verhältnissen in Deutschland, wo die »Bestie Mob« die Herrschaft angetreten habe.[34] Was dort fehle, heißt es, sei ein völkischer »Messias«, der imstande wäre, »Deutschland wieder zu einigen«.[35] Um ein solcher Messias zu werden, erfindet Mader schließlich ein Strahlengerät, mit dem er alle abgefeuerten Geschosse außer Kraft setzen kann. Aufgrund dieser Erfindung stellt er allen Industrienationen der Welt ein Ultimatum, sofort klein beizugeben und den Deutschen wieder ihre verlorenen Gebiete zurückzuerstatten. Diese Ereignisse lösen in Deutschland eine nationale Revolution aus, die der Herrschaft der »Novemberverbrecher« ein schnelles Ende bereitet. Und so heißt es gegen Schluß:[36]

»Was alle Reden nicht vollbrachten, wozu alle Propaganda nicht imstande gewesen, die unüberwindlichen Quarzlinsenstrahlen hatten es vermocht, die Deutschen zusammenzuschweißen. Obwohl die Apostel der internationalen Völkerverbrüderung die größten Anstrengungen machten, mit ihren Ideen durchzudringen, war alle ihre Mühe fruchtlos. Die Einigkeit der Deutschen war vollzogen. Weder die Sozialdemokraten noch die Kommunisten waren imstande, das Abbröckeln in ihren Reihen zu verhindern. Das Volk hatte seinen Weg zurückgefunden. [...] Genau sechs Monate, nachdem die U-Vaterland die ›Stadt unter dem Meere‹ verlassen hatte, wurde das neue *Deutsche Reich* in Berlin gegründet. Auf ewig unbesiegbar. Fußend auf seiner Kraft. [...] Das einige große Deutsche Reich. Die größten Ehren, die je einem Deutschen zuteil wurden, erfuhr Kapitän Mader. Er war der Abgott der Deutschen geworden. Der unsterbliche Nationalheros seines Volkes.«

Ebenso revanchistisch wirkt der Zukunftsroman *Alis. Die neue deutsche Kolonie. Das Ende von Versailles* (1925) von Heinrich Inführ. Sein Held ist Peter Hartenberger, ein junger Steiermärker, der einerseits aufgrund seines »Bauernbluts« einen starken Hang zur »Scholle« in sich verspürt, jedoch andererseits einen genialen Sinn für alles Technische und Ingenieurshafte besitzt. Lange zwischen diesen beiden Begabungen hin- und hergerissen, entscheidet er sich schließlich, als Deutschösterreicher nach Berlin zu gehen und als Erfinder etwas »Großes für das deutsche Volk zu leisten«.[37] Dort trifft er auf Ria Wimpffen, die Tochter des Vorsitzenden der »Deutsch-amerikanischen Sternenliga«, welche sich für die Stärkung des deutschen Elements in den USA einsetzt. Auf der Reise in die Vereinigten Staaten entdeckt Hartenberger mit Hilfe des von ihm erfundenen »Nukleiden-Spektroskops« die unter dem Meeresboden versunkene Insel Atlantis, deren Goldschätze er dem deutschen Reich zur Aufbesserung seiner Finanzen und seiner militärischen Stärke zur Verfügung stellen will. Als ihn die Franzosen an seinen Tauchversuchen hindern wollen, vernichtet er die französische Flotte mit einem eisenschmelzenden »Strahlengerät«, das eine »neue Epoche in der Weltgeschichte einleitet«, wie es ausdrücklich heißt.[38] Durch das von Hartenberger zutage geförderte Gold wird Deutschland so mächtig, daß Frankreich – aus Angst vor einer weiteren militärischen Niederlage – seine Truppen aus den Rheinlanden abzieht und keine weiteren Reparationszahlungen mehr verlangt. Aufgrund all dieser Ereignisse kommt es unter der deutschen Bevölkerung zu einer »gesunden nationalen Welle«, die bewirkt, daß Hartenberger vom deutschen Reichstag für die nächsten zehn Jahre zum »nationalen Diktator« ernannt wird. In dieser Zeit schlichtet er den in Deutschland noch immer schwelenden Streit zwischen »Hakenkreuz und Sowjetstern«,[39] hebt alle Bedingungen des »Versailler Schandvertrages« auf,[40] setzt die Wiedergewinnung der ehemaligen deutschen Kolonien durch und führt schließlich auch Deutschösterreich heim ins Reich. Nachdem er all dies vollbracht hat, setzt er sich keineswegs zur Ruhe, sondern nimmt mit neuer Kraft »gewaltige Aufgaben« in Angriff, wie es im letzten Satz dieses Romans mit vieldeutiger Absicht heißt.[41]

Während der »Relativen Stabilisierung« der Weimarer Republik

Völkische Dystopien einer allgemeinen »Amerikanisierung, Verniggerung und Verjudung« Deutschlands

Nach dem gescheiterten »Marsch auf die Feldherrnhalle« vom 9. November 1923 steckten viele der Deutschnationalen und Nationalsozialisten ihre überspannten Hoffnungen auf einen baldigen Umsturz der Novemberrepublik erst einmal zurück. Doch nicht nur der fehlgeschlagene Putschversuch und das kurz darauf erlassene Verbot der NSDAP trugen zu diesem Stimmungsumbruch im rechtsextremistischen Lager bei, auch die am 15. November 1923 durchgeführte Währungsreform und die hierauf einsetzende Stabilisierung der ökonomischen Verhältnisse machten es für die völkischen Putschisten zusehends schwerer, im Namen eines hungernden und unterdrückten Volkes aufzutreten. Und je schneller das Tempo dieser wirtschaftlichen Aufwärtsentwicklung durch die us-amerikanischen Kredite im Rahmen des Dawes- und dann des Young-Plans sowie die Einführung tayloristischer Rationalisierungsmaßnahmen wurde, desto düsterer wurde die Stimmung bei den Völkischen. Denn diese Entwicklung führte nicht nur zu einem ungeheuren Machtzuwachs der von ihnen bisher so scharf attackierten »Banken und Börsen«, der »Zinsknechtschaftsinstitute«, wie sie bei den frühen Nationalsozialisten hießen, sondern auch zu einer rapiden Ausbreitung aller von ihnen als »verjudet und verniggert« empfundenen us-amerikanischen Kommerzkulturphänomene wie der immer beliebter werdenden Hollywood-Filme, schwarzen Jazz-Bands und großen Ausstattungsrevuen mit den obligaten halbbekleideten Show-Girls, worin die Völkisch-Gesinnten eine fortschreitende Depravierung aller bisherigen Formen von Kultur ins rein Vergnügungsbetonte, Genüßliche, Sichprostituierende, Vulgäre, Urwaldhafte, kurz: Uneuropäische oder Undeutsche sahen.

Doch nicht nur wirtschaftlich und kulturell, auch politisch kam es in den Jahren zwischen 1923 und 1929 zu einem merklichen Trend zur »Mitte«, der zu einer parlamentarischen Mehrheit der bürgerlich-demokratischen Parteien führte, denen sich die SPD entweder als stiller Teilhaber oder als Koalitionspartner anschloß. Das Ergebnis dieser Entwicklung war jene von Gustav Stresemann eingeleitete »Verständigungspolitik« dem ehemaligen »Erzfeind« Frankreich gegenüber, die 1925 zur Unterzeichnung des Vertrags zu Locarno, zum Beginn des Abzugs der französischen Truppen aus den Rheinlanden und zur Aufnahme Deutschlands in den Völkerbund führte. Dies war eine Außenpolitik, welche selbst von vielen der früheren Konservativen gebilligt wurde, die im Zuge dieser Ereignisse zusehends ins Lager der »Vernunftrepublikaner« überwechselten, das heißt sich auf den Boden der real existierenden »Tatsachen« stellten, wie sie es nannten. Für die Rechtsextremisten blieb daher in diesen Jahren nicht viel politischer Spielraum. So wurde zwar die NSDAP am 29. Februar 1925 neugegründet, doch der von ihr als Kandidat aufgestellte Erich Ludendorff erhielt bei den Wahlen zum Reichspräsidenten, die im gleichen Jahr stattfanden, nur 1,06 Prozent der Stimmen. Und auch bei den 1928 abgehaltenen Wahlen zum Reichstag konnte die NSDAP nur 2,8 Prozent der Stimmen für sich verbuchen, blieb also im Bereich jener Splitterparteien, die von vielen damals noch gar nicht wahr-, geschweige denn ernstgenommen wurden.

Völkische Utopien eines neuen Reichs sind daher in diesem Zeitraum äußerst selten. Die meisten der deutschnational oder nationalsozialistisch eingestellten Autoren waren in diesen Jahren über die Fortdauer, ja Stabilisierung der »jüdisch-bolschewistisch-amerikanischen« Novemberrepublik viel zu erbittert, um sofort mit neuem Elan utopische Gegenmodelle zum herrschenden »System« entwerfen zu können. Was daher in diesen Kreisen geschrieben wurde, waren eher völkische Dystopien, welche sich voller Zorn gegen die fortschreitende »Entvolkung« oder »Entdeutschung« Deutschlands wandten und die profranzösische Außenpolitik sowie die kulturelle Annäherung an die USA als eine entwürdigende Depravierung der besten Traditionen deutschen Wesens hinstellten. Fast alle diese Werke münden daher in provozierende Untergangsvisionen oder weichen ins Fluchtutopische aus, indem sie den letzten »deutschbewußten« Menschen empfehlen, lieber auszuwandern und sich jenseits der deutschen Grenzen in rassebetonten Kolonien zusammenzuschließen, als sich weiterhin den korrumpierenden Einflüssen der allgemeinen »Amerikanisierung, Verniggerung und Verjudung« auszusetzen.

Wohl das beste Beispiel einer solchen Dystopie ist das Romanpamphlet *Deutschland ohne Deutsche* (1929) von Hans Heyck. Dieses Buch spielt im Jahr 2050 und zeigt Deutschland im Zustand totaler Auflösung und Erniedrigung. Im Gefolge des Internationalismus der Weimarer Republik ist hier aus dem deutschen Reich ein Land übelster »Rassenvermischung« geworden, in dem fast ausschließlich gesichtslose »Einheitsmenschen« leben, die sich von einem »halbschwarzen Despoten« regieren lassen, der jeden Tag eine weiße Jungfrau schändet.[1] Doch nicht allein das. Wohin man blickt, herrscht in diesem total heruntergekommenen Staat ein Amerikanismus, Technizismus, Kommerzialismus und Erotizismus, das heißt ein Hervortreten des Jüdisch-Orientalischen, Vulgär-Afrikanischen und Negroid-Amerikanischen, welches immer schlimmere Formen annimmt. Wie in Frankreich, wo 18 Millionen Weißen bereits 20 Millionen Schwarze und Mischlinge gegenüberstehen, verbreitet sich auch in Deutschland ein bastardisiertes und depraviertes »Völkerchaos«, das für Werte wie »Heimat«, »Volk«, »Würde«, »Disziplin« oder »Opferbereitschaft« nur noch ein dreckiges Grinsen übrig hat. Hinter diesem System stehen selbstverständlich, wie nicht anders zu erwarten, die »Juden«, in diesem Fall der reiche Jonathan Papier, der mit James Violet in den USA und Lord Kanthanaan in England zu den drei reichsten Männern der Erde gehört. Und fast niemand empört sich dagegen, so »verjudet« und »vernigger« sind die meisten Deutschen bereits. Angesichts dieser Situation entschließen sich die Letzten, die noch »wahrhaft deutsch« empfinden, und das sind nur noch Zweihundertfünfzigtausend, nach Norrland in Nordskandinavien auszuwandern, um dort eine von aller Welt abgeschlossene Kolonie der Blonden zu gründen, die sich der Aufzucht einer neuen Herrenrasse widmet.[2] Die Führung übernehmen hierbei einige nordisch gesinnte Ingenieure, denen kurz zuvor die erste Landung auf dem Mond gelungen war. Und zwar hatten sie dort herausgefunden, daß der gesamte Mond mit einer dicken Eisschicht bedeckt ist, worin sie einen unwiderleglichen Beweis für Hanns Hörbigers »Welteislehre« sehen, die in vielen präfaschistischen Utopien dieser Jahre herumspukt und auch Hitler in ihren Bann geschlagen hat.[3]

Die gleiche dystopische Stimmung herrscht in folgenden Werken, in denen ebenfalls die unheilvollen Einwirkungen aus Frankreich und den USA beklagt werden, welche Deutschland mehr und mehr zu unterminieren drohten. So schildert Josef Magnus Wehner in seinem Roman *Die Wallfahrt nach Paris. Eine patriotische Phantasie*, der bereits vor 1933 geschrieben wurde, aber erst 1933 erscheinen konnte, einen Freikorpsführer, der in Oberschlesien den Kampf gegen die »Polacken« verliert und darauf frustriert zusehen muß, wie die »feige, unentschiedene Reichsregierung« vor den Franzosen zu Kreuze kriecht und eine ehrlose Erfüllungspolitik treibt, die in einer großen Wallfahrt nach Paris gipfelt.[4] Statt die Franzosen aufzufordern, mit ihnen gemeinsame Sache gegen den »mongolischen Bolschewismus im Osten« zu machen, seien die heutigen Deutschen, lesen wir hier, dümmlich genug, nach Osten und Westen zu dienern und überhaupt keine eigene, nationalbewußte Außenpolitik zu treiben.[5] Immer wieder hätten sich in den verschiedenen Regierungen die »Schmieger und Dämpfer«, das heißt die Vertreter der würdelosen »Verbeugungsparteien« durchgesetzt, wodurch aus Deutschland ein »führerloses Reich« geworden sei, in dem nicht die Edlen, sondern die im Nietzscheschen Sinne Vielzuvielen und Allermeisten den Ton angäben. In tiefer Verbundenheit mit den Gefallenen des Ersten Weltkrieges, deren Blut nach Sühne schreie, sehnt sich daher der Autor dieses Romans nach einem Reich, dessen Hauptwerte auf dem Geist der Frontgemeinschaft, einem bäuerlichen Siedlerinstinkt und einer christgermanischen Religion beruhen. Doch wohin sein Held auch blickt, überall nimmt er vorerst nur Korruption, aber keine »Auferstehung« wahr.[6]

Noch düsterer wirkt der Roman *Revolution 1933* (1930) von Martin Bochow. Hier versinkt Deutschland gegen Ende der zwanziger Jahre im totalen Chaos, da Frankreich weiterhin unerbittlich auf horrenden Reparationszahlungen besteht und die USA einen deutschen Konzern nach dem anderen aufkaufen und dann stillegen. Und die »dummen« Deutschen lassen alles über sich ergehen, weil sie nicht mehr »völkisch« empfinden, sondern sich in blinder Parteiwut untereinander befehden und sich schließlich gegenseitig zerfleischen. Das von den »Edelgesinnten« ersehnte Deutschland, »eigener Art getreu, eigenen Gesetzen folgend, wurzelnd im Heimatboden, eigenwillig bewußt des unvergänglichen Schicksals, das aus Blut und Boden gewaltig aufsteht«, wie es in nationalbolschewistischer Perspektive heißt,[7] kommt daher nicht zustande. Als Sieger setzt sich am Ende Wall Street, das heißt die »raubende Geldinternationale«, durch, wodurch die Chance einer nationalen Revolution für Jahrzehnte hinaus vereitelt wird.

Doch nicht alle dieser völkischen Dystopien klingen so pessimistisch aus. Einige dieser Werke lassen wenigstens am Schluß, nachdem sie bei der Darstellung der deutschen Verhältnisse an grausigen Schreckbildern nicht gespart haben, einen gewissen Silberstreif am völkischen Horizont aufleuchten. Dafür spricht ein Roman wie *Der große Karner* (1928) von Fritz Mardicke, der sich als Autor Wolfgang Marken nannte. Seine Hauptgestalt ist einer jener genialen deutschen Ingenieure, in diesem Fall der »große Karner«, der hinter das Geheimnis der Atomzertrümmerung kommt und diese Erfindung dazu benutzen will, Deutschland vom »imperialistischen Westen« zu befreien.[8] Doch die Reichsregierung verzichtet aufgrund ihrer westlich-liberalen Orientierung auf sein Angebot. Und so bleibt dem »großen Karner« am Schluß nichts anderes übrig, als in das entbolschewisierte Rußland auszuwandern und seine Experimente dort fortzusetzen. Wesentlich positiver klingt dagegen das Buch *Feuer am Nordpol* (1924) von Karl August von Laffert aus, das sein Autor im Untertitel als einen *Technisch-politischen Roman aus der Gegenwart* charakterisierte. Auch hier arbeiten die besten deutschen Ingenieure im Ausland, weil es »in unserem armen von den Franzosen geknechteten Vaterland«, wie es heißt, »keine ausreichenden Erwerbsmöglichkeiten mehr gibt«.[9] Nachdem diese Ingenieure eine Weile in Italien mit »Wünschelruten« nach Öl gesucht haben, gehen sie in die Arktis, wo sie ungeheure Bodenschätze finden, die Städte Platinia, Ferreata und Petrolea anlegen, den Staat Nova Thule gründen und schließlich unbesiegbare Kampfflugzeuge konstruieren, mit denen sie sowohl die französischen als auch die us-amerikanischen Fluggeschwader vernichten. Erst nach diesen Aktionen bricht in Deutschland endlich der langersehnte Volksaufstand gegen die »Erfüllungspolitiker« und ihre bolschewistischen Helfershelfer aus. Nicht ganz so nationalistisch wirkt dagegen der Roman *Das blaue Wunder. Die Weltkatastrophe des Jahres 1944* (1927) von Axel Beste, in dem zwar das Deutschland der Weimarer Republik ebenfalls als ein durch französische und us-amerikanische Einflüsse verkommenes und heruntergewirtschaftetes Land geschildert wird, wo es jedoch einem deutschen Ingenieur am Schluß gelingt, seine Landsleute, ja die ganze weiße Rasse durch einen großangelegten Bluff wieder zur Räson zu bringen.

Eins der wenigen dystopischen Werke dieses Zeitraums, das inmitten der als total korrupt dargestellten Verhältnisse einen nazistischen Hoffnungsschimmer aufleuchten läßt, ist der Roman *Michael. Ein deutsches Schicksal in Tagebuchblättern* von Joseph Goebbels, der um die Mitte der zwanziger Jahre geschrieben wurde, aber erst 1928, nachdem Goebbels in die NSDAP eingetreten war, im Druck erschien. Wie alle Helden dieser völkischen Dystopien fühlt sich auch sein Michael von den politischen, gesellschaftlichen und kulturellen Zuständen in der Weimarer Republik zutiefst angeekelt. Nichts, aber auch nichts befriedigt in diesem Staat seinen Sinn für Bedeutsames, aus den Urgründen des Volkes Stammendes. Selbst das Kulturleben Münchens und das Universitätsleben Heidelbergs geben ihm nicht die ersehnte »Erfüllung«, ja erscheinen ihm eher wie »Brutstätten zersetzender Tendenzen«.[10] Wohin er auch blickt, herrscht bürgerliche Oberflächlichkeit, Apathie und Eigensucht, das heißt ein Status-quo-Denken, das von allen tieferen Problemen und Konflikten des deutschen Volkes einfach absehe. Was Michael jedoch am meisten erbittert, ist die falsche »Revolution« von 1918. Statt sich um einen nationalen Sozialismus zu bemühen, habe man sich damals aus mangelndem »Mut«, ja aus »organisierter Feigheit« den weltbürgerlich-pazifistischen Vorstellungen der Sozialdemokraten angeschlossen und damit um die wahre Revolution »prellen lassen«.[11] Die Sozialdemokraten und ihre bürgerlichen Bündnispartner, heißt es, hätten nicht das Wohl des deutschen Volkes im Auge gehabt, sondern seien lediglich darauf ausgewesen, die Bedingungen des »Schmachfriedens von Versailles« zu erfüllen. Aufgrund dieser Entwicklung werde Deutschland heute von jenen Gruppen regiert, die auch die restliche Welt »beherrschten«, nämlich den Kapitalisten und den Juden.[12] Und so seien die Deutschen, wie Goebbels schreibt, kein »Herrenvolk« mehr, sondern ein »Sklavenvolk«, das man unbarmherzig »ins Joch gezwängt« habe.[13] Doch nicht nur die Folgen von Versailles, auch die Folgen der sogenannten ökonomischen Stabilisierung nach 1923 findet sein Michael empörend, da durch sie eine allgemeine Wendung ins Kommerzielle und Materialistische eingesetzt habe, die sich zwar mit dem Deckmäntelchen des Liberalismus umgebe, hinter der jedoch nichts anderes als eine schmachvolle Korrumpierung des wahrhaft »Politischen« stehe. Im Sinne solcher Überlegungen heißt es an einer Stelle:[14]

»Was nennt man heute nicht alles Politik? Wenn ein Schieber sich mit dem Geld, das er uns gestohlen hat, ein Reichstagsmandat kauft, in den Wandelgängen des Parlaments mit den Mitteln des Volkes seine Geschäfte macht, dann treibt er Politik. So sind die Parteien der Demokratie: Geschäftsgruppen! Weiter nichts. Weltanschauung? Was ist das für ein reaktionärer Begriff? Ehre, Treue, Glauben, Überzeugung? Mann, Sie sind von Gestern! Links und rechts und rechts und links, ein großer Klüngel von Korruption und Schmach. Dieses Heldenvolk ist auf den Fettbauch gekommen, schlimmer noch als auf den Hund.«

Und so wird sein Michael immer wieder von einer allgemeinen »Hoffnungslosigkeit« überwältigt.[15] Ständig notiert er sich, daß Deutschland »in Trümmern« liege, daß Deutschland zu einer »Geldprovinz« des Westens abgesunken sei, daß in Deutschland ein grenzenloser Mammonismus herrsche, ja daß bei fast allen Deutschen, vor allem den bürgerlichen Kapitalisten und sozialdemokratischen Bonzen, jeder Funke eines deutschnationalen Verantwortungsbewußtseins erloschen sei.[16] Überall konstatiere man »Zersetzung und Auflösung«, aber »keinen Aufbau, keinen Anbruch, keinen Vorwärtsmarsch«.[17] Und so entscheidet sich sein Michael schließlich, voller Erbitterung über die herrschenden Besitz- und Bildungsklassen, Bergarbeiter zu werden, um wenigstens auf der Ebene der Arbeit dem Volke so nah wie möglich zu sein.

Eine gewisse Hoffnung leuchtet in diesem Roman nur dann auf, wenn Michael von einem möglichen Erwachen des »Volkes«, einem Aufbruch der »Jungen«, einem neuen »Führer« träumt – und in seinen Phantasien bereits jene Zeiten vorwegnimmt, wo er sich einmal als Soldat »im Dienste der Revolution seines Volkes« bewähren werde.[18] Doch dazu kommt es in diesem Roman noch nicht. Bevor Michael zu einem aktiven NSDAP-Streiter werden kann, wird er das Opfer einer Grubenkatastrophe, wodurch auch dieses Werk, wie so viele völkisch-dystopischen Werke der Jahre zwischen 1923 und 1929, eher ans Apokalyptische als ans Utopische grenzt.

Bäuerliche und rassistische Aufartungskonzepte

Wenn in den Jahren zwischen 1923 und 1929 überhaupt deutschnationale oder protofaschistische Utopienentwürfe erschienen, dann selten wirkliche Sozialutopien, die eine Umwälzung der Gesamtgesellschaft ins Auge faßten, sondern eher Darstellungen fluchtutopischer Koloniegründungen, wie sie zum Teil auch in den völkischen Dystopien dieser Jahre auftauchen. Und zwar stand dabei entweder der Gedanke der bäuerlichen Neuansiedlung oder der Gedanke der rassischen Neuzüchtung bestimmter »nordisch« gebliebener Teile der deutschen Bevölkerung im Vordergrund. Beide dieser Vorstellungen, ob nun die die bäuerlichen oder rassistischen Kolonieentwürfe, die manchmal deutlich ineinander übergehen, haben ihren Ursprung in den Zukunftsvisionen der Völkischen Opposition oder Fortschrittlichen Reaktion um die Jahrhundertwende, wurden jedoch in diesem Zeitraum immer stärker im Sinne nationalsozialistischer »Blut- und-Boden«-Vorstellungen konkretisiert und zum Teil sogar in die Wirklichkeit überführt.

Im Rahmen der bäuerlichen Siedlungs- und Koloniekonzepte lassen sich hierbei zwei Tendenzen unterscheiden. Einerseits wandten sich solche Programme gegen die zunehmende Verstädterung, durch die sich Deutschland immer stärker von seinen ursprünglichen, in der »Scholle« verankerten Werten entferne und den durch die Führungsschichten der Weimarer Republik akzelerierten Tendenzen ins Technische, Industrielle, Kommerzielle, Amerikanisierte usw. zum Opfer falle. In ihnen wurde also der zunehmenden »Landflucht« die These vom »Volkstod in den großen Städten« entgegengesetzt und eine konsequente Rücksiedlung aufs Land propagiert. Ja, ein Mann wie Hans Grimm gab in seinem Roman *Volk ohne Raum* (1926) selbst in diesen Jahren die Hoffnung nicht auf, daß die Deutschen eines Tages wieder als Siedler nach »Südwest« zurückkehren könnten. Andererseits hatten solche Bauern- und Schollekonzepte häufig eine deutliche Stoßrichtung nach Osten, das heißt unterstützten die These, daß man der fortschreitenden »Polonisierung« der deutschen »Ostmarken« endlich einen »Wall deutscher Bauern« entgegenstellen und vielleicht sogar zum altgermanischen Prinzip der »Landnahme« übergehen müsse.[1] Hier vertrat man deshalb in Anlehnung an Karl Hampes Buch *Der Zug nach Osten* (1921) gern die Anschauung, daß das deutsche Volk, welches sich jährlich um fast 900 000 Menschen vermehre, nicht davor zurückschrecken dürfe, den »minderwertigen« Völkern des Ostens ihr Land einfach mit Gewalt zu entreißen.

Erste Ansätze solcher Koloniegründungen bildeten damals Schwarzenerde, Habertshof, Hellauf, Deutschordensland, Wisseloh und Artam, wo man neben spezifisch völkischen Idealen auch Vorstellungen der älteren Lebensformbewegung huldigte, also weder Alkohol noch Nikotin duldete, ja sogar auf rein vegetarische Ernährungsweisen zurückgriff. Im Hinblick auf den späteren Nationalsozialismus waren hierbei vor allem die Artamanen-Siedlungen von Wichtigkeit, die 1923 von Willibald Hentschel, dem Autor der rassistischen *Varuna* (1902), ins Leben gerufen wurden. Das Wort Artamane bedeutete in diesen Kreisen nicht nur »Hüter der Scholle«, sondern auch »deutscher Streiter gegen Osten«. Trotz ihrer Volksgemeinschaftsvorstellungen – das heißt ihrem Slogan, daß bei ihnen alle Deutschen, und zwar »vom Grafensohn bis zum Tagelöhnerkind«,[2] eine neue Heimstatt finden könnten – hatten die Artamanen-Siedlungen keinen Gemeinbesitz, sondern beruhten auf Einzelhöfen, ja huldigten in ihrer Siedlungsverwaltung einem strengen Führerprinzip, nahmen also bereits viele jener Widersprüche vorweg, die sich später auch bei nationalsozialistischen Organisationen dieser Art finden. Die meisten ihrer Siedlungen lagen an der deutschen Ostgrenze, wie sich überhaupt der »Bund Artam« stets zu dem Motto bekannte:[3]

»Artam ist die völlige Abkehr vom Westen und seiner Zivilisation. Deutschlands Zukunft, Deutschlands junge Kraft liegt im Osten. Unser Schicksal entscheidet sich nicht an Rhein und Ruhr, sondern an der Weichsel und an der Memel.«

Schon im Jahr 1927 waren 80 Prozent der Artamanen zugleich Mitglieder der NSDAP und empfanden sich als Angehörige eines »Heils-Heeres«, dessen oberste Werte Kameradschaftlichkeit und Kampfbereitschaft sind. Von den späteren NS-Führern gehörten damals Heinrich Himmler und Rudolf Höß dem »Bund Artam«

an. Himmler, der bereits im August 1923 der NSDAP beigetreten war, betätigte sich 1928 im Rahmen dieser Organisation vor allem als Hühnerzüchter, bevor er 1929 Reichsführer der SS wurde, für die er das »Bauernschwarz« der Artamanen beibehielt, jedoch ganz andere »Zuchtideale« ins Auge faßte. Ihm zur Seite trat in diesen Jahren der ehemalige Diplomlandwirt Walter Darré, der sich ebenfalls mit Fragen der Tierzucht befaßt sowie in seinen Büchern *Das Bauerntum als Lebensquell der nordischen Rasse* (1929) und *Neuadel aus Blut und Boden* (1930) erste Manifeste eines »deutschbewußten Nährstandes« für die Zukunft entworfen hatte, welche die Parteiführer so beeindruckten, daß sie Darré 1931 mit der Leitung des Rassen- und Siedlungshauptamtes und der agrarpolitischen Abteilung der NSDAP betrauten.

Auch die Aufartungskonzepte der nordischen Rasse gingen in diesen Jahren meist von bäuerlichen Kolonievorstellungen aus. Und zwar stützte man sich hierbei meist auf jene rassistischen Utopievorstellungen, die bereits in den neunziger Jahren im Rahmen sozialdarwinistischer, eugenischer, alldeutscher, antisemitischer und anderer völkisch-oppositioneller Strömungen entstanden waren und ein deutsches Arierland, ein Ultima Thule, eine Germania germanicissima ins Auge gefaßt hatten, in der wieder die Farbe des »Weizenblonden« vorherrschen sollte. Wie auf dem Sektor der bäuerlichen Koloniebildungen gehörte auch hier Willibald Hentschels *Varuna* (1902) zu den entscheidenden Vorbildern solcher Konzepte, wie überhaupt diese beiden Vorstellungen im Sinne der allgemeinen »Blut-und-Boden«-Theorien oft ineinander übergehen. Neben Hentschel taten sich auf diesem Gebiet vor allem Männer wie Theodor Fritsch, Jörg Lanz von Liebensfels und Artur Dinter hervor, deren Rassismus in den Jahren der sogenannten Versailler Schmach immer rabiater wurde. Die erste Utopie dieser Art, die in diesem Zeitraum erschien, war Margart Hunkels Buch *Von deutscher Gottesmutterschaft* (1919), in der sie alle nordisch bewußten Frauen aufrief, ihr Scherflein zur völkischen Erneuerungsbewegung beizusteuern und sich in den Dienst einer deutschnationalen »Rassen- und Sippenpflege« zu stellen. Und zwar schwebten ihr dabei »Deutsch-Schwestern« vor, die sich in »ländlichen Eigenheimen« auf das Erlebnis »göttlicher Deutschgeburten« vorbereiten, um so dem deutschen Volke wieder die dringend benötigten »Helden« zu schenken.[4]

19 Franz Stassen: Hermann der Cherusker (um 1925).

Was bei Hunkel noch an die Wandervogel- und Landschulheimbewegung erinnert, nimmt in Ernest Klees *Das arische Manifest* (1922) eindeutig rassistisch-imperialistische Züge an. Im Sinne der in diesen Bereichen beliebten manichäischen Schwarzweiß-Vorstellungen werden hier den jüdischen »Schmarotzern«, die weder einen »Glauben« noch ein »Vaterland« besäßen, sondern teuflische Vertreter eines alles umstürzenden »Vernichtungsgedankens« seien, jene kulturschöpferischen »Arier« entgegengestellt, auf die alles Große in der Menschheit zurückgehe.[5] Statt weiterhin tatenlos zuzusehen, wie die jüdischen Untermenschen die Grundfesten der arischen Gesittung zu unterminieren suchten, fordert daher Klee alle nordischen Edelmenschen auf, sich zu einer militanten »Blutsgemeinschaft« zusammenzuschließen und eine »Kirche der reinen Blutseinheit« zu schaffen, um diesem höllischen Treiben ein für allemal ein Ende zu bereiten.[6] Dementsprechend werden bei ihm die Glaubensweisheiten des Christentums durch die strahlenden Weisheiten eines Glaubens an die arische Rasse ersetzt. »Wir warten nicht mehr müde auf den Erlöser«, heißt es hier, »der Messias kommt nicht von außen. Der Erlöser ist in uns. Er sagt: Glaube an die Stimme deines Blutes, sie ist die Macht dessen, was wir Himmel und Erde nennen! Dies sei deine Religion!«[7] Und so steht am Schluß des Ganzen die Hoffnung, daß »an den Küsten des Atlantischen Ozeans eines Tages das große Glaubensreich Arja« entstehen werde.[8] Um seinen Lesern den nötigen Mut zu dieser rassischen Rückumwälzung zu geben, erklärt Klee auf der letzten Seite seines Manifests:[9]

»Die Lüster sind angezündet. An der Weltorgel sitzt der Wille der weißen Macht und stellt die Register. Bald wird das Dies irae brausen – ein Orkan durchfluteter Akkorde über das königliche Leben hin, donnernd und gewitterjauchzend in der Gewalt seiner großartigen Herrlichkeit. Wir stehen schauernd in dem Riesendom und werden von der Sturmesmacht dieser Symphonie emporgetragen. Mit dieser großen, brausenden Weihe in uns treten wir in die Kampffront. Unsere Schilde tragen den Spruch: Es werde Licht! Das Gewaffen ist die Wahrheit. O, hört den Ruf! Der Herold ruft: Arier aller Länder, vereinigt euch!«

Während bei Hunkel und Klee noch die pseudoreligiösen Konzepte der Jahrhundertwende weiterwirken, geht Adolf Reinecke in seinem Roman *Der Erlöser-Kaiser* (1923) bereits etwas konkreter vor. Hier werden unter der Herrschaft eines nordischen »Kaiser Blondbart« in ländlicher Umgebung, zumeist auf holsteinischen oder nordfriesischen Inseln, staatlich unterstützte »Erneuerungs-Gemeinschaften« angelegt, in denen sich nordisch-gesinnte Siedlerehepaare, neben harter bäuerlicher Arbeit, allein der Zeugung und Aufzucht einer rassenreinen Nachkommenschaft widmen sollen, um so »unser Volk«, wie es heißt, »in zwanzig Jahren um etwa eine Million junger Germanen zu bereichern«.[10] Doch auch von anderen blonden Ehepaaren, erklärt Reinecke, werde man im Reich der Zukunft »wenigstens vier bis fünf Kinder« verlangen[11] und allen völkisch minderwertigen Menschen mit strengen Rassegesetzen entgegentreten, um so das deutsche Volk aus einer depravierten »Mischmasch-Rasse« wieder zu einer blond-blauäugigen Edelrasse strahlender Nord- und Sonnenmenschen aufzuarten.

Eine der konsequentesten Utopien dieser Art, die in diesen Jahren erschien, ist das Buch *Fernstenliebe. Bilder aus der Erneuerung des Abendlandes* (1923) von Kurt Gerlach, das dem Spenglerschen Konzept des »Untergangs des Abendlandes« Nietzsches Konzept der »Fernstenliebe« entgegensetzt, dies jedoch aus dem Geistaristokratischen ins Rasseneugenische konkretisiert. Um der

20 Siegfried und Kriemhild in dem »Nibelungen«-Film von Fritz Lang (1923).

fortschreitenden Rassenvermischung und damit dem »Volkstod« in den großen Städten, in denen viel zu wenige und zudem meist rassisch unterwertige Kinder gezeugt würden, in Zukunft wirksam entgegentreten zu können, schließt sich hier ein Bund nordisch-gesinnter Männer zu einer Rassenzuchtgruppe zusammen, die durch eine strenge genetische Auslese, das heißt eine Vermehrung der nordisch Erbtüchtigen, zur Stärkung der weißen Rasse gegen die Farbigen und damit zur »Erneuerung des Abendlandes« beitragen will.[12] Wie Hentschel, Lanz und Hunkel vertritt dieser Bund die These, daß das Zeugungsvorrecht vornehmlich den »Helden« zustehen solle. Sie fassen daher nordische Rassenzuchtkolonien von je 100 Männern und 1 000 Frauen ins Auge, um so durch eine planmäßige Züchtung ins »Übermenschliche« ein neues »wertvolles Menschentum« zu schaffen, daß sie dann als erneuerte Führungsmenschheit ins Abendland zurückschleusen wollen.[13] Zu diesem Zweck erwerben sie einige nordische Landstriche mit altgermanischen Hünengräbern, vor allem in Schweden, wo sie unter der Leitung ihrer Führer Hartmann, Berg, Harald und Einhart als autarke Bauern leben und einen »knochenstarken und erbtüchtigen Nachwuchs« in die Welt setzen.[14] »Alles Alte wurde wieder neu«, heißt es hier triumphierend, »in den stillen Dörfern sammelte sich ein schönes, großgewachsenes, blondes Menschentum«.[15] Als dieser Bund endlich genug blondschöpfige Nachkommen hat, schickt er diese, wie schon in der Spätantike, als Schweden noch die germanische »Vagina gentorum« war, nach Süden, um den rassisch-verkommenen Völkern Mitteleuropas eine neue Herrenschicht zu geben. Im Sinne solcher Vorstellungen heißt es an einer Stelle:[16]

»So vollzog sich ohne Schwertstreich, ohne Kanonenschlag, ohne Wunder und Tod die Eroberung des Abendlands mit Strömen von lebendigem, heilem Blut. Sie kamen heranmarschiert, erst vereinzelt, dann geschlossen, in Kohorten, in Kolonnen, in Armeen und Heeren, die wohlgeborenen, die edelgezeugten Söhne und Töchter des Bundes. Die Ehemaligen strichen die Fahnen, übergaben ihnen die Plätze und gingen. Wo sie blieben, taten sie es in Unterordnung und Anerkennung der neuen Macht, die Frische und Leben hieß.«

Daß dabei auch die »Revanche für Versailles«, die in vielen völkischen Romanen dieser Jahre eine wichtige Rolle spielt, nicht vergessen wird, geht aus folgendem Abschnitt hervor, wo die »noble« Aufartungstendenz auf einmal ganz konkret wird:[17]

»Laßt uns Menschen in Bataillonen aus der Erde stampfen, [...] laßt uns unsere Gartensöhne mannhaft und wehrhaft machen, schiebt sie in Posten in die Städte am Rhein, schafft Sammellager für sie, gebt Kennworte aus, laßt Feuerzeichen aufflammen, züchtet und zieht im Besonderen ihre Führer heran, laßt sie ausschreiten und vor ihnen hergehen, laßt sie die Hand erheben und einen Befehl ausstoßen, einen Wink tun nach Sonnenuntergang und den Fuß vorsetzen, und ein Marsch wird beginnen und über den Strom gehen und in den kleinen und neidischen Nachbarn hinein, daß es uns später niemals wieder so eng um die Brust sein wird wie jetzt, da wir alle Fesseln tragen müssen.«

Derart überspannte Aufnordungskonzepte traten in der Jahren der ökonomischen Stabilisierung der Weimarer Republik vorübergehend in den Hintergrund. Und doch verschwanden sie nie ganz, wie sich anhand der vielfältigen Aktivitäten der 1921 in Lübeck gegründeten »Nordischen Bewegung« zeigen ließe.[18] Allerdings wurden viele dieser rassistischen Wahnvorstellungen jetzt zusehends ins Rassenpsychologische oder Rassenhygienische »verwissenschaftlicht«. Gute Beispiele für diesen Trend bieten Bücher wie *Rassenkunde des deutschen Volkes* (1922) von Hans F. K. Günther sowie *Die nordische Seele* (1923) von Ludwig Ferdinand Clauß, die zweifellos zu den einflußreichsten rassentheoretischen Schriften vor der Herausbildung einer spezifisch nationalsozialistischen Rassenlehre gehörten.[19] Vor allem das Günthersche Buch wurde in den folgenden Jahren ständig neu aufgelegt und drängte die Rassenkonzepte der Vorkriegszeit schnell in den Hintergrund. Wie fast alle Deutschvölkischen beklagte Günther in ihm die fortschreitende »Verstädterung« und »Rassenvermischung« im Rahmen der Weimarer Republik, die zu einer merklichen »Entnordung« und damit Substanzschwächung des deutschen Volkes geführt habe, setzte jedoch die Hoffnung auf eine planmäßige Aufnordung der Deutschen nicht auf irgendwelche an Hentschel, Reinecke oder Gerlach erinnernden Rassenzuchtkolonien, sondern ging wesentlich nüchterner vor und beschränkte sich auf die Empfehlung von Maßnahmen wie die der Erhöhung der Kinderzahl unter den Blonden und Blauäugigen, um so »im deutschen Volke«, wie er schrieb, »die Schöpferkraft des frühen Germanentums wiederzuerwecken«.[20] Überhaupt faßte Günther in diesen Jahren noch weniger politische oder gar imperialistische Ziele als eine »rassenseelische Erneuerung« ins Auge,[21] die er durch eine leib-seelische Veredlung des deutschen Menschen ins Lichtere, Schönere und damit Deutschere zu erreichen hoffte, für die er eher Zitate aus den Werken Friedrich Hölderlins als aus den Werken Houston Stewart Chamberlains heranzog.

Hitlers »Mein Kampf«

Eins der wenigen völkischen Werke dieser Jahre, das – angesichts des Siegs der »Weimarer Koalition« aus Bürgerlichen und Sozialdemokraten – nicht voller Verzweiflung ins Dystopische auswich oder sich auf relativ enge Siedlungs- und Rassenkonzepte beschränkte, sondern dem herrschenden »System« den Gesamtentwurf eines neuen deutschen Reichs entgegenzusetzen versuchte, war Hitlers *Mein Kampf* (1925-27). Und zugleich war es – wegen seiner rein machtpolitischen Orientierung – das zukunftsträchtigste. In ihm fanden die rechtsextremen Gruppen endlich das, was sie in der Hoffnung auf ein völlig anderes Staatsgebilde bestärkte. Dieses Werk war zwar nicht besonders originell, sondern kompilierte lediglich viele der seit langem debattierten deutschnationalen und deutschsozialen Vorstellungen, trug sie jedoch in Form eines kämpferischen Erlebnis- und Erfahrungsberichts vor, wodurch die bisher weitgehend theoretisch oder romanhaft vorgestellten völkischen Ideale erstmals einen »aus dem Leben« gegriffenen »Echtheits«-Charakter erhielten.

Als kluger Taktiker begann Hitler mit einem kurzen, zum Teil legendären Rückblick auf sein Herkommen und seinen politischen Werdegang, um sich einerseits voll und ganz in das allgemeine Volksschicksal einzubinden, sich jedoch andererseits durch seine Fähigkeit, dieses Schicksal auf den Begriff zu bringen, zugleich als ein möglicher Führer dieses Volks anzubieten. Aus diesem Grunde begegnen wir Hitler in den ersten Kapiteln von *Mein Kampf* weitgehend als Arbeiter, als Mann aus dem Volke, der von der Kriegs- und Nachkriegsmisere der Deutschen zutiefst ergriffen ist und sich bereit erklärt, für die Wiedererstarkung ebendieses Volks sein Letztes, ja seine ganze Existenz hinzugeben. An diese eher autobiographische Einleitung schließt sich eine detaillierte Schilderung der mühsamen Anfänge der DAP und NSDAP bis zum gescheiterten »Marsch auf die Feldherrnhalle« an. All das nimmt den größten Teil des ersten Bandes ein und gipfelt – nach vielen Ausfällen gegen Marxisten und Juden – schließlich in der Forderung nach einem »Germanischen Staat deutscher Nation«. Darauf folgt im zweiten Teil dieser Schrift eine ausführliche Erläuterung des nationalsozialistischen Parteiprogamms, bei der Hitler gegen Ende immer stärker aus dem Bereich des »Noch« in den Bereich des »Noch nicht«, kurz: des Utopischen vorstößt.

Und zwar verband er dabei seine Vorstellung eines neuen deutschen Reiches nicht mit irgendeinem »mechanischen« Staatskonzept, sondern – im Gegensatz zu den Marxisten und Juden, die sich, wie er behauptete, unter Staaten stets nur Vertretungen bestimmter Klasseninteressen vorstellen könnten – allein mit der Vorstellung einer organisch gewachsenen Nation. Die tiefste Voraussetzung eines »höheren Menschentums«, lesen wir hier, biete lediglich das lebendige, aus dem Wesen einer einzigen Rasse erwachsene »Volkstum«, aber nie ein kaltes, rational geplantes Staatskonzept.[1] Dementsprechend heißt es an einer Stelle:[2]

»Der Staat ist nur Mittel zum Zweck. Sein Zweck liegt in der Erhaltung und Förderung einer Gemeinschaft physisch und seelisch gleichartiger Lebewesen. Die Erhaltung selbst umfaßt erstlich den rassenmäßigen Bestand und gestattet dadurch die freie Entwicklung aller in dieser Rasse schlummernden Kräfte. [...] Staaten, die nicht diesem Zwecke dienen, sind Fehlerscheinungen, ja Mißgeburten.«

Statt sich also auf den Boden der durch die Weimarer Republik geschaffenen »Tatsachen« zu stellen, das heißt dem Trend ins Liberalistische, Kommerzielle, Parlamentarische, Demokratische, Rationalistische, Technizistische oder gar Marxistische nachzugeben, der auf total entnationalisierten, das heißt internationalistisch-zivilisatorischen Gesellschaftskonzepten beruhe, rückte Hitler in *Mein Kampf* immer wieder das Deutschnationale, Völkische, Nordische und damit den unverkennbaren Eigensinn des deutschen Volkes in den Vordergrund, den man nicht noch weiter verkrüppeln dürfe. Und zwar ging er hierbei stets von der ins »Arische« eingefärbten sozialdarwinistischen These aus, daß die Deutschen von Natur aus ein geborenes »Herrenvolk« seien, das ein besseres Los verdiene, als sich bedingungslos in die westliche Zivilisation einzugliedern und in dem daraus entstehenden »Völkerchaos« unterzugehen.[3] Um dieser Entwicklung ein für allemal einen Riegel vorzuschieben, faßte Hitler im weiteren eine Sterilisierung aller erblich Belasteten, eine konsequente Ausschaltung aller Juden aus dem deutschen Volksleben, ja eine durchgreifende rassische Aufartung der gesamten deutschen Bevölkerung ins Auge, um so diesem Volke wieder einen »unzerstörbaren« nordischen Rassekern zu geben.

Im Gegensatz zu allen aufklärerischen, liberalen oder sozialistischen Weltanschauungen, die ihre Hoffnung auf eine Vervollkommnung des Menschen stets mit bestimmten Wissens- oder Bildungskonzepten verbinden, setzte also Hitler seine Zukunftshoffnungen auf ein »edleres Zeitalter«, wie er es nannte, fast ausschließlich auf die Wiedererweckung eines biologischen Bewußtseins, das heißt die rassische »Höherzüchtung« des deutschen Volkes.[4] In diesem Zusammenhang heißt es einmal klipp und klar:[5]

»Der völkische Staat hat in dieser Erkenntnis seine gesamte Erziehungsarbeit in erster Linie nicht auf das Einpumpen bloßen Wissens einzustellen, sondern auf das Heranzüchten kerngesunder Körper. Erst in zweiter Linie kommt dann die Ausbildung der geistigen Fähigkeiten. Hier aber wieder an der Spitze die Entwicklung des Charakters, besonders die Förderung der Willens- und Entschlußkraft, verbunden mit der Erziehung zur Verantwortungsfreudigkeit, und erst als letztes die wissenschaftliche Schulung.«

Ja, kurz darauf heißt es noch entschiedener, daß für einen wahrhaft »völkischen« Staat ein »wissenschaftlich wenig gebildeter, aber körperlich gesunder Mensch mit einem guten festen Charakter« wesentlich wertvoller sei als ein »geistreicher Schwächling«.[6] Denn nur »charaktervolle« Menschen stellten, wie wir weiter hören, im Rahmen »idealisch veranlagter Volksgemeinschaften« die »verzichtfreudige Opferbereitschaft« für ihre Nation weit über jeden niedrigen »materiellen Egoismus«, der hinter allen bürgerlich-liberalen oder proletarisch-sozialistischen Weltanschauungen stehe.[7]

Um also Deutschland aus den Niederungen des Materialismus zu den Höhen eines völkischen Idealismus emporzuführen, wie es mit »utopischer« Akzentsetzung heißt, forderte Hitler in *Mein Kampf* eine verstärkte Propaganda für eine nationale, deutschbewußte, ja chauvinistische Gesinnung, welche den Glauben an ein »ideales Reich« über das Sichabfinden mit der gegenwärtigen »realen Republik« setzt und so dem deutschen Volke zu einem neuen idealistischen Selbstbewußtsein verhilft.[8] Und zu diesem Zwecke, nämlich der Masse des deutschen Volkes einen neuen Nationalismus einzuimpfen, ihr ein neues Gefühl für arische Rassenreinheit zu geben, ihr den Weg zur Rettung Deutschlands und damit der ganzen Welt aus den Klauen des liberalistischen, jüdischen und bolschewistischen Materialismus zu weisen, erschien Hitler jedes Mittel recht. Allerdings gelte es auf dem Wege dahin, wie er immer wieder beteuerte, erst einmal alle älteren Klassenbarrieren abzubauen, welche die Entstehung eines wirklichen Nationalgefühls in Deutschland bisher verhindert hätten. In diesem

Sinne heißt es unter dem Zwischentitel »Weckung des Nationalstolzes«:[9]

»Nationalgefühl, das nur auf Gewinn ausgeht, gibt es nicht, Nationalismus, der nur Klassen umschließt, gibt es ebensowenig. [...] Ein Grund zum Stolz auf sein Volk ist erst dann vorhanden, wenn man sich seines Standes nicht mehr zu schämen braucht. Ein Volk aber, von dem die eine Hälfte elend und abgehärmt oder gar verkommen ist, gibt ein so schlechtes Bild, daß niemand Stolz darüber empfinden soll. Erst wenn ein Volkstum in allen seinen Gliedern, an Leib und Seele gesund ist, kann sich die Freude, ihm anzugehören, bei allen mit Recht zu jenem hohen Gefühl steigern, das wir mit Nationalstolz bezeichnen. Diesen höchsten Stolz wird aber auch nur der empfinden, der eben die Größe seines Volkstums kennt. Die innige Vermählung von Nationalismus und sozialem Gerechtigkeitssinn ist schon in das junge Herz einzupflanzen. Dann wird dereinst ein Volk von Staatsbürgern entstehen, miteinander verbunden und zusammengeschmiedet durch eine gemeinsame Liebe und einen gemeinsamen Stolz, unerschütterlich und unbesiegbar für immer.«

Um all diese Gedanken in die Tat zu übersetzen, forderte Hitler schon in *Mein Kampf* effektive völkische Werbungskampagnen, ohne die jede »weltanschauliche Revolution« von vornherein zum Scheitern verurteilt sei.[10] Statt lediglich die herrschende Misere zu beklagen oder sich mit geistaristokratischer Gebärde auf utopische Entwürfe idealer Gesellschaften zu beschränken, entwarf also Hitler bereits hier ein höchst effektives Propagandakonzept, mit dem er die breite Masse, als die entscheidende politische Macht, auf seine Seite zu bringen hoffte. Nicht in »geheimen Konventikeln« soll in Zukunft gearbeitet werden, erklärte er apodiktisch, sondern in »gewaltigen Massenaufzügen«, um sich als die von allen anerkannten »Herren der Straße« durchzusetzen.[11] Als die vordringlichste Aufgabe der Zukunft bezeichnete deshalb Hitler immer wieder die »Nationalisierung« der bewußt antinationalen, das heißt kommunistisch verseuchten Masse.[12] Und zwar stellte er dabei »in taktischer Hinsicht« folgende Faustregeln auf: 1. die »rücksichtslose und fanatisch einseitige Einstellung auf das nun einmal zu erstrebende Ziel«, da »Gift nur durch Gegengift« beseitigt werde, 2. die Erweckung eines auf Liebe und Haß beruhenden »Glaubens«, der weniger auf »wissenschaftlichen Erkenntnissen« als auf einem die Masse »beseeligenden Fanatismus oder einer sie vorwärtsjagenden Hysterie« beruht, 3. den aufrüttelnden Appell an die Masse, sich endlich als ein »geschlossener, wertvoller, national fühlender und national sein wollender Faktor in der Volksgemeinschaft« zu empfinden, 4. den Inhalt und die Form der Propaganda allein an ihrem »Erfolg zu messen«, und 5. die klare Herausstellung eines außerparlamentarischen Führerprinzips, um der Gesamtbewegung einen spezifisch »revolutionären« Charakter zu geben.[13]

Im Sinne dieser Regeln versuchte Hitler, sich bei seinen politischen Schlagworten so eng wie möglich an den die damalige Masse beherrschenden Sehnsüchten, Hoffnungen, Vorurteilen, Haßgefühlen usw. zu orientieren. Neben dem bereits angeführten Konzept einer rassischen Höherzüchtung des deutschen Volkes, mit dem er vor allem an den latenten oder offenen Antisemitismus appellierte, sowie der deutlichen Akzentuierung eines deutschen Sozialismus, mit dem er die Arbeiter von den Sozialdemokraten und Kommunisten wegzulocken versuchte, also Taktiken, deren sich bereits die deutschnationalen und christlich-sozialen Parteien der Vorkriegszeit bedient hatten, zog Hitler dabei als drittes Leitbild seines völkischen Staates der Zukunft gern das im Rahmen aller damaligen konservativ-reaktionären Bewegungen beliebte Bild des deutschen Bauern und seiner engen Beziehung zur deutschen Scholle heran. Allerdings ließ er sich hierbei nicht von einem neuromantischen Mystizismus leiten, sondern integrierte seine Bauern- und Schollevorstellungen stets in das Programm einer künftigen Ostsiedlung, um auch dieses Leitbild in den Dienst seiner völkisch-imperialistischen Propaganda zu stellen. Wenn also Hitler in diesen Jahren den Begriff »Ostpolitik« verwandte, dann stets im Hinblick auf das rassisch-legitimierte »Recht auf Grund und Boden« jener Völker, die aufgrund ihrer unverbrauchten Lebenskräfte ohne eine solche »Bodenerweiterung« dem »Untergang« geweiht wären.[14] Und das waren für ihn selbstverständlich die Deutschen – und nicht die rassisch »minderwertigen« Slawen oder Juden. Im Sinne solcher Thesen schrieb er mit imperialer Geste:[15]

»Damit ziehen wir Nationalsozialisten bewußt einen Strich unter die außenpolitische Richtung unserer Vorkriegszeit. Wir setzen dort an, wo man vor sechs Jahrhunderten endete. Wir stoppen den ewigen Germanenzug nach dem Süden und Westen Europas und weisen den Blick nach dem Land im Osten. Wir schließen endlich ab die Kolonial- und Handelspolitik der Vorkriegszeit und gehen über zur Bodenpolitik der Zukunft.«

Erst wenn sich die Deutschen durch den erweiterten Lebensraum im Osten bäuerlich und rassisch regeneriert hätten, schrieb Hitler weiter, würden sie endlich fähig sein, die längst fällige Revanche an Frankreich, dem »Todfeind unseres Volkes«, zu nehmen, der »uns unerbittlich würgt und die Kraft raubt«, um ganz Europa seinem »Hegemoniestreben« zu unterwerfen.[16] Ja, um seine Anhänger nicht nur in einen völkischen, sondern in einen geradezu weltpolitischen Machtrausch zu versetzen, griff Hitler in den letzten Abschnitten seines Buchs *Mein Kampf* zu propagandistisch überhöhten Schlagworten, die er unter das provozierende Motto stellte: »Deutschland wird entweder Weltmacht oder überhaupt nicht sein.«[17] Und zwar rechtfertigte er diese These mit dem Konzept, daß die Welt »großen Umwälzungen« entgegengehe und es allein an Deutschland liege, ob die allgemeine Entwicklung »zum Heil der arischen Menschheit oder zum Nutzen des ewigen Juden« ausschlagen werde.[18] Wie so viele völkische Fanatiker vor ihm gab Hitler damit seiner eigenen nationalsozialistischen Bewegung eine geradezu menschheitliche Weihe, nämlich vom Schicksal dazu ausersehen zu sein, mit Hilfe des deutschen Volkes das Abendland und damit die weiße Menschheit vor dem drohenden Untergang zu bewahren.

Um diese Zukunftsvision nicht Utopie bleiben zu lassen, gab Hitler nach seiner Festungshaft in Landsberg, wo er den ersten Teil von *Mein Kampf* verfaßte, seine bisherigen Konspirationsabsichten auf, baute ab März 1925 eine neue, wesentlich pragmatischer operierende NSDAP auf und sorgte zugleich für den Aufbau eines weitverzweigten Propagandaapparats. Kurz: er stellte sich auf den Boden der real existierenden Republik und versuchte auf legale Weise, das heißt über die Wählerstimmen an die Macht zu kommen. Er selbst kleidete diesen Gesinnungswechsel in die höchst zynischen Worte:[19]

»Statt die Macht durch Waffengewalt zu erringen, werden wir zum Ärger der katholischen und marxistischen Abgeordneten unsere Nasen in den Reichstag stecken. Wenn es auch länger dauert, sie zu überstimmen als sie zu erschießen, so wird uns schließlich ihre eigene Verfassung den Erfolg garantieren.«

Doch so schnell, wie Hitler hoffte, stellten sich diese Wahlerfolge nicht ein. Zwischen 1925 und 1929 blieb die NSDAP eine der vielen rechtsextremistischen Splitterparteien, die viele kaum beachteten. Ein wirklicher Erfolg war dieser Partei erst beschieden, als nach dem Ausbruch der Weltwirtschaftskrise im Oktober 1929 plötzlich ein politisches Klima entstand, in dem breite Wählerschichten – angesichts der am eigenen Leibe erfahrenen Verelendung – auch Schlagworten Vertrauen schenkten, denen sie bisher höchst mißtrauisch gegenübergestanden hatten. Und die primitivsten, aber suggestivsten Schlagworte hatte in dieser Situation die NSDAP anzubieten, die dadurch über Nacht zur führenden rechten Sammlungsbewegung anwuchs.

Ideologische Auswirkungen der Weltwirtschaftskrise von 1929

Die neuen Gruppen des antidemokratischen Nationalismus

Der 24. Oktober 1929, der sogenannte »Schwarze Freitag« an der New Yorker Börse, löste in Deutschland, dessen Wirtschaft durch den Dawes- und Young-Plan mit der us-amerikanischen Wirtschaft aufs engste verflochten war, nicht nur ökonomische, sondern auch gesellschaftliche und politische Schockwirkungen aus. Das Vertrauen in die Stabilität des kapitalistischen Systems, die es garantierende »Weimarer Koalition« aus Parteien der bürgerlichen Mitte und der Sozialdemokraten, die segensreichen Auswirkungen der Verständigungspolitik mit Frankreich, die Einführung der tayloristischen Produktionsweisen: all das geriet – angesichts der vielen Geschäftsschließungen, der Bankenkräche und der rapide zunehmenden Arbeitslosigkeit – geradezu über Nacht ins Wanken. Und je schwieriger die wirtschaftliche Situation in den nächsten Jahren wurde, desto krisenhafter wurde auch die politische Lage. Während bei den Reichstagswahlen von 1928 die Parteien der Weimarer Koalition noch eine solide Mehrheit errungen hatten, konnten plötzlich sowohl die Rechten als auch die Linken, das heißt vor allem die NSDAP und die KPD, ab 1929 große Stimmengewinne für sich verbuchen. Das mittlere Bürgertum, das bisher das politische Zünglein an der Waage gespielt hatte, sah sich aufgrund dieser Entwicklung zusehends in eine Situation gedrängt, in der ein bloßes Status-quo-Denken nicht mehr ausreichte. Wie bekannt, entschied es sich in dieser Situation – aus Angst vor dem Bolschewismus – für einen eindeutig rechten Kurs, was der NSDAP schon bei den berühmt-berüchtigten Septemberwahlen des Jahres 1930, bei denen ihre Reichstagsmandate von 12 auf 107 anstiegen, zu dem größten überregionalen Wahlerfolg aller deutschen Parteien des 20. Jahrhunderts verhalf.

Allerdings blieb bei vielen Bürgerlichen auch in den nächsten drei Jahren ein gewisses Mißtrauen gegen Hitler wach. Schließlich hatten sie in diesem Mann lange genug einen gefährlichen Extremisten gesehen, dessen Anschauungen weithin als »nationalbolschewistisch« galten. Daher kam es zwischen 1930 und 1933 –

neben der Hochflut nationalsozialistischer Schriften – auch zu einem beachtlichen Anschwellen deutschnationaler, deutsch-sozialer oder neokonservativer Manifeste und Utopien, in denen diese Gruppen ihre politischen Vorstellungen eines neuen Deutschland vorzutragen versuchten. Und zwar vertraten sie hierbei in vielen Punkten recht ähnliche Konzepte wie die NSDAP, behielten jedoch als »gute Bürger« einem Mann wie Hitler, der ihnen zu kleinbürgerlich, vulgär oder gar plebejisch erschien, eine deutliche Reservatio mentalis gegenüber. Was die Vertreter dieser Richtungen mit den Nationalsozialisten gemeinsam hatten, war vor allem ihre starke Betonung des Kriegserlebnisses, in dem sie den entscheidenden Ursprung aller späteren Volksgemeinschaftsideale sahen, sowie die scharfe Frontstellung gegen den Internationalismus der liberalen und sozialdemokratischen Parteipraktiken der Weimarer Koalition, die zu einer fortschreitenden »Entdeutschung« des deutschen Volkes geführt hätten. Aus diesem Grunde faßten sie als ideale Staatsform der Zukunft meist ein nationalistisch ausgerichtetes Autoritätsregime ins Auge, das auf einer möglichst engen Synthese von Führer und Volk beruht. Demzufolge propagierten fast alle dieser Gruppen und Grüppchen einen nationalen Sozialismus, der zum Teil noch völkischer, noch deutschbewußter, noch nationalbolschewistischer war als die recht unbestimmten wirtschaftlichen Nationalisierungskonzepte der NSDAP. Während nämlich die NSDAP ihren »Nationalsozialismus« größtenteils nur aus taktischen Gründen in ihr Parteiprogramm aufnahm und die kapitalistischen Eigentumsverhältnisse keineswegs antasten oder gar verändern wollte, meinten es manche der völkischen Geistaristokraten – ob nun aus nationalem Fanatismus oder aus bloßer Weltfremdheit heraus – mit der »Beseitigung des Kapitalismus« wirklich ernst und fielen dabei, falls sie sich nicht zu einem nationalbolschewistischen Kurs entschlossen, häufig ins Atavistische zurück. Daher waren ihre Zukunftsvorstellungen, soweit sie das deutsche Reich oder die gesamte weiße Menschheit betrafen, zum Teil noch überspannter, hysterischer, barbarischer als die der Nationalsozialisten.

Von den verschiedenen Verbänden, Vereinen, Parteien, Bünden, Gemeinschaften, Orden und Bewegungen dieser Richtung machten damals vor allem folgende von sich reden: der ältere Alldeutsche Verband, der Deutschbund, die Deutsch-christliche Arbeitsgemeinschaft, die Neulandbewegung, die Teut-Stiftung, der Jungdeutsche Orden unter Arthur Mahraun, die Landvolk-Bewegung, die Jungen Nationalisten, der Kreis um Hans Zehrer, der Stahlhelm, der Wehrwolf, die Deutsch-völkische Freiheitspartei, der Tannenbergbund unter Erich Ludendorff, die Deutschen Christen, der Bund Oberland, die Widerstandsbewegung um Ernst Niekisch, die Schwarze Front Otto Strassers sowie andere rechte Splittergruppen, die sich nicht nur gegen die marxistisch orientierten Sozialdemokraten und Kommunisten wandten, sondern sich ebenso scharf vom liberalen Kurs der Deutschen Volkspartei und des Herrenklubs absetzten, der ihnen trotz mancher konservativen Elemente immer noch zu »unvölkisch« erschien.[1] Publizistisch unterstützt wurden diese Organisationen vornehmlich durch Zeitschriften wie *Der Ring, Das Deutsche Volkstum, Die Tat, Der Widerstand, Die Kommenden, Der Vorkämpfer* und *Der Aufmarsch* bzw. Verlage wie Stalling, Herbert Blank, Gerhard Günther, Georg Müller-Albert Langen und die Hanseatische Verlagsanstalt, die sich ebenfalls zu einem »Neuen Nationalismus« bekannten.

Es genügt jedoch nicht, in diesem Zusammenhang allein auf die verschiedenen Verbände und Publikationsorgane dieser Richtung hinzuweisen. Wie in vielen solcher Bewegungen, in denen der völkische Gedanke untrennbar mit einem autoritätsheischenden Führerprinzip verbunden ist, waren es letztlich – wie bei den Nationalsozialisten – eher die neuen Führergestalten, die von diesen Gruppen als die entscheidenden Zentren ihres revolutionären Nationalismus empfunden wurden. Während jedoch innerhalb der NSDAP Hitler als die alleinige Autorität galt, was dieser Partei eine ungeheure innere Geschlossenheit gab, konkurrierten im Rahmen der bürgerlichen Vereine und Verbände dieser Art nach 1930 so viele neue Führergestalten miteinander, die selbst dann, wenn sie überhaupt kein nennenswertes Gefolge hinter sich hatten, mit einem maßlos überspannten geistaristokratischen Stellvertretungsanspruch auftraten, daß es vielen schon damals klar war, wer sich bei den Massen letztlich durchsetzen würde: Hitler oder die völkischen Selbsthelfertypen.

Als einer der ideologischen Großmeister innerhalb dieser Bewegungen galt auch in diesen Jahren weiterhin Oswald Spengler, der bereits zwischen 1918 und 1923 einen beachtlichen Einfluß auf die völkisch-revolutionäre Bewegung ausgeübt hatte. Während er damals vor allem für sein Konzept eines »Preußischen Sozialismus« eingetreten war, setzte er sich jetzt – im Lichte der Erfahrungen des industriellen Aufschwungs der Weimarer Republik – mehr und mehr mit der Bedeutung der Technik für die Zukunft der weißen Rasse auseinander. Und zwar hielt Spengler dabei hartnäckig an seiner cäsarisch-nietzscheanischen Perspektive fest, das heißt das Leben als einen immerwährenden Kampf um Macht und Herrschaft zu sehen, bei dem sich letztlich stets die Stärkeren und nie die Wohlmeinenden durchsetzen. Das belegt wohl am nachdrücklichsten seine Schrift *Der Mensch und die Technik* von 1931, in der er sich gegen die Friedenshoffnungen älterer Utopien im Gefolge Bellamys und Bebels wandte und sich zum kämpferischen Führungsanspruch der höherstehenden nordischen Menschheit über die »farbigen« Untermenschen bekannte. In diesem Traktat heißt es gleich zu Anfang:[2]

»Es gibt keinen ›Menschen an sich‹, wie die Philosophen schwatzen, sondern nur Menschen zu einer Zeit, an einem Ort, von einer Rasse, einer persönlichen Art, die sich im Kampfe mit einer gegebenen Welt durchsetzt oder unterliegt. [...] Dieser Kampf *ist* das Leben, und zwar im Sinne Nietzsches als ein Kampf aus dem Willen zur Macht, grausam, unerbittlich, ein Kampf ohne Gnade.«

Nach den Thesen dieser Schrift ist der weiße Mensch von Natur aus ein »Raubtier« und sieht in der »Welt« lediglich seine »Beute«. Allerdings seien im Bereich der germanischen Rasse, lesen wir hier, im Lauf der letzten Jahrhunderte an die Stelle der alten »Wickinger des Blutes und der Wickinger des Geistes« zusehends nordische Nationen wie die »Engländer, Deutschen, Franzosen und Yankees« getreten, welche die anderen Völker der Welt nicht allein aufgrund ihrer Kühnheit, sondern auch ihrer technischen Erfindungen und damit industriellen Übermacht in den Sklavenzustand herabgedrückt bzw. zu bloßen »Rohstofferzeugern und Abnehmern« degradiert hätten.[3] Im Zuge dieser Entwicklung sei es zwangsläufig dahin gekommen, wie Spengler mit imperialer Geste behauptet, daß die »militärische *Macht*« immer stärker vom »*Rang* der Industrie« abhängig geworden sei.[4] Leider hätten das, wie es weiter heißt, von den gegenwärtigen Nationalisten immer noch die wenigsten begriffen. Statt den »steigenden Wert der Führerarbeit weniger schöpferischer Köpfe«, vor allem der »Unternehmer, Organisatoren, Erfinder und Ingenieure« zu erkennen, setzten manche dieser Gruppen weiterhin auf eine atavistische Bauernverkultung, die längst obsolet geworden sei. Ja, viele der weißen Herrenmenschen, erklärt Spengler in dieser Schrift, seien bereits so instinktlos geworden, daß sie nicht mehr danach trachteten, als ein »Rudel starker Persönlichkeiten« mit dem »Triumphgefühl eines Raubtiers« nach der »zuckenden Beute« zu greifen, sondern gäben den »größten Schatz« der nordischen Menschheit, nämlich das »technische Wissen«, einfach aus Dummheit oder Humanität an andere Völker weiter und sähen dann tatenlos zu, wie die »Farbigen« das »Geheimnis unserer Kraft« zu ihren Zwecken ausnützten.[5] Dementsprechend heißt es an einer Stelle erbittert:[6]

»Heute sind allenthalben, in Ostasien, Indien, Südamerika, Südafrika, Industriegebiete entstanden und in Bildung begriffen, die infolge ihrer niedrigen Löhne eine tödliche Konkurrenz darstellen. Die unersetzlichen *Vorrechte* der weißen Völker sind verschwendet, verschleudert, verraten worden.«

Durch diesen Verschleuderungsprozeß seien die »Farbigen«, zu denen Spengler stets auch die »Russen« zählt, aus bloßen Kulis zu einem rebellischen Mob geworden, gegen den sich die weiße Rasse mit allen ihr zur Verfügung stehenden Mitteln, selbst wenn diese ans Selbstzerstörerische grenzten, endlich zur Wehr setzen solle.[7]

Auf dem Wege derart grausiger Zukunftsvisionen, die auch eine globale Katastrophe nicht ganz ausschlossen und daher dem hier verkündeten »Heroismus« einen Zug ins Strenge, Düstere, ja Unerbittliche gaben, folgten jedoch Spengler nur wenige. Noch am nächsten kommen dem hier ausgedrückten Lebensgefühl die Schriften *Der Kampf als inneres Erlebnis* (1929) und *Die totale Mobilmachung* (1930) von Ernst Jünger, in denen ebenfalls das »Kämpferische« im Vordergrund steht und dem satten, erschlafften Bürger der soldatisch-gesinnte Mann aus dem Volke als mythische Figur entgegengehalten wird. Was daher Jünger 1932 in seiner Utopie *Der Arbeiter* – über Kimme und Korn – als die Welt von morgen anvisiert,[8] ist ein unbürgerliches Leben gewaltigster Rüstungsanstrengungen. Wie Nietzsche war er davon überzeugt, daß der Krieg die elementarste Erscheinungsform des menschlichen Lebens sei und sich das deutsche Volk oder auch die hinter ihm stehende weiße Rasse nur im ständigen Wettstreit erneuern könne. Sein Zukunftstraum war deshalb nicht der bürgerlich-saturierte Traum vom »Ewigen Frieden«, sondern der Traum vom kommenden Zeitalter der großen Kriege. Daß diese Kriege durch die steigende Perfektion der Technik zu großen Katastrophen führen könnten, erfüllte Jünger nicht mit Sorge, sondern eher mit Zuversicht. Er kannte kein bürgerliches Erschrekken vor tödlichen Auseinandersetzungen, sondern sah im Kampf lediglich die Möglichkeit, sich wieder zu Härte, Grausamkeit, ja zu lebensstärkender Barbarei durchzuringen. Trotz seiner altmodischen Neigung zum »Ritterlichen« machte es ihm nichts aus, daß in den kommenden Kriegen nicht mehr die Muskelkraft oder der einzelpersönliche Schneid, sondern allein die Materialüberlegenheit, die »Feuerstärke« den entscheidenden Ausschlag geben werde. Aus dieser Haltung resultiert seine Verkultung der Technik, der Planung und des Arbeiters. Sein Arbeiter, der sich vor allem durch ein unermüdliches Produktionsethos auszeichnet, ist allerdings stets der Rüstungsarbeiter, der Arbeitssoldat, der heroisch gestählte Ingenieur, der große Unerbittliche, der industrielle Übermensch – und kein Prolet.

Wie in Sprenglers Schrift *Der Mensch und die Technik* läuft darum auch in Jüngers *Der Arbeiter* alles auf einen nackten räuberischen Imperialismus hinaus. Es geht hier trotz aller Bekenntnisse zu einem nationalen Sozialismus weniger um einen Kampf gegen den Kapitalismus als um einen Kampf gegen den falschen, unvölkischen, kurz: marxistischen Sozialismus. Genau besehen, ist daher Jüngers nationaler Sozialismus eigentlich ein imperialistischer Staatskapitalismus, hinter dem in technologischer Verkleidung ein heroischer Waffenbund zum Letzten entschlossener Männer steht, der sich im Hinblick auf den Endkampf um die Welt zu den Prinzipien der »Totalen Mobilmachung«, des »Totalen Staates« und des »Totalen Kriegs« bekennt. Bei Jünger verblassen daher Nietzsches Ideale der Fernstenliebe sowie des zu schaffenden Übermenschen ins Unwesentliche. Hier ist alles bloß noch kalter Stahl, nackter Kampf ums Dasein, eisige Gefahr, heroischer Nihilismus.

Wohl die begeistertste Aufnahme fanden diesen Ideen bei jenen »linken Leuten von rechts«, wie man sie später nannte,[9] die sich damals zum Gedanken der »Konservativen Revolution« bekannten und der Weimarer Republik nach 1929 immer stärker mit völkischen Jugend-, Gemeinschafts- oder Deutschheitsvorstellungen entgegentraten. Auch sie sahen im bürgerlich-kapitalistischen System etwas total Abgewirtschaftetes, an dem es nichts mehr zu reformieren gebe. Nicht nur der Kapitalismus, sondern alle älteren Ideologien – ob nun der Liberalismus, Konservatismus, Sozialdemokratismus oder Sozialismus – erschienen ihnen im Gefolge Spenglers und Moeller van den Brucks als Ausgeburten ein und derselben Misere, nämlich eines pluralistischen Weltverständnisses, das auch dem Dümmsten ein politisches Mitspracherecht einräume. Selbst den Kommunismus stellten die Kreise als durchaus »systemimmanent« hin, da er die Arbeiterklasse lediglich dazu anhalte, zu verbürgerlichen und damit im gleichen »Sumpf« zu versinken. Um der allgemeinen Krise Herr zu werden, forderten deshalb diese Schichten eine »Revolution von Grund auf«, die sich am Ideal jenes bündisch strukturierten Nationalsozialismus oder Nationalbolschewismus orientierte, wie er wohl am effektivsten durch den *Tat*-Kreis um Hans Zehrer sowie die Gruppe um Ernst Niekisch und die Zeitschrift *Widerstand* vertreten wurde. In eine ähnliche Richtung zielten Bücher wie *Aufmarsch des Nationalismus* (1926) von Friedrich Georg Jünger, *Die Herrschaft der Minderwertigen* (1927) von Edgar Jung, *Das Reich* (1930) von Friedrich Hielscher, *Volksbürgerliche Erziehung* (1930) von Wilhelm Stapel, *Das Reich als Republik* (1930) von August Winnig, *Nationalisten* (1931) von Junius Alter, *Aufbau des deutschen Sozialismus* (1932) von Otto Strasser, *Die schwarze Front* (1932) von Richard Schapke und *Die Sendung der Jungen Generation. Versuch einer umfassenden revolutionären Sinndeutung der Krise* (1932) von Günter Gründel. Allerdings geht es in diesen Büchern, im Gegensatz zu denen von Spengler und Jünger, nie um Utopien, die ins Weltpolitische ausgreifen und neben dem Schicksal des deutschen Volkes zugleich das Schicksal der weißen Rasse oder des Abendlandes mitbedenken. Angesichts der Weltwirtschaftskrise und der dadurch hervorgerufenen Krise des Parlamentarismus konzentrierten sie sich erst einmal auf die »deutsche Frage«, wobei sie neben sozialistischen Aspekten stets jenes Führerprinzip ins Spiel brachten, von dem sich fast alle rechten Gruppen dieser Jahre die einzig mögliche Lösung der anstehenden Probleme in einem deutsch-autoritären Sinne versprachen.

Der »Endkampf um die Welt« als literarische Vision

Wie innerhalb der theoretischen Utopieentwürfe der Jahre zwischen 1929 und 1933 steht auch in den Zukunftsromanen des gleichen Zeitraums weniger der Endkampf um die Welt, der erst nach der Machtübergabe an die Nationalsozialisten zum Hauptthema vieler Utopien und Science-fiction-Werke wurde, als das Bemühen um ein in sich geschlossenes, wiedererstarktes Deutschland im Vordergrund. Und doch gibt es bereits vor 1933 romanhafte Utopien, in denen die deutsche »Weltmission« oder wenigstens die Führungsrolle der weißen Rasse in den zukünftigen Kriegen oder ökonomischen Auseinandersetzungen anvisiert wird. Hierbei lassen sich zwei Romantypen unterscheiden: einer, bei dem die nationalen Aufstiegsphantasien ins Idealistische, Humanitäre, Sozial-Liberale verbrämt werden, und einer, bei dem der Herrschaftsanspruch der Deutschen oder der unter deutscher Führung vereinten weißen Rasse in nackter imperialistischer Form zum Ausdruck kommt.

Als Beispiel für den ersten Typ sei kurz auf das Buch *Vor neuen Weltkatastrophen. Eine Warnung und ein Ziel. Ein sozialer Zukunftsroman* (1931) von Wilhelm Götz eingegangen. Götz beginnt mit einem Statement, das direkt von Spengler zu stammen scheint, dem aber sicher ein viel allgemeineres Ressentiment zugrunde liegt:[1]

»Die weiße Rasse hatte durch den Krieg den Farbigen den Respekt vor dem weißen Manne genommen. So sank die Achtung vor ihm auf der übrigen Welt. Bestärkt wurde diese Entwicklung durch die Kriege und Unruhen innerhalb Europas, welche als Folgen der Verarmung und Klassenunterschiede auftraten. Europa hatte aus dem Kriege nichts gelernt und die Untätigkeit Amerikas, auf dessen Versprechungen hin Deutschland die Waffen niederlegte, bei dem Diktat von Versailles sollte sich später einmal bitter rächen. Die Zivilisation der weißen Rasse samt der Industrie wurde von den Farbigen als Auswirkung des Krieges übernommen. Sie fabrizierten im eigenen Land bedeutend billiger und benötigten infolgedessen keine Einfuhr von Europa. So sank in den Industrieländern der Export weiter und als Folge davon wuchs die Arbeitslosigkeit ununterbrochen, da man in den Industrieländern die Arbeiter nichts verdienen ließ.«

Aus dieser Situation zieht Götz die Folgerung, daß man im Abendland schleunigst eine »neue Idee« finden müsse, bevor es zu spät sei und die übrige Menschheit den »Glauben an die Führungsqualität der weißen Rasse« verliere.[2] Und diese »Führungsqualität« findet er aufgrund seiner völkischen Gesinnung, die sich schon in dem Hinweis auf das »Diktat von Versailles« äußert, selbstverständlich nur beim deutschen Volke. Innerhalb des Abendlandes sei Deutschland, wie es heißt, das »jüngste« und zudem »in einer gewaltigen Gärung begriffene, nach einer Form suchende Volk«, dessen »riesige Energien« zu »einer Neuordnung der Welt treiben und drängen«.[3] Um also das Abendland vor der drohenden Katastrophe zu retten, schreibt Götz, müsse man dieses Volk endlich aus jenem französischen Sklavenjoch der Nachkriegszeit befreien, das die »größte Schmach und Schande« darstelle, die »Weiße je gegen Weiße« verübt hätten, und ihm die Chance geben, der »weißen Rasse endlich den Weg zur Rettung zu zeigen«.[4] Kein »anderes Volk der Erde«, lesen wir hier, besitze eine so große »Arbeitskraft, seelische Tiefe, universelle Verbundenheit und Unerfüllbarkeit seiner politischen Einheit wie das deutsche Volk«.[5] Dementsprechend heißt es an einer Stelle dieses Romans:[6]

»Du bist das Letzte unter den Völkern; aus deinem Schoße wächst die Staatsform der Zukunft. Aus diesem Boden bereitet der ewige Geist seine irdische Form. Das ist deine irdische Sendung! Dagegen kannst du nicht an, und keine Macht der Erde wird dies verhindern! Du bist das Herz Europas und Europa stürbe, wenn dies Herz nicht mehr schlagen würde. Deutschland, du die jüngste der erdgeborenen Nationen, dir wird die göttliche Erleuchtung die letzte Staatsform geben, mit der du die Welt erlösen wirst.«

Auf der Basis dieser Ideologie, die stets davon ausgeht, daß die weiße Rasse nicht länger untätig sein dürfe, falls sie nicht ihre »Vorherrschaft auf dem Erdball« verlieren wolle,[7] setzt Götz im folgenden eine Handlung in Gang, die zum Zusammenschluß aller europäischen Völker in einem mächtigen Staatsgebilde führt, dem sich schließlich sogar große Teile Asiens und Afrikas angliedern. Wirtschaftlich siegt dabei eine Art liberal-getönter Sozialismus, der sich für alle in diesem Reich lebenden Menschen als äußerst segensreich erweist. Als einziger nennenswerter Gegenspieler bleibt das plutokratische Amerika übrig, in dem acht unbarmherzige Großkapitalisten die Macht an sich gerissen haben. Und zwischen diesen beiden Supermächten kommt es im 22. Jahrhundert schließlich zum Endkampf der Welt, aus dem Eurasien durch den Einsatz modernster technischer Waffensysteme als Sieger hervorgeht und sich zu den »Vereinigten Staaten der Erde« erweitert. Auf diese Weise wird aus dem »gedemütigten« Deutschland des ersten Teils dieses Romans schließlich die führende Macht der Erde, welche sich zwar in einen wesentlich größeren Staatenverband einfügt, aber gerade darin seine »Weltmission« erfüllt, nämlich der gesamten Welt ein Vorbild wahrer Größe, wahren Edelmuts, wahren »faustischen Strebens« gegeben zu haben.

Wohl das beste Beispiel für den zweiten Typ dieser Zukunftsromane aus den Jahren zwischen 1929 und 1933, in dem alle idealistischen Feigenblättchen fallen und der nackte imperialistische Drang zur Weltherrschaft vorherrscht, bietet der Roman *Gelb – Weiß* (1932), als dessen Autor ein gewisser »Kondor« zeichnet. Hier beginnen die globalen Auseinandersetzungen damit, daß die »Gelben« unter der Führung der Japaner in Südostasien einen Krieg gegen die Engländer und Amerikaner anzetteln, die Philippinen erobern und auf Singapur vorrücken.[8] In dieser für die »Weißen« höchst »beschämenden« Situation entschließen sich drei deutsche Offiziere und Erfinder namens Heimerfeld, Kramer und Lehesten, den Engländern und Amerikanern mit ihren »Fliegenden Fischen«, das heißt mit mysteriösen Strahlenkanonen ausgestatteten U-Booten, zu Hilfe zu eilen, die aus einem papierleichten unzerstörbaren Leichtmetall bestehen und sich daher unter Wasser ebenso schnell bewegen können wie in Höhen von 12 000 Metern. Als es darauf zur entscheidenden Seeschlacht kommt, vernichten die drei deutschen Offiziere mit diesen Flugbooten die gesamte gelbe Flotte und helfen somit den »stolzen Söhnen« Albions, die Vorherrschaft der weißen Rasse in Südostasien nicht nur aufrechtzuerhalten, sondern sogar noch weiter zu festigen.

Doch nicht genug solcher Wundertaten! Als sich daraufhin die Russen und die Chinesen zu einem bolschewistischen Großreich zusammenschließen, sorgen die Deutschen noch einmal dafür, daß nicht nur die gelbe Gefahr ein für allemal gebannt, sondern auch dem Bolschewismus der entscheidende Todesstoß versetzt wird. Voller imperialistischer Triumphgefühle heißt es in diesem Zusammenhang:[9]

»Das große Gelbe Reich war mit diesem Machtspruch auf Generationen zertrümmert, aus China wurde auf ewige Zeiten eine Kolonie der Eroberer. Die gelbe Gefahr war überwunden, sie wurde von den Siegern derart geknebelt, daß ein neuerliches Hervorbrechen der asiatischen Flut nicht mehr zu fürchten war.«

In einem weiteren Friedensvertrag werden große Teile Rußlands mit Polen vereint und dem Fürsten Radziwill unterstellt, dem zugleich die Zarenwürde zugesprochen wird. Und auch für Deutschland fällt bei diesem Friedensvertrag etwas ab, nämlich der sogenannte »polnische Korridor«. Danach helfen die deutschen Ingenieure den Engländern, mit den rebellisch gewordenen Indern fertig zu werden und somit die Herrschaft der weißen Rasse auch in diesem Teil der Welt erneut zu festigen. Ja, auf den letzten Seiten dieses Romans erfahren wir noch, daß es in den nächsten Jahren sicher zu großen Auseinandersetzungen zwischen den Weißen und den Schwarzen kommen wird. Und auch über den Ausgang dieses Kriegs wird der Leser nicht im Zweifel gelassen. Selbstverständlich werden sich die Weißen aufgrund ihrer technischen Überlegenheit auch bei diesem Krieg als die Stärkeren erweisen – und damit die gesamte Erde auf »ewige Zeiten« den von der Natur zur Herrschaft bestimmten Europäern unterstellen.

Utopische Wunschbilder eines wiedererstarkten Deutschland

Während es sich bei den Utopien des »Endkampfs um die Welt« nur um eine recht kleine Werkgruppe handelt, ist die Zahl jener Zukunftsromane zwischen 1929 und 1933, in denen – angesichts der erdrückenden Folgen der Weltwirtschaftskrise – Visionen eines wiedererstarkten Deutschland auftauchen und zugleich gangbare Wege dorthin entworfen werden, relativ groß. Neben höchst verbitterten Werken, deren utopisch-positive Absicht sich nur ex negativo, das heißt aus der Schilderung der Schreckensbilder erschließen läßt, dominieren hierbei entweder Romane, die ihre Hoffnung auf von irgendwelchen nationalen Selbsthelfergruppen angezettelten Volksaufstände setzen, oder Romane, die sich das kommende Heil allein von einem »Starken von oben«, und zwar gleichviel ob nun von einem neuen Reichskanzler, einem hohen Offizier oder einem deutsch-völkischen Parteiführer versprechen.

Wohl den dunkelsten Eindruck innerhalb dieses Genres erwekken die Romane jenes Autors, der seine Werke – statt mit seinem Namen – lediglich mit drei Kreuzchen zeichnete und hinter dem Martin Bochow steht.[1] Sein weitaus düsterstes Buch ist der bereits erwähnte Roman *Revolution 1933* (1930), der noch zu den völkischen Dystopien der mittzwanziger Jahre gehört. Dort wird Deutschland als ein total »zerrissenes« Land hingestellt, in dem sich Arm und Reich unversöhnlich gegenüberstehen – und deshalb Frankreich, die Sowjetunion und die USA die lachenden Dritten sind. In seinem nächsten Werk dieser Art, dem Zukunftsroman *Krieg dem Hunger* (1931), der sich bereits mit den durch die Weltwirtschaftskrise geschaffenen Zuständen auseinandersetzt, ringt sich Bochow dagegen zu neuer Hoffnung durch. Allerdings werden auch hier zu Anfang erst einmal in aller Breite die Abhängigkeit Deutschlands vom ausländischen Kapital, die verhängnisvollen Folgen der sogenannten Erfüllungspolitik, die durch den Ausbruch der Weltwirtschaftskrise entstandene Arbeitslosigkeit usw. geschildert, durch die Deutschland immer tiefer in eine ökonomische und soziale Notlage gerät. Da in dieser

Situation die SPD weitgehend tatenlos bleibt, ja weiterhin an ihrer Erfüllungspolitik festhält und den Arbeitslosen lediglich zur »Auswanderung« rät,[2] werden die Verhältnisse ständig katastrophaler. Sogar auf dem Lande kommt es zu immer größerer Verschuldung und Arbeitslosigkeit, weil die SPD selbst hier – aufgrund ihrer völligen Verstricktheit in das kapitalistische System – die »modernen Produktionsmethoden« des Taylorismus einführt.[3] In dieser Situation bildet sich schließlich ein »Deutscher Notring« aus Nationalbolschewisten, Faschisten und revolutionären Vertretern der Landvolk-Bewegung, der sich die radikale Verteidigung des »deutschen Bodens« als der letzten Bastion völkischer Autarkie und Freiheit zur Aufgabe macht.[4] Die Führer dieses Notrings entwerfen ein ökonomisches Gesundungsprogramm, das eine konsequente Abkehr von den gegenwärtig herrschenden kapitalistischen und marxistischen Wirtschaftskonzeptionen vorsieht. Diese beiden Ideologien, behaupten sie, hätten einen betont klassenegoistischen Charakter, das heißt dienten entweder der Bourgeoisie oder dem Proletariat. Ja, manchmal täten sie nicht einmal das. So habe etwa der Sozialismus der SPD jeden revolutionären Charakter eingebüßt. Die meisten ihrer Führer seien längst »Wölfe des Kapitalismus« geworden, die sich den »Schafspelz der Freundlichkeit« nur deshalb umgehängt hätten, »um die Arbeiterschaft zu verdummen und in die alte Abhängigkeit von dem kapitalistischen Bürger zurückzuführen«.[5] Der Deutsche Notring faßt dagegen eine wahre »Volksgemeinschaft« ins Auge, deren oberster Maßstab die »soziale Gerechtigkeit« ist und in der sich jeder als gleichwertiger »Volksgenosse« fühlen kann.[6] Statt also weiterhin zuzusehen, wie aus dem Deutschen Reich durch die Reparationszahlungen an Frankreich und die Kreditaufnahmen in den USA eine schamlos ausgebeutete Wirtschaftskolonie anderer Länder werde, ruft dieser Notring alle deutschbewußten Deutschen auf, sich endlich von den abgewirtschafteten Volksbetrügern der SPD, das heißt der »Internationale der Zersetzung, der Bodenlosigkeit, der Heimatlosigkeit und des Untergangs«, abzuwenden und sich den neuen Führern der nationalen Wiedererstarkungspolitik zuzuwenden:[7]

»Deutsche wollt ihr einander im Interesse fremder Kapitalisten zerfleischen? Wollt ihr in vernichtendem Bürgerkrieg Deutschland zur Wüste machen? Stillt der Tod von Millionen Deutschen euren Hunger? Nein!

Die Kurzsichtigkeit, Tatenscheu, Verantwortungslosigkeit, die 15 Jahre lang Deutschland beherrschten, sind am Ende! Der Zusammenbruch ist da! Verweigert den alten Führern die Gefolgschaft! Rettet Deutschland, indem ihr neuen Männern den Weg frei macht für die rettende Tat!«

Als sich die Situation immer weiter zuspitzt, greift schließlich einer der »nordmärkischen« Bauern zur Pistole und erschießt einen der sozialdemokratischen Agitatoren. Und damit setzt er ein Beispiel, das schnell Schule macht und zu einem allgemeinen Volksaufstand führt, dem sich neben den Bauern auch Hunderttausende, ja Millionen »deutschbewußter« Bürger und Arbeiter anschließen, ohne sich groß die Frage zu stellen, ob hinter diesem Aufstand spezifisch »rechte« oder spezifisch »linke« Tendenzen stehen. Bei Bochow heißt es an dieser Stelle einfach:[8]

»In Mitteldeutschland bricht offener Aufstand aus. Wer kann sagen, ob er kommunistisch ist, ob er nationalsozialistisch ist? Kommt er von rechts, kommt er von links? Das Volk steht auf und will das Ende des Niedergangs, zu lange sank es hinab in Elend und Not.«

Auf Drängen des Deutschen Notrings setzt daraufhin der Reichspräsident die amtierende Regierung kurzerhand ab und erläßt eine Reihe nationaler Notverordnungen, um Deutschland endlich von der Bindung an das westlich-kapitalistische Ausland zu befreien. Was also am Schluß dieses Romans siegt, ist nicht irgendeine Partei oder irgendein Führer, sondern allein der »deutsche Gedanke«.[9] Alle Deutschen sehen ein, daß der alte Weg notwendig zum Untergang führen würde und schließen sich deshalb freiwillig, unter Verzicht auf alle Klasseninteressen, den neuen nationalen Aufbauorganisationen an, die plötzlich überall spontan aus dem Boden schießen:[10]

»So ordnen sich in Deutschland die Kräfte. Aus Verbitterung wird Wille. Aus Haß wird Wissen. Die Pfosten des Neubaus beginnen sich emporzurecken. Die Bataillone der Arbeit rücken an. Maschinen beginnen zu laufen. Fäuste beginnen zuzupacken. Erfinder und Finder beginnen zu suchen und zu forschen. 60 Millionen gehen an die Arbeit!«

Daß Bochow bei diesem Volksaufstand nicht an eine nationalsozialistische Machtübernahme dachte, geht aus seinem folgenden Buch, dem Zukunftsroman *Was wird aus Deutschland?* (1932), hervor, in dem er sich recht kritisch über die NSDAP und die Rolle Hitlers äußerte. Wie Ernst Niekisch, der 1931 als Nationalbolschewist ein Buch unter dem Titel *Hitler – ein deutsches Verhängnis* herausbrachte, blieb Bochow auch hier bei einem nationalistischen Kurs, der nicht auf bestimmte sozialrevolutionäre Elemente verzichtete, das heißt er warf Hitler vor, zuviele Kompromisse mit dem kapitalistischen System zu machen und obendrein ein Kult um seine Person zu dulden, der geradezu byzantinische Formen annehme. Die Handlung dieses Werks beginnt damit, daß in Berlin eine neue Reichsregierung ans Ruder kommt, die aus einer Koalition von Deutschnationalen, Zentrums-Vertretern und Nationalsozialisten besteht. Unter begeisterter Zustimmung der Bevölkerung, die überall spontan das *Deutschlandlied* anstimmt und in »Heil«-Rufe ausbricht, erklärt an diesem Tage einer der Nazi-Führer:[11]

»Heute stehen wir als Sieger vor der Welt! Mehr als ein Jahrzehnt haben wir gekämpft, gelitten, haben wir ausgehalten in tausend Verfolgungen. [...] Heute haben wir gesiegt. Der Wille des erwachenden Deutschland bemächtigt sich der staatlichen Macht, um durchzuführen, was er bisher forderte: Deutschland den Deutschen!«

Da jedoch die Nazis vor wirklich sozialrevolutionären Umwälzungen zurückschrecken und die wirtschaftliche Misere weiterbesteht, verbreitet sich unter der Bevölkerung ein solches Mißvergnügen an der neuen Regierung, daß die »Roten« wieder Mut schöpfen und zu einer wirklichen »Revolution« aufrufen. Diese wird jedoch von der Reichswehr – im Auftrag der Großindustriellen – blutig niedergeschlagen. Und so bleibt trotz der Regierungsbeteiligung der NSDAP auf den meisten Gebieten der Weimarer Status quo erhalten. Die einzigen, die sich in diesem Roman weiterhin gegen dieses »System« aufzulehnen versuchen, sind einige Nationalbolschewisten, die unter dem lauthals verkündeten »Dienst an der Nation« keine Kapitalherrschaft, sondern einen nationalen Sozialismus verstehen und daher auf eine »neue Front aus den Tiefen des Volkes« hoffen.[12] Sie sehen ihre Gegner nicht nur in den Sozialdemokraten und Kommunisten, sondern auch in den bürgerlichen Liberalen und Kapitalisten, die mit Unterstützung der NSDAP weiterhin eine schmähliche »Erfüllungspolitik« den Westmächten gegenüber betreiben. Im Gegensatz dazu beziehen sie eine scharf »anti-westliche« Haltung und propagieren eine Wirtschafts- und Sozialordnung, die eher an Spengler, Moeller van den Bruck und Jünger als an die offizielle Linie der Nazis gemahnt, die ihr bei weitem nicht »nationalistisch« genug erscheint. Ihr Ideal ist ein Staat, der nicht auf dem kapitalistischen Profitstreben beruht, sondern der sich an Werten wie »Ehre«, »Verantwortungsgefühl« und »strenge Zucht« orientiert.[13]

Eine ähnliche Gesinnung liegt dem Zukunftsroman *Die sieben Töchter des Herrn von Malow* (1931) von Heinrich Mantel zugrunde. Auch er beginnt mit einer großen Klage über die »Uneinigkeit und Verhetzung der Arbeiterklasse«, welche das »wirkliche und einzige Hindernis zum Aufstieg Deutschlands« sei, und setzt diesem Zustand ein »Traumbild von Deutschlands Umbildung und Sammlung« entgegen, das ausgesprochen nationalbolschewistische Züge hat.[14] Dieser Roman spielt in Ostpreußen, wo den alteingesessenen Junkerfamilien durch eine von den Sozialdemokraten eingesetzte »Aufteilungskommission« große Teile ihres Grundbesitzes abgenommen werden, um durch die Gründung »einer Million Bauernstellen« den vielen Arbeitslosen neue Betätigungsfelder zu eröffnen.[15] Während die alten Barone darin das Werk verantwortungsloser Bolschewisten, ja ein Ansteigen der »roten Flut« erblicken, sehen die neuen Kolonisten, die Ortschaften wie »Ebert« und »Rathenau« gründen, darin lediglich eine Chance, endlich ihren niedersten Bedürfnissen frönen zu können, das heißt zu saufen, Klamauk zu machen, Händel anzufangen usw. Jedenfalls zeichnen sich trotz dieser sozial ausgleichenden Maßnahmen nirgends Ansätze zu einer »wahren Volksgemeinschaft« ab.[16] Vor allem unter den Arbeitern und Neusiedlern, von denen die einen der SPD, die anderen der NSDAP anhängen, kommt es immer wieder zu blutigen Auseinandersetzungen, bei denen es 297 Tote gibt. In dieser Situation entsteht schließlich die Idee einer großen nationalen Sammlungsbewegung, die sich auf die »Dreieinigkeit der Arbeiter-, Bauern- und Beamtenschaft« stützen soll.[17] Statt sich weiterhin die Köpfe einzuschlagen, entschließen sich die Verantwortungsbewußteren unter den Siedlern und Neubauern zu einer friedlichen Lösung der anstehenden Probleme, das heißt gründen eine große nationale Sammlungsbewegung, die zwischen Patriotismus und Sozialismus keinen Unterschied mehr macht. Alle sehen ein, daß nur ein nationaler Sozialismus den ersehnten »großdeutschen« Staat herbeiführen kann, in dem es einmal keine Arbeiter, Bürger und Adlige, sondern nur noch »Volksgenossen« geben wird.[18] Sogar der alte Baron von Malow wird am Schluß von diesem völkischen Enthusiasmus hingerissen und erklärt in einer ergreifenden Rede vor den versammelten Neusiedlern, denen er große Teile seines Landbesitzes zur gemeinschaftlichen Nutzung vermacht:[19]

»Unser Volk hat nur zwei Quellen des Wohlstandes: seinen Boden und die Erbanlagen seiner Bewohner. Es gilt als höchste Pflicht, aus beiden, aus Boden und aus den Erbanlagen, das Möglichste herauszuholen und untereinander einig zu sein. Boden und Erbanlagen sind in ihren Leistungen außerordentlich, man kann ruhig sagen: unbegrenzt steigerungsfähig.

Es müssen sich eben nur immer gute Erbanlagen zusammenfinden, und diese in der nächsten Generation besser werdenden Erbanlagen müssen durch häusliche und kameradschaftliche Erziehung und durch höchste Spitzenleistung der Allgemein- und der Fachschulen möglichst gut entwickelt werden.

Der Boden aber ist durch intensivste Arbeit der Wissenschaftler und der Praktiker so ertragsfähig zu machen, daß er seinen Bewohnern eine menschenwürdige Existenz garantiert.

Arbeiter, Bauern und Beamte müssen untereinander einig sein, nur diese Dreieinigkeit von Arbeiter-, Bauern- und Beamtenstand verbürgt die Einigkeit des ganzen Volkes.

Einer für alle, das muß die Parole für das ganze Volk sein! Nicht Worte – nur Taten gelten!

Deutschland über alles!«

Im Gegensatz zu Bochow und Mantel, die in ihren Utopien einer nationalen Wiedergeburt weitgehend auf die Entstehung spontan agierender Sammlungsbewegungen vertrauen, greifen die meisten Autoren völkisch orientierter Zukunftsromane auch in diesen Jahren auf das bewährte Schema der »Rache für Versailles« zurück. In ihren Werken entsteht also der erhoffte völkische Gesamtwille nicht aus ökonomischen oder sozialen Gründen, sondern anläßlich kriegerischer Auseinandersetzungen, bei denen die Deutschen plötzlich ihre ihnen aufgezwungenen Sklavenfesseln abwerfen und sich als die würdigen Nachfolger eines alten Herrenvolks erweisen. Auf lokaler Ebene kommt es zu einem solchen Wiedererwachen des früheren Löwenmuts unter den Deutschen erstmals in dem utopisch gefärbten Bericht *Achtung! Ostmarkenfunk! Polnische Truppen haben heute Nacht die ostpreußische*

Grenze überschritten (1932) von Hans Nitram [Martin], in dem die »frech gewordenen« Polen einfach in den Bezirk Allenstein einfallen, weil sie dort aufgrund der Schwäche der deutschen Reichswehr und des allgemeinen Parteienhaders keinen nennenswerten Widerstand erwarten, jedoch zu ihrer Überraschung auf den hartnäckigen Verteidigungswillen der »einfachen« Bevölkerung stoßen, die sich angesichts dieses unverschämten Raubüberfalls auf ihr altes Reichsbewußtsein besinnt und in aller Entschiedenheit zurückschlägt.

In Franz Hermanns Buch *Die Erde in Flammen. Ein Zukunftsroman aus den Jahren 1937/38*, das um 1931 geschrieben wurde, aber erst 1933 erscheinen konnte, gehen dagegen die Deutschen bereits zum Gegenangriff über. Hier wendet sich die völkische Empörung einerseits gegen Frankreich, den alten »Erzfeind« Deutschlands, dessen »Senegalneger und Marokkaner« bei der Rheinlandbesetzung Tausende deutscher Frauen und Mädchen vergewaltigt hätten,[20] andererseits gegen die instinktlosen Regierungsparteien der »Systemzeit«, die sich selbst mit der Sowjetunion ins Vernehmen gesetzt hätten, statt von vornherein an der Beseitigung dieses »Unstaats« mitzuarbeiten. Den Gegenpol zu den »feigen Regierungsdeutschen« bilden in diesem Roman einige freischärlerische Selbsthelfertypen, meist Piloten der Junkers-Werke, die auf eigene Faust in die Politik eingreifen und im Kampf um die Vormacht in Europa den faschistischen Italienern helfen, den Engländern und Franzosen eine vernichtende Schlappe beizubringen. Und so kommt es auch am Schluß dieses Romans zu der lang ersehnten deutschen Wiedergeburt, daß heißt zur Abschaffung der bisherigen »Klassengegensätze« und zu bündisch-nationalsozialistischen »Siedlungsprojekten«.[21]

In den meisten solcher Wiedererstarkungsromane wird dagegen auf solche Sammlungsbewegungen oder Selbsthelfergruppen verzichtet und auf das Leitbild des »Starken von oben«, wenn auch in der zeitgemäßeren Form eines »diktatorischen Führers oder Retters der Nation« zurückgegriffen.[22] Obwohl dabei selten zu einer faschistischen Machtübernahme aufgerufen wird, liegt doch vielen dieser Romane »jenes Syndrom von autoritären, elitären, apolitischen (nicht unpolitischen), rassistischen, antidemokratischen und vor allem antisozialistischen Tendenzen« zugrunde, das auch die »emotionale Basis des Nationalsozialismus« bildete.[23] Dafür sprechen häufig wiederkehrende Sätze wie »Ich bin der Meinung, daß in einem gesunden Staatswesen nur ein Einzelner den Ausschlag in den letzten Dingen geben darf«,[24] »Die Regierung erließ Notgesetze, aber trotzdem, der rechte Mann fehlte«[25] oder »Der Mann, der mehr wert war als die ganze übrige Mannschaft zusammengenommen, mußte erst noch gefunden werden«.[26] Eins der besten Beispiele für diesen Romantyp bietet das Buch *Katastrophe 1940. Nieder mit Versailles* (1932) von Karl Ludwig Kossak-Raytenau. Wie viele dieser Werke beginnt auch dieser Roman mit einer dystopischen Schilderung der Verhältnisse innerhalb der Weimarer Republik nach 1929, das heißt der wirtschaftlichen Depression, der ständig größer werdenden Arbeitslosenheere, der Fabrikstillegungen, der erdrückenden Reparationsforderungen Frankreichs sowie der »frechen« Übergriffe der Polen, hinter denen Kossak-Raytenau eine jüdische Weltverschwörung zur Vernichtung aller germanisch Höheren in der Welt vermutet. Dementsprechend heißt es bei ihm:[27]

»Shylock steht jenseits des Rheins, steht jenseits der Oder, das verfluchte Dokument [den von den ›Novemberverbrechern‹ unterzeichneten Friedensvertrag von Versailles] in den Händen und mit Freude bereit, sein Pfund Fleisch aus Deutschlands todwundem Körper zu schneiden. Zahlen! Zahlen! Jahrelang, jahrzehntelang, schier ohne Ende!«

Im Zustand dieser tiefsten »Erniedrigung« erwächst jedoch Deutschland in seinem Außenminister Wessel plötzlich ein neuer »Führer«, der vom Reichspräsidenten mit geradezu unbegrenzten Vollmachten ausgestattet wird. Diesen Mann ergreift jedesmal der tiefste Zorn, wenn er das Schicksal Deutschlands überdenkt, das von der »Vorsehung« zu Größtem berufen sei, jedoch von seinen niederträchtigen, verkommenen Nachbarn wie auch den Vaterlandsverrätern im eigenen Lande seit über zehn Jahren aufs Unbarmherzigste unterdrückt werde:[28]

»Was hat dieses Land ertragen müssen! Demütigung, Verachtung, Aufruhr, Kampf aller gegen alle, an roten Schrecken, – unerhörtes Leid und Verzweiflung – nichts war ihm erspart geblieben, und noch immer lag das Joch überschwer auf dem Volk! Soll es endlich hell werden? Gigantenkräfte waren notwendig, Glaube und Härte. Rücksichtslosigkeit gegen sich und andere.«

Um also die Deutschen nicht »für immer in Finsternis und Unfreiheit« leiden zu lassen, wird dieser neue »Reichsführer«, wie er sich nennt, sofort nach seiner Amtseinführung aktiv, indem er einerseits die deutsche Armee heimlich verstärken läßt, da ein »Volk ohne Waffen« stets ein Volk ohne Ehre sei, und indem er andererseits die deutschen Arbeiter so energisch auf die Vordringlichkeit der nationalen Belange hinweist, daß sie voller Scham die »roten Lappen« herunterholen und wieder die »alte, ehrliche Fahne«, nämlich die schwarz-weiß-rote, aufziehen.[29] Anschließend verbündet sich Wessel erst mit jenen nationalistisch eingestellten Generalen, welche in Rußland die Bolschewisten zum Teufel gejagt haben, und besiegt dann mit Unterstützung dieser neuen Bündnispartner in einem Blitzkrieg von wenigen Wochen die sich immer übler aufspielenden Franzosen. Und die »Deutsche Arbeiterpartei« macht bei all dem begeistert mit, ja findet sogar sein »Streikverbot« richtig und hat auch nichts dagegen einzuwenden, daß Wessel alle kommunistischen Führer und Agitatoren einfach »erschießen« läßt.[30]

Fast den gleichen Handlungsaufbau hat der Roman *Nie wieder Krieg. Ein Blick in Deutschlands Zukunft* (1931) von Junius Alter [Franz Sontag]. Hier beginnt die Handlung damit, daß der Reichspräsident den von der Reichswehr, der DVP, DNVP und der NSDAP hochgeschätzten Grafen Tölz als Reichskanzler mit unbegrenzten Vollmachten einsetzt. Statt die »Erfüllungspolitik« der SPD fortzusetzen, bildet dieser Mann ein Kabinett aus bewährten Deutschnationalen, löst mit Hilfe ehemaliger Freikorpsführer den von den Linken dominierten preußischen Landtag und das Reichsbanner auf, ja verbietet sogar Zeitungen wie das *Berliner Tageblatt* und die *Frankfurter Zeitung*. Es ist sein Ziel, Deutschland, das nach 1918 in ein »wüstes Konglomerat von Parteien« degeneriert sei, wieder in einen vom ganzen Volke getragenen starken, selbstbewußten Staat umzuwandeln.[31] Das Bürgertum macht diesen »Rechtsruck«, wie es heißt, sofort mit.[32] Etwas schwerer hat es Tölz dagegen, auch die Arbeiter von seiner Politik zu überzeugen. Doch auf diesem Sektor kommen ihm die Nationalsozialisten zu Hilfe, die mit ihren pseudosozialistischen Parolen große Teile des Proletariats für sich gewinnen können. Und so wird das Verhältnis zwischen den Deutschnationalen und der NSDAP immer »kameradschaftlicher«, ja mündet schließlich in

21 Fr. Row.: Illustration aus dem Buch »Deutsche Zeitenwende. Vom Nationalismus zum Nationalsozialismus« (1929).

ein feierliches »Gelöbnis der Waffenbrüderschaft«.[33] Nachdem Tölz diese innere Vereinheitlichung Deutschlands abgeschlossen hat, wendet er sich schließlich nach außen. Als erstes verbündet er sich mit jenen Generalen, die in Rußland der Herrschaft der Bolschewisten ein Ende bereitet haben. Darauf schließt er einen

Bündnisvertrag mit Mussolini ab, den er schon seit langem zutiefst bewundert. Auf der Grundlage der Achse Berlin-Moskau-Rom fühlt sich Tölz schließlich stark genug, einen Krieg gegen Frankreich vom Zaun zu brechen, der Deutschland wieder seine frühere Weltmachtstellung zurückgeben soll. Welche Mentalität hierbei herrscht, geht aus folgendem Statement hervor, mit dem einer seiner Offiziere die deutschen Truppen in den Kampf schickt:[34]

»Ich möchte nur noch einmal mit allem Nachdruck und in aller Schärfe betonen: es gibt für uns nur den Erfolg! Andere Rücksichten kommen für uns nicht in Betracht. Opfer – hüben wie drüben – spielen keine Rolle. Was fallen muß – fällt, und was in die Luft geht – dem wünschen wir vergnügte Himmelfahrt! Wir sind Mannes genug, um zu wissen, was wir einmal vor dem Gott verantworten können, der das Eisen wachsen ließ und der in Deutschland keine Knechte wollte!«

Und mit dieser Gesinnung, die auf der Parole »Alles oder nichts« beruht, jagen die Deutschen die Franzosen wie die Hasen vor sich her und werden wieder zu einem »selbständig handelnden Subjekt der Geschichte«, das sich weder in politischen noch in ökonomischen Angelegenheiten von anderen Nationen dreinreden läßt.[35] Auf der anschließenden Friedenskonferenz erhalten die Deutschen nicht nur alle durch den Vertrag zu Versailles verlorenen Gebiete, einschließlich ihrer früheren Kolonien in Afrika und Asien, zurück, sondern sorgen auch dafür, daß Österreich und große Teile der Tschechoslowakei dem deutschen Reiche einverleibt werden. Welche äußere und innere Form dieses neue Reich erhalten sollte, bleibt unklar. Im Hinblick auf diese Frage erklärt der weiterhin amtierende Reichspräsident lediglich:[36]

»Die Regierung wird mit meiner vollen Zustimmung, wie bisher, im Rahmen der noch geltenden Verfassung [...] die Geschäfte weiterführen, bis sie in der Lage ist, einen Verfassungsentwurf vorzulegen, der den Notwendigkeiten von Staat und Volk auf Menschenalter hinaus gerecht zu werden verspricht. Zur Durchführung dieser Aufgabe, die ein Übermaß an Kräften beansprucht, wird sie sich nunmehr erweitern und neben dem bereits in ihr vertretenen Frontsoldatenbund auch die Nationalsozialistische Deutsche Arbeiterpartei in der Person ihres Führers heranziehen, die sich gleichfalls um das Gelingen des Befreiungswerkes so besondere und in jeder Hinsicht außerordentliche Verdienste erworben hat.

Sie alle wissen, daß der Gedanke des ›Dritten Reiches‹ heute längst nicht mehr geistiges Eigentum der Nationalsozialisten oder des Frontkämpferbundes, sondern daß er Gemeingut allerweitester Volkskreise ist, die in ihm das Symbol ihrer nationalen Zukunftshoffnung erblicken. Diese Idee in die Wirklichkeit umzusetzen, nachdem mit der Befreiung Deutschlands die grundlegende Voraussetzung dafür geschaffen ist, wird die Aufgabe der vor uns liegenden Monate sein. Es scheint mir verfrüht, wollte ich heute schon Andeutungen darüber geben, in welcher äußeren staatlichen Form und mit welchen inneren Einrichtungen und Gliederungen diese Idee ihre einstige Verwirklichung finden wird. Wohl aber darf ich betonen, daß die beiden Begriffe ›deutsch‹ und ›sozial‹ die tragenden Grundpfeiler des neuen Reiches bilden werden.«

Der gleiche deutschnationale Führerkult liegt dem Zukunftsroman *Krieg 1960* (1931) von Karl Bartz zugrunde. In diesem Werk bricht im Jahr 1960, in dem Deutschland noch immer unter dem Joch der »Erfüllungspolitik« schmachtet, ein Krieg Englands und Frankreichs gegen Rußland aus, in dem die Westmächte die Deutschen auf ihre Seite zu ziehen versuchen, indem sie ihnen die Aufhebung der Bedingungen des Friedensvertrages von Versailles versprechen. Als die oppositionelle »Nationale Union« herausfindet, daß dieses Versprechen einen rein taktischen Charakter hat, entfesselt sie einen Volksaufstand, bei dem sich ihr Führer zum »nationalen Diktator« aufwirft und nach der Machtergreifung auf die Seite des »jungen, antibolschewistischen und nationalen« Rußland schlägt. Daraufhin zertrümmern England und Frankreich mit ihren Bombengeschwadern viele der deutschen Städte, wobei Hunderttausende getötet werden, ja setzen bei ihren Angriffen sogar biologische Kampfmittel ein, bis es einigen deutschen Ingenieuren durch die Erfindung »schall-loser Kanonen« sowie eines betäubenden »Augengases« gelingt, den nach Deutschland eindringenden westlichen Truppen wirksam Paroli zu bieten.[37] Doch hinter all diesen Auseinandersetzungen taucht immer wieder das Bild des großen »nationalen Diktators« auf, der »weder Ruhe noch Schlaf kennt«, der von »harter Rücksichtslosigkeit gegen sich selbst ist«, der bei Meutereien »hart« durchgreift, ja der manchmal geradezu »unmenschlich« sein muß, um Schlimmeres zu verhüten. Von ihm hängt in diesem Kriege alles ab. Er ist der »Einzigste«, wie wir hören, der Deutschland in dieser Situation »retten« kann.[38] Und diese Rettung gelingt ihm auch. Durch seine Bemühungen steht Deutschland nach dem Sieg über England und Frankreich stärker da denn je zuvor. Es erhält nicht nur alle im Friedensvertrag zu Versailles abgetretenen Gebiete zurück, sondern verleibt sich auch große Teile Polens ein. Ja, es wird schließlich so stark, daß sich selbst jene »Arbeiter«, die diesem Staat früher fremd gegenübergestanden hätten, wie es im Rückblick auf die Weimarer »Systemzeit« heißt, mit dem neuen Staat und seinem »nationalen Diktator« voll und ganz identifizieren.[39]

Eins der wenigen Bücher dieser Jahre, das über solche deutschnationalen Hoffnungen hinausgeht und bereits Adolf Hitler als den künftigen Retter des deutschen Volkes hinstellt, ist das 1932 geschriebene, aber erst Anfang 1933 erschienene Pamphlet *Der deutsche Diktator. Ist Adolf Hitler jener von den großen Sehern aller Zeiten angekündigte große Volksherzog, der Deutschland zum mächtigsten christlichen Weltreich machen wird? Ein Trostbuch für das bedrückte deutsche Volk* von Josef Fischer-Hartinger. Dieses Buch knüpft in vieler Hinsicht an all jene religiösen Prophezeihungen der Jahre 1919 bis 1923 an, in denen ein katholischer Kaiser als der künftige Retter Deutschlands anvisiert worden war.[40] Wie die Autoren dieser Bücher beruft sich auch Fischer-Hartinger auf so unterschiedliche Seher und Seherinnen wie Bartholomäus Holzhauser, Josefa von Bourg, Amadäus de Silva, Helene von Brügge, Josef Görres usw., von denen viele behauptet hätten, daß der »kommende Diktator ein katholischer Österreicher« sein werde.[41] Allerdings gibt er dabei seine Hoffnung auf einen habsburgischen Kaiser auf, da die deutschen Fürsten, wie er schreibt, »in den entscheidenden Tagen Anno 1918 allesamt total versagt« hätten.[42] Und an dieser Situation habe sich bis heute nichts geändert. Aus diesem Grunde faßt Fischer-Hartinger keinen deutschen Fürsten als möglichen Retter Deutschlands ins Auge, sondern aktualisiert und konkretisiert die früheren Prophezeiungen zusehends auf die Person Adolf Hitlers, der ebenfalls Katholik, ebenfalls Österreicher, durch seinen Vornamen Adolf ebenfalls von »Adel« und aufgrund seines Titels »Führer« ebenfalls ein Dux oder Herzog sei.[43] Und von diesem Hitler, der nicht nur »edles Blut« und einen »germanischen Sinn«, sondern auch den nötigen »Heldenmut« besitze, verspricht sich Fischer-Hartinger eine Wiedererstarkung Deutschlands zu einem Imperium sacrum, dem auch das Baltikum, Österreich, die Schweiz, Flandern und die Niederlande als vollintegrierte Reichsgebiete angehören würden.[44] Doch nicht genug damit. Dieser Führer, lesen wir weiter, den die »Vorsehung« zu großen Taten auserwählt habe, werde alle bisherigen undeutschen Ruhestörer, Nestbeschmutzer und Demagogen aufs schärfste zur Verantwortung ziehen und den übelsten Verrätern die Köpfe abschlagen lassen.[45] Wie zu erwarten, gilt dabei Fischer-Hartingers Hauptwut den Gottlosen und Kommunisten, in denen er die Vollzugsorgane einer jüdischen »Weltverschwörung« wittert, die es darauf abgesehen habe, Deutschland für alle Zeiten im Zustand der Versklavung zu halten.[46] Gerade auf diesem Gebiet bietet Fischer-Hartinger seine ganze Rhetorik auf, um Hitler als den von allen großen Propheten vorhergesehenen Retter Deutschlands herauszustreichen:[47]

»Der kommende große Diktator ist *Antisemit*. Wenige wohl werden erfassen, welch wuchtige weltgeschichtliche Umwälzung gerade die Apokalypse des Hl. Johannes verkündet, indem sie den starken Alleinherrscher mit selten klaren, unzweideutigen Worten als Judengegner und, was die Hauptsache ist, als Judenbezwinger charakterisiert. Und nun frage ich: Wer hat den unerschrockenen Mut aufgebracht, die geradezu unglaubliche Kühnheit, der weltumspannenden Macht des Judentums einen rücksichtslosen, unversöhnlichen Kampf anzusagen? Ein unbeachteter, ja verachteter, aus dem benachbarten Österreich eingewanderter Arbeiter hat vor etwa 13 Jahren mit einem lächerlich kleinen Häuflein einen Kampfbund gegründet, der nunmehr die gewaltigste antisemitische Volksbewegung aller Zeiten darstellt. Dieser Mann war *Adolf Hitler*. Er hat als Erster klar erkannt, daß der Jude der am Lebensmark der Völker fressende Wurm ist, er hat besser als alle Kirchenvorsteher erkannt, daß der Jude der Erbfeind der Christenheit ist, der die Gläubigen immer wieder durch Massenverbreitung mannigfaltiger Irrlehren zu verwirren und Feindschaft und Haß zu stiften sucht. Er hat es aber nicht bei der Erkenntnis gelassen, sondern auch die Tat folgen lassen. Und mit der seiner Natur eigenen Unerschrockenheit hat der jugendliche Held mit seiner ebenso tapferen Schar den gigantischen Kampf aufgenommen gegen eine brutale, vor keinem, auch dem gemeinsten, hinterhältigsten und feigsten Mittel des Meuchelmords, zurückschreckende, überwältigende Übermacht. Und wenn Adolf Hitler trotzdem bis jetzt nicht nur standgehalten, sondern von Jahr zu Jahr sieghaft eine Festung um die andere erobert, so ist das bei meiner religiösen Einstellung ein Zeichen, daß der große Führer der deutschen Freiheitsbewegung eine Sendung im Auftrage der göttlichen Vorsehung zu erfüllen hat, daß er tatsächlich der zu erwartende gottgesandte starke Fürst ist, der der Welt den Frieden bringen wird, nachdem er den ewigen Unruhestifter, den Juden in Fesseln gelegt.«

Und als ob das noch nicht genug sei. Am Schluß seines Pamphlets bemüht Fischer-Hartinger sogar noch den »großen Philosophen, Astrologen und Gelehrten Nostradamus« herbei, um mit letzter Sicherheit vorherzusagen, daß der künftige Führer nur Adolf Hitler sein kann.[48] Ja, er fordert hier bereits alle anderen deutschnationalen oder völkischen Bewegungen auf, sich schleunigst der Hitler-Partei anzuschließen, um nicht vom großen Rad der Geschichte einfach überrollt zu werden:[49]

»Fort mit all den kleinen Gruppen, die sich ›auch national‹ betätigen wollen, in Wirklichkeit aber die deutsche Front nur zersplittern. Der wahre Patriotismus besteht nicht im Hurrageschrei, sondern in der Liebe zu den Artgenossen und in der Nibelungentreue zu dem einmal anerkannten Führer. Das Morgenrot der Freiheit und der Erlösung wird anbrechen, wenn aus Millionen Männerherzen die zu allem entschlossene Bereitschaft hervordonnert und durch alle deutschen Gaue wiederhallt: ›Heil Hitler‹.«

Der Aufstieg der NSDAP zur »Regierungswürdigkeit«

Nach dem Ausbruch der Weltwirtschaftskrise im Oktober 1929, die das Ansehen der kapitalistischen Wirtschaftsordnung erheblich diskreditierte, sahen sich die Rechtsparteien plötzlich einer neuen Situation gegenüber. Sich lediglich auf die segensreichen Auswirkungen der mit fordistisch-tyaloristischen Mitteln angekurbelten ökonomischen Expansion zu berufen, die nach der Turbulenzphase von 1919 bis 1923 gegen Mitte der zwanziger Jahre zu einer deutlichen Stabilisierung der politischen und sozialen Verhältnisse geführt hatte, zog nach diesem Zeitpunkt nicht mehr. Auch das sozialdemokratische Schlagwort einer wohlfunktionierenden »Wirtschaftsdemokratie« verlor nach 1929 – angesichts der vielen Betriebsschließungen und der steigenden Zahl der Arbeitslosen – seine bisherige Überzeugungskraft. Um also einer drohenden »Radikalisierung« von links einen wirksamen Riegel vorzuschieben, mußten sich die Bürgerblockparteien um die Deutschnationale Volkspartei (DNVP) nach 1929 etwas Neues einfallen lassen, falls sie im Reichstag eine effektive Majorität gewinnen wollten. Als der beste Ausweg aus dieser Krise erschien manchen ihrer Hauptvertreter die taktische Allianz mit einer rechten »Arbeiterpartei« wie der NSDAP, von der sie sich erhofften, daß sie die kleinbürgerlich-proletarischen Schichten in ihrem Sinne propagandistisch beeinflussen würde, um sie so gegen die Gefahr der »Bolschewisierung« abzuschotten. Allerdings mußten hierbei die Vertreter des rechtskonservativen Bürgerblocks mehrere Skrupel überwinden, welche sie dieser Partei bisher gegenüber gehegt hatten: zum einen, daß sich die NSDAP als eine mit deutlich antikapitalistischen, ja sozialistischen Affekten aufgeladene »Arbeiterpartei« ausgab, zum anderen, daß ihr »Führer« jener »kleine Gefreite« des Ersten Weltkriegs, jener Hitler war, der sich in *Mein Kampf* ein betont »proletarisches« Image gegeben hatte. Und solche Bedenken aus dem Weg zu räumen, fiel vielen Repräsentanten dieses Blocks, die sich als die führenden Vertreter der zweitstärksten Industriemacht der Welt empfanden, nicht leicht. Doch wegen der Dringlichkeit der anstehenden Krise, die sie ideologisch immer stärker verunsicherte, schluckten diese Bürgerblockvertreter ihre Skrupel schließlich hinunter und entschlossen sich zu einer immer engeren Zusammenarbeit mit den Nationalsozialisten. Und zwar taten sie das vor allem aus zwei Gründen: erstens, weil die NSDAP bei den Septemberwahlen des Jahres 1930 einen ungeahnt großen Erfolg für sich verbuchen konnte, und zweitens, weil sie hofften, diese Partei aufgrund der eigenen ökonomischen Übermacht in ein ideologisches Manipulationsinstrument umwandeln zu können, das heißt Hitler vornehmlich als nationalen »Trommler« einzusetzen, ja ihn eventuell sogar als untergeordneten Koalitionspartner in ein zukünftiges Regierungskabinett aufzunehmen. Wie viele der Linken sahen also diese Kreise in sich selbst die entscheidenden Drahtzieher der gesamten politischen Entwicklung, die zwar andere für sich ins Feuer schicken, aber diesen anderen nie die »Macht« übergeben würden.

Die Bereitschaft der Rechtsparteien, mit Hitler und seiner NSDAP zu koalieren, wuchs daher in den Jahren nach 1930 gera-

22 Wahlplakat der NSDAP (1932).

dezu von Monat zu Monat. Für Hitler ergab sich daraus eine zwar durchaus begrüßte, aber zugleich höchst komplizierte Situation. Schließlich hatte sich seine Partei in den Jahren zwischen 1919 und 1923 und dann erneut ab 1925 vornehmlich als eine antiliberale, antikapitalistische, antimaterialistische Partei mit starken Aversionen gegen Großkapital, Banken, Börsen, »Zinsherren« usw. profiliert und war vor allem in der sogenannten Stabilisierungsphase der Weimarer Republik zwischen 1923 und 1929 den kapitalistischen Führungsschichten mit einer prononcierten Blut-und-Boden-Propaganda entgegengetreten. Statt sich für die Interessen der »Plutokraten« einzusetzen, hatten die Nationalsozialisten gerade in diesen Jahren den Gedanken einer bäuerlichen Ostsiedlung und das Ideal einer rassischen Reinzucht des deutschen Volkes als ihre weltanschaulichen Hauptziele hingestellt. Jedenfalls korrespondierten ihre Ideale in diesem Zeitraum nicht mit denen der bürgerlichen Führungsschichten, schon gar nicht mit denen der Großindustriellen unter ihnen. Im Gegenteil. Zwischen 1919 und 1930 waren sie stets im Namen der unteren Bevölkerungsklassen aufgetreten, das heißt hatten mit ihrer Propaganda das deutsche »Volk« zu revolutionären Ausschreitungen gegen das herrschende kapitalistische »System« aufzuputschen versucht.

Aufgrund dieser Ausgangsposition befanden sich Hitler und die NSDAP nach dem Schwarzen Freitag des Jahres 1929 in einer ebenso diffizilen Lage wie die anderen Rechtsparteien. Einerseits fühlten sie sich durch den Gang der Ereignisse in ihren Anschauungen durchaus bestätigt: die herrschende Wirtschaftsordnung und damit das von ihnen so gehaßte »System« hatten versagt, was dem Selbstbewußtsein der Nationalsozialisten einen starken Auftrieb gab und ihnen zugleich eine Fülle neuer Anhänger zuführte. Andererseits bot ihre Blut-und-Boden-Phraseologie, die sie der wirtschaftlichen Konjunktur zwischen 1923 und 1929 entgegengesetzt hatten, keinen realen Ausweg aus der durch die Weltwirtschaftskrise entstandenen Situation.[1] In diesem Punkte mußten also die Nationalsozialisten nach 1929 schleunigst umdenken, um von den breiten Massen, die sie zu erreichen hofften, nicht als utopistisch oder gar anachronistisch abgelehnt zu werden. In den Jahren zwischen 1929 und 1933 vollzogen sich deshalb innerhalb der nationalsozialistischen Ideologiekonglomerate die gleichen Wandlungsprozesse, die sich auch in den deutschnationalen Traktaten und Utopien desselben Zeitraums beobachten lassen. Und zwar gilt es hierbei zwischen drei Haupttaktiken zu unterscheiden: erstens der Weiterführung der älteren Blut-und-Boden-Ideologie unter den veränderten Bedingungen der inzwischen ausgebrochenen Weltwirtschaftskrise, zweitens einer wesentlich differenzierteren Sicht des kapitalistischen Systems und drittens einer deutlichen Abschwächung aller spezifisch »revolutionären« Elemente, mit der sich die NSDAP das Ansehen der Regierungswürdigkeit zu verschaffen suchte.

Im Rahmen der nationalsozialistischen Blut-und-Boden-Propaganda spielten sich diese Wandlungs- und zugleich Anpassungsprozesse folgendermaßen ab. Völlig aufgeben ließen sich diese Ideen nicht. Dazu waren sie vor allem in deutschvölkischen Kreisen seit wilhelminischer Zeit viel zu tief verankert und wurden obendrein von den kapitalistischen Führungskreisen trotz ihrer »antiindustriellen« Zielrichtungen als imperialistische Stimmungsmache durchaus gutgeheißen. In diesem Bereich, der bereits etwas obsolet geworden war, finden sich daher nach 1929 in den Schriften der Nationalsozialisten und ihrer Sympathisanten noch am ehesten Elemente, die sich als utopisch oder zumindest utopistisch bezeichnen lassen. Allerdings darf man auch in diesem Bereich – hinter allen verqueren Hoffnungen und Träumen – nie das konkrete Telos aus dem Auge verlieren, um sich nicht von irgendwelchen idealistischen Teilaspekten blenden zu lassen. Das gilt besonders für die von fast allen Nazi-Anhängern hochgespielte Mystik des »nordischen Blutes«. Als ein eher triviales, aber besonders typisches Zeugnis sei aus diesem Umkreis der Aufsatzband *Deutsche Revolution. Ein Buch vom Kampfe um das Dritte Reich* (1929) von Otto Bangert herausgegriffen, in welchem dem allgemeinen Trend zur Rassenvermischung, der im Zuge der »Verniggerung« und »Verjudung« der mittzwanziger Jahre ein geradezu erschreckendes Ausmaß angenommen habe, das utopische Bild einer neuen »nordischen Rasse« entgegengesetzt wird, die aus gläubiger Hingabe an höhere Ziele »stets zu Kampf und Opfer« bereit sei.[2] In diesem Buch wird überhaupt die »Größe des deutschen Volkes« fast ausschließlich auf seinen »außerordentlichen Reichtum an bestem nordischen Blut« zurückgeführt und alles Materialistisch-Niedrige, das zu einer Diktatur des »brutalsten Kapitalismus« geführt habe, den Minderrassigen zur Last gelegt.[3] Seine Zukunftshoffnung setzt Bangert deshalb allein auf jene »braunen Sturmkolonnen«, welche einmal an der »kapitalistischen Welt das Gericht vollstrecken« würden.[4] Nur sie, heißt es immer wieder, seien die Träger wahrhaft nordischer Gesinnung, nur bei ihnen gäbe es noch echte Opferbereitschaft, nur sie träten noch für die bedingungslose Hingabe an eine Gemeinschaft »guten Blutes« ein. Dementsprechend behauptet er an einer Stelle:[5]

»Im letzten Grunde fließt die völkische Bewegung – so vielfach zerrissen sie sich äußerlich darstellen mag – aus einer einzigen tiefen Wurzel: dem schöpferischen Willen des Blutes zu einem neuen Dasein in Zucht und Ehre, zu nordischer Rasse und nordischer Reinheit, zu Heldensinn und Treue, zu einem heiligen Deutschen Reich.«

Auf der in diesem Umkreis höchstmöglichen Ebene werden die gleichen Rassenideale in dem Buch *Der Mythus des 20. Jahrhunderts* (1930) von Alfred Rosenberg abgehandelt, wo allerdings das »revolutionäre« Element, das bei Bangert noch durchaus vorhanden ist, bereits einem pseudophilosophischen Geschwafel geopfert wird. Das Kernelement alles »höheren Lebens« sieht Rosenberg, in deutlicher Anlehnung an Houston Stewart Chamberlain, im nordischen Blut, das sich im Kampf gegen Juda, Rom und Moskau siegreich durchsetzen müsse, um so die Menschheit vor einem endgültigen Versinken in einem Rassen- und damit Kulturchaos zu bewahren. Der dritte Teil dieses Buchs ist daher logischerweise *Das kommende Reich* überschrieben. Den Führer zu diesem Reich sieht Rosenberg in einem germanischen Lykurg, der das rassisch Reine mit scharfem Messer vom rassisch Unreinen trennen werde. Erst dann, wie es bei ihm heißt, könne aus dem deutschen Volk wieder eine echte Gemeinschaft werden, die sich nicht mehr an christlichen, individualistischen oder humanistisch-universalen Vorstellungen orientiere, sondern nur noch die eigene Sache ins Auge fasse. Im Rosenbergschen O-Ton hört sich dies folgendermaßen an:[6]

»Diese innere Stimme fordert heute, daß der Mythus des Blutes und der Mythus der Seele, Rasse und Ich, Volk und Persönlichkeit, Blut und Ehre, allein, ganz allein und kompromißlos das ganze Leben durchziehen, tragen und bestimmen muß. Er fordert für das deutsche Volk, daß die zwei Millionen toter Helden nicht umsonst gefallen sind, er fordert eine Weltrevolution und duldet keine anderen Höchstwerte mehr neben sich. Um das Zentrum der Volks- und Rassenehre müssen sich die Persönlichkeiten schließen, um jenes geheimnisvolle Zentrum, das von je den Takt des deutschen Seins und Werdens befruchtete, wenn Deutschland sich ihm zuwandte. Es ist jener Adel, jene Freiheit der mystischen ehrbewußten Seele, die in einem noch nie gesehenen breiten Strome über Deutschlands Grenzen sich zum Opfer brachte und keine ›Stellvertretung‹ forderte. Die Einzelseele starb für Freiheit und Ehre ihrer eigenen Erhöhung, für ihr Volkstum. Dieses Opfer darf allein den künftigen Lebensrhythmus des deutschen Volkes bestimmen, den neuen Typus der Deutschen züchten.«

Eine der wichtigsten Voraussetzungen zu dieser rassischen und seelischen Aufnordung des deutschen Volkes sah Rosenberg in einer konsequent durchgeführten »Entproletarisierung« der deutschen Nation, die sich am schnellsten, wie er schreibt, durch den »bewußten Abbau der bestehenden Weltstädte« erreichen lasse.[7] Überhaupt ist von dieser nordischen Blutsmystik zu einer fortschreitenden »Verbauerung« und der damit verbundenen Boden- und Schollemystik oft nur ein kleiner Schritt. Dafür spricht neben einem Buch wie *Das Bauerntum als Lebensquell der nordischen Rasse* (1929) von Walter Darré vor allem die Schrift *Deutsche Siedlung im I., II. und III. Reich* von Edmund Schmid, die Ende 1932 in München im parteieigenen Franz-Eher-Verlag herauskam. Um Deutschland endlich von den »Interessen der Banken und Zinsherren«, das heißt der »internationalen Finanz« zu befreien,[8] wird hier ein Siedlungsgedanke propagiert, der weit über die bloße Binnensiedlung hinausgeht und eine planmäßige Ostkolonisierung ins Auge faßt. Erst durch Hitler, schreibt Schmid, habe Deutschland »jene germanische Stoßkraft« zurückerhalten, der »letztlich nichts widerstehen könne«.[9] Die wahren Deutschen sind daher für Schmid nicht jene, die in die Vereinigten Staaten, nach Brasilien oder andere fernabliegende Länder auswandern und dort für Deutschland verlorengehen, sondern jene »erdverbundenen« Arier »reinen Blutes«, die es als ihre nationale Pflicht empfinden, die durch den adligen Großgrundbesitz »entvölkerten« Gebiete im Osten, auf denen sich die Slawen breitgemacht hätten, wieder durch germanische »Landnahme« für Deutschland zurückzuerobern. Wie Rosenberg empfiehlt daher auch Schmid eine durchgreifende »Großstadtlockerung, Verlegung der Industrie aufs Land, Bildung kleiner Ackerstädte und dergleichen«,[10] ja ruft sogar die Deutschen nichtbäuerlicher Herkunft auf, sich der »Artamanenbewegung« anzuschließen und in der Landarbeit zu einer national-sozialen Haltung zurückzufinden. Wie massiv die imperialistische Tendenz manchmal ist, die hinter solchen Konzepten steht, beweist unter anderem folgende Passage:[11]

»Es ist einer der wichtigsten Programmpunkte der NSDAP, für den Bevölkerungsüberschuß zu gegebener Zeit Siedlungsland zu beschaffen. Natur und Geschichte weisen nach Osten. Das weitere müssen wir, wachsamen Auges, der Zukunft überlassen. Wir glauben: Gott und Hitler werden sorgen.«

Wohl am deutlichsten gehen in diesen Jahren die Blut-und-Boden-Elemente der NS-Ideologie in einer Organisation wie der SS ineinander über, die sich sowohl zum Gedanken der nordischen Reinzucht des deutschen Volkes als auch zur bäuerlichen Ostkolonisation bekannte und aus der die Führungselite der nationalsozialistischen Bewegung hervorgehen sollte. Zu ihrem Reichsleiter machte Hitler 1929 jenen Heinrich Himmler, der nicht nur ein alter Kämpfer und rabiater Antisemit, sondern auch ein bewährter Diplomlandwirt war, ja sich sogar in der Hühnerzucht versucht hatte, also den blutsmäßigen und bäuerlichen Aspekten der NS-Ideologie besonders nahe stand. Als die symbolische Farbe dieser Organisation führte Himmler noch im gleichen Jahr das sogenannte »Bauernschwarz« ein,[12] das bereits unter den Artamanen weit verbreitet war.

So viel zur Weiterführung der nationalsozialistischen Blut-und-Boden-Ideologie in den Jahren zwischen 1929 und 1933, die in diesem Zeitraum – je nach taktischen Erwägungen – entweder abgeschwächt oder auch radikalisiert wurde. Gerade auf diesem Gebiet, wo sich die NS-Ideologie einen »utopischen« Anstrich zu geben versuchte, blieb vieles besonders widersprüchlich. Wer von den Nazi-Größen – außer Rosenberg und Himmler – daran wirklich geglaubt hat, ist höchst zweifelhaft. Und doch wurde sie aus vielen Gründen beibehalten. Zum einen, weil sich viele der älteren Völkischen, die der Figur Hitlers weiterhin kritisch gegenüberstanden, mit solchen Ideologiekomplexen noch am ehesten identifizieren konnten. Zum anderen, weil sich Phänomene wie »Blut« und »Boden« gerade wegen ihrer ideologischen Unbestimmbarkeit besonders gut als emotionale Aufputschmittel einsetzen ließen, indem sie den auf sie Vertrauenden ein gesteigertes nationales Selbstwertgefühl verliehen, die imperialistische Stimmungsmache unterstützten, ja – in dieser krisengeschüttelten Zeit – vielen als die wichtigsten Leitziele einer Rückkehr zu »natürlichen Verhältnissen« erschienen.

Neben die Weiterführung einer kruden altvölkischen Blut-und-Boden-Ideologie, die weitgehend an die kleinbürgerlich-bäuerlichen Affekte gegen die rapide Industrialisierung Deutschlands nach 1895 appellierte und immer wieder zu scharfen Ausfällen gegen Großstädte und Fabriken führte, trat jedoch bei manchen Führern der NSDAP nach 1929/30 eine wesentlich differenziertere Sicht des kapitalistischen »Systems«. Um sich nicht als rassistisch-orientierte Winkelpartei ins politische Abseits zu manövrieren, ging die NSDAP in diesen Jahren, als eine mögliche Machtübernahme immer näher rückte und die herrschenden Machthaber ihre bisherigen Skrupel dieser Partei gegenüber allmählich zu überwinden begannen, zu einer graduellen Anpassung an den Kapitalismus über. Und zwar bediente sich die NSDAP hierbei des alten völkischen Tricks, die guten Vertreter des kapitalistischen Systems als Arier und die bösen Vertreter des gleichen Systems als Juden hinzustellen, das heißt zwischen einem arisch »schaffenden« und einem jüdisch »raffenden« Kapitalismus zu unterscheiden. Da die überwältigende Mehrheit der großen deutschen Vermögen damals in nichtjüdischen Händen war,[13] ja selbst Henry Ford in den USA ähnliche Thesen vertrat, verstieß also die NSDAP mit solchen Slogans keineswegs gegen die Eigeninteressen der herrschenden Schichten, ja weckte bei manchen Großindustriellen sogar die Hoffnung auf eine »Arisierung« der kleineren jüdischen Vermögen und trug zugleich zu einer auch von diesen Kreisen sehr begrüßten »Sündenbock«-Theorie bei, mit der man von den kapitalistisch-konjunkturell bedingten Ursachen der gegenwärtigen Weltwirtschaftskrise ablenken konnte.

Nach diesem Zeitpunkt war also für wirkliche Sozialrevolutionäre, die weiterhin von einer »Nacht der langen Messer« träumten, in der sich die Kleinen an den Großen rächen würden, kein Platz mehr in der NSDAP. Das gilt vor allem für Otto Strasser, der lange Zeit der Führer der norddeutschen Opposition gegen Hitler innerhalb der NSDAP war und sich energisch für eine Sozialisierung der Schwerindustrie eingesetzt hatte. Als er im Mai 1930, aufgrund der veränderten Parteilinie, Hitler »Verrat am Sozialismus« vorwarf, wurde er aus der NSDAP ausgeschlossen und gründete daraufhin unter dem Motto »Die Sozialisten verlassen die Partei« eine »Kampfgemeinschaft revolutionärer Sozialisten«, die als »Schwarze Front« bekannt wurde. Während die NSDAP nach diesem Zeitpunkt zusehends von einer Stärkung der deutschen Industrie und einer ideologischen Reintegration der deutschen Arbeiterschaft in die herrschende Wirtschaftsordnung sprach, das heißt nicht mehr die antikapitalistischen, sondern die antikommunistischen und imperialistischen Elemente ihrer Ideologie in den Vordergrund rückte, blieb also diese Gruppe – in einem utopischen Sinne – weiterhin ihrem »nationalen Sozialismus« treu.

Wie nicht anders zu erwarten, herrschte daher in der NS-Ideologie zwischen 1929 und 1933 eine höchst verwirrende Mischung aus anpassungsbereit-opportunistischen und utopisch-radikalistischen Teilelementen, deren Widersprüche sich nur mit höchst geschickten propagandistischen Tricks überblenden ließen. Für die oberen Schichten rückte hierbei die NSDAP eher die bewahrenden, für die von der Weltwirtschaftskrise hart angeschlagenen unteren Schichten eher die in die Zukunft weisenden, emotional aufputschenden Elemente ihres Parteiprogramms in den Vordergrund. Und so finden sich im NS-Schrifttum dieses Zeitraums einerseits scharf antibolschewistische Parolen, welche die Heiligkeit der bestehenden Eigentumsverhältnisse unterstreichen, andererseits Parolen, welche den Hauptakzent auf die zu erringende »Volksgemeinschaft« legen, die sich also mit betont populistischen Konzepten an all jene Notleidenden und Zu-kurz-Gekommenen wenden, denen die Nazis die Hoffnung auf ein neues deutsches Reich einzuflößen hofften, in dem einmal alle Volksgenossen und Volksgenossinnen ihre volle Selbstverwirklichung finden würden. Die Schuld an der herrschenden Wirtschaftsmisere gaben sie in diesen Jahren immer weniger den bisher von ihnen so hart angeprangerten »Zinsherren«, sondern zusehends den Amerikanern und den Juden, also den »ausländischen« Widersachern des deutschen Volkes, denen man endlich das Handwerk legen müsse, um so aus den Deutschen wieder ein »Herrenvolk« zu machen, das sich vor keinem anderen Volk der Welt zu verstecken brauche.

Was dadurch innerhalb des Parteiapparates immer wichtiger wurde, war die Rolle der Propaganda. Vor 1929/30, also solange die NSDAP eine rechtsradikale Winkelpartei war, hatte sie auf diesem Gebiet selbst das Krude, Gewalttätige und offen Umstürzlerische keineswegs verachtet. So erklärte Hitler noch am 28. Februar 1926 in einer Rede vor dem Hamburger Nationalclub, daß man bei Angriffen auf seine politischen Gegner vor allem den »Haß«, die »Verachtung«, die »Brutalität«, den »Terror«, das »harte Entweder-Oder« in den Vordergrund rücken müsse, um auf der anderen Seite keinen Zweifel an der Radikalität der eigenen Position aufkommen zu lassen.[14] Nach 1930, als die Parteispitze an Stelle eines harten Konfrontationskurses eher einen Integrationskurs befürwortete, machte dagegen das Scharfe, Militante innerhalb der NS-Propaganda mehr und mehr dem Emotional-Verunklärten, Suggestiven, ja geradezu Hyponotisierenden Platz. Die Hauptrolle spielte hierbei jener Joseph Goebbels, der erst, nachdem er sich von Otto Strasser und dessen sozialrevolutionären Ansichten trennte, Hitlers Vertrauen gewann und von ihm 1929 zum Reichspropagandaleiter ernannt wurde. Selbstverständlich behielt auch Goebbels – um der nötigen Effektivität willen – bei seinen Propagandaaktivitäten das Krude und Massenbezogene durchaus bei, betonte jedoch – wie in folgender Passage – immer wieder, daß sich jede gute Propaganda der jeweils vorgegebenen Situation anpassen müsse:[15]

»Propaganda ist immer labil, anpassungsfähig an die jeweiligen Verhältnisse und Erfordernisse. Sie wendet sich an die breiten Millionenmassen des schaffenden Volkes und muß darum vor allem volkstümlich sein. Sie darf es nicht verschmähen, sich jener Mittel zu bedienen, die zwar den Intellekt enttäuschen, doch um so mehr das Herz des Volkes packen. Ein guter Propagandist redet immer die Sprache der Menschen, an die er sich wendet. Er sucht nicht philosophisch nach den letzten Gründen unseres Seins, sondern übernimmt die fertige Erkenntnis, die der Philosoph gefunden hat; seine Aufgabe ist, diese in eine Formel einzuschmelzen, die der kleine Mann auch begreift.«

Und mit dieser Anpassungsbereitschaft an Oben und Unten, bei der zwischen Wahrheit und Taktik manchmal kaum zu unterscheiden ist, verschaffte sich die NSDAP schließlich das nötige politische Ansehen und damit den Anschein der Regierungswürdigkeit. Indem sich Hitler immer stärker als ein Mann der »parlamentarischen Legalität« und der »Achtung vor den bisherigen Eigentumsverhältnissen« hinstellte, erwarb er sich sogar das Vertrauen jener Hochadligen und Großindustriellen, die ihn bis 1930 weitgehend als einen völkischen Radaubruder oder kleinen Gefreiten des Ersten Weltkrieges betrachtet hatten. Und je mehr sich die wirtschaftliche Situation verschlechterte und Teile der Arbeitslosen zur KPD überliefen, desto mehr fühlten sich diese Kreise gezwungen, sich mit diesem Mann ins Benehmen zu setzen, das heißt Hitler – wie sie meinten – in ihrem Sinne zu beeinflussen und vor ihren eigenen Karren zu spannen. Schließlich ließ sich die kapitalistische Wirtschaftsordnung nicht allein

23 Mjölnir: Wahlplakat der NSDAP (1932).

durch diktatorische Gewalt von oben erhalten, sondern bedurfte einer wesentlich breiteren Massenbasis. Im Zuge dieser Entwicklung schlossen sich die NSDAP und die DNVP bereits Anfang 1931 im Reichstag in Form einer lockeren Koalition zu einer »Nationalen Opposition« zusammen, was den Nazis in den Augen der »gehobenen« Gesellschaftsschichten erstmals eine gewisse Legitimität und damit Regierungswürdigkeit verlieh. Ja, am 11. Oktober des gleichen Jahres bekräftigten die NSDAP und die DNVP dieses Bündnis, indem sie auch den »Stahlhelm« in ihre Koalition aufnahmen und sich die »Harzburger Front« nannten.

Dennoch zögerten auch zu diesem Zeitpunkt noch immer weite Kreise der »gebildeten und besitzenden« Schichten, einem Mann wie Hitler das Reichskanzleramt zu übertragen. Um einige dieser Skrupel aus dem Wege zu räumen, hielt Hitler am 17. Januar 1932, als die Zahl der Arbeitslosen erstmals die Sechsmillionengrenze überschritt, in Düsseldorf vor den westdeutschen Industriellen eine vielbeachtete Rede, in der er seine Vorstellungen eines zutiefst nationalen Empfindens und die Wichtigkeit starker Führerpersönlichkeiten mit den imperialistischen Zielen des deutschen Großkapitals und der über es verfügenden Industriellen in Einklang zu bringen versuchte. Und zwar tat er das, indem er den Konkurrenzkampf der verschiedenen Industriezweige mit dem Konkurrenzkampf der verschiedenen Nationen gleichsetzte und auf vulgärdarwinistische Weise auf die gleichen in der Natur vorgegebenen Gesetzmäßigkeiten (Ausleseprinzip, Recht des Stärkeren usw.) zurückführte. »Es ist ein Widersinn«, erklärte Hitler in dieser Rede, »wirtschaftlich das Leben auf den Gedanken der Leistung, des Persönlichkeitswertes, damit praktisch auf der Autorität der Persönlichkeit aufzubauen, politisch aber diese Autorität zu leugnen und das Gesetz der größeren Zahl, der Demokratie, an dessen Stelle zu schieben.«[16] In beiden – in Politik und Wirtschaft – müsse wieder die »Ausübung des absoluten Herrenrechts und Herrensinns« treten, behauptete er, für die sich allerdings nur jene nordisch gearteten Menschen eigneten, in denen sich diejenigen »arischen Rassebestandteile« erhalten hätten, durch die »unser Volk und unser Staat« überhaupt erst entstanden seien.[17] Nur durch eine Rückbesinnung auf solche Herrenmenschenideale werde man auch mit der strukturellen Krise des Kapitalismus fertig werden, betonte Hitler in diesen Jahren immer wieder, die zu zyklischen Konjunkturschwankungen, einer fortschreitenden Rationalisierung und damit zu zahllosen Arbeitslosen geführt habe. All dies seien Krisenerscheinungen der modernen Industrialisierung, denen der Kapitalismus allein nicht beikommen könne, sondern zu deren Überwindung man einer mit den Großindustriellen gleichgeschalteten politischen Führungsschicht bedürfe. Nur eine solche Schicht, fuhr Hitler fort, werde fähig sein, durch eine imperialistische Expansion nach Osten sowohl neue Rohstoffquellen zu erschließen als auch den gegenwärtigen Arbeitslosen die dringend notwendigen Siedlungsräume zu verschaffen und sie damit vor einer Anfälligkeit dem Bolschewismus gegenüber zu bewahren.

Doch am 13. März 1932 wählten diese Schichten als ihren Reichspräsidenten noch einmal Hindenburg – und nicht Hitler. Dennoch sicherte Hitler am 28. Mai dem von Hindenburg ernannten Reichskanzler, nämlich dem stockkonservativen Franz von Papen, seine volle Unterstützung zu, um sich weiterhin das Ansehen der Regierungswürdigkeit zu erhalten. Doch als es am 13. August 1932 endlich zu einer Unterredung zwischen Hindenburg und Hitler kam, tauchten bei Hindenburg Zweifel auf, ob ein solcher Mann überhaupt zum Reichskanzler geeignet sei. Als daher der Stimmenanteil der NSDAP bei den Reichstagswahlen vom 6. November des gleichen Jahres von 37 Prozent auf 31,1 Prozent zurückging, machte Hindenburg nicht Hitler, sondern den ihm wesentlich näher stehenden General Kurt von Schleicher zum Kanzler. Dennoch gab Hitler auch nach diesem Zeitpunkt seine Hoffnung auf das Kanzleramt keineswegs auf, sondern setzte alle mit ihm verbündeten Schichten unter den Industriellen und Großagrariern in Bewegung, Hindenburg doch noch umzustimmen und ihm das Kanzleramt zu übertragen. Ein wichtiger Schritt in dieser Richtung war das Gespräch, das Hitler und Papen am 4. Januar 1933 im Hause des Kölner Bankiers Schröders führten. Und so ließ sich Hindenburg schließlich überreden und ernannte Hitler am 30. Januar zum Reichskanzler, und zwar im Rahmen eines »Kabinetts der nationalen Konzentration«, in dem neben den Nationalsozialisten auch Rechtskonservative wie der Vizekanzler Franz von Papen und der Wirtschaftsminister Alfred Hugenberg von der DNVP eine wichtige Rolle spielten.[18]

Endlich am Ruder

Der Triumph der nationalen Idee

Als Adolf Hitler am 30. Januar 1933 vom Reichspräsidenten Paul von Hindenburg offiziell das Reichskanzleramt übertragen wurde, brach bei den Konservativen, Deutschnationalen, Völkischen und Nationalsozialisten jeglicher Couleur erst einmal ein gewaltiger Jubel aus. Schließlich hatten viele dieser Gruppen auf diesen »Tag des Heils« nicht erst seit den Septemberwahlen von 1930, als die NSDAP ihren entscheidenden Durchbruch erlebte, sondern bereits seit dem Zusammenbruch des Zweiten Kaiserreichs im November 1918 gewartet. Die Weimarer Republik war all diesen Organisationen, Bünden und Parteien als etwas »Fremdes« erschienen. In ihr hatten sie keinen wahrhaft deutschen Staat, sondern lediglich ein anarchisches Konglomerat verschiedenster Interessengruppen, wenn nicht gar einen »Krieg aller gegen alle« gesehen, dessen naturgesetzliches Resultat der Schwarze Freitag des Jahres 1929 gewesen sei. Wo allein der Mammon, der Kommerz, die niedrigste Ichsucht herrschten, behaupteten die Deutschnationalen immer wieder, müsse jedes Gefühl für völkische Verbundenheit oder nationalen Gemeinsinn zwangsläufig absterben. Und so habe in dieser Republik schließlich kaum noch jemand auf Maximen wie »Zwietracht zerstört, Eintracht vermehrt« oder »Einer für alle, alle für einen« gehört, sondern sei blindlings irgendwelchen egoistischen Zielen nachgelaufen und demzufolge ins Verderben gestolpert.

Um dieser Entwicklung Einhalt zu gebieten, waren die national gesinnten Kreise, wie wir gesehen haben, den materialistischen Zielen der bürgerlich-liberalen und proletarisch-sozialistischen Parteien bereits seit 1919 und dann verstärkt seit 1929/30 mit einer Fülle völkischer Utopien entgegengetreten, in denen die Schaffung eines »Dritten Reiches« im Vordergrund stand. Und je näher der Zeitpunkt dieses Reiches kam, desto zahlreicher waren diese Utopien geworden. Ja, nach der Machtübergabe an die Nationalsozialisten wurden solche Zukunftsentwürfe geradezu Legion. Fast alle der völkisch gesinnten Autoren, ob nun aus dem idealistischen, religiösen, deutschnationalen oder faschistischen Lager, brachten in den Monaten nach dem 30. Januar 1933 Schrif-

24 Hans von Norden: Postkarte (kurz nach 1933).

ten heraus, in denen sie den Machtantritt der NSDAP als eine wirkliche Revolution, eine welthistorische Stunde Null oder ein österliches Auferstehen feierten. Allerdings zeigte sich schon nach wenigen Monaten, daß sich die Verfasser dieser Publikationen lediglich in einem Punkte einig waren: nämlich in ihrer negativen Sicht des Versailler Friedensvertrages, der sogenannten Erfüllungspolitik der Weimarer Koalition sowie der Verdammung jener kapitalistischen Praktiken, die nach 1929 zur Weltwirtschaftskrise geführt hatten. In allen anderen Fragen, vor allem denen, welche die Zukunft des neuen Reiches betrafen, wichen sie dagegen oft erheblich voneinander ab und wiesen noch nicht jene von oben erzwungene »Gleichschaltung« auf, welche sich erst in den Jahren nach 1935/36 wirklich durchsetzte.

Wohl den größten Block innerhalb dieses Schrifttums bilden jene Veröffentlichungen, die eine eindeutig rechtskonservative Ausrichtung haben und die nationalsozialistische Ideologie lediglich aus strategischen Gründen zur Abschirmung gegen den Einbruch sozialistischen oder gar kommunistischen Ideenguts aufgreifen. In ihnen herrscht daher politisch, ökonomisch und gesellschaftlich weitgehend der Status quo, das heißt der Machtanspruch jener mit Hindenburg liierten Großagrarier und Großindustriellen, welche einen Mann wie Hitler erst nach Überwindung tiefgehender Skrupel an die Macht gelassen hatten. Aus diesem Grunde wird in manchen dieser Schriften das pseudosozialistische Gedankengut der NSDAP nur verwendet, um sich ebenfalls »völkisch« zu geben und somit den Linken den ideologischen Wind aus den Segeln zu nehmen. In diesen Publikationen fehlt darum jeder »utopische« Anspruch. Hier werden Hitler und seine Nationalsozialistische Deutsche Arbeiterpartei fast wie Puppen oder Marionetten ins Spiel gebracht, um so die breiten Massen von den strukturbedingten Krisenpunkten des kapitalistischen Systems, vor allem der zyklischen Überproduktion und der Arbeitslosigkeit, abzulenken. Was in diesen Schriften von Hitler und seinen Mannen erwartet wird, ist die Nationalisierung der deutschen Arbeiterschaft und die Umleitung sämtlicher antikapitalistischen Affekte auf die jüdischen Sündenböcke. In allen anderen Fragen, vor allem in der Eigentumsfrage, erhofften sich dagegen diese Schichten eine konsequente Anknüpfung an den Status quo.

Utopische Äußerungen finden sich deshalb nur bei jenen mittelständischen oder kleinbürgerlichen Autoren, die wirklich an Hitler und seine NSDAP »glaubten«. Nur sie, die nicht vom Primat der Wirtschaft oder der Politik, sondern vom Primat des Herzens ausgingen, drängten in den Wochen und Monaten nach der Machtübergabe auf einen tiefgreifenden Umschwung, das heißt eine radikale Veränderung des gesamten gesellschaftlichen Aufbaus zugunsten einer tatsächlichen Volksgemeinschaft, in der eine noch nie dagegewesene Brüderlichkeit herrschen sollte. Sie wollten einen Staat, in dem jeder für jeden eintritt, in dem sich jeder für die große Sache opfert, in dem jeder nur seinem völkischen Instinkt folgt – und daher stets das im nationalen Sinne Richtige tut. In den Schriften dieser Gruppen steht darum stets das Ideelle, das Gefühlsmäßige, das Aufputschende, das Enthusiasmierende im Vordergrund. In ihnen wird behauptet, daß es die von ihren Führern inspirierten Völker und nicht die von wirtschaftlichen Interessen gelenkten Klassen sind, welche die »Geschichte« vorantreiben. In ihnen wird überhaupt alles behauptet, was einem radikalen Umbruch aus dem Egoistisch-Kapitalistischen ins Völkisch-Altruistische nützlich sein könnte.

Doch trotz dieser hochtönenden Worte, ist selbst diese Richtung alles andere als homogen, sondern zerfällt – bei genauerem Zusehen – in eine Fülle nationalbolschewistischer, sozialrevolutionärer, soldatisch-nationalistischer, altvölkischer, deutschnationaler, christ-germanischer, deutschgläubiger, jugendbewegter und rassisch-orientierter Gruppen und Grüppchen, von denen jede für eine Weile die Hoffnung hegte, sich in die nationalsozialistische Bewegung »einbringen« oder sie gar in einem maßgeblichen Sinne beeinflussen zu können. In diesem Umkreis, wo nicht der Status quo, sondern die Veränderung auf der Tagesordnung stand, drängte daher vieles ins Utopische. Hier dominierte nicht jene große konservative Einheitsfront, die vornehmlich auf Beharrung und Machtbehauptung bedacht war, sondern drängte eine Vielzahl völkisch-gesinnter Ideologien in den Vordergrund, welche sich nicht ohne weiteres über einen Kamm scheren lassen. Wie auf dem linken Flügel jeder Bewegung, wo man sich nicht mit den bestehenden Verhältnissen abfindet, sondern sich dem Gedanken des Umsturzes oder der Reform verschreibt, herrschte auf diesem Sektor eine ideologische Uneinigkeit, die den Nationalsozialisten sehr gelegen kam und es ihnen im Laufe der nächsten zwei bis drei Jahre ermöglichte, eine dieser Gruppen nach der anderen zu liquidieren oder einfach »gleichzuschalten«.

Besonders aktiv innerhalb dieser Gruppen waren kurz nach der Machtübergabe die alten »Völkischen«, welche die zahlenmäßig größte, traditionsreichste und angesehenste Schicht auf dem rechten Flügel der Bourgeoisie bildeten und von den Nationalsozialisten als Wegbereiter oder Alte Kämpfer anerkannt werden wollten. Dafür sprechen etwa folgende Publikationen, in denen ein deutlicher Hang zur Anbiederung, aber auch zur Beeinflussung im Sinne des Sozialrevolutionären herrscht. So veröffentlichte Max Robert Gerstenhauer 1933 im Leipziger Armanen-Verlag sein Buch *Der völkische Gedanke in Vergangenheit und Zukunft. Aus der Geschichte der völkischen Bewegung*, in dem er den Nachweis zu erbringen suchte, daß bereits der Deutschbund sowie die völkische Bewegung des Wilhelminischen Reiches und der Weimarer Systemzeit jene »völkische Bewegung zur Deutschheit« eingeleitet hätten, die heute in der NSDAP zur staatstragenden Macht geworden sei.[1] Schon die alten Völkischen, heißt es hier, hätten sich unentwegt gegen die fortschreitende Verstädterung Deutschlands und für eine rassische Aufartung seiner Bevölkerung, also für die Ideale der späteren »Blut-und-Boden«-Ideologie eingesetzt.[2] Eine ähnliche Tendenz hat das Buch *Der Aufstieg*

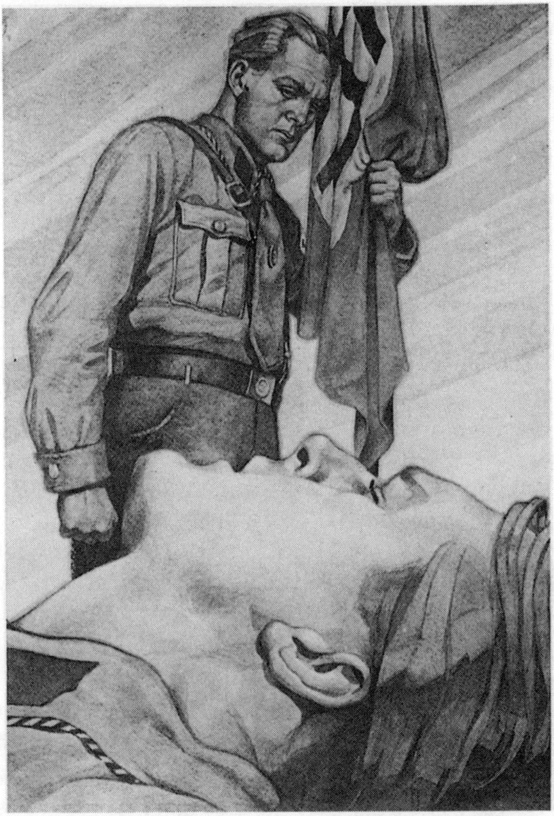

25 »Es gibt keinen anderen Gedanken als zu geloben, daß wir für das Deutschland weiterkämpfen wollen, für das ihr gestorben seid.«
Aus »Deutschland erwacht« (1933).

der nationalen Idee (1933) von Eugen Schmahl, dessen Verfasser den nationalsozialistischen Aufbruch zu einer neuen »Gemeinschaft« auf das »Kameradschaftserlebnis« des Ersten Weltkriegs zurückführt,[3] ja bis auf die Schriften Friedrich Nietzsches zurückgreift, um dem zum völkischen »Gemeindienst« tendierenden Nationalsozialismus den nötigen seelischen Tiefgang und eine größere revolutionäre Emphase zu geben. In diesem Buch wird überhaupt nur das als deutschbetont gelten gelassen, was antichristlich und antikapitalistisch, das heißt in einem echten Sinne »revolutionär« ist. Fast auf der gleichen Linie liegt das ein Jahr später von Max Krebs herausgegebene Buch *Deutsche Zeitenwende. Vom Nationalismus zum Nationalsozialismus. Ein Buch vom deutschen Weg aus lichter Höhe durch dunkle Nacht zum neuen Aufstieg,* das sich auf die Träume der alten deutschvölkischen Bewegung von einer brüderlichen Gemeinschaftlichkeit stützt und – über die korrupte Weimarer Republik hinweg – eine ideologische Brücke vom zweiten zum dritten Reich zu schlagen versucht. Und so mündet auch dieses Buch in ein Loblied auf jenen Revolutionär Hitler, jenen einfachen Mann aus den untersten Schichten, der sich sicher als des »deutschen Volkes Befreier von Feindesniedertracht, Marxismus und Judenknechtschaft« auszeichnen werde.[4]

Ähnlich utopisch-fordernde Töne wurden im Rahmen der verschiedenen Gruppen und Grüppchen der Deutschen Glaubensbewegung laut, die sich um Jakob Wilhelm Hauer und Ernst Graf zu Reventlow scharten. Ja, die Vertreter der deutschgläubigen Nordungen, der Nordischen Glaubensgemeinschaft, der Herman-Wirth-Gesellschaft, des Rig-Kreises, des Bundes Adler und Falken, des Freundeskreises der Kommenden Gemeinden und der Gemeinschaft Deutscher Erkenntnis, die sich am 30. und 31. Juli 1933 auf der Wartburg versammelten, verlangten von Hitler ausdrücklich, anstelle des bisherigen Judenchristentums eine Deutschreligion, eine »Confessio germanica« als neue Staatsreligion einzuführen. Nicht minder ikonoklastisch traten zu gleicher Zeit die Deutschen Christen und der Ludendorffsche Tannenbergbund auf. Im Sinne solcher, auf eine grundsätzliche Umgestaltung des kirchlichen Lebens bedachten Tendenz schrieb Max Robert Gerstenhauer im Jahr 1933:[5]

»Die Nationalsozialisten, die ›Deutschen Christen‹ sind also jetzt vor die Entscheidung gestellt: entweder sie unterwerfen sich dem Judenchristentum, schwören dem Hakenkreuz, der rassisch-völkischen, nationalsozialistischen Weltanschauung ab, – das wird natürlich nie geschehen –, oder sie führen offen den Kampf für ihr deutsches Christentum gegen alle seine Gegner, bis es in der Kirche zur Herrschaft gelangt. Wir bejahen Rasse und Volkstum, den völkischen Staat und die völkische Entwicklung der Völker nach dem eigenen, gottgegebenen Wesen. Daher können wir keine Kirche dulden, die diese uns heiligen Güter antastet

und bekämpft. Die Kirche muß mit dem völkischen Staat gleichgeschaltet sein, sie darf keinen Staat im Staate oder gar einen Fremdkörper im Staate bilden. [...] Sie darf keine Lehren verkünden, die der Volkserhaltung und dem Volkswerden abträglich sind. Die Kirche ist kein ›Gottesreich‹, das über dem völkischen Staate steht.«

Ebenso »umstürzlerische« Stimmen wurden in diesem Zeitraum im Rahmen der Wissenschaften und Künste laut. Auch hier brachen mit einmal all jene Affekte gegen einen rein materialistischen, mammonistischen, kommerzialisierten Umgang mit geistigen Produkten durch, denen man zum Teil schon in der Zeit vor 1933 begegnet, die aber erst jetzt von der Hoffnung auf eine wirkliche Veränderung der Verhältnisse beflügelt wurden und sich daher oft ins Geistrevolutionäre überschlugen. Schließlich war für jene Schwärmer, die sich seit Jahren oder Jahrzehnten nach irgendeinem Dritten Reich gesehnt hatten, nach dem 30. Januar 1933 eine völlig neue Situation gegeben. Alle ihre Sehnsüchte schienen sich plötzlich zu erfüllen. »Nun ist das Morgen zum Heute geworden«, rief der hochangesehene Germanist Julius Petersen damals begeistert aus, »Weltuntergangsstimmung hat sich in Aufbruch verwandelt. Das neue Reich ist gepflanzt. Der ersehnte und geweissagte Führer ist erschienen.«[6] In Anknüpfung an die national getönte Geistesgeschichte der zwanziger Jahre setzten dabei viele der national empfindenden Wissenschaftler ihre Hoffnung auf einen geradezu eruptiven Durchbruch deutscher Seele und deutschen Geistes auf allen Gebieten, das heißt eine Wiedergeburt jenes tatbegeisterten »faustischen« Idealismus, in dem sie das höchste Merkmal des deutschen Wesens sahen. Dafür sprechen unter anderem manifestartige Werke wie *Faust im Braunhemd* (1933) von Kurt Engelbrecht, *Goethes deutsche Sendung im Dritten Reich* (1934) von August Raabe und *Goethe im Lichte des neuen Werdens* (1935) von Wilhelm Frehse, in denen vor allem jener Faust in den Vordergrund gerückt wird, der im Laufe seines Lebens erkennt, daß das Glück der »Volksgemeinschaft« das höchste aller menschlichen Güter ist und deshalb am Schluß »auf freiem Grund mit freiem Volke steh'n« will.[7] Gegen die graue Allgemeinheit der westlichen, das heißt großstädtisch-demokratisch-sozialistischen »Zivilisation« mit all ihren selbstsüchtigen Begleiterscheinungen wird also auch hier immer wieder der »revolutionäre« Gedanke einer wirklichen Volksgemeinschaft ins Feld geführt, die auf Werten wie Wesenstiefe, Brüderlichkeit sowie rassischer Disposition beruht und das Deutschsein – »Im Namen des Volkes« – zum obersten Wert erhebt.

Schon diese höchst kursorischen Einblicke in den »neuen Geist« nach 1933 zeigen, daß der nationale Utopismus, der in diesen Wochen und Monaten von sich reden machte, ein recht gemischter war. Neben einer Reihe durchaus ehrenwerter, altruistischer, auf Brüderlichkeit drängender Tendenzen, die sich gegen die allgemeine »Entfremdung« im Rahmen total durchkommerzialisierter Gesellschaften wenden, finden sich hier eine Fülle kleinbürgerlich-verklemmter Ansichten, die sich zwar selbst als »idealistisch« verstehen, aber in Wirklichkeit ständig auf eine hybride Selbstüberschätzung des deutschen Wesens und damit auf einen faschisierten Erwähltheitskult hinauslaufen. Und doch waren solche Tendenzen noch das Beste, was die mit dem Nationalsozialismus sympathisierenden oder sich mit ihm identifizierenden Intellektuellen vorzubringen hatten. Schließlich brachen hier auch im rechten Lager endlich einige jener seit langem aufgestauten und ins Utopische zielende Affekte gegen jenen ökonomistisch bestimmten Kapitalismus und damit die fortschreitende Entwertung aller höheren Werte durch, die bisher fast ausschließlich von den Linken vorgebracht worden waren.

Doch selbst diese wenigen utopisch-revolutionären Elemente im Bereich der Nazi-Ideologie wurden von den Pragmatikern innerhalb der NSDAP schon im Laufe des Jahres 1933 und dann noch stärker in der Folgezeit wieder abgewiegelt. Und zwar zeichnete sich dieser Trend zum Reaktionären bereits in den ersten Wochen nach der sogenannten Machtübergabe ab. Das gilt vor allem für den am 31. März 1933 abgehaltenen »Tag zu Potsdam«, den Joseph Goebbels mit allen ihm zur Verfügung stehenden Mitteln als einen »Feiertag der Nation« inszenierte.[8] An ihm trafen sich Hindenburg und Hitler am Grabe Friedrich »des Großen« in der Potsdamer Garnisonkirche, um so vor aller Welt zu demonstrieren, daß auch der Nationalsozialismus jene konservativen Traditionen weiterzuführen gedenke, denen Deutschland seine innere Größe verdanke. Möge der »Geist von Postdam«, erklärte Hindenburg anläßlich dieses Zusammentreffens, »auch das heutige Geschlecht beseelen, möge er uns frei machen von Eigensucht und Parteizank und uns zu nationaler Selbstbesinnung und

26 J. K. U.: Gedenkblatt zum 30. Januar 1933.

seelischer Erneuerung zusammenführen zum Segen eines in sich geeinten, freien, stolzen Deutschland«. Ja, Otto Dibelius, der zuständige Superintendent, wählte zum Text seiner darauffolgenden Predigt die Bibelstelle »Ist Gott für uns, wer mag wider uns sein?« (Römer 8,31), die in die gleiche Richtung zielte. Und Hitler senkte dazu zweimal ehrfürchtig das Haupt. Als er daraufhin selbst das Wort ergriff, schloß er sich weitgehend den gleichen Konzepten an, indem er von einer »Vermählung zwischen den Symbolen der alten Größe und der jungen Kraft« zum Nutzen einer nicht näher definierten »Volksgemeinschaft« sprach.[9]

Überhaupt wurde nach dem »Tag zu Potsdam« immer deutlicher, daß der Wechsel von einem »autoritären Präsidialregime« zu einer »totalitären Diktatur« gar nicht so einschneidend war, wie viele der revolutionär, rechtsradikal oder utopisch Gesinnten unter den Nazi-Anhängern gehofft hatten.[10] Man sah zwar, wie zwischen März und Mai 1933 linke Parteien und Organisationen wie die KPD, die SPD und die Gewerkschaften verboten wurden, ja sich im Juni/Juli des gleichen Jahres die DNVP, die Deutsche Staatspartei, die DVP, die BVP und das Zentrum selbst »auflösten« – und damit der Weg zu einer wirklichen »Volksgemeinschaft« frei wurde. Aber man sah zugleich, daß Hitler in denselben Monaten mit den wirklichen Machthabern, das heißt den Staatskirchen, der Reichswehrführung und den Großindustriellen, ein Bündnis nach dem anderen schloß und damit vom Gedanken einer wirklichen »Umwälzung« der gesellschaftlichen und ökonomischen Voraussetzungen des Staates immer weiter abrückte. Das belegt wohl am deutlichsten seine Rede *Von der Revolution zur Evolution,* die Hitler am 6. Juli 1933 vor den neuen Reichsstatthaltern hielt und in der er behauptete, daß die Wirtschaft ein »lebendiger Organismus« sei, »den man nicht mit einem Schlage verwandeln« könne.[11] Statt wie »Narren« zu handeln und alles »umzustürzen«, empfahl er hier den um ihn versammelten Parteigewaltigen, »klug und vorsichtig« vorzugehen, das heißt sich erst einmal mit den Trägern der alten Macht in ein gutes Benehmen zu setzen, um nicht die neu errungene Machtposition sofort wieder aufs Spiel zu setzen.[12] Und damit erklärte Hitler die nationalsozialistische »Revolution«, die man nicht als eine »permanente« mißverstehen dürfe, für offiziell »beendet«.

Alles weitere ergab sich daraus mit vorhersehbarer Konsequenz. Bereits am 20. Juli 1933 schloß Hitler mit der katholischen Kirche ein vielbeachtetes »Reichskonkordat«, das ihm selbst außerhalb der deutschen Grenzen zu einem deutlichen Prestigeerfolg verhalf. Ein ebenso positives Verhältnis verschaffte er sich zu den führenden Generalstabsoffizieren und der Mehrzahl der deutschen Großindustriellen. Als daher im Frühjahr 1934 im Rahmen der SA »umstürzlerische« Stimmen laut wurden, die auf einen sozialrevolutionären Kurs drängten, ließ Hitler die dafür Verantwortlichen am 30. Juni im sogenannten »Röhm-Putsch« einfach liquidieren. Kurz darauf hielt er am 13. Juli im Reichstag noch einmal eine Rede unter dem Titel *Die Revolution ist für uns kein permanenter Zustand,* in der er betonte, daß er kein »Usurpator«

27 Illustration aus der 2. Auflage der »Deutschen Zeitenwende« (1934).

sei, sondern ein Politiker, der die Macht nach »Recht und Gesetz« erhalten habe. »Wir haben nicht als wurzellose Anarchisten eine Revolution gemacht«, erklärte er hier in deutlicher Anspielung auf die Röhm-Gruppe, »sondern als Vollstrecker des Willens der Nation das Regime einer Revolte [das heißt der Novemberrevolution] beseitigt.«[13] Noch offensichtlicher wurde diese Einstellung, als Hitler – nach dem am 2. September 1934 erfolgten Tode Hindenburgs – neben der Reichskanzlerwürde auch noch das Amt des Reichspräsidenten zufiel, er jedoch diese neue Machtvollkommenheit wiederum eher in einem reaktionären als in einem sozialrevolutionären Sinne gebrauchte.

Aufs Große und Ganze gesehen, konsolidierte also Hitler in den Jahren 1933/34 seine Macht erst einmal im Sinne von Ordnungskonzepten, die sich weitgehend an den Ordnungskonzepten der älteren Machtträger orientierten, während er die wirklichen Revolutionäre unter den Nationalsozialisten, die auf eine Wendung zu einer wahren Volksgemeinschaft, das heißt einen völkisch-brüderlichen Sozialismus gehofft hatten, in die Schranken wies. Hitler und seine NSDAP galten deshalb bei den ausländischen Mächten sowie den deutschen Linken im Exil während dieser Jahre weitgehend als die Puppen oder Marionetten der mit Hindenburg liierten Großindustriellen und Großagrarier, die man nur solange an der Regierung lassen werde, bis die Gefahr einer Machtübernahme von links ein für allemal gebannt sei. Doch eine solche Einschätzung der Nationalsozialisten war höchst trügerisch. Hitler war kein »Mohr«, den man nach »getaner Arbeit« wieder abschieben konnte. Dieser Mann war ein höchst geschickt taktierender Realpolitiker, der bereits im Sommer 1933 so fest im Sattel saß, als habe man ihn auf Lebenszeit gewählt. Um so gravierender bleibt die Frage, warum Hitler diese Machtposition nicht zur Verwirklichung der von ihm unentwegt geforderten »Volksgemeinschaft« ausgenutzt hat. Schließlich war er kein bloßer Zyniker, kein bloßer Opportunist, dem es lediglich um Machtgewinn und Machterhaltung ging, sondern neben aller eiskalten Berechnung zugleich ein halbreligiöser Fanatiker, der wirklich an seine »Sendung« glaubte und bei all seinen Überlegungen stets den »utopischen« Aspekt seines Handelns im Auge behielt. Einem Zyniker wie Joseph Goebbels oder einem Phantasten wie Alfred Rosenberg hätten breite Schichten der deutschen Bevölkerung nicht jene Hoffnung entgegengebracht wie Hitler, der sowohl einen Sinn für das Reale als auch einen Sinn für das Dämonische besaß – und daher vernünftig und zugleich irrational, konkret und zugleich utopisch, realistisch und zugleich prophetisch wirkte.

Und damit blieb auch in diesem Zeitraum die Frage offen, wieviel an der nationalsozialistischen Ideologie tatsächlich Überzeu-

28 Richard Schwarzkopf: Deutsche Passion, Blatt 4 (1936).

gung und wieviel bloße Taktik war. Auch in den Jahren 1933/34 lag Hitler und seiner NSDAP nichts ferner, als sich auf irgendwelche parteipolitischen Eindeutigkeiten festzulegen – und damit möglicherweise bloßzustellen. Aus diesem Grunde huldigten sie möglichst unbestimmt gehaltenen Staatskonzepten, bei denen sich die realpolitischen, konservativen, reformistischen, utopischen oder ins Mythische regredierenden Teilelemente kaum auseinanderhalten lassen. Demzufolge wimmelt es in den parteiamtlichen Schriften dieser Jahre von horrenden Widersprüchen zwischen revolutionären und reaktionären, proletarischen und kapitalistischen, religiösen und atheistischen, modernistischen und traditionalistischen Gesichtspunkten. Einerseits werden in ihnen dem »hochkapitalistischen Mammonismus der westlichen Demokratien« weiterhin die Ideale einer wahren, das heißt egalitären Volksgemeinschaft entgegengehalten, wie es in der Schrift *Der deutsche Staat auf nationaler und sozialer Grundlage* (1933) von Gottfried Feder heißt,[14] andererseits wird die geforderte »Brechung der Zinsknechtschaft«, die »restlose Einziehung aller Kriegsgewinne«, die »Verstaatlichung aller bereits vergesellschafteten Trusts« sowie die »Gewinnbeteiligung an den Großbetrieben«, die noch 1933 zu den *25 Punkten* des offiziellen Parteiprogramms der NSDAP gehörten, immer wieder auf die lange Bank geschoben oder einfach von der Tagesordnung abgesetzt. Ähnlich widersprüchlich blieb die Einstellung der NSDAP in Fragen der Ehegesetzgebung, der Kirchenzugehörigkeit, der Einstellung zu den traditionellen Festtagen, der Wertigkeit bestimmter Rassen usw. Allerdings wurden diese offenkundigen Antinomien nie als unüberwindbare Gegensätze hingestellt, sondern stets mit höchst allgemein formulierten Vorstellungen einer völkisch-blutsmäßigen Verbundenheit, eines untrennbaren Ineinanders von Führer und Volk, einer Gleichrangigkeit der Arbeiter der Faust und der Arbeiter der Stirn überblendet – und die trotzdem weiterbestehenden Widersprüche einfach auf irrationalistische Weise als Ausdruck des inneren Reichtums oder der Tiefe des deutschen Wesens charakterisiert, das nun einmal wegen seiner faustischen Grundstruktur dualistisch angelegt sei, während sich die Wesensart aller anderen Völker im Eindimensionalen erschöpfe.

Es fällt deshalb schwer, innerhalb der sich geradezu überstürzenden nationalsozialistischen Publikationen der Jahre 1933/34 zwischen bloßer Propaganda, realpolitischen Nahzielen, ehrlich gemeinten Reformen und wahnwitzigen Fernzielen einer rassischen Umzüchtung oder Verbauerung des deutschen Volkes klare Trennungslinien zu ziehen. Letztlich hängt hier alles mit allem zusammen, das heißt wird so stark ins Nationale, wenn nicht gar Chauvinistische kanalisiert, bis aus scheinbaren Widersprüchen schließlich machtpolitische Integrationskonzepte werden, die lediglich *einen* Zweck verfolgen, nämlich sämtliche Volksgenossen und Volksgenossinnen in die gleiche Richtung zu drängen und ihnen ein sich als »Weltanschauung« ausgegebenes Konglomerat von Anschauungen zu vermitteln, das allen an solche Konzepte Glaubenden – gerade durch ihren entsagungsvollen Dienst am neuen Reich – ein gesteigertes Selbstwertgefühl verleiht. Viele Nationalsozialisten sahen daher selbst in dieser Zeit, als sich nach Jahren mühevoller Kämpfe plötzlich alles zu »klären« schien, in

29 Leni Riefenstahl: Aufnahme vom Nürnberger Reichsparteitag von 1934.

Vorstellungen wie Elite und Volksgemeinschaft, Krieg und Frieden, Matriarchat und Patriarchat, tausendjähriges Reich und ewiger Kampf ums Dasein, Gesetzmäßigkeit und Willkürherrschaft keine wirklichen Gegensätze, sondern die sich wechselseitig komplementierenden, ja unmittelbar aufeinander bezogenen zwei Seiten der gleichen Medaille. Von ein paar Kernpunkten wie dem Antisemitismus und der Eroberung eines neuen Lebensraums einmal abgesehen, die sich in fast allen NS-Publikationen dieser Jahre finden, ging es den Führern dieser Partei nicht um eine logisch-kohärente Weltanschauung, sondern in erster Linie um die Herausbildung einer emotional-effektiven Strategie. Und zu diesem Zweck war ihnen jedes Mittel recht. Joseph Goebbels, der mit der Leitung des Reichspropagandaministeriums Betraute, schrieb daher schon auf den ersten Seiten seines Buch *Wesen und Gestalt des Nationalsozialismus* (1934), daß sich der deutsche Faschismus jeder platten Definition entziehe, weil es sich bei ihm um eine Bewegung handele, die wie alles wirklich Lebendige ständig im »Werden« sei.

Es wäre deshalb kurzschlüssig, in den faschistischen oder faschisierten Ideologiekonglomeraten der Jahre 1933/34 ein genau geplantes, durchstrukturiertes »System« entdecken zu wollen. Ihr System war gerade das System der Systemlosigkeit. Nichts lag Hitler ferner, als das deutsche Reich in einen nationalsozialistischen Rechtsstaat zu verwandeln, in dem jeder genau gewußt hätte, auf welche Normen er seine Handlungen beziehen solle. Im Gegenteil. In diesem Reich sollte sich niemand auf irgendetwas definitiv berufen können. Daher blieb den vielbeschworenen Volksgenossen nur zweierlei: der Glauben an den Einen, der alles bestimmte, oder das Gefühl einer grenzenlosen Unsicherheit. Durch die Einführung eines so autoritären und zugleich labilen Systems wollte sich Hitler das Recht vorbehalten, in jedem Augenblick seiner Herrschaft höchstpersönlich in das politische, ökonomische, gesellschaftliche, moralische und kulturelle Leben Deutschlands eingreifen zu können. Demzufolge verfuhr er organisatorisch stets nach dem Prinzip des »divide et impera«, indem er zwar Teile seiner Macht an einzelne Organisationen delegierte, jedoch keine dieser Organisationen, nicht einmal die SS, zu einem Staat im Staat werden ließ. Und so blieb es innerhalb der NS-Propaganda selbst in diesen Jahren bei einem wohlkalkulierten Widerspruch zwischen revolutionären und traditionalistischen, total verlogenen und tödlich ernstgemeinten, exoterischen und esoterischen Elementen, die sich nur mit einer Fülle rhetorischer Winkelzüge auf einen gemeinsamen Nenner bringen ließen. Und wenn selbst das nicht möglich war, entschied in letzter Instanz die Autorität des Führers.[15]

Die Utopien der ersten Stunde

Wie wir gesehen haben, standen die Pragmatiker unter den Nationalsozialisten allen ideologischen Aufschwüngen ins Utopische oder gar Volkhaft-Sozialistische schon in den Wochen und Monaten nach der in der Garnisonkirche zu Potsdam erfolgten »Verbrüderung« der alten und der neuen Rechten recht skeptisch gegenüber. Allerdings konnten sie nicht verhindern, daß es in der Folgezeit immer wieder zu Durchbrüchen von Gesinnungen kam, die sich nicht an die offizielle Parteilinie hielten, sondern sich mit einem geradezu österlichen Auferstehungsglauben zu einem Volkskonzept bekannten, das trotz mancher idealistisch-überspannten oder auch religiös-sektiererischen Züge deutliche Tendenzen ins Sozialistische aufwies. Besonders die nationalsozialistische Literatur der Jahre 1933/34, auf welche sich der Trend ins Pragmatische nicht so scharf auswirkte wie auf die politischen Programmschriften der NSDAP, weist viele solcher utopischen Elemente auf, deren »umstürzlerische« Tendenzen von den Oberen nicht gern gesehen wurden.

Wohl den besten Einblick in die geradezu wahnwitzigen Erwartungshoffnungen mancher nationalsozialistischen Fanatiker, welche in den durchschnittlichen Parteigrößen lediglich gesellschaftlich angepaßte »Bonzen« sahen, vermitteln jene drei von Ernst Bergmann, Georg Richter und einem Anonymus namens Schmid verfaßten »Visionen«, die 1933 erschienen und eindeutig in die Kategorie der literarischen Utopie-Entwürfe fallen. In ihnen kommen – wenn auch in kleinbürgerlicher Verklemmtheit und zugleich chiliastischer Überdrehtheit – all jene bis auf die wilhelminischen Rassefanatiker, Alldeutschen, Lebensreformer, Deutschgläubigen und Altvölkischen zurückgehenden »Ideale«

einer Wiedererstarkung des deutschen Volkes zum Ausdruck, die sich in der Weimarer Republik nicht richtig ausleben konnten. Während die Linken zu diesem Zeitpunkt dem Hitler-Regime – wegen seiner »inneren Haltlosigkeit«, wie sie es nannten – nur sechs Monate oder höchstens ein Jahr zubilligten, warfen die drei Autoren dieser »Visionen« bereits wahnwitzig-verzückte Blicke in die Zukunft des Nazi-Reiches, das heißt bis zu den Jahren 1960, 1975 und 2000, so fest vertrauten sie auf die Erfüllung ihrer Träume.[1] Und zwar stellten hierbei alle drei große nationale Feiern in den Mittelpunkt ihrer Werke, um so ihre Zukunftshoffnungen mit dem Glanz des bereits Erreichten auszustatten. Was die NSDAP über diese Utopien gedacht haben mag, läßt sich heute nicht mehr ermitteln. Jedenfalls werden sie in ihren Schriften, soweit sich das feststellen läßt, fast nirgends erwähnt. Wahrscheinlich galten sie dort als zu überspannt oder auch als zu »nazistisch«. Ja, die Schmidsche Utopie scheint den Zensoren der NSDAP so mißfallen zu haben, daß sie diese Schrift zu unterdrücken versuchten.[2]

Der erste Utopieentwurf dieser Art findet sich in dem Buch *Deutschland, das Bildungsland der neuen Menschheit* (1933) von Ernst Bergmann, wo nach langen theoretischen Spekulationen über eine spezifisch »nationalsozialistische Kulturphilosophie« auf den letzten 25 Seiten plötzlich eine romanhafte »Vision« des Dritten Reichs im Jahr 1960 folgt, die in manchem an die von Bergmann um Juli 1933 mitunterzeichnete »Confessio germanica« der Deutschen Glaubensbewegung erinnert. Einer der alten Völkischen kommt zu diesem Zeitpunkt endlich in seine Heimat zurück, der er vor dreißig Jahren – während der bösen »Marxistenzeit« – in dystopischer Verzweiflung den Rücken gekehrt hatte.[3] Die frühere Verdrossenheit ist inzwischen, wie er feststellen muß, einer allgemeinen »Fröhlichkeit« gewichen. Aufgrund der verbesserten Zustände scheint in ganz Deutschland ein ewiger »Festtag« zu herrschen. Alle Parteien, selbst die nationalsozialistische, sind aufgelöst worden. Es gibt nur noch Deutsche, nur noch »*ein* Volk unter *einem* Führer«, in dem wieder das Weizenblonde und Blauäugige vorherrscht, was zu einem politischen, geistigen und kulturellen Aufschwung ohnegleichen geführt hat. Den Mittelpunkt dieses Reiches bildet die neue Hauptstadt, genannt »Heldenaue«, die von einer riesigen neogotischen Kathedrale überragt wird, neben der selbst der Kölner Dom geradezu zwergenhaft wirkt. Diese Kathedrale ist das »Nationalheiligtum aller Deutschen«, die »wahre Kultstätte des Deutschglaubens« geworden, während die protestantischen und katholischen Kirchen allmählich an Bedeutung verlieren.[4]

Um auch etwas Handlung in das Ganze zu bringen, wird im folgenden die höchste Feier des Jahres, das heißt das »Sonnwend- und Nationalfest«, in diesem Riesendom beschrieben, der mit allen Attributen einer germanischen »Odalskirche« ausgestattet ist. Die »semitischen« Elemente sind, wie wir lesen, inzwischen aus dem religiösen Ritus entfernt worden. Übriggeblieben ist eine »Deutschreligion«, in der Hitler die Rolle eines christusgleichen »nordischen Heilsbringers« spielt.[5] Die eigentliche Kulthandlung vollzieht sich vor dem Bild der großen Mutter Germania. Hier ist es, wo der gealterte Führer eine Rekrutenvereidigung vornimmt, die sowohl christliche als auch völkische und nordisch-rassistische Elemente enthält. Bei Bergmann selber hört sich das folgendermaßen an:[6]

»Am anderen Morgen, schon früh, begann die Rekrutenvereidigung im Dom. Der ganze Jahrgang 1960, lauter Achtzehnjährige, war nach Heldenaue gekommen, [...] um hier, gemäß den Bestimmungen der Verfassung, am Sonnenwendfest die Waffenweihe zu empfangen und den Schwur zu leisten, ein Deutschkämpfer zu sein.

Geschmückt mit dem Odalskreuz, dem nordischen Gottlebenszeichen und Deutschglaubenssymbol, so marschierten sie, Regiment auf Regiment, mit klingendem Spiel durch den Ehrenhain in den Dom, und zwar durch das große Mitteltor, das nur einmal im Jahr, zum Sonnwendfest, geöffnet wird und über dem die Worte Ernst Moritz Arndts stehen:

Daß es bestünde bis aufs Blut,
Bis in den Tod die Fehde.

Während des Einmarsches, der mehrere Stunden dauerte, läutete die große Glocke Konkordia, die Fahnen flatterten im Wind, und eine vieltausendköpfige Menge umsäumte den weiten Domplatz, auf dem eine riesige ›Queste‹ (Sonnwend-Lebensbaum) stand, und jubelte dem ›ver sacrum‹, dem heiligen Frühling der Nation zu.

Da sah ich manch edles Haupt. Den heimlichen Adel der Nation sah ich, der aufgebrochen war, die erste Blütengeneration des gereinigten und aufgearteten Volks-Körpers. Manche, während sie auf den Einmarsch warten mußten, hatten den eichenlaubgeschmückten Helm abgenommen, und die Junisonne funkelte in ihrem goldenen Haar. Es regnete Rosen und Lilien, die nordische Gottesblume, sie fingen sie auf und schmückten damit ihre Waffen. Und waren so stolz. Und ich dachte an unsere trübe und traurige Jugend, da man in Deutschland vergessen hatte, daß Wehrgeist Ehrgeist ist.

Drinnen im Dom, auf der Kanzel, stand ein junger deutschreligiöser Pfarrer und predigte über einen Text aus dem Deutschevangelium, über die deutsche Gotteserkenntnis und über den Sinn der deutsch-nordischen Heilsreligion, die den Menschen nicht ›erlösen‹, sondern heilen, heiligen und edler und größer machen wolle.

Und er gedachte der Bedeutung des nordischen Sonnenwendfestes, das in die Zeit der Rosen- und Lilienblüte falle, der Symbolblume des nordischen Gottlebensglaubens. [. . .] Und er gedachte der Toten und der Vergangenheit. Und dann der deutschen Zukunft. Und er sagte, daß dereinst, ›ahnungsgrauend, todesmutig‹, der große Morgen anbrechen werde, und daß kein Deutscher zu vornehm und edel sei, um für Deutschland, dieses große und heilige Land – in dem das auserwählte Volk Gottes auf Erden lebe, wie schon der Name ›Deutsche‹, das heißt Gottesleute (Thuata), besage – in den Tod zu gehen.

Dann sprach der Führer, tief ergreifend. – Am Bilde der Mutter Germania erschien seine ehrwürdige Gestalt, allen sichtbar. Das war der Höhepunkt des Tages. Und dann hoben alle den Arm und sprachen den Deutschlandschwur.

Ich stand hinter einem Pfeiler in der Nähe des Chors, durch dessen farbensprühende Fenster das Sonnenlicht strömte über die kniende Menge der jungen Deutschkämpfer, deren Waffen und Helme blitzten und funkelten in der gotischen Dämmerung des Doms bis weit hinunter zu den fernen Toren, durch die sie hereingezogen waren.

Und dann standen alle auf, die Orgel setzte ein, und sie sangen das Deutschlandlied. Es war, als wollten die Wölbungen springen.

Feste zu feiern, um die Seele des Volkes zu packen und wach zu rütteln und ›die verzehrende Flamme der höheren Vaterlandsliebe‹, wie Fichte so schön sagt, in ihr zu entzünden, das haben sie immer verstanden, diese Männer des Dritten Reichs. Aber seit sie die Tennishallen und Sportpaläste, in denen die Bewegung damals groß wurde, vertauschen konnten mit dem heiligen Innern eines Doms, seit die große und echte Deutschreligion sie verklärt, haftet ihren Festen ein Weihecharakter an, dem sich niemand entziehen kann.«

Hier hat man wirklich alles beieinander, was um 1933 viele der wahrhaft »Deutschgläubigen« beseelte. Noch christlich sind die Bachschen Orgelvorspiele und das neogotische Dekor. Aus der völkischen Tradition stammen die Anspielungen auf Arndt, Fichte, die Eichenlaub-Romantik und das lauthals gesungene *Deutschland, Deutschland über alles.* Rein nordisch-rassistisch wirkt dagegen die Verklärung aller Deutschen zu ariosophischen Gottesmenschen, sogenannten »Thuata«, sowie der Kult der »providentiellen Maternität«, in dem Bergmann den Urquell aller germanischen Kraftentfaltung sieht.[7]

Im Gefolge der alten Tod- und Auferstehungsthematik werden dabei einerseits die Gefallenen des Ersten Weltkriegs und der frühen Nazi-Partei, die in Heldenaue bestattet sind, andererseits die nordischen Mütter zu den wichtigsten Kultfiguren des neuen Reichs erhoben. Und hierin kommt der massive Pferdefuß dieser völkischen Brüderlichkeitsromantik zum Durchbruch, über den auch die vielen Odalskreuze, die Rosen und Lilien sowie der Glanz der Junisonne nicht hinwegtäuschen können. Schließlich geht es hier nicht um irgendein Volk, sondern um die wehrbereite junge Mannschaft jener von Bergmann ausdrücklich zu »Gottesmenschen« erhöhten Deutschen, die zwar nicht für irgendwelche Großindustriellen oder Annexionspolitiker, sondern für eine nicht näher definierte völkische »Sendung« ins Feld ziehen, sich aber dennoch in den Dienst des gleichen nationalen Ausbreitungsdranges stellen, der selbst den »nobelsten« Nazi-Utopien ihr spezifisch imperialistisches Gepräge gibt.

Neben den »heldenhaften« Streitern, die sich für Deutschlands »Größe« blindlings in die Schanze schlagen, haben es Bergmann vor allem die nordischen Mütter angetan, welche für den ständigen Nachschub solcher »Helden« sorgen. Nach seiner Meinung kann der Nationalsozialismus, wie aus all seinen Schriften um 1933 hervorgeht, nur als nordisches Matriarchat wirklich zu sich selber kommen. Schließlich sei Eugenik oder besser Aristogenik, wie wir bei ihm lesen, stets eine Sache der Frauen gewesen. Männer, betont Bergmann, dächten auf diesem Gebiet allein an den unmittelbaren Genuß. Frauen gehe es dagegen beim Geschlechtsverkehr in erster Linie um Mutterschaft und nicht um bloßen Sinnenkitzel. Deshalb müßten sich alle Deutschen, wie Bergmann in seinem Buch *Die deutsche Nationalkirche* (1933) folgert, wieder zu »nordischer Mutterschaft« bekennen, wieder ein »Muttervolk« werden und wieder in völkischen »Mutterkirchen« beten.[8] Schließlich führe jedes »lebensgesetzliche Denken« in letzter Instanz zum Blut, zum Samen, zur Gebärmutter zurück. Nur wenn man dies beherzige, werde in Deutschland, wie er schreibt, endlich der »Ostermorgen eines rassenbiologischen Zeitalters« anbrechen.[9] Erst dann werde dieses Reich genug Söhne haben, um sich im Akt der germanisch-bäuerlichen »Landnahme« über seine Grenzen auszudehnen und wie in alter Zeit ein geschlossener Rassenstaat zu werden.

Zu den gleichen wahnwitzigen Enthusiasten der ersten Stunde gehört Georg Richter, der in seinem Utopie-Entwurf *Reichstag 1975. Eine Vision* (1933) noch fünfzehn Jahre weiter in die Zukunft greift. Auch in diesem Werk ist Deutschland inzwischen ein völkischer Einheitsstaat geworden, in dem es im Gegensatz zur Weimarer Republik keine Parteien mehr gibt und eine allgemeine Harmonie der politischen, gesellschaftlichen und ökonomischen Verhältnisse herrscht. Wie bei Bergmann ist es abermals eine Wende ins Religiöse, die diesen Umschwung herbeigeführt hat. Schon in seinem knappen Vorwort betont Richter, daß in der Politik nur der wahre »Glaube« Berge versetze. Aus diesem Grunde sei er jahrelang jeden Morgen »um 9 Uhr« auf die Knie gesunken und habe für den »Aufstieg und Ausbau Germaniens« gebetet, bis Gott endlich sein Flehen erhört habe.

Dieser Roman beginnt im Januar 1975. Und zwar stehen in diesem Monat wieder einmal Wahlen zum deutschen Reichtstag an. Sieben ehrwürdige Männer haben sich um das Amt des Reichspräsidenten beworben und sich in den Tageszeitungen mit Bild, Namenszug und Horoskop allen Männern über 30 Jahren zur Wahl gestellt. Gewählt wird selbstverständlich der Beste, Erfahrenste, Ehrwürdigste, der ein »wahrer Gottesdiener« ist und von den anderen als »Meisterbruder« angeredet wird.[10] Diester Meisterbruder regiert auf eine geradezu freimaurerisch-okkulte Weise mit einem Ältestenrat, der sich jedoch im Lauf der Handlung als ein Rat germanischer Urväter entpuppt. Den Höhepunkt des Ganzen bildet wiederum ein Fest: nämlich die Amtseinführung des Meisterbruders auf der Wartburg bei Eisenach, bei der alle Mitglieder des Ältestenrats lange gelbseidene Roben tragen und sich auch sonst alles in den feierlichsten Formen abspielt. Im Zentrum steht dabei – wie bei Bergmann – das gemeinsame Gebet. Als endlich alles zur Ruhe gekommen ist, heißt es:[11]

»Jeder Teilnehmer hält die Hände gefaltet und betet still für sich. Man erfleht den Beistand des allmächtigen Gottes, damit jeder in seiner Art sein Allerbestes für des Volkes Wohlfahrt und Aufstieg zu tun vermag. Wo wäre wohl je eine größere Kirche gelebt worden als heute auf der Wartburg! Wartburg! Du Wahrzeichen in Germanien! Auf Dich schauen heute weit über 100 Millionen Menschen und lauschen, was in Deinen Mauern besprochen wird. Die Radioapparate beinahe der ganzen Welt sind auf Dich gerichtet. Darum ist nicht nur im Saale der Wartburg, sondern auch draußen in allen germanischen Landen und bei den befreundeten Völkern das Gefühl der Kirche. Millionen von Menschen sitzen still, in der kleinsten Hütte wie im größten Palast und lauschen, lauschen. Noch hören sie kein Wort. Doch sie wissen, auf der Wartburg ist das Mikrophon eingestellt. Zweiundachtzig stehen dort vor Gottes Angesicht und erflehen Schutz. Und alle die anderen draußen im weiten Lande wünschen jetzt diesen Zweiundachtzig Kraft und Segen. Über 100 Millionen Menschen beten mit diesen Zweiundachtzig. Das ganze Germanenland ist Kirche geworden.«

Doch auch sonst nimmt alles rituelle Formen an. Die Fahnen, die Umzüge, die Lieder: alles erinnert an irgendwelche traditionellen, aber nicht genauer ausgeführten Gottesdienstvorstellungen. Auf dem Höhepunkt des Ganzen beruft sich Aceli Fogur, der blonde »Meisterbruder« und Führer aller »Folcksgenossen«, auf einen Volkstribunen wie Wagners Rienzi und stimmt daraufhin die neue Nationalhymne Deutschlands an, welche sich zwar deutlich an die alte anschließt, diese jedoch ins Imperialistische ausweitet:[12]

»Heil Germanien! Heil Germanien!
Heil Germanien in der Welt!
Wenn treu die Germanenrasse
brüderlich zusammenhält.
Überall sind ohne Grenzen
Brüder, Schwestern artverwandt.
Heil Germanien! Heil Germanien!
Unser schönes Zukunftsland!«

In diesem Moment werden Führer und Volk wirklich eins, und zwar eins im Gebet, eins in einem gralshaften Erwähltheitsglauben, wie man ihn sich erhabener und zugleich herrschsüchtiger kaum vorstellen kann.

Auf diese Feier folgen einige Beratungstage, was Richter die Chance gibt, seinen Lesern – vor allem durch die wortreichen Reden des Meisterbruders und seiner engsten Freunde – die nötigen Informationen über das neue Reich zu vermitteln. Wie man hört, arbeiten zu diesem Zeitpunkt alle Deutschen nur noch fünf Stunden täglich, um möglichst viel Zeit zu Muße und Meditation zu haben. Der gesamte Landbesitz ist wie bei den alten Germanen wieder Gemeinbesitz geworden. Sogenannte »Blutsfremde« haben das neue Reich in der Zwischenzeit verlassen.[13] Doch auch die Soldaten sind verschwunden, so angesehen ist das neue Germanien bei allen Völkern der Welt. Großer Beliebtheit erfreuen sich dagegen die alten Gartenstadtideen und der Vegetarismus. Die höchste Wissenschaft ist inzwischen die Astrologie geworden, die alle »Folcksgenossen« in dem Glauben bestärkt, daß das deutsche »Folck das materialisierte Herz Gottes auf dieser Erde« ist.[14] Und an dieser Stelle geht das Ganze schließlich in ein astrologisches Traktätchen über. So unternimmt etwa der führende »Literaloge« dieses Reichs eine komplette astrologische Ausdeutung aller Planeten, welche den Rat der Ältesten in eine solche Verzückung versetzt, daß er nochmals eine halbe Stunde in tiefster Meditation versinkt, in der nur noch das »gleichmäßige Atmen« aller Anwesenden zu hören ist.[15] Anschließend verlassen die neugermanischen Nestoren mit Lobgesängen auf den »Allgegenwärtigen« die Wartburg und übertragen dem Meisterbruder die alleinige Regierungsgewalt.[16] Auf den folgenden Reklameseiten erfährt man, daß Richter auch Bücher über Schriftkunde, Charakterologie und eine medizinisch fundierte Rassenhygiene geschrieben habe, aus der hervorgehe, daß »alle arischen Frauen, die mit Juden geschlechtlich verkehren, stets unterleibskrank werden«.

Noch einen Schritt weiter geht besagter Schmid in seinem Buch *Im Jahre 2000 im Dritten Reich. Eine Schau in die Zukunft* (1933), das über die Schwelle des 20. ins 21. Jahrhundert vorstößt. Auch Schmid bezeichnet sein Buch nicht als Utopie, sondern als »Schau«, »Vision‹«, »Vorschau« oder »Vogelschau«, um von vornherein auf den religiös-seherischen Charakter des Ganzen hinzuweisen. Sein Werk sei kein Vernunftprodukt, betont er ausdrücklich, sondern habe ihn geradezu überfallen. Wer dieser »Schmid« eigentlich ist, erfahren wir weder auf der Titelseite noch im Vorwort. Es genüge ihm, einfach Schmid zu heißen, wie er stolz beteuert, das heißt aus einer »Sippe« zu stammen, der noch nie »ein Jude angehört habe«. Außerdem bekennt Schmid ganz offen, daß er sein Buch der NSDAP zwar nicht zur Prüfung vorgelegt habe, jedoch ein »aufrichtiger Hitlerjünger« sei.[17]

Wie gesagt, dieser Roman spielt im Jahr 2000. Und zwar steht auch hier eine große völkische Feier im Mittelpunkt, diesmal die Geburtstagsfeier von Hitlers Nachfolger, des »edlen« Herrn König, dessen 100. Geburtstag ausgerechnet auf das Jahr 2000 fällt. Da Herr König wie Hitler streng vegetarisch lebt, keinen Alkohol trinkt, nicht raucht, sich viel im Freien aufhält und mit seinen Schäferhunden spielt, wirkt er mit seinen hundert Jahren noch recht rüstig. Er ist ein Mann ohne Egoismus, hat sich bereits in jungen Jahren der NSDAP angeschlossen und verehrt Hitler, diesen »aufrichtigen, ehrlichen und weichen Menschen«, noch immer als den größten Deutschen aller Zeiten.[18] Das Reich, das Herr König regiert, hat sich im Jahr 2000 – neben England, Japan und den USA – als die vierte Weltmacht etabliert. Fast alle germanischen Länder, also Holland, Flamland, Österreich, Skandinavien und die Deutschschweiz, sind inzwischen Teile dieses mächtigen und blühenden Staates geworden. Frankreich ist dagegen durch die fortschreitende »Verniggerung« an den Rand des Abgrunds geraten, während Rußland zwar durch eine »antisemitische Revolution der roten Armee« das frühere »Sowjetjoch« abgeschüttelt hat, aber weiterhin an inneren Schwächen leidet.[19] Die baltischen Staaten und Weißrußland sind wieder »freie Länder«, haben sich aber dem deutschen Reich als Schutzstaaten angegliedert. Und all das »ohne irgendeinen Krieg« – rein aufgrund der Überzeugungskraft der nationalsozialistischen Idee.

Den Hauptteil des Schmidschen Buches nimmt jedoch die Beschreibung der Geburtstagsfeier ein. Alle Stände und Bevölkerungsschichten – ob nun die Reichsfürsten und Reichsgrafen, der Rat der Ältesten, die Wirtschaftsführer, die Bauern, Arbeiter und nordischen »Mütter« –, Tausende und Abertausende von Menschen paradieren stundenlang an Herrn König vorbei und singen mit strahlenden Gesichtern »Deutschland, Deutschland über alles«. Nachdem die Nazis sowohl dem Kommunismus als auch dem Liberalismus und damit der »Gottlosigkeit und Unmoral« den Garaus gemacht haben, hat sich unter den Deutschen eine Leistungsethik durchgesetzt, die auf einem wohlausgewogenen Gleichgewicht von »Gemeinnutz geht vor Eigennutz« und »Jedem das Seine« beruht.[20] Die Arbeiter fühlen sich daher in diesem Staat ebenso wohl wie die Industriellen. Um dieser Gesellschaftsordnung die nötige ideologische Verbrämung zu geben, wird auch hier der Bund mit Gott in den Mittelpunkt des Ganzen gerückt. Es gibt zwar in diesem Reich auch im Jahr 2000 noch Protestanten und Katholiken, aber die führende Institution ist die »Deutsche Kirche« geworden, die auf dem Erwähltheitsglauben der nordischen Rasse beruht. Im Zentrum aller staatlich-religiösen Rituale steht deshalb auch hier, wie schon bei Bergmann, der Gedanke der rassischen Höherzüchtung des deutschen Volkes. Besonders umjubelt wird darum der Zug der nordischen »Mütter«, die mit entblößten Brüsten an Herrn König vorbeimarschieren, ihre weizenblonden Babys in die Höhe recken und stolz darauf sind, wieder in einem Staat wahrer Männer zu leben, in dem es keine »Memmen« oder »Waschlappen« mehr gibt.[21] An dieser Stelle heißt es bei Schmid:[22]

»Wieder eine Fanfare, diesmal von Hörnern. Die dritte Gruppe tritt ein. Ruhige, volle Musikklänge begleiten sie, die zunächst in den begeisterten Zurufen fast untergehen. ›Heil unsern Müttern!‹ Voran gehen die jungen Frauen, die zum erstenmal ein Kind an die Öffentlichkeit bringen. Sie werden besonders gefeiert. Dann folgen die Mütter, die ein neugeborenes Kind an der Brust tragen. Weiterhin kommen die Mütter mit Kindern auf den Armen und an der Hand. Mütter, die mehr als vier Kinder haben, dürfen ihre sämtlichen Kinder mit sich führen, soweit sie nicht schon verheiratet sind. Diese Kinder sind besonders stolz, mit ihrer reichgesegneten Mutter gehen zu dürfen. Auch diese Mütter werden begeistert begrüßt, um so begeisterter, je größer die Zahl ihrer Kinder ist. Die Frauen, die Brustkinder bei sich haben, tragen ihre nährenden Brüste offen. Manche haben es fertig gebracht, daß sich die Säuglinge während des Umzuges an der Mutterbrust sättigen, was erneute Begeisterung weckt. So ist es ein fortwährendes Begrüßen der Frauen, ein begeistertes Zujauchzen, eine fortdauernde Huldigung, die sich bis zu dem Rufe steigert: ›Heil unsern heiligen Müttern!‹ Der Jubel hört erst auf, als der Zug in den mittleren Gang einbiegt. Da beginnt ein Chor aus Männer- und Altstimmen in dem mystischen Klange dieser Stimmischung eine getragene, in wundervollen Harmonien sich bewegende Hymne auf die Mutterwürde. Es liegt eine Würde, eine Ehrfurcht, eine Heiligkeit über diesem Zuge, wie sie der heiligsten Erscheinung des menschlichen Lebens, der Schöpfung neuen Lebens, entspricht. Auf der Bühne versammelt, treten die Frauen, die neugeborene Kinder mit sich tragen, vor, besteigen die Stufen des Thrones und bieten dem König ihre Neugeborenen dar. Der König legt jedem die Hand auf die Brust mit den Worten: ›Ich begrüße Dich, neues Glied unseres Staates und wünsche Dir alle guten Gaben des Leibes und der Seele. Und Dir, Mutter, danke ich für Deine Gabe.‹ «

Der gleiche Aufnordungsgedanke herrscht in den beiden Nebenhandlungen dieser »Zukunftsschau«. So findet der junge Michael Berger, der über allen Tadel erhabene Adjutant von Herrn König, just an dem beschriebenen Feiertage seine blonde, jungfräuliche Grete, die ihm selbstbewußt gesteht, noch nie einen Mann geküßt zu haben, und ihm zugleich verspricht, ihm als züchtiges Eheweib so viele Buben und Mädchen wie nur möglich zu schenken. Neben ihr steht die blauäugige, aber schwarzhaarige Hildegard, die zwar von blonden Eltern stammt, deren Mutter jedoch vor ihrer Ehe einem Juden »hörig« war und die deshalb wie die blonde Johanna in Artur Dinters *Die Sünde wieder das Blut* (1918) auf Jahre hinaus nur dunkelhaarig-semitische Kinder zur Welt gebracht hat. Um dem deutschen Volke keine weitere Schmach zuzufügen, ist Hildegard daraufhin sterilisiert worden, ja hat sogar auf jede »heimliche Liebe« verzichtet (zumal ihr Geschlechtsverkehr ohne Nachwuchs ohnehin »ekelhaft« erscheint) und sich schließlich dem hundertjährigen Herrn König als Dienstmagd unterstellt. Doch dann kommt erst der Clou des Ganzen! Als der fröstelnde, zittrige Herr König, von der langen Feier erschöpft, abends ermüdet auf sein Lager sinkt, entkleidet Hildegard erst ihn und dann sich selber – und legt ihren jungen blühenden Körper an den seinen, um so dem abgematteten alten Herrn – im Zuge einer keuschen Opferhandlung – etwas vom »Fluidum« ihres Lebens zu übermitteln. Und er nimmt dieses Opfer auch willig an und schläft schließlich selig lächelnd ein. Beide haben dabei das Gefühl, sich »geopfert« zu haben: er seinem »Volke« und sie ihrem »Führer«, den sie dem deutschen Volke mit ihrem Leibe (so »Gott« will) noch einige Jahre oder gar Jahrzehnte zu erhalten hofft.

Wie wir wissen, hat die NSDAP von solchen »Visionen« wenig gehalten. Soviel Sexualschwulst war für Hitler und seine Mannen, die sich in der Öffentlichkeit gern als kleinbürgerliche Ehrenmänner gaben, sicher zu starker Tobak. Und auch die beiden anderen »Visionen«, die eine reichliche Dosis deutschgläubiger, astrologischer, freimaurerischer und matriarchalischer Elemente enthalten, sind nicht in den Kanon der nationalsozialistischen Bewegung aufgenommen worden. All das erschien ihr als epigonenhafte Fortsetzung jener lebensreformerischen, rassistischen und neureligiösen Tendenzen der Jahrhundertwende, die kaum über den

Bereich des Sektiererischen hinausgedrungen seien. Im Gegensatz dazu wollten die Nationalsozialisten nicht konventikelhaft, sondern massenverbunden sein. Für weltfremde Spinner und Utopisten, und mochten sie noch so nazistisch orientiert sein, war daher in ihrer Partei kein Platz. Aus diesem Grunde haben die Nationalsozialisten schon im Jahr 1933 nicht nur ihre Feinde, sondern auch manche ihrer bisherigen Freunde unterdrückt – und sich selbst zum alleinigen Maßstab eines wahrhaft »volkstümlichen« Denkens gemacht.

Und doch sollte man auch solche Sektierer, wie die drei Autoren der eben vorgestellten »Visionen«, bei einer ideologiekritischen Betrachtung der Geschichte des Nationalsozialismus nicht ganz übersehen. Schließlich haben auch einige Sektierer der Jahrhundertwende (wie Lanz, Hentschel und Hörbiger) auf den jungen Hitler, den jungen Himmler und andere der späteren NS-Führer einen nachhaltigen Einfluß ausgeübt. Die Nazis hoben zwar später als ihre offiziellen Propheten meist nur Wagner und Nietzsche auf den völkischen Ehrenpodest, ihre Ideologie und ihre Wirkung geht jedoch in vielem auf jene Obskuranten der »Völkischen Opposition« zurück, die für die gleiche Ästhetisierung der Politik durch Feiern und Feste, den gleichen primitiven Antisemitismus, die gleiche überspannte Rassenhygienik, die gleiche religiöse Auferstehungsthematik und die gleiche völkische Brüderlichkeitsgesinnung eingetreten waren, die auch zu den festen Bestandteilen der nationalsozialistischen Propaganda gehören.

Und so spiegeln diese »Visionen«, so trivial sie auf den ersten Blick erscheinen, doch manche der geheimen Fernziele der nationalsozialistischen Bewegung wider – und lassen sich nicht nur als Randphänomene oder Produkte der Enthusiasten der ersten Stunde abtun. Daß Hitler und die Parteileitung in den Jahren nach 1933, als sie die breiten Massen durch einen kleinbürgerlichen Traditionalismus für sich zu gewinnen suchten, diese Schriften erst einmal unterdrückten, spricht nicht unbedingt gegen den zutiefst nationalsozialistischen Charakter solcher Werke. Ihr »Fehler« bestand lediglich in der Tatsache, daß ihre höchst naiven Verfasser das zukünftige »Germanische Reich deutscher Nation« bereits in allen Details auszumalen versuchten, das heißt nicht verstanden hatten, daß die NS-Führer zu diesem Zeitpunkt eine genauere Festlegung ihrer Ziele noch ausdrücklich ablehnten.

Germanenkult und Aufnordungstendenzen

Mochten auch die Realpolitiker unter den Nationalsozialisten nach 1933 noch so pragmatisch vorgehen, ganz unterdrücken ließ sich die Sehnsucht nach völkischer Solidarität, ja Brüderlichkeit unter ihren Anhängern und Sympathisanten nicht. Da sich jedoch diese Sehnsucht – wegen der unnachgiebigen Haltung der NSDAP in der Eigentumsfrage – nicht sozialistisch äußern konnte, kam sie meist nur in den offiziell zugelassenen Ideologiekomplexen »Blut« und »Boden« zum Durchbruch. Allerdings blieben selbst auf diesen Gebieten solche utopischen Hoffnungen höchst ambivalent, das heißt gingen aus dem Idealistisch-Völkischen immer wieder ins Kriegerisch-Imperialistische über. Schließlich galten solche Sehnsüchte in den Augen der Partei nur dann als legitim, wenn sie sich für irgendwelche imperialistischen Absichten einsetzen ließen. Sogar auf diesem – ans Utopische grenzenden – Sektor ist daher manchmal kaum auseinanderzuhalten, was hier echte Sehnsucht und was hier nackte Annexionspropaganda ist, die sich solcher Konzepte nur im Rahmen hochfahrender Weltmachtbestrebungen bediente.

Den breitesten Raum innerhalb dieser utopischen oder pseudoutopischen Vorstellungen nahm nach 1933 das Rassisch-Blutsmäßige, das heißt die ideologische Verkultung des Deutschen ins angeblich Arisch-Germanische ein. Obwohl Hitler und einige seiner Unterführer den teilweise recht skurrilen Germanenkult dieser Jahre als sektiererisch, bildungsphilisterhaft, ja lächerlich und damit »volksfremd« empfanden, ließen sie die Verherrlichung des Germanischen dennoch gelten, und zwar vor allem dort, wo sie sich nicht allzu archaisierend-regressiv äußerte. Allerdings rückten sie dabei – im Gefolge der alldeutschen Arierschwärmer des Zweiten Kaiserreichs und der Weimarer Republik – weniger die völkischen Gemeinschaftsvorstellungen als die nationalen Erwähltheitskonzepte in den Vordergrund, in denen sich eine Berufung der Deutschen zur führenden Weltmacht manifestiert. Von einer arisch-nordisch-germanisch-deutschen Rasse zu reden, fanden also die Pragmatiker innerhalb der Partei nur dann sinnvoll, wenn solche Ideologeme mit der Abwertung, ja Verachtung anderer Rassen und Völker gekoppelt wurden, das heißt wenn sich daraus eine Legitimationsbasis für den germanisch-deutschen »Akt der Landnahme« ergab. In ihren Verlautbarungen wurden deshalb die Deutschen nicht nur à la Chamberlain als die einzig ernstzunehmenden »Kulturschöpfer« auf Erden, sondern auch und vor allem als die genuinen Abkömmlinge jener alt-arischen Kriegernaturen hingestellt, die sich bereits in grauer Vorzeit – im Kampf gegen die Naturgewalten und irgendwelche untermenschlichen Tierwesen – die nötige »Härte« zugelegt hätten, statt sich wie die dunkelhäutigen Völker des Südens den erschlaffenden Strahlen der tropischen oder subtropischen Sonne auszusetzen und dadurch einer geradezu unvermeidlichen »Verweichlichung« anheimzufallen. Kurz: in den parteiamtlichen Statements der NSDAP wurde die gesamte Weltgeschichte – im Sinne sozialdarwinistischer Konzepte – gern als ein unerbittlicher Rassenkampf hingestellt, bei dem Blut gegen Blut steht und die Siegeskrone stets den rassisch Stärkeren, das heißt den Germanen zufällt.

Solchen arierfreundlichen Vorstellungen, ob nun utopisch-sozialistischen oder aggressiv-imperialistischen, huldigten um 1933 eine geradezu unüberschaubare Fülle nordisch-gesinnter Bünde, Orden, Sekten, Vereine, neureligiöser Gemeinschaften oder Einzelgänger, die allesamt glaubten, von den Nazis öffentlich anerkannt, gefeiert oder gar zu Führergestalten erhoben zu werden. Doch auch hier, wie auf fast allen Gebieten, kannten die Nationalsozialisten nur das Prinzip der »Gleichschaltung«. Eine relative Autonomie hatten daher einige dieser Gruppen und Einzelgänger nur bis 1934/35. Danach mußten sie sich entweder der Parteidisziplin unterwerfen oder wurden kaltgestellt. Einen wirklich »offiziellen« Germanenkult hat es deshalb, so paradox das auch klingen mag, während des Dritten Reiches kaum gegeben. Sogar der von Heinrich Himmler innerhalb der SS geförderten Germanenverehrung, die zeitweilig fast religiös-rituelle Formen annahm, indem sie das Dritte Reich als ein gottgewolltes »Reich des Blutes« definierte, stand Hitler recht mißtrauisch gegenüber und ließ das Ganze nur als SS-internen Kult gelten.[1] Auch der von Alfred Rosenberg in seinem *Mythos des 20. Jahrhunderts* (1930) verkündete Arierkult behagte Hitler im Laufe der Jahre immer weniger, weshalb Rosenberg ab 1939/40 aus der Führungsspitze der NSDAP immer stärker herausgedrängt wurde.[2]

Das gleiche gilt für Germanenschwärmer wie Hans F. K. Günther und Ludwig Ferdinand Clauß, die mit ihren Büchern *Rassenkunde des deutschen Volkes* (1922) bzw. *Die nordische Seele* (1923) in den zwanziger Jahren wohl am meisten zu einer Popularisierung des Germanenkults beigetragen hatten. Ja, selbst die ihren Vorstellungen relativ nahestehende Nordische Bewegung genoß 1933, als die NSDAP bei der Auswahl ihrer Bündnispartner noch nicht so wählerisch war, erst einmal ein hohes Ansehen, mußte sich jedoch danach weitgehend der offiziellen Linie anpassen und wurde schließlich ebenfalls gleichgeschaltet. So konnten auf dem Ersten Nordischen Thing, das im Juni 1933 in Bremen stattfand, neben neureligiösen Schwärmern wie Ludwig Roselius auch ernstzunehmende Nordisten wie Julius Andree und Gustav Neckel auftreten, die sich selbst auf dem Gebiet der höchst spekulativen germanischen Urgeschichte um »Wissenschaftlichkeit« bemühten.[3] In der Zeitschrift dieser Organisation, die sich *Rasse. Monatsschrift der Nordischen Bewegung* nannte und von Richard von Hoff, Hans F. K. Günther und Ludwig Ferdinand Clauß herausgegeben wurde, setzte sich dagegen ab 1934 weder das Phantastisch-Neureligiöse noch das strikt Wissenschaftliche, sondern ein parteiamtlicher Kurs durch, der lediglich die »kämpferischen« Aspekte des Nordischen herausstrich. Dementsprechend schrieb Richard von Hoff 1935 unter dem Titel *Die nordischen Wurzeln des Nationalsozialismus*, daß die Hitler-Bewegung stets da am überzeugendsten wirke, wo sie auf die »Grundzüge des nordischen Wesens« zurückgreife.[4] Das komme am deutlichsten in ihrer »Blut-und-Boden«-Ideologie zum Ausdruck, welche direkt an die Weltanschauung jener »Nordmenschen«, jener »Kinder des Lichts«, jener »blonden Edelrasse« anknüpfe, deren letzte Vertreter heutzutage die germanischen Nordeuropäer seien.[5] Aufgrund dieser Gesinnung seien die Germanen nicht wie andere Völker frühzeitig einer »zivilisatorischen« Erschlaffung verfallen, sondern hätten im Lauf der letzten Jahrtausende eine Hochkultur nach der anderen geschaffen. Welchen Wertvorstellungen man in diesen Kulturen gehuldigt habe, wird allerdings von Hoff verschwiegen. In diesem Punkt beruft er sich lediglich auf das »kämpferische Heldentum« der Germanen und die innige Verbundenheit zwischen »Führer und Volk«, welche sie seit altersher auszeichne.[6] Genau besehen, lesen wir bei ihm, als wolle er den offiziellen Parteianschauungen genügen, seien die Germanen nie ein »Volk im gewöhnlichen Sinne«, sondern – wie schon das Wort »diot« beweise – stets ein »Heervolk« oder»Kriegsvolk« gewesen.[7] Und so habe sich ihr Charakter in der aktiven Auseinandersetzung mit den Naturgewalten oder mit anderen Völkern, also im »Kampf«, stets am besten bewährt. Es sei daher nur konsequent, schreibt Hoff, wenn sich das heutige Volk der Deutschen, wieder unterm »Hakenkreuz«, als dem höchsten Sinnbild nordischer Rassenstärke, versammele.[8]

Die gleiche Tendenz ins »Kriegerische« zeichnet sich nach 1933 in der akademisch betriebenen »Germanenkunde« oder »Germanenforschung« ab, die ebenfalls alles aufbot, um die »Arier«, das heißt die Vorläufer der Deutsch-Germanen, als die älteste Herrenrasse der Menschheit hinzustellen und zugleich mit einer ehrwürdigen Kultur auszustatten. Und zwar tat sie das, indem sie das Wort »Arier«, das rassengeschichtlich an sich unbrauchbar ist, da es sich auf keine konkrete Volklichkeit zurückführen läßt, wie schon die Arierfanatiker der Jahrhundertwende im Gefolge Helena Petrowna Blavatskys aus dem Sanskrit-Wort »arya«, das heißt »adlig« oder »vornehm«, abzuleiten versuchte. Nur wer zu den Ariern gehöre, hieß es demzufolge nach 1933 in den Schriften dieser Richtung immer wieder, habe noch heute einen Sinn für Großes, Erhabenes, Herrisches, was auch auf diesem Sektor ständig zu der von der NSDAP geforderten Verklärung des Aggressiven, Kriegerischen, ja Imperialistischen führte. Wenn hier von den »alten Germanen« die Rede war, ging es fast immer um die Kämpfe jener »Recken«, die an Kraft und Mut alle anderen Helden der Menschheitsgeschichte weit überträfen. Und zwar berief man sich hierbei weniger auf die *Germania* des Tacitus, obwohl auch sie manchmal herangezogen wurde, als auf die altisländischen Sagas oder das *Nibelungenlied,* deren Helden mit ihren »Schreckenshelmen und Siegschwertern« dem »nordischen Geist«,wie Heinar Schilling 1937 in seinem Aufsatz *Helden- und Führertum bei den Germanen,* seinen »vollkommensten Ausdruck« gegeben hätten.[9]

Mit Leitbildern dieser Art versuchte die nationalsozialistische »Germanenkunde« im Sinne einer umfassenden Volkserziehung alle Deutschen aus ihrer christlich-quietistischen oder spießbürgerlich-selbstgenügsamen Lebenshaltung herauszureißen und auf

30 Germanen der frühen Bronzezeit. Aus »Altgermanische Kultur in Wort und Bild« (1934) von Wolfgang Schultz.

den Weg zu einer »heroischen« Daseinsform zurückzuführen.[10] So schrieb etwa Hermann Hofmeister 1936 in seinem Buch *Germanenkunde*, daß es die höchste Aufgabe der künftigen Nationalpädagogik sein müsse, dem »deutschen Volk das Mark wiederzugeben, das ihm die fremde Weltanschauung des Orientalismus seit tausend Jahren geschwächt« habe.[11] Statt das »Heilige Land« weiterhin in Palästina zu sehen, erklärte er, solle sich jeder Deutsche endlich vor Augen führen, daß nicht die Juden, sondern die Germanen das älteste Kulturvolk der Erde seien, die bereits vor Tausenden von Jahren auf dem Boden Deutschlands eine »hohe Kultur« besessen hätten.[12] Es sei daher an der Zeit, heißt es weiter, daß sich Deutschland dieser »heldischen Ahnen« endlich würdig erweise und wieder seine ursprüngliche Stärke zurückgewinne. Um diese Tendenz nochmals zu unterstreichen, schloß Hofmeister seine *Germanenkunde* mit dem hochtönenden Appell:[13]

»Der Nationalsozialismus steht und fällt mit der Grundlage des echten Germanentums. Gerade weil er weltanschaulich sich hierauf aufbaut, ist es der bewußten oder auch nur gefühlten Gefolgschaft der arteigenen Massen des deutschen Volkes sicher. Infolgedessen liegt es in der geraden Linie des Nationalsozialismus, alle Bastardkultur, die uns bedrückte, hinwegzufegen und unsere viel wertvollere wurzelechte Kultur zur alleini-

31 Arthur Kampf: Siegfried mit dem Kopf des erschlagenen Drachen (1938).

gen Geltung zu bringen. Hier steckt das hohe Ziel, zu dem das deutsche Volk durch entsprechende völkische Bildung gebracht werden muß. Der Deutsche muß aus seiner Knechtseligkeit aufgerüttelt und für die Herrenstellung, die er auszufüllen hat, erzogen werden. Dem Ziel rücken wir näher, je stärker der Deutsche wieder den Pulsschlag reinen Germanentums in sich verspürt.«

Noch deutlicher wurde Walther Wüst, der Dekan der Philosophischen Fakultät der Münchner Universität, als er am 5. Oktober 1936 anläßlich der feierlichen Eröffnung einer »Pflegstätte für Germanenkunde« in Detmold erklärte, wobei er den Ortsnamen Detmold aus den altgermanischen Wörtern »thiat« (Volk) und »mathl« (Versammlungsort), also Thingstätte, abzuleiten versuchte:[14]

»Wir wollen sein, was wir sind. Ich rufe die Mannschaft, die heldisch in der Haltung, stolz auf das ›edle Blut‹ der Abkunft, mit voller wissenschaftlicher Verantwortlichkeit sich in Art und Tat der Ahnen vertieft. Wir wünschen, wie der Führer es will, daß diese Mannschaft mit ihrer Germanenkunde sich nicht selber schwächen läßt zu tatenloser Bewunderung, daß sie nicht entartet zu haltloser Träumerei und hohler

Deutschtümelei. Wir wollen, daß diese Mannschaft in der schimmernden Wehr des Nationalsozialismus dem Ritter zwischen Tod und Teufel, dem Ritter ohne Furcht und Tadel nachreitet in das Land der Heimat, in den ›Germanischen Staat deutscher Nation‹ (Adolf Hitler).«

Im Rahmen eines vollausgeführten Manifests begegnet man den gleichen Ideen in dem Buch *Die Heimat der Starken* (1938) von Kurt Eggers. Statt sich weiterhin von irreleitenden christlichen, humanistischen und demokratischen Verweichlichungskonzepten blenden zu lassen, werden hier alle Deutschen aufgefordert, sich wieder zu germanischen Wertvorstellungen wie Mut, Härte und Willensstärke durchzuringen, um so dem »Norden« zu dem längst fälligen Sieg über »Jahwe« zu verhelfen.[15] Und zwar beruft sich Eggers dabei vor allem auf die leitbildliche Funktion Nietzsches, der mit seinem Konzept des »Übermenschen« ein »Dynamit« geschaffen habe, dessen ideologische Sprengkraft bis heute weiterwirke.[16] Besonders angetan ist er von Nietzsches *Zarathustra,* in dem er die reinste Verkörperung dieses »Willens zum Leben« oder »Willens zur Macht« erblickt, der heute in den Aktionen der NSDAP endlich Wirklichkeit zu werden beginne:[17]

»Eine wunderbar herbe, schon längst versunkene Welt taucht wieder auf, wächst aus den Worten und Bildern Nietzsches zu einer neuen, geläuterten Wirklichkeit. Keine Stadt mit goldenen Gassen, nein, eine Welt voll Waffenlärm und Kriegsliedern, voll Zucht und Ordnung, eine Welt der Härte und Anständigkeit.«

Wie sehr in diesem Buch die Idee des Germanischen sowie die Idee des Zarathustrischen zur Selbstbeschwörung eines nazistischen Herrschaftsanspruchs mißbraucht werden, beweist folgende Passage, wo immer deutlicher wird, daß mit der »Heimat der Starken« ein germanischer Weltstaat gemeint ist, in dem sich alle anderen Völker dem deutschen Führungswillen fügen müssen. Man lese dazu folgenden Abschnitt:[18]

»Schon dröhnt durch den jungen Morgen der Schritt der germanischen Kolonnen, die aufgebrochen sind, die Heimat zu finden, um sie nie mehr zu verlieren. Als die Alten vor dem Tode zagten, vernahmen die Jungen das kriegerische Befehlswort. Auf die alte Fahne der Sehnsucht wurden die neuen Zeichen der gewissen Hoffnung geheftet. Und mit vor freudiger Erregung zitternden Händen schrieben die Jungen sich selbst den Fahnenspruch: Ein Volk – Ein Reich – Ein Führer!

Die Mächte der Finsternis rüsten zum letzten Sturmlauf, um dieses Reich für immer aus der Wirklicheit zu stoßen. Sie rufen ihre Drohungen. Aber die Jungen lachen hart. Strafe Gottes? Er möge strafen, wir wehren uns! Macht des Schicksals? Wir werden dem Drachen Schicksal trotzig die Zähne brechen. Vorherbestimmung zum Untergang? Das Gesetz ist da. Es bestimmt sich nicht selber vorher zum Untergang, und der Herr der Welt ist der Vollstrecker des Gesetzes! Uralt ist der Kampf zwischen Nacht und Licht!

Wohlan denn: wer da glaubt, er könne das Licht fangen und es in die Finsternis bannen, der möge aufstehen und sich in den Weg des Wahrheit gewordenen und zur Vollkommenheit wachsenden Germanischen Reiches von dieser Welt stellen! Das Gesetz tötet den, der es zu beugen gedenkt!«

Nur eine solche Form der Germanenideologie, die sich zu einer Politik der Stärke und zugleich einem imperialistischen Herrschaftsanspruch bekannte, wurde von den Nationalsozialisten begrüßt und gefördert. All jene, welche dagegen die gleiche Ideologie ins Geistrevolutionäre überspitzten oder mit im besten Sinne »utopischen« Elementen anreicherten, wurden dagegen von der NSDAP zwar eine Weile geduldet, dann jedoch im Laufe der dreißiger Jahre allmählich aus dem öffentlichen Leben ausgeschaltet. Wer also im Dritten Reich von einer radikalen Hingabe des »Ichs an das Totale, den Staat, die Rasse«, einer »Wendung vom ökonomischen zum mythischen Kollektiv« und somit einem Aufbruch ins »anthropologisch Tiefere« phantasierte, war den Pragmatikern innerhalb der Partei eher peinlich als angenehm.[19] Ebenso mißtrauisch standen die Parteigewaltigen jenen Rassefanatikern gegenüber, welche solche Aufbrüche in die Urgründe des Anthropologischen mit irgendwelchen neureligiösen, romantisch-mystischen, mutterrechtlichen, bronzezeitlichen, das heißt antizivilisatorischen, antitechnologischen oder gar antikapitalistischen Konzepten verbanden und daraus dem Gedanken einer neuen sozialistischen Gemeinschaftlichkeit aller Deutschen abzuleiten versuchten.

Einer der bekanntesten Vertreter solcher utopischen Visionen, den einige Nazi-Führer, unter ihnen Heinrich Himmler, zu Anfang besonders hoch schätzten, dann jedoch zusehends kaltstellten, war Herman Wirth. Das Buch, mit dem sich Wirth unter den Deutschgläubigen und Anbetern der nordischen Sonnensöhne ein großes Ansehen verschafft hatte, war sein *Aufgang der Mensch-*

32 Franz Stassen: Siegvaters Sohn stößt dem Fenriswolf den Stahl mitten ins Herz (1934).

heit. Untersuchungen zur Geschichte der Religion, Symbolik und Schrift der atlantisch-nordischen Rasse, das 1928 bei Eugen Diederichs in erster und 1934 in zweiter Auflage erschien. Als die einzig mögliche Rettung vor dem Untergang des Abendlandes wird hier im Sinne einer ins Mythisch-Neureligiöse vertieften Blut-und-Boden-Ideologie ein konsequent durchgeführter »Heimgang zu Heimatscholle und Muttererde, zur Urquelle unseres Wesens, zum Urerlebnis unserer Seele und ihrer Bewußtwerdung in gottgewollter eigener Geistigkeit« hingestellt.[20] Daß die urarische Weltanschauung«, die noch auf der »geistigen Erbmasse des Nordens«, das heißt einem Glauben an die »Allmutter Natur« beruht habe, später verloren gegangen sei, führt Wirth auf jene »Rassenmischung« zurück, welche sich als Folge der Vereisung der Urheimat der arktisch-atlantischen Rasse und ihrer allmählichen »Vermischung« mit den Völkern des Südens ergeben habe.[21] Das Ergebnis dieser Entwicklung, behauptet er, sei jene »technische Zivilisation« von heute, die durch den »Alberich-Fluch der Herrschaft des Geldes«, das heißt die »städtische Großzivilisation des

Liberalismus« und den mit ihr verbundenen mörderischen Zweckrationalismus alle höheren »geistigen Werte« auf Erden zu vernichten drohe.[22] Wirth setzt daher seine einzige Hoffnung auf den Aufbruch der Deutschen in ein »Drittes Reich«, worunter er sich ein »Wieder-Organisch-Werden als Volk, Gesellschaft und Rasse« vorstellt.[23] Statt weiterhin der verderbenbringenden Technologie zu huldigen, ruft also Wirth in diesem Buch alle Deutschen auf, sich wieder die alten Nordmenschen zum Vorbild zu nehmen, deren Lebensweise weder »primitiv« noch »barbarisch«, sondern im besten Sinne »religiös« gewesen sei. Damals habe man sich noch, wie er behauptet, den »großen göttlichen Gesetzen der ewigen Wiederkehr« gefügt. Damals habe man noch keine Individualität, sondern nur die »Volksgemeinschaft« gekannt. Damals seien die Menschen noch wahre »Thuata«, das heißt »Gottmenschen« gewesen.[24] Erst wenn sich die Deutschen erneut zu einer so tiefgründigen Bestimmung ihres eigenen Wesens durchringen würden, erklärt Wirth abschließend, könnten sie wieder mit dem Anspruch auftreten, die maßgeblichen »Heils- und Lichtbringer der Welt« zu sein.[25]

Im Bereich der nationalsozialistischen Kunst- und Kulturwissenschaft begegnet man solchen Gedankengängen vor allem in den Werken von Josef Strzygowski, welcher der bisherigen »Überbewertung« der mittelmeerischen Zivilisationen in seinen Schriften immer wieder jene arisch-indogermanische Kultur entgegenstellte, in der er wie Wirth den einzigen Rettungsanker vor dem drohenden »Untergang des Abendlandes« sah. Im Gegensatz zu eher »offiziellen« Parteivertretern wie Wolfgang Schultz, der in seinem Buch *Altgermanische Kultur in Wort und Bild. Drei Jahrtausende germanischen Kulturgestaltens* (1934) zwar ebenfalls bis zum »Kern der ehrfürchtigen Einstellung« der früheren Nordmenschen »zu den im Weltall wirksamen, ewig wandelbaren Mächte« vorzudringen versuchte, dabei jedoch jede »Altertümelei«, jedes »künstlich herangetragene Fremdtun« kategorisch ablehnte,[26] ging Strzygowski in seinem Buch *Nordischer Heilsbringer und bildende Kunst* (1939) allein von einem religiös gefärbten »Nordstandpunkt« aus.[27] Seit dem »iranischen« Christentum, das durch den »jüdischen« Jesus weitgehend verfälscht worden sei, wie er behauptet, habe sich der nordische Geist lediglich in Hellas, der Kultur der Völkerwanderungszeit, der Gotik und der Romantik verwirklichen können, in denen sich – trotz einer mittelmeerisch-semitischen Überfremdung – noch immer Spuren eines »indogermanischen Glaubens« nachweisen ließen, die bis zum Zarathustrischen zurückreichten.[28] Wie Herman Wirth wandte sich deshalb auch Strzygowski immer wieder an das deutsche Volk, sich auf seine indogermanische Naturverbundenheit und auf den alten iranisch-arischen Heilsglauben zu besinnen, das heißt alle orientalischen, hellenistischen, römischen, barocken, klassizistischen und humanistischen Elemente aus seinem Wesen auszuscheiden und wieder ein wahres »Nordvolk« zu werden, wie es in seinem Buch *Das indogermanische Ahnenerbe des deutschen Volkes* (1941) heißt.[29] Und wie Wirth folgerte daraus auch Strzygowski, indem er das Heilbringerische ins Geistimperialistische ausweitete, daß die Deuschen aufgrund ihres nordischen Ahnenerbes im Rahmen der »Volksgemeinschaft eines geeinten Europas« einmal zum Vorbild-Volk aller Völker weißer Rasse werden könnten.[30]

Da bei einer so statischen Weltsicht, welche auf dem Prinzip der »ewigen Wiederkehr des Immergleichen« beruht, die literarische Wiederspiegelung einer solchen Germanenideologie notwendig etwas gleichförmig ausfallen würde, vermischten die nationalsozialistisch orientierten Schriftsteller des gleichen Zeitraums ihre als vorbildlich und damit utopisch konzipierten Germanenromane gern mit der von Hanns Hörbiger in seiner *Glazial-Kosmogonie* (1913) entwickelten Welteislehre, die bei vielen älteren Völkischen wie auch manchen Nationalsozialisten, darunter Hitler, in hohem Ansehen stand. Diese Theorie, die vom ewigen Kampf zwischen Feuer und Eis ausgeht und sowohl die Sintflut als auch den Untergang des germanischen Atlantis-Reichs mit jenen Schwerkraftkatastrophen in Verbindung bringt, welche durch das »Einfangen« unseres Mondes durch die Erde ausgelöst worden seien, war bereits vor 1933 – wie die damals ebenso stark diskutierte Hohlwelttheorie – eine höchst populäre Erklärung der »Geheimnisse des Weltalls«. Dafür sprechen unter anderem Bücher wie *Mondesschicksal* (1925) von Philipp Fauth, *Planetentod und Lebenswende* (1926) sowie *Welteis und Weltenbau* (1926) von Hans Wolfgang Behm, *Welterkenntnis und Weltenbau* (1928) von Gerhardt Giehm und *Urwissen von Kosmos und Erde* von Georg Hinzpeter. Im Jahr 1933, als diese Lehre eine deutliche

Nationalisierung erlebte und immer stärker ins Rassistische tendierte, indem man die Germanen als die nordischen Sonnensöhne zusehends mit den feurig-kreativen Elementen innerhalb des Universums in Beziehung setzte, waren es vor allem die Schriften *Für und wider Hörbiger* von Georg Hinzpeter und *Welt-Eis-Lehre* von Edmund Kiß, die für die Richtigkeit der Hörbigerschen »Entdeckungen« eintraten. Vor allem Kiß schrieb, daß Hörbiger, dieser Mann guten »deutschen Bluts«, mit seiner Welteislehre eine »deutsche Revolution« eingeleitet habe, deren Ende noch gar nicht abszusehen sei.[31] Bei ihm könne man lernen, lesen wir bei Kiß, daß die beiden Grundelemente des Weltalls Feuer und Eis seien, aus deren Wechselspiel sich – wie im Leben der Völker – ständig neue Konflikte ergäben. Bei diesen Konflikten trügen zwar das Feuer und die nordischen Feuermenschen stets den Sieg davon, sähen sich jedoch zugleich ständig neuen Kampf- und Katastrophensituationen gegenüber, ohne welche die nordische Rasse sicher längst der »Verweichlichung« verfallen sei. Wie Wirth stellt daher auch Kiß die arktisch-atlantische Kultur, welche ihren Höhepunkt vor der Hörbigerschen Mondkatastrophe erlebt habe, als eine der höchsten Kulturen der Menschheit hin, die jedoch wieder untergehen mußte, um der nordischen Rasse im Kampf mit den Naturgewalten eine neue »Härte« zu verleihen.

Wenn solche Autoren auf Atlantis zu sprechen kommen, spielen sie dabei häufig auf die »Schreckenszeit« der Weimarer Republik, wenn nicht gar auf den »Untergang des Abendlandes« an, dem die Deutschen – als das letzte Volk der nordischen Rasse – endlich mit einem massiven Überlebens- und Druchsetzungswillen entgegentreten müßten. Daher gehen gerade bei den auf einen utopischen Umbruch drängenden Germanenromanen dieser Jahre die Wirthsche Thuata-Vorstellung, die Hörbigersche Welteislehre und der Atlantismythos eine besonders enge »Verflechtung« ein.[32] Wohl am deutlichsten läßt sich das an Hand jener Atlantis-Romane zeigen, die Edmund Kiß in diesen Jahren als Illustrationen all dieser ins »Nordische« gewendeten Theorien verfaßte.

Der erste dieser Romane erschien 1930 und trägt den Titel *Das gläserne Meer.* In ihm wird jene Erdbeben- und Sintflutkatastrophe geschildert, die nach dem Absturz des ersten Tertiärmondes einsetzt. In Atlantis lebt zu diesem Zeitpunkt eine Herrenkaste »blauäugiger Blondlinge«, die sich im Augenblick der Katastrophe dem Schicksal durchaus gewachsen zeigt, indem sie ihre dunkelhäutigen Sklaven mit harter Hand im Zaume hält und zugleich durch »Fraueneroberungen« aus umliegenden Ländern für das Fortbestehen der weißen Rasse sorgt.[33] Der Roman *Frühling in Atlantis* (1933) stellt die zweite Blütezeit dieses Reiches dar. Von den sechzig Millionen Menschen, die in diesem Staat leben, gehören zwei Millionen zu den reinblütigen »Asen«, während der Rest in die halbwegs »Anerkannten« und die »Dunklen« zerfällt. Der Reichskönig, der in der Hauptstadt Asgard residiert, heißt Warager Ase Torgaard. Seine Hauptaufgabe sieht er in der »Aufzucht reinrassiger nordischer Menschen«, um so den Führungsanspruch der Asen aufrechtzuerhalten und nicht in die drohende »Unfreiheit« abzugleiten.[34] Doch die Dunklen, die Untermenschen wollen sich mit diesem System nicht länger zufriedengeben. Daher ermordet der böse Lochi (Loki) am Schluß den von den Asen allgemein verehrten jungen Held Baldur Ase Wieborg aus Thule, was sich wie eine Warnung vor nachdrängenden Slawen oder anderen »Untermenschen« liest, welche es schon seit langem auf den Untergang Deutschlands abgesehen hätten. In seinem dritten Roman, der den Titel *Die letzte Königin von Atlantis* (1931) trägt, beschreibt Kiß, wie unser heutiger Mond vor 14 000 Jahren von der Erde eingefangen wird, was eine Naturkatastrophe auslöst, die »eine Umwälzung der Verteilung der Wasser- und Luftmassen und damit eine völlige Änderung der klimatischen Verhältnisse« mit sich bringt.[35] Und dieser Katastrophe fällt auch das von vielen Sagen umrankte Reich der Atlanter zum Opfer, das in den Wellen eines neuen Meeres, des heutigen Atlantischen Ozeans, untergeht. Die Reste der nordischen Herrenkaste, die hier einen exemplarischen Staat und eine Hochkultur ohne Beispiel errichtet hatten, erobern daraufhin einige südamerikanische Hochländer, darunter die peruanische Hochebene von Aztlan, wo sie wiederum auf eine strenge nordisch-asische Inzucht sehen und die Vertreter minderwertiger Rassen zu niedrigster Arbeit verurteilen.

In *Die Singschwäne von Thule* (1939), dem vierten Roman dieser atlantischen Tetralogie, versuchen alle überlebenden Asen unter ihrem »blauen Banner mit dem silbern gehakten Kreuz« wieder in die nördlichen Provinzen ihrer Urheimat zurückzukehren,[36] wo jetzt – statt des ewigen Frühlings wie in mondloser Zeit – eine unwirtliche Kälte herrscht, die sie zu neuer »Härte« erzieht.[37] In vielen dieser Landstriche stoßen sie auf eine »bäuerlich nordische Rasse«, die blutsmäßig »recht gut« war, wie es heißt,[38] und mit der sie sich zu einem neuen Volk zusammenschließen, das sich einem von allen nordischen Volksgenossen anerkannten »Führer« unterstellt. Doch als geborene Eroberernaturen halten sie es selbst dort nicht lange aus. Die Besten dieser neuen Nordmänner schwärmen daher bald wieder nach Süden aus, ja ziehen bis nach Hellas, wo sie aufgrund ihrer politischen Führungsqualitäten und ihrer kulturschöpferischen Potenzen jene griechische Kultur des ersten Jahrtausends vor unserer Zeitenrechnung schaffen, die zu den höchsten Leistungen der Menschheit gehört. Und damit beginnt der gesamte Zyklus, wie in vielen dieser Werke, denen das Prizip der »ewigen Wiederkehr des Immergleichen« zugrunde liegt, wieder von neuem. Auch diese rassisch wiedererstarkten Atlantiker werden im Süden, wie deutlich vorherzusehen ist, eines Tages dem Prozeß der Verweichlichung verfallen und von den minderwertigen Völkern aufgesogen werden. Doch all diese Untergänge werden – getreu der Hörbigerschen Lehre – nicht nur als Katastrophen, sondern auch als glänzende Beispiele einer unerschöpflichen Kraft der nordischen Rasse hingestellt. Schließlich steht hinter dem Ganzen der Glaube, daß sich das Germanentum – vor allem im Kampf mit den harten Lebensbedingungen des Nordens – ständig aus sich selbst erneuern wird. Es wird daher immer wieder, wie Kiß andeutet, »stark« genug sein, um seinen Bevölkerungsüberschuß nach Süden zu schicken, dort neue Staaten zu gründen und den zerfallenden Kulturen der Mischvölker »den Runddruck ihrer Seele« aufzuprägen.[39]

Nicht minder bezeichnend für die Faschisierung des Atlantis-Mythus sind folgende Romane aus den Jahren nach 1933. Zu den anspruchsvollsten dieser Werke gehört das Buch *Vor Götterdämmerung. Phantastischer Roman aus nordischer Frühzeit* (1934) von Johannes G. Arnoldt, das ebenfalls auf der Hörbigerschen Eiszeitlehre beruht. Auch hier herrschen die »wilden Nordmänner«, jene Menschen mit den »hohen kräftigen Leibern«, »schöngeformten Schädeln«, »blonden Mähnen« und »blauen Augen«, aus denen die »Kampfeslust blitzt«, als geborene Führernaturen über die »dunkelhäutigen« Völker des Südens.[40] Und auch hier kommt es in grauer Vorzeit – durch einen sich der Erde nähernden Mond – zu großen Erdbeben, Sintfluten und Vereisungen,

33 Wilhelm Petersen: Der Reiter von Valsgörde (1937).

was die asischen Sonnensöhne als den Ausbruch der »Wolfszeit« deuten, in welcher die Mitgartschlange ihr grimmiges Haupt erhebt, der Fenriswolf seine Ketten zerreißt und die Eisriesen aus dem Schlafe erwachen.[41] Auf diese Weise geht eines der großen »Weltzeitalter« zu Ende und macht einer Ära neuer Kämpfe Platz. Der Sonnenpriester Arand und die nordische Seherin Dapa ziehen daraufhin zu den »schwarzen und halbtierischen« Waldmenschen im Süden, die sie sofort als ihr »Königspaar« anerkennen.[42] Doch angesichts der gewaltigen Naturkatastrophen hält es Arand nicht lange im Süden aus. Er verläßt die schöne Dapa, geht wieder in den Norden zurück und beruft dort einen allgemeinen »Thing« ein, um die Nordvölker vor den Auswirkungen der drohenden Naturkatastrophen zu warnen. Daraufhin wählen diese Völker Arand zu ihrem »Führer«, der sofort den militärischen Oberbefehl übernimmt und die Nordvölker auf sicheren Wegen in den Süden geleitet. Angesichts dieser Situation erklärt er im Hinblick auf die vor Kummer verstorbene Dapa:[43]

»Ich diene dem Hohen und hoffe, meinem Volke im ferneren Leben noch ein guter Führer zu sein. Wie sollen die Menschen durch die Hölle der Weltvernichtung hindurchkommen, wenn nicht Männer bereit sind, für das ganze Geschlecht einzugestehen und auf ein eigenes kleines Glück zu verzichten?«

Anschließend vertreiben die Stämme und Sippen der Nordvölker unter Arands Führung – inmitten gewaltiger Vulkanausbrüche und Gebirgszusammenstürze – die nomadischen Südvölker aus ihren Jagdgebieten und begründen dort, im Akt der germanischen »Landnahme«, eine neue Bauernkultur. In einem Nachwort zu diesem Roman versucht Georg Hinzpeter nachzuweisen, daß alle der hier geschilderten Vorgänge durchaus mit der Hörbigerschen Welteislehre übereinstimmen.

Nicht ganz so »konkret« wirkt der Roman *Der weiße Elefant* (1937) von Hermann R. Bartel, der sich zwar im Untertitel ebenfalls als ein »Atlantis-Roman« ausgibt, jedoch im Detail eher indisch als urgermanisch wirkt und inhaltlich auf ein Hohes Lied der Gattentreue hinausläuft. Dennoch will auch sein Autor zeigen, wie reich das »Erbgut unserer Urväter« ist, und zugleich davor warnen, daß Unmoral und rassische Dekadenz selbst den größten Reichen gefährlich werden können.[44] Dagegen hält sich Rudolf Brunngraber in seinem Roman *Die Engel in Atlantis* (1938) trotz einiger Anlehnungen an Genesis 6, die Apokalypse des Johannes und Platons Atlantis-Erzählung recht eng an die Hörbigersche *Glazial-Kosmogonie*. Hier wird beschrieben, wie in einem viele Jahrtausende zurückliegenden Zeitalter eine katastrophale »Mondauflösung« eintritt, worauf in Atlantis gewaltige Erdbeben ausbrechen und schließlich eine Sintflut die Reste dieses großen Reiches verschlingt.[45]

Doch nicht nur in den Atlantis-Romanen, auch in den theoretischen Schriften über den Ursprung der Germanen wird in diesen Jahren manchmal auf Hörbigers Welteislehre hingewiesen. So beschäftigt sich Wilhelm Brepohl in seinem Buch *Vom Ende der Tage. Sinn und Geschichte der Schlacht am Birkenbaum* (1936) ausführlich mit der »germanischen Weltuntergangsvorstellung«, der »Götterdämmerung« oder »Ragnarök«, die in den überlieferten Dokumenten meist mit dem Hereinbrechen der »Wolfszeit«, also gewaltigen Erdbeben, vom Himmel stürzenden Sternen und alles überschwemmenden Sintfluten, gleichgesetzt werden.[46] Den sinnvollsten Schlüssel zu dieser Weltsicht liefert auch nach Brepohl einzig und allein die Hörbigersche *Glazial-Kosmogonie*, nach der die gesamte Menschheitsgeschichte ein Leben von einem Untergang zum anderen, das heißt von einer Mondkatastrophe zur nächsten sei, was zu all jenen heroischen Tod- und Auferstehungsmythen geführt habe, von denen die der Germanen, als der eigentlichen Führungsrasse der Menschheit, die weitaus aufschlußreichsten und bedeutsamsten seien. Noch herrischer tritt Paul Lamberty in seinem Buch *Die Sage vom Weltreich der Arier* (1937) auf. Hier werden die nordischen »Lichtmenschen«, die »Sonnenanbeter«, die »Asen« als jene Rasse herausgestrichen, in der sich die »kosmischen Lebensfluten« am deutlichsten manifestierten, ja die als einzige Rasse wirklich »schöpferisch« sei und der deshalb die Herrschaft über die gesamte Erde zustehe.[47] Nach den Großreichen der nordischen ZOS-Menschen und der Ger-Asen, die vor Tausenden von Jahren in Atlantis geherrscht hätten, lesen wir bei Lamberty, sei heute Deutschland das »Kernland der Arier« geworden, in dessen Boden sich die »Blutwurzel« der nordischen Rasse neu verankert habe.[48] Und so stehe heute dem »deutschen Asenland« der gleiche Führungsanspruch zu wie dem damaligen Reich von Atlantis. »Wehe wird über alles Otterngezücht kommen«, heißt es darum im folgenden, wenn das »arische Blut« wieder seinen alten »Kampfwillen« zurückgewinnt.[49] Lamberty begrüßt deshalb gegen Ende seines Buches den Aufbruch ins »Dritte Reich« als den Entschluß der Deutschen, wieder ein »Gottesvolk« zu werden und ein neues »PAR-A-DIES«, ein neues »Bauern-Aue-Deutschland« zu schaffen, in dem die nordische Rasse – nach Jahrhunderten einer artfremden Hingabe an Technisches und Zweckinstrumentales – endlich wieder zu ihrem Ursprung, zur angestammten Scholle zurückfinden könne.[50]

Was sich in solchen Schriften – in ihrer ideologisch verqueren Sehnsucht nach naturgemäßen, antizivilisatorischen und damit antikapitalistischen Lebensformen – mit dem Schein des Utopischen oder Religiösen umgab, nahm sich in der nationalsozialistischen Praxis einerseits wesentlich »zahmer«, andererseits wesentlich »grausamer« aus, da es hier nicht nur um Papier, sondern um

34 Foto einer Halligfriesin (1934).

wahre Menschen ging. In diesem Bereich stand weder die Rückkehr zur »nordischen Blutwurzel« noch die Gottnatur der »asischen Sonnensöhne« im Vordergrund, hier dominierten Gesetze und Maßnahmen, die wesentlich lebensnaher waren. Als erste eugenische Verordnung dieser Art wurde am 14. Juli 1933 das Gesetz zur »Verhütung erbkranken Nachwuchses« erlassen,[51] dem sich am 15. September 1935 die berüchtigten »Nürnberger Gesetze« zur Ausmerzung des Judentums aus dem deutschen Volkskörper anschlossen. Parallel dazu verlief eine Kampagne zur Stärkung der nordischen Rasse, deren Schriftenfülle im einzelnen

Herzlichen Dank

für Ihr Interesse an diesem Athenäum-Buch. Gerne informieren wir Sie über unser weiteres Programm. Bitte geben Sie Ihre Wünsche an:

Politik/Zeitgeschichte/ Sozialwissenschaften	4	Geschichte/Kultur-geschichte/Ethnologie	1	Musik/Theater/ Literatur	8
Kunst/ Architektur	8	Theologie/ Judaica	7	Philosophie	6
Psychologie/ Pädagogik	3	Literatur- und Sprachwissenschaft	2	Altertums-wissenschaft	9

Name, Vorname

Straße, PLZ/Ort

Beruf

Datum

(Bitte in Druckbuchstaben schreiben!)

kaum zu überblicken ist. Neben der Forderung nach Ausschaltung der »Erbuntüchtigen« und »Minderwertigen« zeichneten sich dabei auch Tendenzen zur Reinzüchtung einer deutsch-arischen Rasse ab, die über die bestehenden Verhältnisse bereits in eine bessere Zukunft weisen sollten. Als ein besonders instruktives Beispiel solcher rassenzüchterischen Absichten sei auf den offiziellen Sammelband *Rassenhygiene im völkischen Staat* (1934) verwiesen, der von der Frage ausgeht, wie sich »politische Macht« in »biologische Revolution und Reform« umsetzen lasse.[52] Da Frankreich und die USA bereits rassisch völlig verkommen seien, stellt hier Walter Schultze unter Berufung auf Adolf Hitler, Oswald Spengler und Alfred Ploetz, den »Altvater« der Münchner Rassenhygiene, Deutschland als eins der wenigen Länder hin, in denen der Versuch einer arischen Neuzüchtung noch die Chance der gesellschaftlichen Realisierbarkeit habe. Er gebraucht dabei für die Liquidierung der »Erbschädlichen« den Begriff »Ausmerze« und für die Unterstützung der »Erbtüchtigen« den Begriff »Auslese«.[53] Zu den »Erbuntüchtigen« rechnet Schultze etwa ein Drittel der deutschen Bevölkerung, die er durch »Eheverbote« an der Fortpflanzung hindern will.[54] Die »Erbtüchtigen« schreibt er, sollten dagegen im Neuen Reich zu einer wesentlich »stärkeren Fortpflanzung« angeregt werden, um diesen Ausfall wieder auszugleichen, wobei er eine »rassenhygienische Siedlungspolitik« in Richtung »Osten« als besonders empfehlenswert hinstellt.[55] Als weitere Anreize zu einer verstärkten Fortpflanzungstätigkeit wurden in den folgenden Jahren nicht nur die parteiamtlichen Mutterkreuze geschaffen, sondern auch die Kindergelder erhöht, Entbindungsheime für »uneheliche Mütter guten Blutes« eingerichtet und schließlich jene »Lebensborn«-Anstalten gegründet, von denen sich vor allem Heinrich Himmler einen veredelnden Einfluß auf die nordischen Elemente innerhalb des deutschen Volkes versprach.[56]

So viel zu den ersten Rassengesetzen der Nationalsozialisten, aus denen sich später schreckliche Folgerungen ergeben sollten. Auf der Ebene des Mythenschaffenden und Literarischen haben sich die meisten dieser Maßnahmen kaum ausgewirkt. Hier blieb man lieber im Nebelreich der grauen Vorzeit, als sich in das unerbittlich helle Licht der tatsächlichen Verwirklichungen solcher Hirngespinste zu begeben. Und doch sollte man in diesem Be-

35 Titelblatt der Zeitschrift »Kraft durch Freude« (1938).

reich – im Hinblick auf das Utopische solcher Aspekte – wenigstens zwei Dinge nicht übersehen. Da wäre erst einmal die Tendenz ins Matriarchalische, die unter den arischen Rassefanatikern um 1933 manchmal auftaucht.[57] Als Vorbilder dieser Richtung fungierten neben den Schriften von Alfred Schuler und Ludwig

Klages vor allem die 1926 von Alfred Bäumler herausgegebenen und kommentierten Werke Johann Jakob Bachofens. Der erste, der diese Ideen in einem nazistisch-zukunftsgewandten Sinne aufgriff, war Ernst Bergmann in seinem Buch *Erkenntnisgeist und Muttergeist. Eine Soziosophie der Geschlechter* (1932). In ihm wird die männliche Sexualität weitgehend mit Suchtrieb, Schaustellungstrieb und Begattungstrieb, die weibliche mit Empfängniswille, Wahlsinn und Muttergeist gleichgesetzt. Aufgrund dieser urgeschlechtlichen Polarität erblickt Bergmann in der »maskulisierten« Frau der Gegenwart einen »eklatanten Irrweg der modernen Kultur«.[58] Die längst überfällige »biologische Revolution«, schreibt er weiter, müsse vor allem danach trachten, wieder eine richtige »Rollenverteilung« herbeizuführen.[59] Er ereifert sich darum gegen den männlichen Sozialismus und tritt statt dessen für Konzepte wie »Mutterreligion«, »Mutterehe« und »Muttersozialismus« ein.[60] Alle Männer müßten sich in Zukunft, erklärt Bergmann apodiktisch, wieder ihrer »Gottesmutterkindschaft« bewußt werden.[61] Dies sei jedoch nur möglich, wenn die »monogame Dauerehe« abgeschafft werde, die als Institution nicht »zeugerisch« genug sei.[62] Bergmann fordert deshalb in diesem Buch alle deutschbewußten Frauen auf, eine »Frauen- und Mutterpartei« zu gründen, um so der Idee des »Muttersozialismus auf dem Umweg über die Parlamente, der nun einmal heute üblich ist, zum Siege zu verhelfen«.[63] Im »richtig gebauten Staat« der Zukunft, fährt er fort, müsse jedes Weib, »das nicht geboren hat«, als »unehrenhaft« angeprangert werden.[64] Ja, die sogenannten »Mannweiber« von heute, heißt es wörtlich, sollten im erhofften »Dritten Reich« einfach »zwangsweise begattet« werden.[65] Dieser Staat, schließt Bergmann prophetisch, werde sicher ein Staat der »Arthygienik«, das heißt der »strengsten Zuchtwahl« und zugleich der Unfruchtbarmachung aller »schlechten Erbträger« sein. Doch ein solches Wunder könne nur dann erfolgen, wie es heißt, wenn man sich zu einer konsequenten Rückbesinnung auf ein deutschbewußtes Matriarchat entschließen würde.[66]

Nach der Machtübergabe an die Nazis im Januar 1933 traten jedoch solche Konzepte schnell in den Hintergrund. Indem sich dieses Reich als ein regelrechter Staat mit den üblichen Verwaltungs- und Regierungsmechanismen etablierte, ja mit bisher verbal befehdeten Mächten, wie dem Großkapital und den Kirchen,

36 Else Montag: Mutter (1943).

sofort großzügige Bündnisse schloß, gerieten die mutterrechtlich orientierten Arierfanatiker schnell ins ideologische Abseits. Schließlich erfolgten auf staatlichem und rassenhygienischem Gebiet, wenn man von den Maßnahmen gegen die Juden und den sogenannten erbkranken Nachwuchs einmal absieht, kaum irgendwelche tiefgreifenden Veränderungen. Statt das Mythische, Neureligiöse oder Mutterrechtliche zu akzentuieren, blieb es auf diesem Sektor bei höchst konventionellen, das heißt männlichdominierten Konzepten, die weitgehend in Richtung Patriarchalismus, Führerkult, Männerbündelei oder irgendwelche gralshaften Erwähltheitsvorstellungen zielten. Selbst Alfred Bäumler, der bis 1930 den von mutterrechtlichen Schauern ergriffenen Bachofen noch weit über den kritizistisch-psychologisierenden Nietzsche gestellt hatte,[67] vollzog daher nach 1933 eine vielbeachtete Korrektur und bekannte sich immer offener zu einem ausgesprochen »maskulin« und »kriegerisch« gesehenen Nietzsche.[68]

Dennoch wurden auch in den folgenden Jahren gewisse ins Archaische tendierende Konzepte einer matriarchalischen Mütterlichkeit von der NSDAP nicht ganz verworfen, da es den Nationalsozialisten nicht nur um die Aufrechterhaltung der bürgerlichen Konventionalität, sondern auch um eine Indienstnahme des Irrationalen und Mythischen zu ihren Zwecken ging. Und zu dieser Wendung ins Geschichtslos-Nebulöse eignete sich nun einmal der Gedanke einer Rückkehr zum Nächtlichen, Erdhaften, Mütterlichen auf eine besonders eindringliche Weise. Die für den Nationalsozialismus als Gesamtbewegung typischen Widersprüche, ja seine ideologischen Eklektizismen sind daher gerade auf diesem Gebiet besonders eklatant. Einerseits strich die NSDAP auf diesem Sektor vornehmlich das Männliche, Patriarchalische und Führerhafte heraus, andererseits neigte sie zu einer mythischen Verklärung der Frau, die manchmal fast bis an die Grenze des Mutterrechtlichen ging. Doch bei einer Ideologie wie der des Nationalsozialismus, die nicht auf rationaler Analyse, sondern eher auf Glauben, Vorsehung und emotionaler Ergriffenheit beruht, bildete auch das keinen wirklichen Widerspruch.

Neben der geradezu kultischen Verehrung der nordischen Frau im bäuerlichen Bereich, wo sie in der NS-Propaganda immer wieder als kinderreiche Erbhofbäuerin, ja als Erd- und Urmutter erscheint, kommt dieser Matriarchalismus am deutlichsten in jenen parteiamtlichen Schriften zum Ausdruck, die sich mit Fragen der Rassenhygiene und Volksgesundheit befassen. Auf diesem Gebiet wurde der deutschen Frau als ihre größte und heiligste Aufgabe stets die Reinerhaltung des »arischen Blutes« aufgetragen. So schreibt beispielsweise August Mayer, einer der führenden Frauenärzte im Rahmen der rassenhygienischen Bewegung, 1938 in seinem Büchlein *Deutsche Mutter und deutscher Aufstieg*, daß das deutsche Volk in der Weimarer Republik durch niederste Formen der Sexualität, Abtreibung und bewußten Einschränkung der Kinderzahl moralisch bis auf die Ebene des »Bolschewismus« abgesunken sei und sich erst jetzt wieder zu einer positiven Mutterschaftsideologie durchringe. Und zwar zieht Mayer daraus folgenden Schluß:[69]

»Ein Volk ist soviel wert, als seine Frauen bereit sind, wertvolle Mütter zu werden. Darum brauchen wir erhabene *Mütterthrone*, vor denen die Männer in Ehrfurcht stehen. Deutschland muß wieder ein *blühendes Mutter- und Kinderland* sein, dann wird es ein mächtiges Vaterland werden.«

Die Männer könnten noch so viel schaffen, führen und verteidigen, heißt es anschließend, »über Sein und Nichtsein unseres Volkes entscheidet allein die Mutter«.[70]

Als Gesamtutopie taucht die mutterrechtliche Verklärung der Frau lediglich bei Ernst Bergmann auf, der 1933 in seinem Buch *Deutschland, das Bildungsland der neuen Menschheit* die Forderung nach einer völkischen »Frauen- und Mutterpartei« aufgab und sich der NSDAP anschloß. Um Deutschland wieder rassisch höherzuführen und damit zum Führungsland der Erde zu machen, schlägt Bergmann hier drei Maßnahmen vor: »Abriegelung, Ausmerze und Auslese«.[71] Und zwar setzt er bei seiner matriarchalischen »Eugenik« oder »Aristogenik«, die an die Stelle der bisherigen »Kakogenik« (Schlechtestenauslese) treten solle, seine Hoffnung weiterhin auf jene deutschbewußten Frauen, deren arische Urinstinkte noch relativ lebendig seien. Von jeder rassebewußten Frau, schreibt Bergmann hier, müsse man in Zukunft mindestens sechs Kinder erwarten. Und zwar sollten sich diese Frauen ihre Partner, ob nun einen, zwei oder auch sechs verschiedene, selber wählen. Während der Mann, selbst der nordische, beim Umgang mit dem anderen Geschlecht vornehmlich an den unmittelbaren Genuß denke und daher auch um minderwertige Frauen buhle, wähle die nordische Frau, der es weniger um den Geschlechtsgenuß als um die Mutterschaft gehe, wie Bergmann behauptet, ihre Partner nur im Hinblick auf die »hochwertigen Erbeigenschaften dieser Männer« aus.[72] Aufgrund dieser Konzepte entwirft Bergmann schließlich einen »Hundertjahrplan der Nationalhygiene«, der weitgehend auf altgermanisch-matriarchalischen und zugleich neureligiös-ariosophischen Vorstellungen beruht.[73] Die gleichen Ideen tauchen in seinem Buch *Die deutsche Nationalkirche* auf, das ebenfalls 1933 erschien. Ja, hier heißt es sogar noch nachdrücklicher, daß die Deutschen wieder ein germanisches »Muttervolk« werden müßten. Um dies zu erreichen, solle man in Zukunft, wie Bergmann schreibt, »völkische Gotteshäuser« bauen, der Frau ihr ursprüngliches »Mysterienprinzipat« zurückgeben und schließlich – in bäuerlicher Landnahme – ganz Osteuropa »bis zum Jenissei« erobern.[74]

Noch weiter in der Propagierung solcher nordischen Matriarchatsvorstellungen ging lediglich Herman Wirth, der bereits in den frühen zwanziger Jahren Hitler, Heß und Rosenberg für sei-

37 Foto aus »Nationalsozialistische Monatshefte« (1942).

ne höchst spekulativen »Allmutter-Gottes«- und »Urgermanen-Matriarchats«-Theorien zu gewinnen suchte und sein Buch *Was heißt deutsch? Ein urgeistgeschichtlicher Rückblick zur Selbstbesinnung und Selbstbestimmung* (1931), in dem es von Begriffen wie »Mutternacht«, »Mutterschoß« und »Mutterwasser« nur so wimmelt, der »deutschen Frau und Mutter und dem kommenden deutschen Volke« widmete.[75] Wirth wurde aufgrund dieses Arierfanatismus 1933 als Professor nach Berlin berufen, mit der Errichtung eines urgermanischen Freilichtmuseums betraut und als Schützling Himmlers zum ersten Leiter der »Stiftung Ahnenerbe« ernannt. Nach seinen Theorien, die ebenfalls auf Bachofen zurückgehen, sind in germanischer Urzeit die »göttlichen Mütter« oder »Volksmütter«, die man auf sogenannten »Frauenbergen« verehrt habe, die eigentlichen Führerinnen der Völker, Stämme und Sippen gewesen.[76] Erst während der Völkerwanderungszeit hätten die germanischen »Heerkönige« mit ihrem Wotan-Odin-Gott die älteren »Volksmütter« aus ihren führenden Positionen verdrängt, wodurch jene »Männerwelt der Macht und Gewalt und des Unfriedens« entstanden sei, die bis heute andauere.[77] Das Heil der Zukunft versprach sich deshalb auch Wirth, und zwar noch bis weit in die sechziger und siebziger Jahre hinein, allein von einer Rückkehr zur mütterlichen »Urgemeinschaft«.[78]

Die von Bergmann und Wirth mit großem Pathos vorgetragenen Mutterrechtstheorien dürften bei der NSDAP auf wenig Gegenliebe gestoßen sein. Jedenfalls wurden sie von keinem ihrer führenden Vertreter an exponierter Stelle aufgegriffen. Bergmann wandte sich darum nach 1934 als Autor anderen Themen zu. Wirth wurde 1938 nicht nur als Leiter der »Stiftung Ahnenerbe« abgesetzt, sondern überhaupt in seinen Wirkungsmöglichkeiten mehr und mehr eingeschränkt.[79] Was in diesen Jahren in der NS-Frauenschaftspropaganda in den Vordergrund trat, war die altbewährte Verklärung des Weiblichen im Sinne des Sorgenden und Bewahrenden, ohne daß daraus politisch und moralisch irgendwelche »revolutionären« Konsequenzen gezogen wurden. Die Wirklichkeit des Dritten Reichs sah eben auch auf diesem Gebiet ganz anders aus, als sich das manche seiner Wegbereiter geträumt hatten. So arbeiteten im Jahr 1939, und zwar noch vor dem Ausbruch des Zweiten Weltkriegs, bereits 37 Prozent der weiblichen Bevölkerung, also wesentlich mehr Frauen als in der Weimarer Republik, in den verschiedenen Zweigen der Produktion.[80] Ihren sogenannten »Hauptberuf« als Mutter konnten darum über ein Drittel der deutschen Frauen unterm Nationalsozialismus nur als Nebenberuf wahrnehmen. Doch das scheint viele Vertreter der NS-Führungsspitze, die solche Statistiken sicher auch kannten, kaum gestört zu haben. Während manche der älteren Völkischen und auch einige der nazistischen Fanatiker an ihre Weltveränderungsideen wirklich glaubten, genügte es ihnen offenbar, wenn auf diesem Gebiet wenigstens der Schein des Kultischen, Religiösen, Mutterrechtlichen gewahrt blieb. An eine Einlösung solcher Ideen dachten in diesen Schichten scheinbar nur wenige.

Aus diesem Grunde gibt es auch keine utopischen Romane, in denen solche Konzepte ins Positive gewendet werden. Was es auf diesem Gebiet gibt, sind lediglich einige Skurrilitäten, die – genau genommen – eher in den Bereich des Phantastischen als in den des Utopischen gehören. Selbst Manfred Nagl, der größte Kenner dieser Materie, weiß hier kein Beispiel zu nennen.[81] Offenbar war dies ein Bereich, welcher der Partei viel zu heikel erschien, um ihn der romanhaften Trivialisierung auszusetzen. Und so fanden die rassistischen Utopien eines Bergmann oder Schmid, die noch vom »Enthusiasmus« der ersten Stunde zeugen, in der Zeit nach 1933 keine Nachfolger mehr. In diesen Jahren regierte auf diesem Gebiet allein die gesellschaftliche Praxis, während die Phantasie mehr und mehr liquidiert wurde.

Weiterbestehende Formen des Bauern- und Schollemythus

Fast die gleichen Widersprüche – wie im Bereich der nordischen Aufartungsvorstellungen – herrschen auf dem Gebiet der nationalsozialistischen Verbauerungskonzepte. Auch hier steht neben echter Sehnsucht nach einer gesunden ländlichen Lebensweise, die sich wieder im Einklang mit der Natur befindet, eine deutlich imperialistische Tendenz, welche solche Vorstellung lediglich aufgreift, um der auf Expansion bedachten »Ostpolitik« die nötige ideologische Verbrämung zu geben. Inhaltlich lehnten sich die Nationalsozialisten und ihre Sympathisanten hierbei weitgehend an ältere Siedlungskonzepte wie die Bodenreformbewegung Otto Damaschkes, den Sippensiedlungsgedanken Georg Hauersteins, die Mittgart-Idee eines Willibald Hentschel sowie die Aktivitäten der Artamanen und des Jungdeutschen Ordens an, die schon während des Zweiten Kaiserreichs oder der Weimarer Republik für eine entschiedene »Wiederseßhaftmachung« des deutschen Volkes eingetreten waren. Um den Deutschen endlich den erforderlichen »Lebensraum« zu verschaffen, hatten die meisten dieser Gruppen zweierlei vorgeschlagen: erstens eine verstärkte Binnenkolonisation und zweitens, falls diese nicht ausreichen sollte, eine militante Ostkolonisation – möglichst bis zum alten »Gotenlande« auf der Krim, wofür die Alldeutschen schon um die Jahrhundertwende eingetreten waren.[1]

Geradezu paradigmatisch für all jene Bücher, in denen solche Siedlungskonzepte – unter Berufung auf Hitler, Himmler, und Darré – eine deutliche Wendung ins Nationalsozialistische erfuhren, ist das Manifest *Deutsche Siedlung im I., II. und III. Reich* von Edmund Schmid, das Ende 1932 bei Franz Eher Nachf., dem offiziellen Verlag der NSDAP in München, erschien. Schmid gehörte ursprünglich zu den Verfechtern der Binnensiedlung und hatte sich Mitte der zwanziger Jahre den Nationalsozialisten angeschlossen. Um endlich die »volksschädigende« Auswanderung vieler Deutscher nach Übersee zu unterbinden, trat er in dieser Schrift für ein großes, zusammenhängendes und dichtbesiedeltes germanisches Stammesreich auf bäuerlicher Grundlage ein. »Blut und Boden, Bauerntum und Staatsmacht«, heißt es bei ihm, »sind die Träger, auf denen wir unser Reich aufbauen müssen.«[2] Aus diesem Grunde wandte sich Schmid – in Fortführung älterer Vorstellungen – sowohl gegen den Moloch Großstadt als auch gegen den Vampir Kapitalismus, die im Zweiten Reich zu einer verheerenden Landflucht und damit slawischen Unterwanderung der deutschen Ostgebiete geführt hätten. Um diese Entwicklung wieder rückgängig zu machen, schlug er vor, die Masse der Arbeitslosen in den Ostgebieten anzusiedeln und sie in würdige Vertreter des Reichsnährstandes zu verwandeln. Außerdem setzte sich Schmid für die Einführung einer allgemeinen Arbeitsdienstpflicht ein, um so zur »Verbauerung« des gesamten deutschen Volkes beizutragen und Männer mit »harten Fäusten« zu schaffen.[3] Bezeichnenderweise wird bei all diesen Forderungen der bestehende Großgrundbesitz nie in Frage gestellt. Als offizieller NS-Vertreter wollte Schmid nicht sozialisieren, sondern militarisieren, wie er schreibt, was sich nur durch eine konsequente West-Ost-Siedlung und einen verstärkten »Willen zu Kindern« erreichen lasse.[4] Sein Leitbild war hierbei die »Artamanenbewegung«.[5] Schmidts Bauern pflügen deshalb mit Pferden – und nicht mit Traktoren, wie auch seine Bäuerinnen mit ihrem »langen, fraulichen Haar« auf alles Städtische verzichten und vornehmlich für den nötigen »Bevölkerungsüberschuß« sorgen.[6] Was er daher am Schluß fordert, ist vor allem neues Siedelland, um so ein Anwachsen jenes »blonden und blauäugigen Nährstands« zu ermöglichen, der sich seit altersher zugleich als der beste »Wehrstand« ausgezeichnet habe.[7]

38 Erich Erler: Blut und Boden (1942).

Von den Romanen, die mit dem Binnensiedlungsgedanken sympathisierten, seien in diesem Zusammenhang wenigstens drei genannt. Das erste und zugleich anspruchsvollste Buch dieser Gruppe ist der Roman *Robinson kehrt heim. Ein Roman zwischen Gestern und Morgen* (1934) von Hans Heyck, wo es um Harro Wülfing, einen verbitterten Offizier des Ersten Weltkriegs, geht, der sich in der »Systemzeit« mit seiner Frau auf eine unbewohnte Atlantikinsel, sein »Ultima Thule«, zurückzieht, weil ihm der »Schweinekram« in Deutschland »bis an den Hals« steht.[8] Da in der Weimarer Republik die »Juden und Nigger« den Ton angäben, will er die arische Rasse wenigstens auf dieser Insel rein erhalten und möglichst viele blonde Kinder in die Welt setzen. Doch seine Frau stirbt bereits kurz nach der Geburt des ersten Kindes. Als ihn im Winter 1932 auf 1933 zwei alte Frontkameraden, die inzwischen stramme SA-Männer geworden sind, auf seiner Insel besuchen, läßt er sich bereden, wieder ins Reich zurückzukehren. Obwohl ihm das Bonzentum in der NSDAP mißfällt, wird er dennoch Mitglied des Reichsarbeitsdienstes und beteiligt sich in Friesland – im Zuge der neuen Binnenkolonation – an der Eindeichung eines neuen Kooges. Bei diesen Arbeiten trifft er

39 Wolfgang Willrich: Hüterin der Art (1937).

die weizenblonde Friesin Hanna, mit der er später die Hallig Nyland bezieht, nachdem sich herausstellt, daß sich in ihrem Schoße »Deutschlands Zukunft rege«.[9] Ähnlich, wenn auch etwas entspannter wirkt der Roman *Das Welpennest. Ein Buch von Siedlern, Tieren und Kindern,* das Heyck 1943 seinem *Robinson* hinterherschickte. In ihm entscheidet sich ein völkisch gesinnter Intellektueller im »bösen Marxistenstaat« der zwanziger Jahre, auf einem Einödhof Siedler zu werden, wo ihm und seiner Frau –

nach langer kinderloser Zeit – die Vorsehung plötzlich eine Reihe prächtiger Nachkommen beschert. Und auch der Roman *Das Riesenspielzeug* (1935) von Emil Strauss sollte in diesem Zusammenhang erwähnt werden, in dem sich eine Gruppe junger Künstler und Studenten in ländlicher Abgeschlossenheit aus überspannten Lebensreformern zu gesunden, natürlichen Volksgenossen entwickelt, und der Hauptheld – als Bekenntnis zu Blut und Boden – schließlich ein einfaches Bauernmädchen heiratet.

Soviel zu jenen Siedlungsromanen, in denen es vornehmlich um den Prozeß der Reintegrierung ins bäuerliche Leben geht. Sie sind weitgehend unproblematisch, weil individualistisch orientiert. Problematisch wird dieses Genre erst dann, wenn dieser Siedlungsdrang über die deutschen Grenzen hinausstößt und damit der imperialistische Aspekt dieser »Scholle«-Ideologie zum Durchbruch kommt. Noch am harmlosesten sind dabei jene Werke, in denen es vornehmlich um unbewohnte, relativ dünn besiedelte oder durch technische Großleistungen aus dem Nichts geschaffene Landgebiete geht. Im Bereich der Science-fiction-Romane finden sich hierfür die besten Beispiele in den Werken von Hans Dominik. Dafür spricht sein Roman *Land aus Feuer und Wasser* (1939), in dem das deutsche Raumschiff »St 25« mitten im Atlantik eine eben aus dem Meer aufgetauchte Insel entdeckt, die rein aus Magma zu bestehen scheint. Indem ihr Kommandant einen der dortigen Vulkane zu weiteren Lavaausbrüchen anreizt, verhundertfacht er schließlich die Größe dieser Insel, so daß am Schluß Scharen deutscher »Erbhofbauern« fünf Millionen Hektar fruchtbarsten Bodens für die deutsche Kolonisation urbar machen können.[10] Ebenso massiv ist diese Bauernverkultung in Dominiks Roman *Befehl aus dem Dunkel* (1933), wo es dem deutschen Ingenieur Astenryk gelingt, die nach Australien eingedrungenen Japaner durch eine »elektrische Verstärkung seines Gehirns« telepathisch in Schach zu halten und schließlich zu vertreiben.[11] Um in Zukunft gegen weitere Einfälle asiatischer »Horden« gewappnet zu sein, werden anschließend »Millionen weißer Siedler« nach Australien eingeschleust. Obwohl es eigentlich die geniale Erfindung eines einzigen Ingenieurs war, welche die Gelben zum Rückzug gezwungen hat, sollen dieses Geschäft – um der »Scholle«-Ideologie Genüge zu leisten – in Zukunft die »kräftigen Bauernfäuste« der deutschen Siedler übernehmen.[12]

Die gleiche Widersprüchlichkeit herrscht in den Heftserien *Sun Koh, der Erbe von Atlantis* (150 Hefte, 1933–1939) und *Jan Mayen* (120 Hefte, 1935–1939) von Paul Alfred Müller, der sich als Autor »Lok Myler« nannte. Auch ihre Helden sind nur deshalb mit »ungeheuren technischen Machtmitteln« ausgestattet, um dem »deutschen Volk und der weißen Rasse« durch die Hebung von Atlantis bzw. die Urbarmachung von Grönland (»Thule«) einen »neuen bäuerlichen Siedlungsraum« zu verschaffen.[13] Es ist daher nicht das Technische, das in beiden Serien das letzte Wort behält, sondern das Weibhafte und Schollebezogene. »Die Frau und die Erde«, heißt es in *Sun Koh*, als die erste deutsche Frau den Boden des neuen Atlantis betritt, »ihr beide seid gleich mütterlich und tragt die Zukunft in euch.«[14] Aus diesem Grunde sind die hier geschaffenen Staaten keine Idealreiche, sondern eher Länder mit harten, aber gesunden Lebensbedingungen, aus denen eine starke Rasse hervorgehen soll. Dafür spricht etwa folgende Äußerung:[15]

»Jan Mayen hütete sich davor, eine lebensfremde Utopie auf Thule verwirklichen zu wollen. So wenig er die Menschen auf Thule den übersteigerten Bedingungen der Zivilisation aussetzte, so sorgfältig vermied er, die natürlichen Tugenden und Strebungen durch übertriebene Großmut und gefühlsmäßige Gesetzgebung zu verderben. Er schuf keinen Idealstaat mit himmelblauen Grundsätzen, sondern erzwang eine Lebensgemeinschaft, in der jeder als tätiges Glied stand [und] sich den Lebensgesetzen und gemeinsamen Grundlagen unterzuordnen hatte. [...] Eine Gemeinschaft gesunder, tüchtiger und anständiger Menschen ist leichter zu führen als eine Volksmischung mit den üblichen Prozentsätzen Lebensschwacher, Verbrecher und Asozialer.«

Wohl ihre schärfste Form erhielten diese nationalsozialistischen Siedlungskonzepte in all jenen Manifesten und Schriften, die sich seit 1933 zum »Akt der germanischen Landnahme«, das heißt zu einer kriegerischen Ostkolonisation bekannten. Zur ideologischen Rechtfertigung solcher Absichten stützte man sich meist auf folgende Legitimationsstrategien: zum einen auf die These, daß einige germanische Stämme schon vor fast 2000 Jahren in Südpolen, der Ukraine und der Krim als Bauern ansässig gewesen seien, zum anderen auf die These, daß bereits die deutschen Ordensritter einen ersten Vorstoß zur Wiedergewinnung dieses verlorengegangenen altgermanischen Bauernlandes unternommen hätten. Zur

Unterstützung der ersten These stellte etwa Carl Wührer 1938 unter dem Titel *Germanisches Bauerntum auf der Krim* die sogenannten Völkerwanderungsgermanen keineswegs als bloße Abenteurer, sondern in erster Linie als landsuchende Bauern hin, von denen die »Krimgoten« ihre Sprache und ihre Lebensgewohnheiten bis ins 13. Jahrhundert hinein bewahrt hätten.[16] Die zweite These vertrat unter anderem Kurt Freytag in seinem Buch *Raum deutscher Zukunft – Grenzstaat im Osten* (1933), in dem die deutschen Ordensritter – wie die späteren »Baltikumer« – als bedeutsame Vorläufer des Nationalsozialismus hochgelobt werden.[17] Am häufigsten tauchten solche Thesen innerhalb der SS-Propaganda dieser Jahre auf, welche in diesem Punkte die früheren Artamanen-Vorstellungen radikalisierte und die Besiedlung des Ostraums mit deutschen Bauern zum obersten Ziel des neuen Reiches erhob. In diesem Umkreis wurde daher ständig gegen den »Asphaltintellektualismus«, den »kapitalistisch-jüdischen Liberalismus« und den »schleichenden Volkstod« in den großen Städten gewettert und eine »Eroberung neuer Siedelgebiete«, eine »Stärkung des Erbhofsgedankens« und damit eine »Wiederverwurzelung in der Scholle« gefordert.[18]

Da manche dieser Konzepte eine deutlich antikapitalistische Tendenz enthielten, boten gerade sie den Schwärmern und Utopikern unter den Nationalsozialisten, so paradox das auf den ersten Blick wirkt, gern aufgegriffene Ansatzpunkte zu einem auf dem Prinzip der sozialistischen Genossenschaft beruhenden Volksbegriff. Von besonderer Wichtigkeit war hierbei jener Kreis, der sich ab 1933 um die »Monatsschrift für Blut und Boden« *Odal* scharte, die in der »Reichsbauernstadt« Goslar herauskam und sich auf die zum Teil schon in den zwanziger Jahren von Himmler und Darré entwickelten Ideen einer konsequenten »Verbauerung« des deutschen Volks stützte. In scharfer Frontstellung gegen jedes »römische«, das heißt städtische, materialistische, kapitalistisch-liberale Rechtsdenken, durch das selbst Grund und Boden zu beliebig zu veräußerlichenden »Waren« geworden seien, wie Ferdinand Oppenberg 1937 unter dem Titel *Jugend und Bauerntum* in *Odal* erklärte,[19] forderten diese Gruppen eine Rückkehr zum germanischen »Odalrecht«, das Grund und Boden als unveräußerlichen »Besitz der Gemeinschaft eines Volks« betrachtet, wodurch sie häufig bei spezifisch genossenschaftlichen Vor-

40 Wolfgang Willrich: Altbauer aus dem Ries (1937).

stellungen landeten. Und zwar stützten sich diese Schollefanatiker hierbei nicht nur auf den von der NSDAP allgemein propagierten Slogan »Gemeinnutz geht vor Eigennutz«, sondern boten geradezu alles auf, um dem germanischen Odal-Konzept durch Metaphern wie »ewiger Acker« oder »heiliger Boden« einen geradezu mystischen Beiklang zu geben, ja führten dieses Konzept zum Teil bis auf die Vorstellung eines vom göttlichen »Allvater« ausgegebenen »Sonnenlehens« zurück, um damit wieder an urältestes germanisches Brauchtum anzuknüpfen.[20]

Doch nicht nur die Zeitschrift *Odal*, auch eine Reihe manifestartiger Buchpublikationen wie *Die germanische Odal- und Allodverfassung* (1934) von Hermann Gauch, *Odal. Das Lebensgesetz eines ewigen Deutschland* (1935) von Johann von Leers sowie *Rassenpflege im germanischen Freibauerntum* (1942) von Kurt

Holler stellten sich in den Dienst dieser immer wieder ans Utopische grenzenden Richtung. Um der »materialistischen« Weltanschauung der herrschenden Großstadtbevölkerung endlich den Garaus zu machen, wird in diesen Schriften ständig ein »germanisch-deutsches Gemeinrecht« gefordert, das auf Vorstellungen wie »Mark, Allmende oder Allod« beruht und zu einer wahren »Volksgemeinschaft«, wenn nicht gar »Volksgenossenschaft« zurückführen soll.[21] Allerdings verwahrten sich die Autoren solcher Bücher stets davor, hiermit ein spezifisch »sozialistisches« Denken befördern zu wollen. Während sich die Bolschewisten bei ihren Nationalisierungsvorstellungen vor allem auf das von den Juden angeführte Proletariat der großen Städte stützten, um so eine allesverwischende, »bastardisierte« Weltzivilisation heraufzuführen, gehe es ihnen bei solchen Nationalisierungsvorstellungen, wie sie schrieben, im Gegenteil darum, durch eine entschiedene Rückwendung zur angestammten Scholle den immer stärker werdenden Tendenzen ins Weltzivilisatorische ein für allemal einen Riegel vorzuschieben.

Doch mit diesen »Zurück zur Scholle«-Konzepten wurden nicht nur verschwommene Odal-Schwärmereien, sondern auch eine Reihe geradezu rousseauistisch wirkender Reaktionen gegen die negativen Auswirkungen der technischen Zivilisation schlechthin ausgelöst und damit Tendenzen befördert, die auf eine viel allgemeinere Rückkehr zu »heileren«, das heißt eher der Natur entsprechenden Lebenshaltungen hinzielten. Und zwar lassen sich in diesem Bereich vier Richtungen unterscheiden, die sich bei ihrer Verwerfung der technischen Zivilisation zum Teil an wesentlich ältere und damit vornazistische Vorstellungen anlehnten: eine apokalyptische, eine warnutopische, eine zyklisch-orientierte und eine durch außerweltliche Katastrophen ausgelöste. Diese vier utopisch-dystopischen Anschauungen seien im folgenden wenigstens mit je einem Beispiel vorgestellt.

Eindeutig apokalyptische Züge hat der Roman *Tuzub 37. Der Mythos von der grauen Menschheit oder von der Zahl 1* (1935) von Paul Gurk, in dem sich die Vertreter der technischen Zivilisation, die »grauen Metaller«, wie sie hier heißen, erst über die gesamte Erde ausbreiten, alles menschenwürdige, das heißt »naturverbundene« Leben zerstören und sich schließlich am Schluß in gräßlichen Machtkämpfen wechselseitig ausrotten. Was demnach übrigbleibt, ist lediglich eine völlig verwüstete Erdoberfläche, die sich erst nach Jahrhunderten wieder allmählich erholen wird. Eher warnutopische Züge hat dagegen der Roman *Der Flug in die Zukunft* (1937) von Hans Fuschlberger, wo es sich um die Darstellung eines technisch-perfektionierten Weltstaates, des Reiches »Tanto«, handelt, das in seiner konsequenten Durchrationalisierung aller Lebensbereiche an Aldous Huxleys *Brave New World* (1932) erinnert. In diesem Bereich ist alles Natürliche verschwunden, ja selbst der Zeugungsakt durch eine mechanische Reproduktion ersetzt worden. Und alle fügen sich in dieses System. Nur der Dichter Atigoro, der die Nummer NEY 27532 trägt, empört sich gegen diese »Unnatur«, den niedrigen »Materialismus« und die »kommunistische Gesellschaftsauffassung«, die in diesem Reiche herrschen, und bekennt sich wieder zu Idealen wie »Liebe«, »Leidenschaft«, will wieder »Wettstreit«, will wieder »Ehre und Kraft«, will wieder zum Prinzip des »Völkischen« zurückkehren, statt weiterhin in gleichbleibender Glückseligkeit bewußtlos vor sich hinzudämmern – und findet schließlich genug Menschen, die ihm auf diesem Wege folgen.[22]

Für die zyklische Anschauung der menschlichen Entwicklungsgeschichte, die jeweils mit einer starken Bauernbevölkerung beginnt, dann durch Überzivilisierung der »Verweichlichung« verfällt und erst im Rückzug auf die harten, natürlichen Lebensbedingungen des Landlebens wieder zu ihrem ursprünglichen »Wesen« zurückfindet, ist wohl Hermann Harders *Die versunkene Stadt. Ein Roman aus der kommenden Urzeit* (1932) besonders repräsentativ. Hier wird dargestellt, wie die weiße Rasse ihre angestammte Scholle aufgibt, das wertvolle Land »versteppen« läßt und sich in den großen Städten eine technische Überzivilisation schafft, die sie zwar zu Herren der Erde macht, jedoch im Laufe der Zeit innerlich so aushöhlt, daß es schließlich für die Gelben und Schwarzen ein Leichtes ist, sich ihrer bisher gefürchteten »Meister« in einer großangelegten Revolte zu entledigen. Dementsprechend heißt es an einer Stelle:[23]

»Als es noch Wälder gab und kornreiche Äcker in der Heimat des weißen Mannes, lagen stille kleine Städte lächelnd unter ihnen. Jetzt aber standen ihre Häuser verlassen, und in den Straßen wuchs das Gras. Die großen Städte hatten alle Menschen in sich aufgesogen. Sie schlürften das Mark des Landes und verwarfen die leere Schale. Sie waren aufgetrieben wie das Unkraut der Steppe zur Zeit des Frühlings in geilem Wachstum.

Alles, was Menschen erträumt und in hungrigen Büchern geweissagt seit Jahrtausenden, nun wurde es wahr. Lust hieß das Leben der großen Stadt. Und doch die Menge der weißen Menschen schmolz rasch und rascher dahin, nahm ab wie die Flut der Steppenströme im Sommer. Die weißen Weiber hatten keine Kinder mehr, aber die gelben und schwarzen gebaren unerschöpflichen Schoßes.

Gewaltig lag die Hand des weißen Mannes über dem Erdball. Aber die Hand war schlaff und zitterte. Als die Stunde gekommen war, taten sich der gelbe und der schwarze Mann zusammen und hackten sie ab. Sie stürmten die Burgen des weißen Mannes in ihren Landen und töteten alle Fremdlinge. Sie hielten die Schiffe an, die Nahrung bringen sollten nach den großen weißen Städten des Nordens.

Die großen Städte waren das Hirn der Welt. Das Hirn braucht einen Leib, soll es leben. Es braucht das nährende Blut des Herzens. Der gelbe und der schwarze Mann hatten den Aderstrang durchschnitten, der Blut und Nahrung ins Hirn schwemmte. Das Hirn war blutlos, das Hirn mußte sterben. Es hatte keinen Leib mehr. Das nährende Land war Steppe.

Hunger würgte die große Stadt mit stählerner Kralle. Die Sonne ging auf und unter über dem schrillem Schrei der Hungernden. Der Mond nahm ab und zu. Dann war alles vorüber.«

Daraufhin ziehen sich die Reste der weißen Rasse in den »rauhen« Norden zurück, wo sie erst als Jäger leben, bis sie erneut von der Scholle Besitz ergreifen und Bauern werden. Und so entstehen aus versprengten Einzelnen wieder Sippen, aus Sippen wieder Stämme, aus Stämmen wieder Völker. Einer dieser Stämme sind die »Asenen«, in deren Mitte der geniale Iwo groß wird, der unter den Trümmern einer »versunkenen Stadt« das Eisen neu entdeckt und damit aus einem Bauern zum Krieger wird – womit der Kreislauf von der »Scholle« zur »Zivilisation« von vorn beginnt.

Was hier als Zyklus, als »ewige Wiederkehr des Immergleichen« erscheint, wird in dem Roman *Gloria über der Welt* (1937) von Wilfried Bade, dem Autor von Büchern wie *SA erobert Berlin, Trommlerbub unterm Hakenkreuz, Der Weg des Dritten Reiches* und *Goebbels. Eine Biographie*, durch eine interplanetarische Katastrophe ausgelöst, die in den Bereich der Hörbigerschen Welteistheorien gehört. Bades Handlung beginnt damit, daß ein »Irrstern«, von den Astronomen »Gloria« genannt, wie ein riesiger Feuerball durch unser Planetensystem rast, der Erde gefährlich nahe kommt und schließlich in die Sonne stürzt. Nach diesem Sturz geht von der Sonne eine Strahlung aus, die alles Eisen vernichtet und somit der technischen Zivilisation auf Erden ein schlagartiges Ende bereitet. Eine deutsche Ingenieursgruppe, die in weiser Voraussicht der Dinge einige der nötigsten Werkzeuge in einem Tunnel versteckt hatte, schließt sich nach dieser »furchtbarsten Katastrophe, die die Erde seit Jahrtausenden heimgesucht« hat, in einem entlegenen Bergtal zu einer zum Letzten entschlossenen Kampfgemeinschaft zusammen.[24] Sie weiß, daß jetzt ein rücksichtsloser »Kampf ums nackte Leben« beginnt, den nur die Härtesten der Harten überleben werden. Ihr »Führer« erklärt dementsprechend:[25]

»Wir müssen dieses Tal verteidigen gegen jedermann. Wir müssen es, so hart uns das auch ankommen mag, notfalls mit der Waffe in der Hand verteidigen. Wir werden niemanden mutwillig töten. Aber wenn man uns den Kampf aufzwingt, den Kampf ums Dasein unserer Gemeinschaft, dann werden wir kämpfen.«

Als daraufhin eine der herumstreunenden Räuberbanden, die von einem »Schwarzen« angeführt wird, in ihr Tal einzubrechen versucht, machen die zu Neubauern gewordenen Deutschen – wie im *Wehrwolf* von Hermann Löns – mit dieser »Rotte« kurzen Prozeß.[26] Danach werden sie von solchen Horden nicht weiter behelligt und gründen in ihrem Bergtal eine Bauernkommune, in der alles »Gemeinbesitz« ist und alle »für die Gesamtheit arbeiten«.[27] Der Stern »Gloria« hat sie vom Wahn der Technik erlöst, wie es heißt, indem er ihnen gezeigt hat, daß die »Welt aus Eisen« eine falsche, künstliche, nichtauthentische war.[28] Froh, daß alles Zivilisatorische von ihnen abfällt, verwachsen diese Neubauern darauf wieder mit der »Scholle« als dem eigentlichen Urgrund des Lebens. Und je mehr sie das einsehen, desto stärker wird das Zusammengehörigkeitsgefühl unter ihnen. Statt nur ihr eigenes Ich im Auge zu haben, ist jetzt jeder für jeden da. »Es war wieder ein gemeinsamer Wille in ihnen«, heißt es ausdrücklich.[29] Demzufolge sagt der junge Anthanmarten am Schluß zu dem von allen verehrten Erlinspiel:[30]

»Wir wollen alles neu machen. Von Anfang an. Und Sie werden uns führen!«

41 Ferdinand Staeger: Wir sind die Werksoldaten (1938).

Und dieser verspricht den um ihn Versammelten, die sich wieder dem Segen der Erde zuwenden, mit fester Stimme:[31]

»Was wir schaffen, muß echt sein.«

Die Botschaft hört man wohl, allein was ist an solchen Konzepten eigentlich spezifisch »nationalsozialistisch«? War es wirklich das ideologische Endziel der NSDAP, eine Welt ohne Maschinen, eine Welt ohne Zivilisation, eine Welt der härtesten bäuerlichen Lebensbedingungen zu schaffen, die wieder ganz im Zeichen einer mythisierten »Scholle«-Existenz steht? Oder war auch dieses utopische Leitziel nur eine ideologische Schimäre, welche die alten Völkischen noch immer mit der Inbrunst ihres Willens zu echter Gemeinschaftlichkeit beschworen, während sie Opportunisten oder Parteigängern wie Bade einfach nachplapperten, ohne sich groß Gedanken über die Realisierbarkeit solcher Projekte zu machen?

So gesehen, mündet auch dieser Strang der NS-Ideologie in die gleiche Aporie wie die in diesen Jahren so lauthals verkündete Rassenlehre. Beide wurden von den Nationalsozialisten, jedenfalls da, wo sie sich zu einer imperialistischen Stimmungsmache einsetzen ließen, im Sinne ihrer älteren Blut-und-Boden-Theorien weiterhin lebhaft gefördert. Ja, manche der führenden NS-Vertreter, wie etwa Himmler, glaubten wirklich an solche Schimären. Doch die Mehrheit innerhalb der Parteispitze wußte schon in den Jahren um 1933 nur allzu genau, daß sich das neue Reich nicht allein mit ins Archaische tendierenden Leitkonzepten wie Rassenkult und Schollebewußtsein aufbauen und militärisch erweitern ließ, sondern daß dazu auch die auf dem Papier oft verdammte Anlage einer gewaltigen Rüstungsindustrie, das heißt der Bau von Stukas und Panzern, wenn nicht gar irgendwelcher technischer Wunderwaffen gehören würde. Aus diesem Grunde sah die NSDAP ruhig zu, wie immer mehr »nordische« Frauen berufstätig wurden, statt lediglich ihre mütterlichen Instinkte zu entwickeln. Und sie sah ebenfalls ruhig zu, wie zwischen 1933 und 1938 etwa ein Viertel aller männlichen Arbeitskräfte die ländlichen Gebiete verließen und in die Industriestädte zogen, wie sich statistisch nachweisen läßt.[32] Doch offiziell war davon wenig zu hören oder zu sehen. Was in der NS-Kunst oder NS-Propaganda in diesen Jahren in den Vordergrund gerückt wurde, waren immer wieder die weizenblonden Siedlerehepaare mit ihrer großen Kinderschar, während die Industriearbeiter und -arbeiterinnen, denen die Nationalsozialisten ihren tatsächlichen Aufstieg und ihre militärische Aufrüstung verdankten, höchst selten oder nie ins Blickfeld der Öffentlichkeit gerieten.

Und so müssen die Leser solcher utopischen Romane schon damals etwas verwirrt gewesen sein: war es nun das siedlungsstolze Bauerntum oder war es die Technik, auf welche die NSDAP ihre Hoffnung setzte? Oder war das eine nur ein Vorwand für das andere? Was wollte der Nationalsozialismus eigentlich: die Rückkehr zur Scholle oder die Schaffung technischer Wunderwaffen? Und wenn er beides wollte, wie ließ sich das propagandistisch vermitteln?

Die Rolle der »Schönheit« in Kunst und Alltag des Dritten Reichs

Ein weiterer Ideologiebereich, in dem es nach 1933 immer wieder zu Übersteigerungen ins Utopische kam, war das Feld des Ästhetischen. Auf diesem Gebiet erwartet man überhaupt die reinsten Manifestationen einer wahrhaft »völkischen« Gesinnung, welche die brutalen und imperialistischen Tendenzen, die im Umkreis der Rasse- und Bauernkonzepte so häufig durchbrechen, ins Humanere transzendiert. Schließlich ist die Kunst schon immer, selbst die Kunst betont autoritärer Staatsgebilde wie des altägyptischen oder römischen Reichs, eins der wenigen Ausdrucksmittel eines Überschusses ins Edlere, Schönere, Erhabenere gewesen. Aufgrund solcher durch die Geschichte gestützten Prämissen erhofft man also wenigstens in diesem Bereich etwas zu finden, was sich in seinem auf das Volksganze bezogenen Charakter irgendwelchen hehren Aufgaben, Tugenden oder Wertvorstellungen verpflichtet fühlt, die über das bloß Kraftmeierische, Chauvinistische, Kämpferische, Eroberungssüchtige hinausgehen. Wenn schon nicht auf anderen Gebieten, könnte man annehmen, so müßte es doch wenigstens auf diesem Sektor nicht allein um eine Selbstlegitimation von Herrschaft, sondern zugleich um eine Demonstration jener höheren Werte gehen, um die es sich wirklich zu streiten lohnt.

Manches an der Nazi-Kunst, die von breiten Schichten der Bevölkerung – nach der Polarisierung der älteren Kunst in elitär-modernistische und trivialisiert-kommerzielle Kunstformen – als eine Wendung ins Klassisch-Schöne oder im besten Sinne Realistische begrüßt wurde und daher eine lebhafte Zustimmung fand, tendierte durchaus in diese Richtung. Hier wurde der Mehrheit der Deutschen endlich wieder eine Kunst offeriert, die ihnen »Positives« bot, die ihre Sehnsucht nach Schönheit stillte, bei der sie sich erhoben fühlten, was ihr die moderne Kunst zwischen 1910 und 1933, die in vielem ein Spiegelbild des Fragmentierten, Häßlichen, Entfremdeten bildet,[1] nicht geboten hatte. So gesehen, erfüllte die Nazi-Kunst eine weitverbreitete Sehnsucht nach Höherem und Schönerem, aber sie erfüllte sie falsch, indem sie diese

Sehnsucht entweder offiziellerweise ins Funktionale instrumentalisierte oder sie da, wo wirklich ein utopischer Überschuß an völkisch-sozialistischer Gesinnung durchzubrechen versuchte, sofort unterdrückte.

Und so wird auch die ästhetische Produktion der Zeit nach 1933, die sich in ihren parteigenehmen Ausdrucksformen einer großen staatlichen Unterstützung erfreute, von der gleichen Ambivalenz bestimmt wie alle anderen Ausdrucksformen dieser Jahre. Auch sie gehört in eine nur schwer auf den Begriff zu bringende Zwischenzone von Gläubigkeit und Strategie, Idealismus und Verbrämung, klassischer Formgebung und inhumaner Inhalte, indem sie das bereits im Historismus des 19. Jahrhunderts weitgehend verfälschte klassisch-humanistische Formenarsenal noch weiter ins Kraftmeierische, Protzige, Imperiale depravierte. Was in der Mitte des 18. Jahrhunderts, als sich dieser Klassizismus noch als Ausdrucksmittel eines im menschheitlichen Sinne revolutionären Zeitgeistes verstanden hatte, von Winckelmann und seinen Zeitgenossen einmal als Ausdruck »edler Einfalt und stiller Größe« konzipiert worden war, nimmt daher unterm Nationalsozialismus immer stärker Formen einer Verkultung menschlicher »Größe« an, deren ursprünglich noble Intention, die bereits in der wilhelminischen Kunst stark in den Hintergrund getreten war, zusehends einem Chauvinismus weicht, der überhaupt keine humanistisch zu rechtfertigenden Intentionen mehr aufweist. Und zwar läßt sich dieser Entwicklungsprozeß auf allen Gebieten der nationalsozialistischen Kunstproduktion, vom Großen bis zum Kleinsten, das heißt von der Städteplanung, Architektur, Feiergestaltung und Innenausstattung bis hin zu Plastik, Malerei und Grafik nachweisen.

Beginnen wir mit den Bereichen Städteplanung, Architektur, Feiergestaltung und Innenausstattung, die in allen ins Repräsentative, Nationale oder Gesamtkulturelle tendierenden Epochen stets von zentraler Bedeutung sind. Auf diesem Gebiet, das Hitler und einigen seiner Unterführer besonders nah am Herzen lag, da sie sich von einer theatralischen Inszenierung ihrer Politik einen der wichtigsten Garanten für den Erfolg ihrer Bestrebungen versprachen, ist von einem im völkischen Sinne utopischen Geist reichlich wenig zu spüren. Hier ging es den Nazis in erster Linie darum, einen »imperialen« Eindruck zu erwecken, der die Massen

42 Hermann Giesler: Entwurf für die »Hohe Schule« am Chiemsee (1939).

erheben und zugleich in ihren Bann schlagen sollte. Positiv, wenn auch nicht utopisch ist daher an ihren Städteplanungen allein jener »große Zugriff«, ohne den nun einmal Planungen dieser Art nicht durchzuführen sind. Während unter den privatwirtschaftlichen Voraussetzungen des Kapitalismus jede »kunstgerechte« Neustrukturierung der bestehenden Großstädte notwendig an den ökonomischen Bedingungen der Bodenspekulation, der Reklame, des modischen Neuigkeitsprinzips usw. scheitern muß, war es den Nazis aufgrund ihrer politischen Autorität durchaus möglich, sich über diese Verhältnisse hinwegzusetzen und bei ihren Städteplanungen, wenn auch unter imperialen Gesichtspunkten, durch große architektonische Zentralperspektiven wieder eine gewisse Ordnung in das bestehende Chaos zu bringen und damit architektonische Ensemblewirkungen zu begünstigen, die auch höchsten ästhetischen Ansprüchen genügen würden.

43 Albert Speer: Luitpoldhalle (1935). Nürnberg, Reichsparteitaggelände.

Die besten Beispiele dafür liefern die Pläne zum Umbau jener Städte, die Hitler, neben bloßen »Gauhauptstädten«, als die zentralen »Führerstädte« des neuen Reichs empfand.[2] Und das waren vor allem Berlin, München, Nürnberg, Hamburg und Linz, die – nach dem Vorbild imperialer Städte wie Rom und Paris – durch die Anlage großer Achsenstraßen, den Bau von Foren und die Aufstellung gewaltiger Triumphbögen schon rein äußerlich nicht nur wie Denkmäler »deutscher Kunst und Kultur«, sondern zugleich wie »machtpolitische Zentralen« wirken sollten, wie Hitler am 27. November 1937 bei der Grundsteinlegung des Gebäudes der Wehrtechnischen Fakultät in Berlin erklärte.[3] Den Architekten solcher Bauten wurde daher empfohlen, sich in Zukunft, wie es in den einschlägigen Verlautbarungen hieß, stets an ins Imperiale erhobenen klassischen Vorbildern orientieren, um so das Politisch-Werthafte ganz eng mit dem Ästhetisch-Werthaften zu verbinden. Obwohl also in weiten Bereichen der nationalsozialistischen Ideologiekonglomerate eine deutlich antistädtische Tendenz dominiert, ja die großen Städte ausdrücklich für den »schleichenden Volkstod« und damit »rassischen Niedergang« des deutschen Volkes im 19. und frühen 20. Jahrhundert verantwortlich gemacht wurden, gab es in allen Phasen des Dritten Reichs zugleich eine deutliche Tendenz ins Architektonisch-Monumentale, die zu ihrer Verwirklichung gerade dieser an anderen Stellen so scharf verurteilten großen Städte bedurfte.

Vor allem für Berlin sahen Hitler und Albert Speer, der ihm bei diesen Planungen am stärksten zur Hand ging, eine radikale Neuplanung großer Teile der Innenstadt vor. Hier ließ Hitler nicht nur eine neue Reichskanzlei bauen und ein weiträumiges Olympiagelände anlegen, sondern faßte zugleich zwei neue Hauptstraßen, eine Ost-West-Achse und eine Nord-Süd-Achse, die beide über 100 Meter breit sein sollten, ins Auge. Außerdem regte er Pläne zu einem neuen Zentralbahnhof, einem gewaltigen Triumphbogen und einer hyperdimensionalen »Großen Halle« an, neben denen die Bauten der friderizianischen und Wilhelminischen Ära geradezu zwergenhaft wirken sollten. Auf diese Weise wollte Hitler diese Stadt endlich in die Hauptstadt einer wahren Weltmacht umgestalten, in der man ständig vom Gefühl des ehr-

44 Albert Speer: Modell der »Großen Halle« für Berlin, daneben maßstabgerechte Modelle des Reichstags und des Brandenburger Tors (um 1938).

fürchtigen Staunens überwältigt wird. Nach Vollendung all dieser Bauten im Jahr 1950 sollte Berlin, als imperiales Zentrum eines neuen »Germanischen Reichs deutscher Nation«, den Namen »Germania« erhalten und etwa zehn Millionen Einwohner haben.[4] Für München war nach dem Umbau des Königlichen Platzes mit den sogenannten Führerbauten und der Errichtung des »Hauses der Deutschen Kunst« ein ähnliches Hauptachsensystem geplant, um dieser Stadt den Charakter einer wahren »Hauptstadt der Bewegung« zu geben. Nürnberg sollte neben den Bauten des Reichsparteitagsgeländes ein deutsches Stadion, ein monumentales Gefallenendenkmal und eine parteieigene Kongreßhalle erhalten. Für Hamburg waren neben einer großen Elbhochbrücke drei große Kreishäuser und eine wesentlich eindrucksvollere Elbufergestaltung vorgesehen. Ebenso große Pläne hegte Hitler im Hinblick auf Linz, das eine Technische Hochschule, eine Nibelungenbrücke, ein Europäisches Kulturzentrum und eine neue Donauuferbebauung bekommen sollte.

Nicht minder monumental wirken all jene Bauten, die Albert Speer, Paul Ludwig Troost, Hermann Giesler, Wilhelm Kreis, Ernst Sagebiel, Robert Tischler, Clemens Klotz und Werner March in Form von Ordensburgen, Parteihochschulen, Ministerien, Freilichtbühnen, Heldengedenkstätten, Weltausstellungspavillons usw. entwarfen und zum Teil auch ausführten.[5] In dieser Art von Architektur herrschen durchgehend die gleichen Pfeilerreihen, steilaufragenden Türme, Pylonen, Riesenkuppeln, Hakenkreuzmäander und Fahnenreihen vor, die wie kaum verhüllte Zitate antiker Monumentalbauten wirken und doch durch ihre quadernhaft-ungefüge Art eher an Assyrisch-Ägyptisches oder Römisch-Spätantikes, also »Cäsarisches«, als an Klassisch-Griechisches erinnern. Etwas überzeugender sehen in diesem Umkreis nur jene HJ-Heime, Jugendherbergen, Bauernschulen, Landratsämter, Rathäuser und Siedlungskolonien aus, die schon wegen ihrer wesentlich bescheideneren Ausmaße auf das penetrante Pathos der nationalsozialistischen Großbauten verzichten und ihre relativ »sachliche« Grundstruktur lediglich mit kunsthandwerklich gefertigten Ornamenten verbrämen.

Die gleiche Schlichtheit zeichnet all jene Entwürfe aus, die auf das 1933 gegründete Reichsamt »Schönheit der Arbeit« zurückgehen, das wie die NS-Gemeinschaft »Kraft durch Freude« der

45 Feierraum eines vom Amt »Schönheit der Arbeit« gestalteten Gemeinschaftshauses (1938).

Deutschen Arbeitsfront unterstellt war. Auf ihnen liegt noch am ehesten ein gewisser utopischer Schimmer, da sich dieses Amt nicht nur eine sachgebundene, zweckentsprechende oder hygienische Verbesserung der bisherigen Büro- und Fabrikanlagen zur Aufgabe setzte, sondern durch die Errichtung von Gemeinschaftsräumen, Sportanlagen, Kindertagesstätten, Kameradschaftshäusern usw. in den einzelnen Betrieben zugleich den Geist des völkischen Miteinanders verstärken wollte.[6] Doch auch in solchen Entwürfen äußert sich die gleiche ideologische Ambivalenz, die allen Konzepten der NSDAP zugrunde liegt, welche »national« *und* »sozialistisch« sein wollten. So lesen wir etwa in einer Publikation dieser Organisation aus dem Jahr 1938, daß sich das Reichsamt »Schönheit der Arbeit« einerseits bemühe, den früheren »Klassenhaß« zu beseitigen, das heißt der »jüdisch-bolschewistischen Ideologie« den Todesstoß zu versetzen, jedoch andererseits dazu beitragen wolle, durch eine bessere Integration von Freizeit und Arbeit an der Entstehung eines innerbetrieblichen Sozialismus mitzuwirken.[7] Im Jahr 1933, erklärte Albert Speer, seien die Vertreter solcher Vorstellungen noch ein »verlachtes

Häuflein von Idealisten und angeblichen Phantasten« gewesen.[8] Aber schon nach wenigen Jahren hätten immer mehr Parteimitglieder erkannt, daß der hier unternommene Versuch, nämlich der Arbeit das Odium des »Häßlichen« zu nehmen und ihr wieder ihren angestammten »Adel« zurückzugeben, von einer für den Aufbau eines nationalen Sozialismus in Deutschland geradezu unabdingbaren Wichtigkeit sei.[9]

Eine zentrale Rolle innerhalb dieser Bemühungen spielte hierbei die im Rahmen dieser Organisation unternommene neue Funktionsbestimmung von Kunst. Statt Bilder, Plastiken, Zeichnungen oder Graphiken weiterhin vornehmlich für private Kunstgalerien oder reiche Sammler zu schaffen, wurde vom Reichsamt »Schönheit der Arbeit« erstmals versucht, einen engen Kontakt zwischen Künstlern und Werktätigen herzustellen, das heißt Maler, Bildhauer und Kunsthandwerker »für sechs bis acht Wochen in die Betriebe zu holen«[10] und sie aufzufordern, für diese Betriebe »Bildhauerarbeiten, schmiedeeisernen Schmuck, Wandmalereien, Glasmalereien, Holzintarsienarbeiten oder Mosaike« anzufertigen. Nur so, schrieb Anatol von Hübbenet, einer der Leiter dieser Organisation, könne man Kunst und Kunsthandwerk aus ihrer privatwirtschaftlichen Isolierung befreien und diesen beiden Ausdrucksformen wieder eine gesamtgesellschaftliche Funktion geben.[11] Als ebenso wichtig empfand es dieses Amt, in größeren Betrieben Ausstellungen mit Werken bildender Künstler sowie Konzerte mit führenden Symphonieorchestern zu veranstalten, das heißt die Kunst so eng wie möglich mit dem »Alltag« zu verbinden.[12] Während viele Arbeiter – wegen ihrer geistigen Unbildung – in Werken der bildenden Kunst bisher lediglich einen »toten Schmuck« gesehen hätten, heißt es 1938 in dem *Taschenbuch Schönheit der Arbeit*, müsse man ihnen heute die Möglichkeit geben, auch Werke der hohen Kunst, sofern ihnen ein gesamtnationaler Inhalt zugrunde liege, als Werke einer »lebenserfüllten Wirklichkeit« und damit als Werke zu erkennen, in denen auch ihre eigenen Probleme mitverhandelt würden.[13] Nur wenn es dazu käme, heißt es in diesem Büchlein, werde man auch mit den Mitteln der Ästhetik zu einer wahren »Volksgemeinschaft« beitragen können.[14]

Das klang als Theorie höchst vielversprechend, ja in manchem fast sozialistisch. Doch die gesellschaftliche Wirklichkeit sah auch

46 Arno Breker: Aufbruch der Kämpfer (1942).

in diesem Fall ganz anders aus. Erstens gelang es den Vertretern dieses Reichsamts nicht, genug Betriebe zu finden, die solche kunstfördernden und kunstpädagogischen Aufgaben übernommen hätten, wodurch ein Großteil der Kunstproduktion – im Rahmen des privatwirtschaftlichen Systems von Angebot und Nachfrage – weiterhin über die bestehenden Privatgalerien an die altetablierten Schichten der reichen Sammler ging. Zweitens waren die meisten Maler, Bildhauer und Grafiker keineswegs bereit, bei ihren öffentlichen oder halböffentlichen Aufgaben irgendwelche sozialrevolutionären oder gar nationalsozialistischen Themen aufzugreifen, und zwar weil sie selber nicht revolutionär gesinnt waren, weil sie ein solches Unterfangen angesichts der pragmatisch operierenden Realpolitik der NSDAP als höchst verlogen empfanden oder weil man sie auch gar nicht dazu anhielt, sondern sich die untergeordneten Stellen der Partei durchaus mit harmlosdekorativen Themen wie den vier Jahreszeiten, Landschaftsmotiven, Tierdarstellungen oder einfachsten Bauernbildern begnügten.

Die Realität der nationalsozialistischen Malerei sah also viel trivialer aus, als man nach der Lektüre solcher Manifeste annehmen könnte. Genau betrachtet, kam es in den bildenden Künsten – nach einigen ekstatischen Aufbrüchen, die den Utopien der ersten Stunde in der Literatur entsprechen – schon in den Jahren 1934/35 zu einem folgenreichen Siegeszug der Opportunisten, Mitläufer, Provinzler und Zukurzgekommenen über die eigentlichen Idealisten innerhalb dieser Bewegung. In der Malerei äußerte sich diese Tendenzwende vor allem in einer auffälligen Restaurierung der altbewährten »Gattungsmalerei«, worunter man jene Malerei der Landschaften, Porträts, Stilleben, Tierbilder und Genreszenen versteht, die seit dem 17. Jahrhundert einen Großteil aller Bildmotive ausmachen.[15] Völkische, heroische, nordische oder utopische Themen, welche die breiten Massen um 1934 sicher als überspannt und damit »unvolkstümlich« abgelehnt hätten, blieben daher in der Nazi-Malerei durchaus am Rande. Wohl das überzeugendste Beispiel dafür ist die *Erste Große Deutsche Kunstausstellung*, die 1937 – parallel zur Ausstellung *Entartete Kunst* – in München als eine Repräsentativschau des neuen Kunstwollens gezeigt wurde. Was hier vorherrschte, waren wie eh und je die Landschaften (40 %), und zwar in ihrer vorindustriellen Variante, das heißt Darstellungen jener heilen Welt, in der es noch keine Telegraphendrähte, keine Eisenbahnen, keine Fabriken gegeben hat. Darauf folgten – rein quantitativ gesehen – die bäuerlichen Genreszenen (20 %), die Porträts (15 %) und die Tierbilder (10 %). Werke mit spezifisch nationalsozialistischen Themen, also SA-Bilder und Funktionärsporträts, blieben dagegen auf dieser Ausstellung unter 5 %. Der Hauptakzent lag also eindeutig auf den Darstellungen des »einfachen Lebens«, auf jenen idyllischen, unkomplizierten und allgemein-menschlichen Landschaften und Genreszenen, wie man sie in gleicher Form bereits im 19. Jahrhundert findet und wie sie auch in den heutigen Bilder- und Rahmengeschäften noch immer vorherrschend sind. Das gilt vor allem für das Gebiet der bäuerlichen Motive, wo Maler wie Adolf Wissel, Paul Plontke, Werner Peiner, Ferdinand Spiegel, Oskar Martin-Amorbach, Carl Baum, Georg Günther, Sepp Hilz, Tho-

47 Adolf Ziegler: Göttin der Kunst (1938).

mas Baumgartner und Hermann Tiebert weitgehend an den Stil von Malern wie Hans Thoma, Karl Haider, Fritz Boehle und Albin Egger-Lienz anknüpften.

Wie geheuchelt viele dieser Darstellungen des »einfachen Lebens« waren, wurde in den folgenden Jahren immer augenfälliger. Je sicherer sich die Nazi-Führer in der Beherrschung des deutschen Volkes fühlten, um so deutlicher wurde ihr Hang zum Luxus, den man zu Recht als einen »Rückzug der faschistischen Eliten aus dem Volk« und als einen daraus resultierenden »Makart-Geist« charakterisiert hat.[16] Wohl am massivsten zeigt sich das in der steigenden Vorliebe für Aktdarstellungen, die in Auffassung und Formgebung in vielem an die Salonkunst des späten 19. Jahrhunderts erinnern.[17] Und zwar gilt das nicht nur für Nazi-Maler wie Adolf Ziegler, Karl Truppe, Raffael Schuster-Woldan, Johann Schult, Julius Engelhard, Ivo Saliger und Bernhard Müller, sondern auch und vor allem für Nazi-Bildhauer wie Arno Breker,

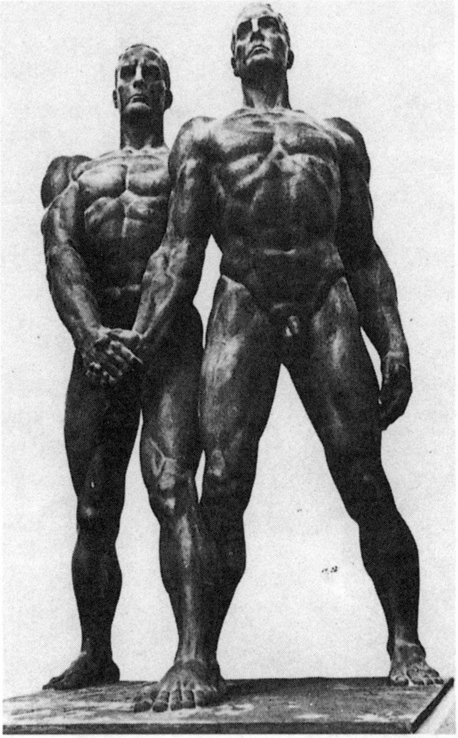

48 Josef Thorak: Kameradschaft (1937).

Georg Kolbe, Fritz Klimsch, Josef Thorak und Wilhelm Tank, in deren Werken das luxurierende Element in der Darstellung des nackten menschlichen Körpers im Laufe der dreißiger Jahre immer stärker wird. Was sie darstellten, waren meist nichtssagende menschliche Grundhaltungen, also Stehende, Sitzende, Liegende oder Kauernde, die allein durch die »Schönheit« ihres Nacktseins überzeugen sollen. Fast alle dieser Gestalten – selbst wenn mit Suggestivtiteln wie *Göttin der Schönheit, Bereitschaft, Mütterlichkeit, Die Rasse, Berufung, Der Streiter, Die Partei* oder *Kameraden* ausgestattet sind – wirken daher nicht wie Allegorien bestimmter Tugenden oder Wertvorstellungen, sondern wie reine Körper. Statt mit dem Anspruch des Sinnerfüllten aufzutreten, huldigen sie einer Schönheit, die ebenso erhaben wie nichtssagend ist. Genau betrachtet, verkörpern sie weder klar definierte Werte noch bestimmte vorbildliche Haltungen, sondern drücken lediglich eine weitgehend gleichbleibende Formvollendung aus. Die Männer stellen ihre Muskeln und ihre athletische Kraft, die Frauen ihre breiten Becken und wohlgeformten Brüste zur Schau, ohne daß mit diesen Attributen – außer einer erotisch-stimulierenden Funktion – irgendwelche anderen Werte als die des Kriegerischen oder Gebärtüchtigen verbunden wären. Kurz: nirgends wird in diesem Umkreis dargestellt, im Dienste welcher Weltanschauung hier eigentlich gekämpft und gezeugt werden soll. Offenbar sind hier Kampf und Rassentüchtigkeit Werte, die in einem sozialdarwinistischen Sinn nicht näher hinterfragt zu werden brauchen.

Was also für die nationalsozialistische Ideologie im allgemeinen gilt, gilt auch für die Nazi-Kunst im besonderen. Auch sie ist von äußerster ideologischer Ambivalenz, indem ihr utopischer Anspruch, nämlich ihr Streben nach etwas Höherem, das über den Bereich des Privategoistischen hinausgeht und in den Bereich einer wahren Volksgenossenschaft vorstößt, immer wieder zu einer einseitigen Verklärung des Kriegerischen und Rassentüchtigen tendiert, das auf der Bekämpfung, ja Liquidierung alles Nicht-Schönen, das heißt Nicht-Deutschen, Nicht-Arischen beruht. Die nationalsozialistische Kunst ist daher nicht nur »schön«, nicht nur formvollendet, nicht nur leer, sondern zugleich in einem eminenten Sinne brutal, da sie auf einer Gesinnung beruht, die zu ihrer Durchsetzung notwendig über Leichen gehen muß.[18]

Der Kult des allesbestimmenden Führers

All diese Widersprüche zwischen Taktik und Utopie, Propaganda und Glauben, strategischen Nahzielen und mystischen Fernzielen hätten sicher schnell zum Auseinanderfallen oder zumindest zur Aufsplitterung der NSDAP in mehrere Fraktionen geführt, wenn diese Partei nicht von vornherein ein eindeutiges Zentrum gehabt hätte, das von allen Mitgliedern als höchste Instanz anerkannt wurde: nämlich den »Führer«. So wenig sich die Nationalsozialistische Deutsche Arbeiterpartei verstehen läßt, ohne auch das weite Vor- und Umfeld der anderen völkischen Gruppen zu berücksichtigen, denen sie fast ihr gesamtes propagandistisches Rüstzeug verdankt, so wenig läßt sie sich verstehen ohne die Figur des allesbestimmenden Führers, der dieser Partei überhaupt erst ihr spezifisches Profil gab. Daher war die NSDAP von Anfang an eine Führerpartei, an deren Spitze jener Adolf Hitler stand, der als eiskalter Taktiker *und* zugleich neureligiöser Fanatiker selbst die gegensätzlichsten Gruppen – ob nun die rein pragmatisch denkenden Großindustriellen oder die von mystischen Schauern ergriffenen völkischen Sektierer – unter einem Banner zu vereinigen wußte. Wenn daher von der NSDAP gesprochen wird, muß auch von Hitler gesprochen werden. Er war die höchste Autorität innerhalb dieser Partei. Er war ihr verkörperter Wille. Ja, er maßte sich an, im Namen des gesamten Volkes zu sprechen und diesem Volke in Form einer plebiszitären Diktatur die ihm einzig gemäße Staatsform zu geben.

Aufgrund dieser extremen Führerbezogenheit glaubte die NSDAP – im Gegensatz zu anderen politischen Parteien der zwanziger Jahre – auf eine genau durchdachte Ideologie weitgehend verzichten zu können. Statt eine rational-konkrete Analyse der bestehenden Verhältnisse anzubieten, die sie eventuell mit anderen Parteiprogrammen in Konflikt oder Konkurrenz gebracht hätte, berief sie sich lediglich auf den großen, allesbestimmenden »Starken von oben«, das heißt stellte als ihr zentrales Leitbild immer wieder jenen Hitler hin, der als faustisch-nietzscheanischer Tat- und Übermensch all das in seiner Person verkörpere, was ihr als richtungsweisend erschien. Hitler war daher nicht nur ihr Führer, sondern zugleich ihr Programm, ihr Telos, ihre Utopie. In ihm sah man jenen, der in seiner rückhaltlosen Hingabe an die »große Sache« dem ganzen Volk ein Vorbild gibt. Während sich die Vorsitzenden anderer Parteien auf irgendwelche trockenen, abgelebten Programme stützten, hieß es in den Schriften der NSDAP immer wieder, sei Hitler in erster Linie ein Kämpfer, ein Retter, ein Erlöser, an den man »glauben« müsse, wie Joseph Goebbels erklärte,[1] um so den wahren Kern seiner Botschaft erfassen zu können.

Diese Haltung führte innerhalb der NSDAP schon früh zu einer Mythisierung der Hitler-Figur, die ihren ersten offiziellen Ausdruck in der 1926 eingeführten Grußformel »Heil Hitler« erlebte. Überhaupt wurde es danach immer üblicher, die »Uneinheitlichkeit und Unklarheit der nationalsozialistischen Ideologie«, wie Wolfgang Wippermann schreibt,[2] mit einem pseudoreligiösen »Führer«-Mythos zu überblenden und die Nationalsozialistische Deutsche Arbeiterpartei einfach als Hitler-Partei oder Hitler-Bewegung auszugeben. Was darum an Hitler propagandistisch herausgestrichen wurde, war gerade in den Jahren zwischen 1930 und 1933 immer wieder das Charismatische und Erlöserhafte. Dieser Führer, behaupteten die Nationalsozialisten, sei nicht irgendein Führer, sondern *der* Führer schlechthin, den die »Vorsehung« zum göttlich begnadeten Heilsbringer des deutschen Volkes auserwählt habe, um dieses Volk endlich wieder aus dem Dunkel zum Licht, aus kultureller Überfremdung zu völkischer Selbstgewißheit, aus Not zu Reichtum zu führen. Heinrich Himmler, einer der Gläubigsten dieser Form des Hitler-Mythos, kleidete diese Überzeugung – in der für ihn typischen Variante einer germanischen Weltmission – später in die Sätze:[3]

»Er erstand uns aus der tiefsten Not, als es mit dem deutschen Volke nicht mehr weiterging, er gehört zu den großen Lichtgestalten, die dem Germanentum immer dann entstehen, wenn es in tiefste körperliche, geistige und seelische Not gelangt. Goethe war eine solche Gestalt auf dem Geistesgebiet, Bismarck auf dem politischen Sektor, der Führer ist es auf allen Gebieten, dem politischen, kulturellen und militärischen. Er ist dazu vom Karma des Germanentums der Welt vorbestimmt, den Kampf gegen den Osten zu führen und das Germanentum der Welt zu retten, eine der ganz großen Lichtgestalten hat in ihm ihre Inkarnation gefunden.«

Im Rahmen seiner eigenen Partei war also Hitler kein bloßer Funktionär, kein Parteibonze, sondern eine geradezu religiöse Instanz. Mit ihm diskutierte man nicht, zu ihm schaute man lediglich wie zu einem Halbgott empor. Bei Hitler habe man es mit einem alleinseligmachenden »Retter« zu tun, hieß es immer wieder, der inmitten der tiefsten Krise des deutschen Volks wie ein übermenschlich begnadeter Heilsbringer aufgetaucht sei. In ihm konzentriere sich der gesammelte Wille des Volkes auf eine urgermanische, religiöse, naturgesetzliche oder sozialdarwinistische

49 Fritz Erler: Bildnis des Führers (1939).

Weise, die sich auf nichts anderes zurückführen lasse. Hitler sei daher rational nicht erklärbar, behaupteten seine Anhänger, sondern sei ein Phänomen, an dem es nichts zu verstehen gebe, sondern das man nur intuitiv erfühlen oder erschauen könne, indem man im Sinne einer Participation mystique an ihm teilhabe. Wohl seine griffigste Formel fand all das schließlich in dem bekannten Motto »Ein Volk – ein Reich – ein Führer«.

Als Hitler am 30. Januar 1933 die Macht übertragen wurde, war darum nicht nur innerhalb der NSDAP, sondern auch innerhalb der völkisch, deutschnational oder neokonservativ eingestellten Kreise kein Mangel an ekstatischen Erklärungen, in denen dem neuen »Führer«, diesem »einfachen Mann aus dem Volke«, eine geradezu charismatische Anziehungskraft bescheinigt wurde. Mochten sich auch einige der besonders elitären Neokonservativen wie Stefan George, Oswald Spengler und Ernst Jünger, die selber völkische Führungsabsichten gehegt hatten und deshalb in diesem Reich nicht *ihr* Drittes Reich erblickten, von der NSDAP und Hitler vornehm distanzieren, die Mehrheit der neokonservativen Intellektuellen der verschiedenen Lager und Gruppierungen begrüßte – aus tiefsitzender Abneigung gegen den materialistischen Ungeist der voraufgegangenen kapitalistischen Ära sowie aus Angst vor einem bolschewistischen Umsturz – den Amtsantritt Hitlers als den »Aufbruch« in ein völkisches Kollektiv, der dem deutschen Volk nur Segen bringen könne.

Beispiele für diesen Hitler-Kult, der auf alle rationalen Erklärungen verzichtet und lediglich irgendwelche völkischen Mystifikationen ins Feld führt, sind unter den neokonservativen Intellektuellen geradezu Legion. Im Bereich der staatsrechtlichen Legitimationsstrategien sei hierbei lediglich auf Carl Schmitt verwiesen, der in den späten zwanziger Jahren – unter schroffer Ablehnung des »liberalen« Parteienstaates – für eine Stärkung der Rolle des Reichspräsidenten eingetreten war und 1933 dazu überging, seine Stimme der Verherrlichung des neuen »Führertums« zu leihen, ja später sogar die Gewaltmaßnahmen der Nationalsozialisten, einschließlich des Anspruchs auf die politische Hegemonie über ganz Europa, rechtfertigte. Und zwar stützte sich Schmitt zur Legitimierung der diktatorischen Maßnahmen Hitlers stets auf eine nicht näher definierte »Artgleichheit« zwischen Führer und Volk, die einen plebiszitären Charakter habe und nicht angezweifelt werden dürfe. Dementsprechend heißt es in seinem Buch *Staat, Bewegung, Volk* (1934):[4]

»Auf der Artgleichheit beruht sowohl der fortwährend untrügliche Kontakt zwischen Führer und Gefolgschaft, wie ihre gegenseitige Treue. Nur die Artgleichheit kann es verhindern, daß die Macht des Führers Tyrannei und Willkür wird. Nur sie begründet den Unterschied von jeder noch so intelligenten oder noch so vorteilhaften Herrschaft eines fremdgearteten Willens. Artgleichheit des in sich einigen Volkes ist also für den Begriff der politischen Führung des deutschen Volkes die unumgängliche Voraussetzung und Grundlage.«

Unter den Publikationen der Juristen dieser Jahre könnte man im Hinblick auf diesen Führer-Kult auf ein Buch wie *Verfassungsrecht des Großdeutschen Reiches* (1938) von Ernst Rudolf Huber verweisen, wo in aller Offenheit die These vertreten wird, daß

50 Hubert Lanzinger: Der Führer (1935).

zwar alle Deutschen dem Führer unterstellt seien, daß aber der Führer selber niemandem unterstehe und sich an nichts – außer dem in seiner Person konzentrierten Willen des Volkes – gebunden zu fühlen brauche. Hier heißt es daher:[5]

»In seinem Willen tritt der Volkswillen in Erscheinung. Er wandelt das bloße Gefühl des Volkes in einen bewußten Willen, er schafft aus einem vielstrebigen Ganzen eine einheitliche, einsatzbereite Gefolgschaft. Er bildet in sich den wahren Willen des Volkes!«

Auf dem Gebiet des Völkerpsychologischen erwarb sich Carl Gustav Jung nach 1933 den unrühmlichen Lorbeer, die nationalsozialistische Bewegung als eine »schicksalshafte Aufwallung der germanischen Volksseele« und Hitler als einen religiös »Ergriffenen« gefeiert zu haben, der wie eine »Inkarnation der Volksseele« wirke und sein Gefolge in eine heilige Raserei versetze.[6] Inmitten einer abgelebten, »vernünftigen, international organisierten Welt« sei in Hitler, betonte Jung in diesen Jahren mehrfach, ein »echter mystischer Medizinmann« aufgetreten, welcher sich entschieden vom »heillosen Intellektualismus« der jüdischen Rasse abgewandt und wieder einen Blick in die »Tiefe« der nordischen Rassenseele geworfen habe.[7]

Noch entzückter gebärdeten sich manche der durch die nationalsozialistische Machtübernahme zu poetischen Ergüssen hingerissenen völkisch-gesinnten Schriftsteller.[8] Dieser Hitler, dichtete Otto Bangert, der »mitten aus dem Volke« komme und um den sich heute »alle scharen«, ist unser einzigmöglicher »Retter«.[9] Im Neuen Reiche, lesen wir bei Hanns Johst, sind »Führer und Volk«, die sich so lange fremd gewesen seien, endlich wieder »vermählt«.[10] Um Hitler, in dem des »Volkes Herze« schlage, bekannte Ina Seidel, »stehn wir alle einig«.[11] Laß »sein Werk das unsre« und »unser Werk das seine« sein, heißt es bei Hermann Claudius.[12] Hitler, erklärte Will Vesper, sei als »tüchtigster Sohn« Deutschlands aus der »Volkes Mitte« gestiegen und wirke heute wie ein »Herzog«, der wie in altgermanischer Zeit »vor dem Heer einherzieht«.[13] Er ist jener »Kämpfer«, heißt es bei Hans Carossa, der unser aller »Schicksal trägt«.[14] In ihm werde deutlich, beteuerte Hermann Stehr, daß sich ein Volk »nur unter der Herrschaft eines sinnvollen Willens, als Gefolgschaft des Führers, zu erfüllen und zu erhalten vermag«.[15] Ja, Hermann Burte schrieb mit geradezu religiös-prophetischem Zungenschlag:[16]

»Es ist ein neuer Mann gekommen, tief aus dem Volke, er hat neue Thesen angeschlagen und neue Tafeln aufgestellt, und er hat ein neues Volk geschaffen, aus derselben Tiefe emporgeholt, woher die großen Gedichte steigen: Von den Müttern her, von Blut und Boden her.«

Und Hitler ließ sich solche Lobhudeleien und Ergebenheitsadressen selbstverständlich gefallen, ja förderte sie sogar, um sich immer stärker mit dem Nimbus der Unfehlbarkeit zu umgeben. Wenn schon der Nationalsozialismus als Ideologie kein wirkliches Zentrum hatte, sondern immer wieder in seine verschiedenen Bestandteile auseinanderzufallen drohte, dann sollte das neue Reich wenigstens in der überragenden Größe seiner Person einen unumstößlichen Fixpunkt haben. Und so fiel Hitler im Rahmen dieses Systems geradezu zwangsläufig die Rolle zu, durch sein persönliches Auftreten, seine herrischen Gebärden und salomonisch-vereinfachten Spruchweisheiten selbst den eklatantesten Widersprüchen der NS-Ideologie den Anschein einer inneren Logik zu geben.[17]

Und doch ging selbst innerhalb dieses Systems nicht alles bruchlos auf. Vor allem die Funktion des Volkes konnte im Rahmen einer solchen Weltanschauung nicht klar bestimmt werden. Schließlich blieb es trotz der massiv völkischen Phraseologie, welche im Bereich der Blut-und-Boden-Theorien sowie des angeblich auf dem Willen des Volkes beruhenden Führerkults herrschte, relativ unklar, ob bei diesen Konzeptionen das Volk lediglich das nötige Menschenmaterial im Rahmen imperialer Strategien bildete oder ob man hierbei auch das allgemeine Wohlergehen ebendieses Volkes im Auge hatte. Ja, selbst die Frage, warum ein Staat, der eine egalitäre, ja geradezu brüderliche »Volksgemeinschaft« auf seine Fahnen geschrieben hatte, eigentlich elitäre Organisationen wie die NSDAP oder gar SS unterstützte, erfuhr nach 1933 keine wirklich überzeugende Antwort.

Imperiale Ordens- und Gralsvorstellungen

Indem Hitler das gesamte deutsche Reich nach 1933 einer hierarchisch gegliederten Parteiorganisation unterstellte, konnte es nicht ausbleiben, daß sich über der lauthals beschworenen »Volksgemeinschaft« bald eine elitär gesinnte Führungsschicht entwickelte. Besonders die einzelnen Reichsminister und ihre Gefolgschaften, aber auch Organisationen wie die SS, die Leibstandarte Adolf Hitler sowie der Stab Rosenberg tendierten mit den Jahren immer stärker dazu, sich vom »gewöhnlichen Volk« abzuheben und als aristokratisch orientierte Führungseliten oder Männerbünde aufzutreten. In ihren Reihen schob sich daher neben das taktische Nahziel einer möglichst effektiven Bedürfnisbefriedigung der breiten Massen zusehends eine Erwähltheitsvorstellung, die anfangs reichlich sektiererische Formen hatte, dann jedoch mehr und mehr ins Großspurig-Imperiale vorstieß, so daß sich diese Schicht schließlich als die Führungselite ganz Deuschlands, ganz Europas und schließlich der gesamten Welt empfand.

Was im Rahmen dieser mehr oder minder geheimen Führungsideologie im Vordergrund stand, war ein parteipolitisches Organisationsprinzip, das sich nicht nur auf wehrhafte Siedler und nordische Mütter stützte, sondern im Sinne völkisch-bündischer Vorstellungen zusehends auf machtpolitische Ordenskonzepte hinauslief. Aufgrund dieser Entwicklung gaben sich die nationalsozialistischen Führungsstäbe – trotz aller »Volksgemeinschafts«-Parolen – immer stärker dem Gefühl hin, ein »Staat im Staate« zu sein. In manchen ihrer Proklamationen trat daher neben das hochideologisierte Leitbild des scholleverbundenen Bauern, als der eigentlichen gesellschaftlichen Trägerfigur des Dritten Reichs, schon um 1933/34 das ebenso hochideologisierte Leitbild des Ritters, Deutschritters oder Deutschordensritters. Und zwar ging man hierbei höchst synkretistisch vor, indem man bei der Herausbildung dieses utopisch konzipierten Ritterbildes sowohl auf Arthur Moeller van den Brucks Konzept eines »Preußischen Stils«, auf Oswald Spenglers »Preußischen Sozialismus«, auf Ernst Jüngers Kriegerfigur, auf eine Gestalt wie Heinrich von Plauen, auf die Wartburg-Vorliebe der alten Völkischen und der Deutschen Glaubensbewegung sowie auf Alfred Rosenbergs neureligiöse Ordensvorstellungen zurückgriff. Welche praktischen Folgen diese elitäre Ordensideologie hatte, beweisen die drei Ordensburgen, welche die NSDAP in Krössinsee (Ostpreußen), Vogelsang (Eifel) und Sonthofen (Bayern) bauen ließ, in denen die junge Parteielite ihre »Stählung« zu nordischen Rittern durchmachen sollte.[1]

Besonders Alfred Rosenberg, der »Beauftragte des Führers für die Überwachung der gesamten geistigen und weltanschaulichen Erziehung der NSDAP«, spielte schon früh mit solchen Ordensstaatsideen. So hielt er bereits 1934 auf der ostpreußischen Marienburg, dem früheren Amtssitz Heinrich von Plauens, eine Ansprache, die noch im gleichen Jahr unter dem Titel *Der deutsche Ordensstaat. Ein neuer Abschnitt in der Entwicklung des nationalsozialistischen Staatsgedankens* im Druck erschien. Und zwar wird hier nicht nur, wie zu erwarten, die »Ostkolonisation« der ehemaligen Deutschordensritter als vorbildlich gepriesen, sondern auch das »lebendige Menschenverhältnis«, das im Rahmen dieses Ordens zwischen dem Hochmeister und seinen Vasallen geherrscht habe, als jenes urdeutsche Herrschafts-und-Dienstver-

51 Georg Slyterman von Langeweyde: Ritter (um 1935).

hältnis herausgestrichen, das auch dem Dritten Reich seine innere Kraft und Würde gebe.[2] Rosenberg schlägt daher vor, Hitler, dem »Führer des nationalsozialistischen Ordens«, der ein »blutechter großer Träumer und zugleich ein lebensnaher Tatsachenmensch« sei, zwar eine absolute »Autorität« einzuräumen, jedoch um ihn herum einen »Ordensrat der Bewegung« zu bilden, dessen oberste Pflicht es sein müsse, die von Hitler erträumten Visionen in die gesellschaftliche Praxis umzusetzen.[3] Daß der ehemalige Deutschordensstaat gescheitert sei, wird von Rosenberg weitgehend auf seine mönchische Struktur zurückgeführt, welche zu einer allmählichen Blutauszehrung geführt habe. Um also dem nationalsozialistischen »Deutschordensstaat« zu innerer Stärke und damit zum Sieg über die slawischen »Untermenschen« des Ostens zu verhelfen, setzt sich auch Rosenberg für eine konsequente Siedlungspolitik und eine bewußte Aufartung der nordischen Rasse ein, läßt jedoch im Hintergrund immer wieder seine Lieblingsvorstellung einer neudeutschen Ritterelite aufleuchten. In diesem Sinne heißt es in seinem *Deutschen Ordensstaat* mit der für Rosenberg typischen Verschwommenheit:[4]

»Wenn wir im Prinzip des germanischen Herzogs und seiner Gefolgschaft das immer wiederkehrende Phänomen der großen Gestalt der deutschen Geschichte bewundern, wenn wir im Ordensprinzip, im Senatsprinzip das festeste Gefüge für die Dauerhaftigkeit eines Staatswesens erkennen, so müssen wir für das 20. Jahrhundert die Schlußfolgerungen darum ziehen, daß diese Form getragen werden muß von einer Weltanschauung, welche Abschied nimmt von der blutleeren Askese und zurückfindet zu dem Grundsatz, daß die politischen Führer des nationalsozialistischen Ordens und damit auch des deutschen Reiches für ewig gebunden werden an den Boden und getragen werden durch das Blut ihres Volkstums, daß somit immer wieder Geschlechter entstehen und von Jugend an eingefügt werden in die Verbände der nationalsozialistischen Bewegung, damit Instinkt, gestaltender zielstrebiger Wille, vernunftgemäße Grundsätze auch ihre Darstellung in lebendigen Persönlichkeiten, in einer möglichst großen Führer- und Unterführerschicht des deutschen Volkes finden.«

Ähnliche Vorstellungen hegte Heinrich Himmler. Seine Schutzstaffel war von Anfang an als ein militanter neureligiöser »Orden« geplant, zu dem nur die besten »deutsch-nordischen« Männer ge-

52 Hermann Giesler: Der Pallas der Ordensburg Sonthofen (1939).

hören sollten, wie sich bereits in einem SS-Befehl des Jahres 1931 nachlesen läßt.[5] Nach dem Vorbild der Gesellschaft Jesu und des Deutschritterordens wollte Himmler mit seiner SS eine Ordensgemeinschaft, das heißt einen »Partei-Orden« oder »Sippen-Orden« schaffen,[6] aus dem im Laufe der Zeit ein neuer deutscher Adel hervorgehen sollte.[7] In scharfer Frontstellung gegen die katholische Kirche, der Himmler vorwarf, eine nur auf materiellen Gewinn bedachte »Riesenbetrugs-Aktiengesellschaft« zu sein,[8] faßte er eine Ordensreligion ins Auge, die auf den indogermanischen Vorstellungen der *Edda*, der *Bhagavad-Gita*, der *Veden* und der Reden Buddhas sowie den Anschauungen moderner Philosophen und Rassentheoretiker wie Arthur Graf von Gobineau, Friedrich Nietzsche, Georg von Schönerer, Karl Haushofer, Houston Stewart Chamberlain, Hanns Hörbiger, Dietrich Eckart, Alfred Rosenberg und Walter Darré basierten, das heißt in dem Willen zu seelischer Veredelung, rassischer Läuterung und damit der Schöpfung neuer Menschen gipfeln.[9] Im Rahmen solcher Vorstellungen fungierte Hitler in Himmlers Heilsplan als ein »arisch-germanischer Prophet und Erlöser«, der seinen Anhängern den einzig richtigen »Weg« weist und dafür von ihnen eine absolute Gefolgschaftstreue erwartet.[10] Um das semitische Christentum durch eine arisch-indogermanische Religion zu verdrängen, wollte Himmler deshalb eine Reihe von SS-Klöstern bauen lassen, ja ließ bereits Mitte der dreißiger Jahre die Wevelsburg bei Paderborn in eine rassenkultische Weihestätte umfunktionieren, in der eine Gruppe besonders »eingeweihter« SS-Führer jedes Jahr okkulte Meditations- und Sammlungsübungen abhielt.[11] In die gleiche Richtung zielt, daß sich Himmler anläßlich einer NS-Weihestunde im Quedlinburger Felsendom als »Reinkarnation« Heinrichs I. feiern ließ.[12]

Was Himmler mit all diesen Bemühungen in die Wege leiten wollte, war – neben einer Selbstüberhöhung der eigenen Person – zweierlei: erstens eine Liquidierung des Christentums auf deutschem Boden, also eine Ersetzung des Kreuzes durch das Hakenkreuz, und zweitens eine auf einem religiösen Erwähltheitsbewußtsein beruhende Reinzüchtung des nordisch-arischen Bluts durch eine sich auf das »Zeugungsvorrecht des Helden« berufende SS-Ordensmannschaft. Beides gelang ihm nur zum Teil, da Hitler diese Bemühungen zwar unterstützte, aber eine zu radikale

53 Ernst Dombrowski: König Heinrich I. (1938).

Anwendung solcher Maßnahmen – aus taktischen Gründen – für zu überstürzt und damit »utopistisch« hielt. Vor allem die hochgespannten Ordensvorstellungen blieben daher weitgehend in ihren Anfängen stecken. Und auch die Umzüchtungsmaßnahmen, die auf gesamteuropäischer Ebene durchgeführt werden sollten, gediehen nicht über ein paar »Lebensborn«-Anstalten hinaus, in denen uneheliche oder aus den Ostgebieten geraubte blonde Kinder großgezogen wurden.[13] Jedenfalls kam es nicht zu den von Himmler immer wieder propagierten staatlich gelenkten »Begattungen«. Doch trotz dieser Rückschläge ließ er sich in seinem »utopischen« Elan keineswegs entmutigen und bekannte noch am 4. Oktober 1943 bei einer SS-Gruppenführertagung in Posen, der Hauptstadt des damaligen Warthegaus:[14]

»Das Gesamtziel ist für mich seit den 11 Jahren, seit ich Reichsführer der SS bin, immer unverrückbar dasselbe gewesen: einen Orden guten Blutes zu schaffen, der Deutschland dienen kann.«

Interessanterweise kam auch Adolf Hitler, obwohl er sich in seinen öffentlichen Anschauungen stets bewußt volksnah gab und alle Ausflüge ins Sektiererisch-Utopistische strengstens vermied, in seinen privaten Äußerungen immer wieder auf solche Ordensvorstellungen zurück. Und zwar verband er diese Ordenskonzepte meist mit jener ihm so am Herzen liegenden Gralsvorstellung, die er einerseits Richard Wagner, andererseits dem Wiener Arierfanatiker Jörg Lanz von Liebensfels verdankte, der bereits im Jahr 1908 als Leiter des Neutemplerordens auf Burg Werffenstein an der Donau eine Hakenkreuzfahne gehißt hatte, um so diese Burg in eine Gralsburg der ariosophischen »Blonden und Männerrechtler« umzufunktionieren.[15] Während es in Wagners *Parsifal* vor allem um eine Umdeutung des christlichen Abendmahls ins Vegetarische geht, hat Hitler den Gralsmythus stets als einen arischen Mythus hingestellt. Das Blut, das im Gralskelch aufbewahrt werde, war für ihn nicht das Blut Christi, sondern das nordische Blut. Er stellte daher – in diesem Zusammenhang – die SS gern als eine »Brüderschaft der Templeisen um den Gral des reinen Blutes« hin, der erst dann wieder aufzuleuchten beginne, wie es in den Gesprächen mit Hermann Rauschning heißt, wenn das deutsche Blut von allen fremdrassigen Bestandteilen gereinigt sei. Sich selbst hat Hitler im Hinblick auf den Gralsmythus gern als den »leidenden Amfortas« bezeichnet, der noch immer an der verhängnisvollen Blutsvermischung der Vergangenheit kranke.[16]

Daß sich hinter dieser arischen Umdeutung des christlichen Gralsmythus in einen Kult des nordischen Blutes noch eine Reihe anderer geheimwissenschaftlicher Erwähltheitskonzepte verbirgt, kann hier nur angedeutet werden. So setzten etwa Hitler, Himmler und Rosenberg den Gralsmythus gern mit den alten Asgard-, Atlantis- und Thule-Mythen in Beziehung oder verbanden ihn mit den vegetarisch-katharischen Traditionen in Südfrankreich, um daraus das Konzept der »Reinen«, »Homini vegeti« oder »Perfecti« abzuleiten. Aufgrund solcher Phantasien sahen sie schließlich in sich selbst eine wiedererweckte oder wiedergeborene nordisch-asische Führungselite, der es aufgegeben sei, sich durch Fleisch-, Tabak- und Alkoholabstinenz noch zusätzlich ins

»Heilige« zu steigern.[17] In die gleiche Richtung deuten das Buch *Kreuzzug gegen den Gral. Die Tragödie des Katharismus* (1934) des SS-Führers Otto Rahn sowie die Tatsache, daß Rosenberg im März 1944 noch einmal den Montségur, die letzte Zufluchtsstätte der Katharer, aufsuchte, um die Überreste eines verlorengeglaubten Gralssteins in Sicherheit zu bringen.[18]

Dieser gralshafte Elitismus, nämlich die Überzeugung, einem besonderen Männerbund, einem Ritterstand, einer Herrenrasse anzugehören, erzeugte in Hitler und seinen Führungsstäben ein aristokratisches Erwähltheitsbewußtsein, das im Laufe der Jahre immer beklemmender wurde. Denn je erhabener sich diese Kreise dünkten, desto verachtungsvoller schauten sie auf jene schnöden, ressentimentgeladenen »Untermenschen« der schwarzen, mongolisch-asiatischen und bastardisiert-westeuropäischen Völker herab, deren einziges Trachten darin bestehe, die arischen Edelmenschen schrittweise auszurotten, um sich endlich ohne jede Scham ihren niederen Trieben hingeben zu können. Und daraus leiteten diese Schichten geradezu zwangsläufig den Herrschaftsanspruch der arischen Rasse über die gesamte Welt ab, die ohne die führende Hand der Arier auf alle Ewigkeiten in einem trüben Rassen- und Kulturchaos versinken würde.

Science-fiction-Romane im Dienst der deutschen »Weltmission«

Doch wie war ein solcher Anspruch auf Weltherrschaft, den die Nationalsozialisten nie politisch, sozial oder ökonomisch, sondern stets rassisch begründeten, eigentlich konkret durchzusetzen? Gehörten hierzu lediglich »gebärtüchtige Schöße« und »harte Bauernfäuste«, um die Überlegenheit der nordischen Sonnenmenschen über die halbtierischen Untermenschen der anderen Völker und Rassen zu rechtfertigen? War es auf diesem Gebiet genug, mit pseudowissenschaftlichen Ammenmärchen wie der Hörbigerschen Welteislehre sowie der These vom »arischen Götterelektron« eines Lanz von Liebensfels aufzuwarten, um die Germanen als die einzige planetarisch gerechtfertigte Rasse hinzustellen? Oder brauchte man zu einem solchen Vorhaben nicht auch eine mit modernsten Waffensystemen ausgerüstete Wehrmacht, um all die laut herausposaunten Träume von neuen Siedlungsräumen im Osten, vom Zusammenschluß sämtlicher nordischen Völker unter der Führung Deutschlands und der Unterwerfung aller minderrassigen Völker auch wirklich in die Tat umsetzen zu können?

Die Nationalsozialisten waren zwar in vielem wahnhaft, aber doch nicht so schizoid, als daß sie nicht erkannt hätten, daß zur Durchführung ihrer Weltmachtpläne eine möglichst rasche Aufrüstung und Modernisierung der deutschen Streitkräfte nötig war. Und zwar gingen sie an diese Aufgabe nicht nur heimlich heran, sondern ließen davon auch einiges in ihre Publikationen einfließen. Daher taucht selbst in einigen ihrer Zukunftsvisionen neben den obligaten Bauern, Gralsrittern und nordischen Müttern mit ihren weizenblonden Kinderscharen auch eine Reihe nordischer, blauäugiger, genial-führerhafter Ingenieure auf, die all jene Maschinen, Apparaturen, Strahlengeschütze, Weltraumschiffe, Atomkanonen und andere Wunderwaffen erfinden und zugleich militärisch einsetzten, welche im Rahmen der technischen Zivilisation von heute zur Eroberung der Weltherrschaft nun einmal unabdinglich sind. Wohl am deutlichsten zeigt sich das in jenen Science-fiction-Romanen, die nach der Machtübergabe an die Nationalsozialisten im Januar 1933 keineswegs abgeschafft wurden, wie sich das manche der Bauernfanatiker vielleicht gewünscht hätten, sondern welche die Partei innerhalb der massenhaft verbreitenden Literatur als ein weiteres Mittel der imperialistischen Stimmungsmache durchaus beibehielten.[1]

Da es sich auf diesem Gebiet um einen geradezu unüberschaubar großen Korpus an Literatur handelt, können im folgenden nur einige Gruppen von Science-fiction-Werken herausgegriffen werden, die eine besonders große Affinität zu den ins Utopisch-Wahnwitzige zielenden Weltmachtkonzepten der NS-Führungsspitze verraten. Da wäre erst einmal jene Gruppe von Romanen, in der vornehmlich die Überlegenheit der deutschen Ingenieure über die Ingenieure aller anderen Völker und Rassen herausgestrichen wird. Zu ihr gehören Werke wie *Die Macht des unsichtbaren*

54 Reklame der Daimler-Benz-Werke (1935).

Sternes. Ein phantastischer Roman (1936) von Stanislaus Bialkowski, in dem es einem jungen deutschen Ingenieur gelingt, die Macht eines us-amerikanischen Industriekönigs auf dem Gebiet der Strahlentechnik zu brechen, *Großmacht Saturn. Eine Utopie* (1938) von W. F. Eickermann, in dem Professor Karhorst als erstes menschliches Wesen mit seinem Raumschiff bis zum Saturn vorstößt, was als deutsche Großtat auf dem Gebiet der Technik die gesamte Welt in Staunen versetzt, *Feuer über dem Atlantik* (1939) von Walther Kegel, in dem deutsche Ingenieure mit Hilfe einer neuentwickelten Tauchkugel auf dem Boden des Atlantiks Ölbohrungen vornehmen, um so Deutschland auch auf diesem Sektor endlich autark zu machen, sowie *Der Stoß in den Himmel. Zukunftsroman* (1940) von Karl.L. Kossak-Raytenau, in dem ein deutscher Ingenieur namens Peter Fabricius den ersten Stratosphärenballon erfindet. Um ähnliche technische Großtaten geht es in dem Roman *Stern in Not* (1938) von Gerhard Naundorf, wo es einer Gruppe deutscher Raumfahrer, und zwar als dem ersten Team dieser Art, gelingt, bis zu drei fernab kreisenden Planetoiden vorzudringen, auf denen sie – im Sinne der Hörbigerschen Welteislehre – drei verschiedene Erkaltungsphasen unseres Sonnensystems erforschen, woraus sie die nötigen Erkenntnisse gewinnen, wie man solchen Erkaltungserscheinungen auch auf Erden entgegentreten könne. Wie so oft im Bereich dieses Genres wird dabei einer dieser Ingenieure, ein Mann namens Karsten, als eine jener typisch »nordischen« Führernaturen hingestellt, ohne welche die breiten Massen den kommenden Katastrophen hilflos ausgeliefert wären. Auch in dem Roman *Detatom* (1936) von Paul Eugen Sieg steht ein solcher Nordmensch, der deutsche Ingenieur Helo Torwaldt, im Mittelpunkt, der in der Nähe Kölns das Werk »Detatom« baut, in dem er den Prozeß der Atomzertrümmerung erstmals zur Energiegewinnung ausnutzt und damit unter den Besitzern der herkömmlichen Elektrowerke des Westens eine solche Wut auslöst, daß sie dieses Werk durch Geheimagenten in die Luft sprengen lassen. Daraufhin baut Torwaldt bei Pillau in Ostpreußen – inmitten einer der schönsten deutschen Landschaften – ein neues Detatom-Werk, ja erfindet obendrein einen Kunststoff, »der leichter als Luft und doch härter als Stahl« ist.[2] Aus diesem neuen Kunststoff, genannt »Helan«, baut er schließlich in einem unterirdischen Versteck ein Raumschiff, das ohne jeden Kraftaufwand bis zur Grenze der irdischen Atmosphäre aufsteigt und dann bis zum Mars vorstößt, wo Helo eine untergegangene Hochkultur entdeckt. Und zwar tut er all das nicht nur aus Liebe zu seiner blonden Inge, sondern auch und vor allem zum höheren Ruhme seines deutschen Vaterlandes.

Während es in diesen beiden Romanen weitgehend um innerdeutsche Probleme geht, führen in anderen Ingenieursromanen nach 1933 Erfindungen dieser Art meist zu internationalen Konflikten, aus denen die Deutschen – aufgrund ihrer technischen Überlegenheit – stets mit fliegenden Fahnen als Sieger hervorgehen. So wird in dem Roman *Land aus Feuer und Wasser* (1939) von Hans Dominik dargestellt, wie es dem deutschen Raumschiff »St 25« unter der Führung des Ingenieurs Eggerth gelingt, den US-Amerikanern bei der Erforschung einer neuentdeckten Atlantikinsel zuvorzukommen und auf dieser Insel, deren Entstehung wiederum mit der Hörbigerschen Welteislehre zusammenzuhängen scheint, die deutsche Fahne zu hissen und sie damit für das Dritte Reich zu reklamieren. Um noch größere Dinge geht es in

55 Höh: Deutscher Ingenieur (1938).

dem Roman *Alumnit* (1934) von Egon Hundeicker. Hier handelt es sich um den deutschen Ingenieur Heino Harsen, der wie Helo Torwaldt einen Kunststoff, genannt »Alumnit« erfindet, der »leichter als Kork« und ebenso »hart wie Edelstahl« ist.[3] Daraufhin baut Harsen ein riesiges Alumnit-Werk mit 12 000 Arbeitern, bei dessen Eröffnung man das Deutschland- und das Horst-Wessel-Lied singt. Am stärksten in Mitleidenschaft gezogen werden durch diese Erfindung die englischen Reedereien sowie die usamerikanische Bethlehem Steel Corporation, die plötzlich – wegen der deutschen Konkurrenz – ihre Schiffe und ihren Stahl nicht mehr auf dem Weltmarkt absetzen können. Doch auch andere Industriemächte fühlen sich durch diese Erfindung, welche die gesamte politische Konstellation auf Erden schlagartig zugunsten Deutschlands verändert, in ihrer wirtschaftlichen und militärischen Existenz bedroht. Das Zentralkomitee der UdSSR geht daher soweit, Harsen die Krim zum Geschenk anzubieten, falls er den Russen das Geheimnis des neuen Kunststoffs verraten würde. Auf einem großen Treffen des Völkerbunds, das daraufhin in Genf stattfindet, verschwört sich die gesamte Welt »gegen

Deutschland«,[4] scheitert jedoch an der Unnachgiebigkeit Harsens, der aufgrund seiner Machtposition alle anderen Völker zur Abrüstung und damit zur Anerkennung der Vormachtstellung Deutschlands zwingt. Ähnliche Motive tauchen in dem Roman *Die Erde reißt* (1938) von Albert K. Burmester auf, in dem der deutsche Ingenieur Soergel zu Anfang gigantische Elektrizitätswerke baut und dann bei den zuständigen Regierungsstellen durchsetzt, daß den US-Amerikanern der Zugang zu den Kohlevorräten im belgischen Kongo verwehrt wird. Anschließend sorgen andere deutsche Ingenieure dafür, daß eine aus erderschütternden Eruptionen hervorgegangene Atlantikinsel zum deutschen Siedelland erklärt wird, um auch den »Lebensraum«-Aspekt in diesen Roman zu integrieren. Noch phantastischer wirkt der Roman *Die Herren des Feuers* (1936) von Albert Spatz, wo es dem deutschen Ingenieur Strieler gelingt, mit dem im Innern der Erde lebenden Troglodyten freundschaftliche Beziehungen aufzunehmen. Diese Troglodyten, deren Herkunft wiederum mit Hörbigerschen Spekulationen erklärt wird, beliefern daraufhin die Deutschen mit allen nur denkbaren metallischen Rohstoffen und machen sie damit auch auf diesem Gebiet endlich »autark«, ja zur stärksten Macht der Welt, da Strieler mit Hilfe der neugefundenen Metalle eine Strahlenkanone entwickelt, welche jede andere Waffe der Welt automatisch außer Gefecht setzt.

Was hier relativ »friedlich« ausklingt, führt in anderen solcher Science-fiction-Romane, in denen die Deutschen zur Weltmacht drängen, meist zu recht aggressiven Auseinandersetzungen. Im Bereich der weißen Rasse erscheinen dabei als die beiden Hauptgegner der Deutschen entweder das »bolschewistische« Rußland oder die »kapitalistischen« USA, während Frankreich – der Erzfeind der Revanche-Romane der zwanziger Jahre – im Rahmen der politischen Großkonstellationen zu diesem Zeitpunkt immer bedeutungsloser wird. Für ein Werk, in dem die us-amerikanischen Großindustriellen als die Hauptgegner auftreten, liefert der Roman *Gletscher über Europa* (1940) von Pagill (Paul Gille) wohl das beste Beispiel. Seine Handlung spielt im »Norrland«, einem ins Nordisch-Legendäre verklärten Finnland, das durch die Entdeckung gewaltiger Ölfelder ökonomisch in die Lage versetzt wird, trotz seiner geringen Flächenausdehnung und numerisch kleinen Bevölkerung erneut in die Weltpolitik einzugreifen, das heißt im Sinne der alten Wikinger wieder eine große Flotte zu bauen und damit die Herrschaft auf den Weltmeeren an sich zu reißen. Mit diesem neuen Reich können schließlich nur noch Zentraleuropa, das heißt die »Staaten von Europa unter der mächtigen Führung Deutschlands«, und die »Vereinigten Staaten von Nord- und Südamerika« konkurrieren.[5] In dieser Situation kommt es plötzlich – im Sinne der Hörbigerschen Welteislehre – zu einer großen Naturkatastrophe. Und zwar taucht ein Sternirrläufer auf, der eine so große Anziehungskraft ausübt, daß mitten im Atlantik neue Inseln entstehen und sich zugleich das Polareis allmählich nach Süden verschiebt, wodurch ganz Europa von einer neuen Eiszeit bedroht wird. Um Norrland vor der drohenden Katastrophe zu bewahren, setzt die dortige Regierung ihr Vertrauen nicht in den deutschen Ingenieur Dr. Jung, dessen technische Möglichkeiten ihr zu begrenzt erscheinen, sondern in einen weltweit anerkannten amerikanischen Elektrokonzern, der einem gewissen Mr. Blenda gehört. Während Jung ein idealistisch-gesinnter, zutiefst kameradschaftlicher und scholleverankerter Mensch ist, dessen Labor in einem riesigen Waldgebiet liegt, gehört Blenda zu jenen Menschen, denen es lediglich um Macht und Geld geht. Und so erfindet Blenda, der Eiskalte, trotz all seiner technischen Apparaturen lediglich »Todesstrahlen«, denen er selber zum Opfer fällt, während Jung in letzter Minute ein rettendes Sonnenstrahlen-System entwickelt, mit dem er Norrland und Zentraleuropa vor dem drohenden Kälteeinbruch bewahrt.

Für ein Werk der Science-fiction-Literatur, in dem die Bolschewisten als die Hauptgegner der Deutschen auftreten, sei hier lediglich auf den Roman *Der Radiumkrieg* (1937) von Stanislaus Bialkoswki verwiesen. In ihm handelt es sich um den deutschen Ingenieur Hugo Larsen, dem es gelingt, die »Zerfallsenergie des Radiums« für den »Maschinenantrieb« nutzbar zu machen.[6] Als guter Deutscher und Nationalsozialist erklärt er anläßlich dieser Gelegenheit:[7]

> »Mir ist es gar nicht darum zu tun, durch meine Erfindungen Reichtümer zu erwerben, ich will meinem Volke dienen. [...] Der Zweck der Arbeit soll das Gemeinwohl sein.«

Diese Erfindung, die bald darauf in Gestalt eines Radiummotors großes Aufsehen erregt, bedeutet für Deutschland selbstverständ-

56 Ferdinand Spiegel: Flieger (1937).

lich einen gewaltigen Zuwachs an politischer Macht. Da kurz darauf auch die Russen den Radiummotor erfinden, werden die Radiumgruben im Belgisch-Kongo, die bisher relativ bedeutungslos waren, schnell zu einem Zankapfel zwischen den Nationalsozialisten und den Bolschewisten. Um den daraus entstehenden Krieg zu ihren Gunsten zu entscheiden, schicken die Russen eine Gruppe höchst geschickt operierender Agitatoren in den Kongo, um die dortigen Schwarzen gegen ihre weiße Herren aufzuwiegeln und sich mit ihnen zu verbünden. Anfangs gelingt ihnen das auch. Doch dann setzt eine deutsche Söldnergruppe, die unter der Führung Dietrich Kraffts steht, ein von Larsen entwickeltes Wundergewehr ein, das alle feindlichen Fahrzeuge bewegungsunfähig macht, wodurch es ihr gelingt, die Schwarzen und die Bolschewisten vernichtend aufs Haupt zu schlagen. Anschließend entscheiden die Belgier, die alleinigen Nutzungsrechte an diesen Gruben einer Deutsch-Belgischen Radiumgesellschaft zu übertragen. Und damit wird Deutschland am Ende zur politischen Vormacht der weißen Rasse, während die Russen das Nachsehen haben.

Fast noch zahlreicher als solche Romane, in denen es um Kämpfe weißer Völker untereinander geht und sich die Deutschen aufgrund ihrer technischen Überlegenheit als die Stärkeren erweisen, sind jene nationalsozialistischen Utopien, in denen sich die Weißen unter der Führung Deutschland zusammenschließen, um den rebellischen Farbigen klar zu machen, daß sie lediglich auszubeutende Kuli- oder Sklavenvölker sind. Eine besonders große Zahl dieser Romane wendet sich hierbei in alter Tradition gegen die Japaner oder Chinesen, die meist unter irgendeinem Mongolenführer, einer Art modernem Dschingis-Khan, einen Aufstand gegen ihre Herren beginnen und dabei eine solche Aggression entwickeln, daß sich selbst die Engländer, die »stolzen Söhne Albions«, als zu schwach erweisen, ihre alte Kolonialherrschaft aufrechtzuerhalten. Und in dieser Situation wird in diesen Werken jedesmal ein deutscher Ingenieur mit irgendwelchen Wunderwaffen zu Hilfe gerufen, um die »Gelben« wieder in ihre angestammten Schranken zu weisen.

Einer der ersten Zukunftsromane dieser Art, der sich nach 1933 gegen die Japaner wandte, die erst nach dem Abschluß der »Achse Berlin-Tokio« am 25. November 1936 in diesem Genre nicht mehr als Negativfiguren erscheinen, war der Roman *Befehl aus dem Dunkel* (1933) von Hans Dominik. Hier ist der Führer der asiatischen »Untermenschen« ein Mongole namens Turo-Khan, der die Japaner aufhetzt, alle Europäer aus Asien zu vertreiben. Darauf erobern die japanischen Armeen China, Singapur und schließlich halb Australien, bis ein zu Hilfe gerufener deutscher Ingenieur durch die magische Umfunktionierung seines Gehirns in einen Radiosender mit telepathisch-suggestiven Sprüchen dafür sorgt, daß die Japaner wie betäubt ihre Waffen niederlegen, in ihre Heimat zurückkehren – und somit am Schluß die »weiße Rasse« in diesem Krieg eindeutig Sieger bleibt.[8] Noch aufschlußreicher in dieser Hinsicht ist der Roman *Weltbrand von Morgen* (1934) von Werner Chompton. Auch hier sind es alte Dschingis-Khan-Träume, welche die Japaner so begeistern, daß sie ausziehen, um die gesamte Welt für die gelbe Rasse zu erobern. Erst überfallen sie Rußland und dann die USA – und beide Staaten erweisen sich als zu schwach, um dem Vormarsch der Japaner

Paroli zu bieten. Die Russen versagen, weil sie der Bolschewismus innerlich »ausgezehrt« hat. Die Nordamerikaner versagen, weil sie durch »pazifistische Frauenclubs, Studentenvereinigungen, die kommunistische Partei sowie die Neger« am Aufbau einer schlagkräftigen Armee verhindert werden und Hawaii und Kalifornien bereits zu stark von Japanern unterwandert sind.[9] Die einzige Hoffnung, den Vormarsch der »Gelben« zu bremsen, besteht am Schluß des Romans darin, daß sich alle Europäer den »rassisch erstarkten« Deutschen unterordnen und zum Gegenschlag ausholen, um im »Endkampf der Völker weißer Rasse gegen die Farbigen« doch noch Sieger zu bleiben.[10] Und zwar wird dabei neben der Überlegenheit der nordischen Seele über die asiatische vor allem die Überlegenheit der deutschen »Kanonen, Flugzeuge und Tanks« über die japanischen Waffen in den Vordergrund gerückt.[11] All dies entspricht bis aufs I-Tüpfelchen der damaligen Parteilinie. So heißt es schon 1933 in einem Buch *Neue Grundlagen der Rassenforschung* von Hermann Gauch:[12]

»Letzten Endes aber kann nur die Vereinigung der Nordischen Menschheit und der germanischen Länder und andern stark Nordischen Gebieten zum dauernden Erfolge führen, denn schon droht das Mongolentum in Gestalt des Vormarsches Japans nach dem Westen gar gewaltig und muß zum einmütigen Zusammenstehen der Nordischen Menschheit führen, wenn nicht alles verloren gehen soll.«

Im Einklang mit solchen Ideen findet am Schluß des Romans *Weltbrand von Morgen* in Hamburg eine Europakonferenz statt, auf welcher der deutsche Gesandte die Vertreter der anderen europäischen Nationen auffordert, endlich ihre nationalen Selbstsüchteleien zu vergessen und sich durch einen Zusammenschluß unter Deutschlands Führung der neuen Herrscherrolle in der Welt würdig zu erweisen. An den Schluß seiner Rede stellt er dabei folgende Worte:[13]

»So wie sich die Menschen von gleichem Blut und gleicher Eigenschaft zu einem Volk zusammenfinden, so finden sich die Völker gleicher Rasse zu einem Bund zusammen. So haben sich heute die Länder Europas zusammengefunden. Nicht um eines bequemen Genießens des Errungenen willen, sondern jeder an seinem Platz und jeder in seiner Art, zum tatkräftigen gemeinsamen Bau am gemeinsamen Ziel, und auch, wenn es sein muß, zum gemeinsamen Kampf!«

57 Hans L.: Partei und Wehrmacht schützen den Frieden des Reiches, Illustration (April 1939).

Nicht minder rassistisch klingt der Roman *Leuchtfeuer im Mond* (1934) von Stanislaus Bialkowski aus. Nachdem hier ein deutscher Ingenieur eine Raumrakete erfunden hat, mit der er den ersten Flug eines Erdenwesens zum Mond unternimmt, widmet er sich dem Bau unschlagbarer Wunderwaffen, mit denen er in den globalen Krieg zwischen Weiß und Gelb eingreift und diesen für die Europäer zu einem siegreichen Ende führt. Ähnliche technische Großtaten vollbringen Professor Sieger und sein Assistent Dr. Dietrich Krafft in dem Zukunftsroman *Der Mars greift ein* (1935) von Titus Taeschner. Hier verbrüdern sich die »Gelben« unter Führung der Japaner mit den Sowjetrussen, um der Vorherrschaft der weißen Rasse auf Erden endgültig den Garaus zu machen. Doch bevor diese beiden Mächte mit ihren konventionellen Bombengeschwadern nach Deutschland vorstoßen können, richtet Krafft mit seinen von Sieger entwickelten Raumschiffen, die mit Atomkanonen ausgestattet sind, in einem Blitzkrieg von wenigen Tagen, bei dem die Deutschen keinen Tropfen Blutes verlieren, in Polen und Rußland so gräßliche Verwüstungen an, daß der sogenannte »Asienbund« erst einmal auf Jahrzehnte hinaus geschwächt ist. »Ganz Deutschland jubelte über diesen Sieg«, heißt es an dieser Stelle mit spezifisch nazistischer Akzentsetzung, »wenn auch die große Masse von den Vorgängen selbst nichts begriff, so war doch an der Wucht der Ereignisse, an ihren schier unfaßbaren Folgen nicht zu zweifeln«.[14] Daraufhin bildet sich in Europa ein wehrhafter Staatenbund der weißen Rasse unter Deutschlands Führung, um allen weiteren Weltherrschaftsgelüsten der gelben Rasse auch in Zukunft wirksam Paroli bieten zu können.

Wenn es nicht die »Gelben« sind, sind es die durch die Bolschewisten oder Juden (oder gar bolschewistischen Juden) zu offener Rebellion angestifteten Schwarzen oder Farbigen im allgemeinen, gegen welche die Weißen in solchen Werken zu Felde ziehen müssen. So schildert etwa Hans-Joachim Flechtner in seinem Roman *Front gegen Europa* (1935), wie die Sowjets alle »farbigen Rassen« in Asien und Afrika durch GPU-Agenten aufzureizen versuchen, das Kolonialjoch der weißen Herrenmenschen abzuschütteln.[15] Doch den Europäern, die sich in letzter Minute – unter Führung der Deutschen – einem Konsortium aus nordisch gesinnten Offizieren, Kolonialbeamten und Konzernmanagern unterstellen, gelingt es auch hier, den Aufstand der kommunistisch verseuchten »Untermenschen« abzuwehren und dadurch Afrika und Asien noch einmal der Vorherrschaft der weißen Rasse zu unterwerfen. Ähnliche Rassenkämpfe spielen sich in dem Roman *Die Brücke des Schicksals* (1936) von Wolfgang Lindroder ab. Hier wird im 23. Jahrhundert in der Meerenge von Gibraltar von einem deutschen Superingenieur ein riesiger Staudamm gebaut, um so das Mittelmeer – dessen Entstehung im Sinne der Hörbigerschen Welteislehre aus dem Untergang von Atlantis erklärt wird – allmählich verlanden zu lassen und so für die weiße Rasse neuen Siedelboden zu gewinnen. Statt weiterhin »in Millionenstädten zusammengepfercht leben zu müssen«, soll jeder Europäer, wie es heißt, in Zukunft »einen Acker, ein Haus und einen Stall« sein eigen nennen.[16] Und zwar soll das durch ein Bewässerungssystem erreicht werden, mit dem man sogar die Sahara wieder urbar machen will. Daraufhin rotten sich die Schwarzen zu einer ganz Afrika erfassenden Rebellion zusammen, zerstören den Gibraltardamm, werden aber schließlich von den Weißen vernichtend geschlagen. Danach wird von den Europäern nicht nur der Gibraltardamm restauriert, sondern mit Hilfe der erneut versklavten Schwarzen halb Afrika mit einem weitgefächerten Kanalsystem überzogen, um es desto besser ausbeuten zu können. Fast die gleiche Handlung liegt dem Roman *Dämme im Mittelmeer* (1937) von Walther Kegel zugrunde. Hier geht es um den schwedischen Ingenieur Jens Petersen, der mit Hilfe eines Deutschen namens Christian Schmidt einen Mittelmeer-Trust gründet und dann mit dem Bau eines Gibraltardamms beginnt, um durch einen großangelegten Prozeß der Verlandung einen neuen »Lebensraum« für die weiße Rasse zu schaffen. Als sich das »lichtscheue Gesindel« der »minderrassigen« Arbeiter, unter denen sich neben Arabern, Polen und Russen auch viele »Neger« befinden,[17] von jüdischen und kommunistischen Agitatoren zu einem Streik anstiften läßt, erweist sich Petersen als ein geborener »Führer«, indem er diesen Streik einfach gewaltsam bricht, den Arbeitern wieder ein neues Pflichtgefühl einbläut und damit sein technisches Großprojekt, den Gibraltardamm, vor der Zerstörung rettet.

Eines der interessantesten Bücher dieser Art ist zweifellos der Roman *Eurofrika. Die Macht der Zukunft* (1938) von Titus Taeschner. Dieses Werk spielt im 21. Jahrhundert und schildert, wie sich die europäischen Völker – wiederum unter der Führung Deutschlands – zu einer »Eurofrika-Union« zusammenschließen. Die größte Leistung dieser Union stellt auch hier ein Gibraltardamm dar, durch den Europa und Afrika zu dem besagten »Eurofrika« verschmelzen. Daraufhin dringen die weißen Siedler immer weiter nach Afrika vor und machen mit den schwarzen »Bestien« einfach kurzen Prozeß.[18] Daß Deutschland dabei die Führungsrolle zufällt, wird einerseits auf seine »Rassenreinheit« zurückgeführt, welche dieses Reich nach »einem Jahrzehnt der Schmach und Verjudung« seinem »großen Führer« zu verdanken habe.[19] Andererseits – und das scheint noch wichtiger zu sein – stützt sich diese neugewonnene Stärke auf die Erfindungen seiner genialen Ingenieure, denen es nicht nur gelungen ist, mysteriöse Strahlenbatterien und Zielkraftgeschütze zu bauen, sondern auch hinter das Geheimnis der Atomzertrümmerung zu kommen, wodurch Deutschland zwangsläufig die militärische Vormachtstellung in Europa zugefallen sei. Das einzige Gebiet, das die von den Deutschen angeführte weiße Rasse – nach der Liquidierung Afrikas – noch nicht erobert hat, ist jene Landmasse, die sich aus China, Indien und dem asiatischen Teil Rußlands zusammensetzt, wo eine Clique bolschewistischer Juden die Macht an sich gerissen hat. Und diese Juden stacheln nicht nur die Schwarzen und Araber zum Freiheitskampf gegen die Weißen an, sondern versuchen auch, den Gibraltardamm in die Luft zu sprengen, um so den gesamten Mittelteil Eurofrikas unter Wasser zu setzen. Doch einer der genialen deutschen Ingenieure greift auch hier in letzter Minute rettend ein und bringt den asiatisch-jüdischen »Untermenschen« eine militärische Schlappe bei, von der sie sich nicht so leicht wieder erholen werden.

Doch selbst solche Romane lassen sich in ihren imperialistischen Zielsetzungen noch überbieten. Schließlich gibt es in dieser Literatur sogar Werke, in denen die Vertreter der weißen Rasse nicht nur alle Farbigen unterwerfen, sondern bis ins Weltall vorstoßen und auch die Menschen anderer Sterne und Planeten unter ihre Oberhoheit stellen. Dafür spricht ein Zukunftsroman wie *Krieg im All* (1935) von Stanislaus Bialkowski. Auch in diesem Werk unterstehen alle europäischen Nationen bereits einer Gesamtregierung, die ihren Sitz in Genf hat und deren Oberhaupt ein Deutscher ist. Und auch diesmal beginnt die Handlung damit, daß ein mysteriöser »Geheimbund«, der wie die Bolschewisten sämtliche »rassischen und völkischen Unterschiede« verwischen möchte,[20] die Gelben zum Aufstand gegen die Weißen aufzuputschen versucht. Da sich die Europäer stets geweigert haben, den Asiaten ihre technischen Kenntnisse weiterzugeben, ist es für die Weißen in diesem Roman ein Leichtes, die Japaner und Chinesen mit Hilfe ihrer Wunderwaffen einfach vom Erdboden zu vertilgen. Und zwar übernimmt diese Aufgabe der deutsche Ingenieur und Raumfahrer Erik Holm, der mit der Strahlenkanone seines Raumschiffs Städte wie Nanking, Schanghai, Tokio, Wladiwostok binnen weniger Stunden in glühende Trümmerhaufen verwandelt. An dieser Stelle heißt es im Roman:[21]

»Oberst Holm befahl das nächste Ziel. Langsam wanderte der höllische Strahl weiter. Seinen Weg begleiteten Furcht und Grauen. Er faßte eine marschierende Division und verwandelte sie in einen Haufen zuckender, schwelender Menschenleiber. Waldbrände lohten auf. Reisfelder verdorrten in einer weißen Wolke wirbelnden Dampfes. Dann faßte das Strafgericht Europas die blühende Hafenstadt Schanghai. Kochende Dampfsäu-

58 Die Daimler-Benz-Projekte A bis D für den strategischen Luftkrieg gegen die USA (1943/44).

len hoben sich aus dem Meere. Die riesigen Schiffe flogen krachend in die Luft. [...]

Zwischen dem Brand von Nanking und der Vernichtung von Wladiwostok lag ein Zeitraum von noch nicht ganz vier Stunden. Während dieser Zeit hatte das gegen die Weißen aufbegehrende Asien nicht einen Schuß zu seiner Verteidigung tun können. Widerstandslos mußte es die furchtbarste Waffenwirkung Europas über sich ergehen lassen.«

Ähnlich ergeht es den Schwarzen, auf die der »Geheimbund« daraufhin seine Hoffnung setzt. Auch mit ihnen, die zivilisatorisch noch viel tiefer unter den Weißen stehen als die Gelben, machen die Europäer einfach »kurzen Prozeß«.[22] Angesichts dieser Situation bleibt den Geheimbündlern nichts anderes übrig, als auf einen Eingriff der »Marsiten« zu hoffen, die durch einen sich der Marsoberfläche langsam nähernden Mond in große Bedrängnis geraten sind (worin sich abermals die Wirkung der Hörbigerschen Welteislehre widerspiegelt) und die Eroberung neuer »Lebensräume« ins Auge fassen. Und zwar gibt es auch auf dem Mars, wie wir hören, zwei verschiedene Rassen, die guten Raytaner und die bösen Etaner, die den Weißen und den Farbigen auf Erden entsprechen. Die Kämpfe mit den bösen Marsiten, die wie die Weißen ebenfalls mit Raumschiffen durchs Weltall fahren, erweisen sich für die Europäer als wesentlich gefahrvoller als die Kämpfe mit den Gelben und den Schwarzen. Und doch gehen die Weißen auch aus diesen siegreich hervor, ja sie knüpfen sogar am Schluß mit den Raytanern diplomatische Beziehungen an, was auf eine zukünftige Herrschaft der »Guten« über die »Bösen« im gesamten Weltall schließen läßt.

Noch einen Schritt weiter geht Dietrich Kärrner in seinem Zukunftsroman *Verschollen im Weltall* (1938). Auch dieser Roman beginnt mit den bereits vertrauten alarmierenden Nachrichten aus Asien, nämlich der Meldung, daß der chinesische Marschall Tscheng, eine Art »neuer Dschingis-Khan«, wie es heißt, mit seinen Truppen die Philippinen erobert hat und im Vormarsch auf Singapur ist, um ganz Asien vom englischen Kolonialjoch zu befreien.[23] Und alle Asiaten feiern den »großen Tscheng« als ihren Befreier, »ohne darüber nachzudenken, ob die Herrschaft des weißen Mannes nicht tausendmal besser und milder als die ins Leere hinein gepriesene des gelben Tyrannen wäre«.[24] Aufgrund dieser Konstellation kommt es darauf zum »entscheidenden Waffengang zwischen den Weißen und den Gelben«,[25] bei dem die Engländer, trotz der Hilfe us-amerikanischer Schlachtschiffe, sowohl zur See als auch in der Luft eine Niederlage nach der anderen einstecken müssen. Doch in letzter Minute wird auch hier ein nordischer Supermann, und zwar der schwedische Ingenieur Gösta Ring, zu Hilfe gerufen, der durch die Ausnutzung gewisser »interplanetarischer Dragkräfte«, also wiederum auf der Basis Hörbigerscher Ideen, eine Flotte von unbesiegbaren Raumschiffen entwickelt hat und dem es in wenigen Stunden gelingt, ganz Asien wieder der Herrschaft der weißen Rasse zu unterstellen.[26] Anschließend fliegt Gösta Ring mit seinen Raumschiffen ins weite Weltall hinaus und weist die bösen, dunklen Wurnus, die auf einem entlegenen Stern in der Mökistraße die nordisch-lichten Värnen zu unterjochen versuchen, wieder in ihre hergebrachten Schranken zurück. Doch nicht allein das. Die Entdeckung der Drag- oder Zugkraft macht Gösta Ring nicht nur zum »Herrn und Meister« des fernen Värnimöki, sondern auch unseres Planeten, den sogar die bisherigen »Trustgewaltigen« und »Treibstoffmagnaten«, die »Spekulanten und Geschäftemacher«, womit vor allem die anglo-amerikanischen Kapitalisten gemeint sind, als ihren alleinigen Führer anerkennen.[27]

Und so kommt am Ende dieses Romans ein geradezu utopisch

wirkendes Schlußtableau zustande: alle sehen ein, wie häßlich und mörderisch die alte Welt der Technik war und verlassen die großen Städte. Demzufolge gibt es bald keine durch Abgase »verpesteten« Straßenschluchten, keine »Fabrikschlote«, keine »Asphaltstraßen« mehr.[28] Wo noch Städte stehenbleiben, verwandelt man sie in Garten- oder Parkstädte. Doch ansonsten werden die »Nomaden« des Industriezeitalters, wie es heißt, wieder »seßhaft«, greifen wieder zum »Pflug« und erfreuen sich wieder der stillen Ruhe der Natur: der Wälder, Berge und Seen, wobei natürlich die nordischen Wälder, die nordischen Berge und die nordischen Seen als die anziehendsten hingestellt werden.[29] Wenn der vielstrapazierte Begriff des »Arisch-Grünen« überhaupt einen Sinn hat, dann im Hinblick auf solche Werke. Hier wird eine Zukunftswelt beschworen, wie sie sich schöner und grüner kaum vorstellen läßt. Allerdings ist es eine Welt, die ihre Existenz allein dem *einen* arischen Supermann verdankt, der über mysteriöse naturwissenschaftliche Einsichten verfügt und mit seinen Wunderwaffen alle anderen Rassen der Erde der Herrschaft der strahlenden Nordmenschen unterworfen hat. Daher bleibt sein Weltreich, das mit einer ideologisch hauchdünnen Firnis der »Schönheit« überzogen ist, letztlich ein Weltreich, das auf einer unbarmherzigen Scheidung in Helle und Dunkle, Über- und Untermenschen beruht.

Ja, diese »Utopie« hat sogar noch einen anderen Haken. Wie alle Sozialdarwinisten und Rassentheoretiker ist auch Dietrich Kärrner davon überzeugt, daß der »ewige Frieden« kein Glück, sondern das größte Unglück für die aus dem Kampfgeist geborene und sich im Kampfgeist bewährende nordische Rasse wäre. Und so ließ er auf seinen Roman *Verschollen im Weltall* ein Jahr später noch eine Fortsetzung unter dem Titel *Per Krag und sein Stern* folgen, in dem eine Gruppe von Gösta-Ring-Anhängern unter der Führung Per Krags, der das Leben auf Erden zu »eintönig« geworden ist und die wieder die alte »Wikinger«-Natur in sich erwachen fühlt,[30] mit ihren Raumschiffen erneut nach der Mökistraße aufbricht, um dort dem relativ weißhäutigen Mischvolk der Romöker im Kampf gegen die Rowurnen, einer dunkelhäutigen Untermenschenrasse, beizustehen. Überzeugt davon, daß nur der Kampf stärkt und der Frieden erschlafft, ja daß »das Erproben der eigenen Kraft« der eigentliche Sinn des Lebens ist, mähen Per

Krag und seine Kämpen die niederträchtigen Rowurnen im Dienste der »Sache der weißen Rasse« einfach gnadenlos nieder und werden so zur neuen Herrenkaste dieses Sterns.[31] Unter ihrer Leitung lernen daraufhin die Romöker, was ein nordisches »Gemeinschaftsdenken« ist, »welches den Einzelnen als dienendes Glied in den Rahmen des Ganzen« stellt.[32] Ja, anschließend sorgen sie noch dafür, daß sich die Romöker mit den blonden Frauen von Solmarken verbinden, um so das nordische Blutselement innerhalb ihrer Volkssubstanz zu verstärken. Doch eines schönen Tages werden Per Krag und seine Leute auch diesen Stern wieder verlassen, um sich im Kampf mit anderen Untermenschen in ihrem »nordischen Wesen« zu bestärken. Und so heißt es am Schluß dieses Romans in der üblichen lebensphilosophischen Verschleierung solcher Kampf- und Eroberungsgelüste:[33]

»Wenn die ewige Jugend der Völker in träger Ruhe erschlafft, müssen die Hüter der Art stromaufwärts zum Urquell ihres Wesens vordringen, den ewigen Wert der Seele heimzuholen.«

So primitiv solche Romane auch angelegt sind, in ihnen kommt vielleicht am besten heraus, worauf die sogenannte NS-Ideologie, jedenfalls da, wo sie sich bewußt »utopisch« gibt, in letzter Konsequenz hinauszulaufen scheint: nämlich ein Traumreich des Bäuerlichen und Rassereinen, das den Eindruck des »Veredelten« erweckt, jedoch in Wirklichkeit nur den wahnwitzigen Überlegenheitsgefühlen einer kleinen Führungsclique selbsterwählter Volks- und Arierfanatiker entspringt. Wie schon oft in der deutschen Geschichte, wenn auch mit wesentlich verschärfter Intensität, ja Bestialität, wird hier mit der legitimen Sehnsucht breitester Schichten der deutschen Bevölkerung nach einem anderen, besseren Staat wieder einmal Schindluder getrieben, indem man diesen Schichten eine Utopie vorsetzt, die letzlich gar keine Utopie ist, sondern lediglich auf einer Parvenüphantasie von Größe, Starbewußtsein, Eitelkeit, persönlichen Überlegenheitsgefühlen und angemaßtem Führertum beruht. Und ein solcher Traum, dessen Ziel weniger die Wohlfahrt der anderen als die eigene Hybris ist, muß immer ambivalent, ja brüchig bleiben. Schließlich wird hier die schlechte Wirklichkeit nicht ins Schönere, Grünere, Edlere utopisiert, sondern der Gedanke des Utopischen lediglich auf die Ebene der schlechten Wirklichkeit herabgezogen.

Und damit entpuppt sich selbst in Werken dieser Art, die noch zum »Besten« gehören, was sich unter den Science-fiction-Romanen zwischen 1933 und 1939 findet, der Nationalsozialismus als nackter Imperialismus. Letztlich sind auch hier die schönen Phrasen von »Blut und Boden« bloße Verschleierungstaktiken. Statt den anderen Völkern der Erde und des Universums eine höhere Kultur zu bringen, sind auch die Helden dieser Werke allein auf Eroberung und Ausrottung bedacht. Nicht Bauern und Ritter vertreten hier den »göttlichen« Führungsanspruch der arischen Rasse, sondern abenteuersuchende Ingenieure und Astronauten, welche das gesamte Weltall in einen mit den modernsten technischen Errungenschaften ausgestatteten Superstaat verwandeln wollen. Doch das ist letztlich nur allzu konsequent. Mochten auch Leute wie Himmler von einer Wiederherstellung des »Reichs der Karolinger« träumen, in dem es weder »Dunkelhaarige« noch »große Städte« geben werde, sondern wieder eine »blonde Kriegerkaste« herrscht, die über große Latifundien verfügt,[34] die Grundlage einer solchen Machtergreifung und Machtbehauptung konnte – wie in diesen Romanen – in letzter Instanz nur die Überlegenheit der deutschen Technik sein.

Und so kommt man immer wieder zu dem gleichen Schluß: So nötig es ist, den verschiedenen nationalsozialistischen Ideenkonglomeraten bis zu ihren mystisch-völkischen Quellen nachzugehen, ebenso nötig ist es, ihnen die angemaßte Maske abzureißen – und das Bild der Zukunft, wie es in den Äußerungen mancher NS-Führer sowie vieler der hier angeführten Romane deutlich wird, als einen Herrschaftsanspruch bloßzustellen, der fast ausschließlich auf nackter Gewalt und nicht auf irgendwelchen Idealvorstellungen bäuerlicher oder grüner Art beruht. Die meisten der von der NSDAP rein propagandistisch eingesetzten Programmpunkte der Nazi-Ideologie sind alles andere als »utopisch«. In ihnen wird nicht eine bessere Zukunft, sondern eine schlimmere Vergangenheit anvisiert. Genau besehen, war der parteiamtliche Nationalsozialismus letztlich nur Regression, und zwar Regression im Dienst gegenutopischer Autorität. Er wollte nicht befreien, sondern versklaven – wovon selbst jene nicht ausgenommen waren, die sich zur nordischen Elite, zu den »Rittern« zählten. Denn auch diese Elite partizipierte nur an der Macht, indem sie sich willenlos ihrem Führer unterwarf.

Der Griff zur Weltmacht

Der Zweite Weltkrieg als »Befreiungskampf des deutschen Volkes«

Daß Hitler von Anfang an den Aufstieg Deutschlands zu einer Großmacht im weltpolitischen Kräftespiel im Auge hatte, geht bereits aus *Mein Kampf* (1925–27) hervor. Schon hier betonte er an besonders herausgehobener Stelle: »Deutschland wird entweder Weltmacht oder überhaupt nicht sein.«[1] Daß dies auch nach der offiziellen Machtübergabe an die Nationalsozialisten am 30. Januar 1933 sein politisches Hauptziel blieb, darüber kann nach den inzwischen veröffentlichten Geheimmaterialien der NSDAP kein Zweifel mehr bestehen. Hitler behauptete zwar in den folgenden Wochen und Monaten, wenn er sich an die Öffentlichkeit wandte, immer wieder, daß er ein »Friedenskanzler« sein wolle, um sich auf diese Weise in den Augen der breiten Masse und des Auslands als ein besonnener Staatsmann auszuweisen. Doch schon bei seiner ersten nicht-öffentlichen Ansprache vor Generalen der Reichswehr am 3. Februar, also vier Tage nach seinem Amtsantritt, erklärte er – wie wir aus der verknappenden Mitschrift eines der anwesenden Offiziere wissen – in aller nur wünschenswerten Offenheit:[2]

»Ziel der Gesamtpolitik allein: Wiedergewinnung der politischen Macht. Im Innern: Völlige Umkehrung der gegenwärtigen innenpolitischen Zustände in Deutschland. Keine Duldung der Betätigung irgendeiner Gesinnung, die dem Ziel entgegensteht. Wer sich nicht bekehren läßt, muß gebeugt werden. [...] Nach außen: Kampf gegen Versailles. Gleichberechtigung in Genf, aber zwecklos, wenn Volk nicht auf Wehrwillen eingestellt. [...] Aufbau der Wehrmacht wichtigste Voraussetzung für Erreichung des Ziels: Wiedererringung der politischen Macht. Allgemeine Wehrpflicht muß wiederkommen. [...] Wie soll politische Macht, wenn sie gewonnen ist, gebraucht werden? Jetzt noch nicht zu sagen. Vielleicht Erkämpfung neuer Exportmöglichkeiten, vielleicht – und wohl besser – Eroberung neuen Lebensraums im Osten und dessen rücksichtslose Germanisierung.«

Hitlers Ziel war also schon in den ersten Tagen nach seiner Machtergreifung, Deutschland in ein »großdeutsches Reich« zu erweitern, wobei er nicht nur eine möglichst schleunige Rückgliederung der im Friedensvertrag von Versailles verlorenen Gebiete, sondern auch eine expansive Annexionspolitik nach Osten ins Auge faßte. Und daraus ergaben sich alle weiteren wehr- und wirtschaftspolitischen Maßnahmen, welche auf diesen Machtantritt folgten. Fast alle dieser Maßnahmen wurden zwar von einem ungeheuren propagandistischen Phrasenschwall begleitet, in den sich sogar völkisch-utopistische Klänge mischten, hatten aber stets einen rein machtpolitischen Kern.

Zu den wichtigsten Fakten dieser Entwicklung, die sich auch mit bestem Willen nicht als »idealistisch« rechtfertigen lassen, gehören die folgenden. So kündigte Hitler schon am 19. Oktober 1933 die Mitgliedschaft Deutschlands im Völkerbund. Am 30. Juni 1934 ließ er die angebliche Röhm-Revolte niederschlagen, was zur Ausschaltung der letzten »Linken« in der NSDAP führte. Am 16. März 1935 brach er den Vertrag von Versailles, indem er die Wiedereinführung der allgemeinen Wehrpflicht in Deutschland anordnete und Hermann Göring zu seinem Luftfahrtminister ernannte. Am 18. Juni 1935 schloß Hitler ein Flottenabkommen mit England ab, welches die Größenordnung der englischen zur deutschen Flotte auf das Verhältnis von 100 zu 35 festlegte, um so die frühere Entente auseinanderzubrechen und ein besseres Verhältnis zu England zu gewinnen. Am 7. März 1936 hob er den Vertrag von Locarno auf und ließ die deutsche Wehrmacht in die bisher entmilitarisierten Zonen des Rheinlands einmarschieren. Zugleich verfügte er, mit dem Bau des Westwalls zu beginnen. Am 18. Juli rief Hitler zur Unterstützung Francos die »Legion Condor« ins Leben. Am 24. August wurde auf seinen Wunsch die zweijährige Wehrdienstpflicht in Deutschland eingeführt. Am 25. Oktober kam es zur »Achse Berlin-Rom«. Am 25. November 1936 schloß Hitler einen Antikominternpakt mit Japan ab. Am 4. Februar 1938 übernahm Hitler den Oberbefehl über die gesamte Wehrmacht und verlangte von allen Soldaten folgenden Diensteid:[3]

»Ich schwöre bei Gott diesen heiligen Eid, daß ich dem Führer des Deutschen Reiches und Volkes Adolf Hitler, dem Obersten Befehlshaber der Wehrmacht, unbedingten Gehorsam zu leisten und als tapferer Soldat bereit sein will, jederzeit für diesen Eid mein Leben einzusetzen.«

59 Olaf Gulbransson: »Aus den Tränen des Krieges erwächst der Nachwelt das tägliche Brot. Adolf Hitler.« (Herbst 1939).

Am 12. März 1938 ließ Hitler diese auf ihn vereidigte Wehrmacht in Österreich einmarschieren. Am 20. Mai verlangte er die Abtretung des sogenannten Sudetenlands an das Deutsche Reich. Am 29. und 30. September fand in München jene denkwürdige Konferenz statt, auf der Daladier und Chamberlain, die Premierminister Frankreichs und Englands, der Abtretung des Sudetengebiets zustimmten. Am 15. März 1939 ließ Hitler die deutschen Truppen in den tschechischen Teil der ehemaligen Tschechoslowakei einmarschieren und verkündete am darauffolgenden Tage die Errichtung des »Reichsprotektorats Böhmen und Mähren«. Am 23. März stellte sich die Slowakei unter den »Schutz« des Dritten Reiches. Am 24. März kehrte das Memelgebiet, das Deutschland in Versailles an Litauen abtreten mußte, wieder »heim ins Reich«. Am 28. April kündigte Hitler den deutsch-britischen Flottenvertrag und den deutsch-polnischen Nichtangriffsvertrag. Am 22. Mai schloß er ein Militärbündnis mit Italien ab. Am 31. Mai ließ er einen Nichtangriffspakt mit Dänemark, am 7. Juni mit Lettland und Estland und am 28. August mit der UdSSR unterzeichnen. Nach Abschluß all dieser diplomatischen und machtpolitischen Manöver fühlte er sich im August 1939 endlich in der Lage, zu seinem großen Coup auszuholen und mit seiner auf imperiale Expansion bedachten »Ostpolitik« zu beginnen. Dementsprechend erklärte er am 22. August dieses Jahres auf einer geheimen Rede vor den Befehlshabern der Wehrmacht:[4]

»Nun ist Polen in der Lage, in der ich es haben wollte. Wir brauchen keine Angst vor Blockade zu haben. Der Osten liefert uns Getreide, Vieh, Kohle, Blei, Zink. Es ist ein großes Ziel, das vielen Einsatz fordert. Ich habe nur Angst, daß mir noch im letzten Moment irgendein Schweinehund einen Vermittlungsplan vorlegt.

Die politische Zielsetzung geht weiter. Der Anfang zur Zerstörung der Vormachtstellung Englands ist gemacht. Weg für den Soldaten ist frei, nachdem ich die politischen Vorbereitungen getroffen habe. [...] Vernichtung Polens im Vordergrund. Ziel ist die Beseitigung der lebendigen Kräfte, nicht die Erreichung einer bestimmten Linie. Auch wenn im Westen Krieg ausbricht, bleibt Vernichtung Polens im Vordergrund. Mit Rücksicht auf Jahreszeit schnelle Entscheidung.

Ich werde propagandistischen Anlaß zur Auslösung des Krieges geben, gleichgültig ob glaubhaft. Der Sieger wird später nicht danach gefragt, ob er die Wahrheit gesagt hat oder nicht. Bei Beginn und Führung des Krieges kommt es nicht auf das Recht an, sondern auf den Sieg.

Herz verschließen gegen Mitleid. Brutales Vorgehen. 80 Millionen Menschen müssen ihr Recht bekommen. Ihre Existenz muß gesichert werden. Der Stärkere hat das Recht. Größte Härte.«

Darauf erfolgte am 1. September 1939 der Angriff auf Polen. Danzig und die im Vertrag zu Versailles abgetretenen Ostgebiete wurden wieder dem deutschen Reich eingegliedert, während das westliche Restpolen zum »Deutschen Generalgouvernement« erklärt wurde. Im April 1940 ließ Hitler Dänemark und Norwegen überfallen. Im Mai des gleichen Jahres begann die deutsche Großoffensive gegen Holland, Belgien, Luxemburg und Frankreich, die bereits Ende Juni mit dem Sieg der deutschen Truppen endete. Belgien mußte Eupen-Malmedy zurückgeben, während Luxemburg einfach Teil des Reiches wurde. Als der darauffolgende Luftkrieg über England auf ein für beide Seiten höchst verlustreiches »Unentschieden« hinauslief, trat in der Folgezeit erst einmal eine vorübergehende Pause in den kriegerischen Auseinandersetzungen ein.

Was bei all diesen Aktionen fehlte, war jener himmelstürmende Enthusiasmus, mit dem die deutschen Truppen im August 1914 in den Ersten Weltkrieg gezogen waren. Statt dessen herrschte jetzt – sowohl an der Front als auch in der Heimat – eher das Gefühl einer eisernen Pflichterfüllung. Und auch die Propagandaorgane der NSDAP taten wenig, um eine größere Kriegsbegeisterung anzufachen. Denn auf welche Ideale hätten sie sich hierbei

60 Ernst Kretschmann: Stellung von Narvik (1942).

berufen sollen? Was sich aus alter Tradition anbot, war die These von der »Revanche für Versailles«. Doch mit ihr allein war nicht viel Staat zu machen, da die meisten der damals abgetretenen Gebiete bereits vor Kriegsbeginn wieder ans deutsche Reich zurückgefallen waren. Daher gebrauchte die NSDAP neben der herkömmlichen Vergeltungsthese auch die Parole vom »Großen Vaterländischen Befreiungskrieg«. Und zwar meinte sie damit die »Befreiung« aus den Schlingen jener goldenen und roten Internationale des jüdischen Großkapitals und des ebenso »jüdisch verseuchten« Bolschewismus, denen Deutschland, als ein Land der wiedererstarkten arisch-völkischen Gesinnung, notwendig ein Stachel im Fleische sein müsse. Im gleichen Sinne, wie die NSDAP 1933 beim Amtsantritt Hitlers von einer Befreiung Deutschlands aus den Fesseln der Weimarer Erfüllungspolitik, das heißt der weitergeführten Reparationszahlungen an Frankreich und zugleich der vielfältigen Kreditbindungen an die USA, gesprochen hatte, wurde also jetzt noch einmal der Slogan von der »Befreiung« Deutschlands aus den Umschlingungen der her-

61 Jüdische Weltverschwörung. Illustration aus dem »Stürmer« (1943).

kömmlichen Großmächte, vor allem Englands und Frankreichs, gesprochen, welche alles aufböten, um Deutschland möglichst »klein« zu halten, kurzum: ihm keinen »Lebensraum« zu gewähren und es damit allmählich in seinen ihm vom Westen auferlegten Fesseln ersticken zu lassen.

Wie unsicher sich selbst manche der führenden Repräsentanten des NS-Systems bei solchen Parolen fühlten, beweist eine Rede, die Joseph Goebbels am 5. April 1940 vor geladenen Vertretern der deutschen Presse hielt und in der er unter anderem erklärte:[5]

»Der Nationalsozialismus hat niemals eine Lehre gehabt in dem Sinne, daß er Einzelheiten oder Probleme erörterte. Er wollte an die Macht. [...] Wir hatten schon unsere Pläne, aber wir unterbreiteten sie nicht der öffentlichen Kritik. Wenn heute einer fragt, wie denkt ihr euch das neue Europa, so müssen wir sagen, wir wissen es nicht. Gewiß haben wir eine Vorstellung. Aber wenn wir sie in Worte kleiden, bringt uns das sofort Feinde und vermehrt die Widerstände. [...] Heute sagen wir ›Lebensraum‹. Jeder mag sich vorstellen, was er will. Was wir wollen, werden wir zur rechten Zeit schon wissen.«

In der Zeit zwischen dem Frühjahr 1940 und dem Beginn des Rußlandfeldzuges im Sommer 1941 war daher in den NS-Publikationen, wenn überhaupt von Kriegszielen gesprochen wurde, meist nur von einer »Neuordnung Europas«, einem »neuen Großraum«, einem »neuen europäischen Wirtschaftssystem« und ähnlichen Leerformeln ohne inhaltliche Füllung die Rede. Ansonsten wurde die deutsche Bevölkerung weitgehend auf die Erledigung des jeweils Nötigen und Anstehenden gelenkt.[6] Noch deutlicher äußerte sich diese Politik, als Hitler am 22. Juni 1941 den lange geplanten »Fall Barbarossa«, das heißt den Überfall auf die UdSSR, in die Tat umsetzen ließ, um Deutschland weitere »Lebensräume« im Osten zu eröffnen und ihm damit die Basis zu einer wirklichen Großmacht zu geben. Jetzt wurde fast nur noch von Pflicht, Opfer und Einsatz geredet, das heißt alles »Utopische« zugunsten eines sich in der Gegenwart erfüllenden Heroismus in den Hintergrund gerückt. Ja, Hitler erließ, nachdem die auf Blitzsieg eingestellte Offensive in Rußland in einem zermürbenden Stellungskrieg steckengeblieben war, am 23. Januar 1942 eine Order, in der er ausdrücklich bestimmte, daß von nun an alle »Vorbereitungen und Hoffnungen für zukünftige Friedensausgaben« grundsätzlich »zurückgestellt« werden sollten.[7]

Die Hoffnung auf ein »Großgermanisches Reich im Osten«

Als Hitler am 22. Juni 1941 die deutschen Truppen in die UdSSR einmarschieren ließ, hatte er auf einen weiteren Blitzsieg gehofft. Schließlich handelte es sich bei den Russen und Ukrainern, wie er annahm, um willensschwache »Untermenschen«, die den Deutschen nicht so viel Widerstand entgegensetzen würden wie die »germanischen« Engländer. Überhaupt sollte dieser Feldzug von vornherein ein völlig anderer Krieg sein als der gegen die Briten oder Franzosen. Die »Russen«, erklärte Hitler schon am 30. März 1941 anläßlich einer inoffiziellen Ansprache vor 200 bis 250 höheren Offizieren in der Berliner Reichskanzlei,[1] seien keine wirklich ernstzunehmenden militärischen Gegner, sondern lediglich minderwertige Mongolen, Asiaten oder »asoziale« Verbrecher, die mit äußerster Härte als Untermenschen behandelt werden müßten. So gesehen, wurde der Krieg gegen die Sowjetunion von Anfang an als ein »rassen-biologischer Vernichtungskrieg« geplant,[2] mit dem Hitler endlich seine »Lebensraum«-Vorstellungen verwirklichen wollte. Mit einem Wort: mit diesem Krieg wollte er genug Siedlungsgebiete, Rohstoffquellen und Sklavenheere gewinnen, um auf der Basis einer erweiterten Machtposition später zu den entscheidenden Schlägen gegen »Weltmächte« wie England und die USA ausholen zu können.

Als die vier Hauptziele dieses Krieges galten daher bei der NS-Führungsspitze folgende: 1. »die Ausrottung der ›jüdisch-bolschewistischen‹ Führungsschicht einschließlich ihrer angeblichen biologischen Wurzel, der Millionen Juden in Ostmitteleuropa«, 2. »die Gewinnung von Kolonialraum für deutsche Siedler in den vermeintlich besten Teilen Rußlands sowie solchen Gebieten, die Hitler aus politischen und strategischen Gründen dazu für notwendig erachtete«, 3. »die Dezimierung der slawischen Massen und ihre Unterwerfung unter die deutsche Herrschaft in vier Staatsgebilden, den ›Reichskommissariaten‹ Ostland, Ukraine, Moskowien und Kaukasien, unter der Führung deutscher ›Vizekönige‹, wie sich Hitler in Anlehnung an sein ›Ideal‹ einer Kolonialherrschaft, die Rolle Englands in Indien, ausdrückte«, und 4. »die Autarkie eines blockadefreien ›Großraums‹ in Kontinentaleuropa unter deutscher Herrschaft, für den die eroberten Ostgebiete das vermeintlich unerschöpfliche Reservoir an Rohstoffquellen und Lebensmitteln darbieten« sollten.[3]

Schon am 8. Juli 1941, also gut zwei Wochen nach Kriegsbeginn, glaubte Hitler seinem Ziel so nahe zu sein, daß er bei einer militärischen Lagebesprechung kurzerhand forderte, Moskau und Leningrad einfach »dem Erdboden gleichzumachen«, um damit sowohl dem »Bolschewismus« als auch dem »Moskowitertum« seine beiden Zentren zu rauben.[4] Acht Tage später, im Vorgefühl des nahen Sieges, erklärte er Rosenberg, Keitel, Göring und Bormann gegenüber, daß sein Ostprogramm darin bestehe, den »riesenhaften Kuchen« des russischen Reiches »handgerecht zu zerlegen, damit wir ihn erstens beherrschen, zweitens verwalten und drittens ausbeuten können«.[5] Es komme jetzt alles darauf an, sagte Hitler kurze Zeit später, möglichst schnell bis zum Ural vorzustoßen und jeden Russen, »der nur schief schaue, totzuschießen«.[6] Überhaupt gebrauchte Hitler in diesen Wochen und Monaten ständig Worte wie »Erschießen« oder »Aussiedeln«,[7] wenn er auf die Sowjets zu sprechen kam, und stellte auch den »Partisanenkrieg« als eine willkommene Gelegenheit hin, alles, »was sich uns entgegenstellt«, kurzerhand »auszurotten«.[8] Als das Ziel all dieser Maßnahmen faßte er hierbei eine »rücksichtslose Germanisierung« des gesamten Ostraums ins Auge. Wer nur einen Tropfen guten deutschen Blutes in den Adern habe, erklärte er immer wieder, müsse sich jetzt in den Dienst einer gnadenlosen Liquidierung aller Bolschewisten und Juden sowie einer gnadenlosen Versklavung aller anderen Bevölkerungsschichten des russischen Großraums stellen.

Solange die deutschen Truppen bis zum Herbst 1941 an der Ostfront einen »Sieg« nach dem anderen errangen, drang mancher dieser Pläne – mit Ausnahme der Judenliquidierung – sogar an die deutsche Öffentlichkeit. Als sich jedoch der als Blitzsieg geplante Rußlandfeldzug im Winter 1941/42 in einen auch für die Deutschen höchst verlustreichen Stellungskrieg verwandelte, wurde die NS-Führungsspitze bei ihren offiziellen Stellungnahmen zu den Zielen dieses Krieges wesentlich vorsichtiger und stellte schließlich im Januar 1942, auf eine ausdrückliche Weisung Hitlers, jegliche parteiamtliche Prognostik ein.[9] Aber im Geheimen gingen die Planungsgespräche über den zukünftigen Zustand Polens und Rußlands selbstverständlich weiter. Und zwar entwickelte man hierbei zwei Strategien: eine offizielle, bei der es vornehmlich um propagandistische Effekte ging, und eine inoffizielle, die sich weitgehend unter Ausschluß der Öffentlichkeit abspielte, auf jede propagandistische Überhöhung verzichtete und sich ausschließlich als machtpolitische Praxis manifestierte.

Der offiziellen Legitimationsstrategie des Rußlandfeldzuges lag meist die Tendenz zugrunde, den Krieg im Osten als einen Kampf um Gedeih und Verderb ganz Deutschlands, ja ganz Europas, wenn nicht gar der gesamten weißen Rasse gegen jene »asiatischen« Untermenschen hinzustellen, welche – wie schon ihre mongolischen, awarischen und hunnischen Vorfahren – wieder einmal darauf bedacht seien, sich zu Sklavenhaltern des Abendlandes zu machen. Innerhalb dieses Strategiefeldes wurde also an jene Ideologie angeknüpft, die durch die Parole von der »Gelben

62 Ferdinand Staeger: Abwehr asiatischer Einfälle (1943).

Gefahr« oder einen Spruch wie »Gen Ostland woll'n wir reiten« schon seit Jahrzehnten im Schwange war. Hier traten dementsprechend die Deutschen stets als die heldenmütigen Verteidiger aller »höheren Werte« des Abendlandes auf, das heißt als jene, die im Osten »die Wacht halten«, die ein »Bollwerk« gegen die anbrandende Flut der »bolschewistisch verseuchten« Untermenschen bilden, die also im gegenwärtigen Krieg gegen die »asiatischen Steppenhorden«, wie Gerhard Schumann schrieb,[10] den vieltausendjährigen »Freiheitskampf« der Weißen gegen die Gelben fortsetzen. Noch verblasener drückte sich Hans Baumann 1943 in seinem Beitrag *Reich in uns* zu der Zeitschrift *Kunst im Krieg* im Hinblick auf solche Fragestellungen aus:[11]

»Gegen den Satan, der dem Reich das verzerrte Antlitz in den Mongolen Dschingis-Khans, den Hunnen Attilas, den Awaren und Türken gezeigt hat, den es heute in der Maske des Bolschewismus birgt, steht die Seele Europas. Jede Entscheidung für unseren Erdteil wurde von den Heeren, die nach Osten blickten, gefällt. Im Anblick der großen Brachen, im Anblick des Neulandes werden die Siege errungen. Jeder Deutsche, jeder Europäer, der nicht in unser waches Jahrhundert hinüberschlief, weiß heute, daß die Zukunft unseres Erdteils bei den Soldaten des Führers steht. Sie werden siegen, damit Hellas und Rom bleibe, damit das Reich sei, damit Europa werde.«

Ja, Josef Magnus Wehner erklärte 1944 unter dem Titel *Das Reich der Macht und Innerlichkeit* mit ungebrochener Emphase, als gelte es noch immer den Untergang des Abendlandes im Kampf gegen die asiatischen Horden abzuwehren: »Pflanzt die Säulen des Reichs / In die Verwesung der Welt!«[12]

Doch von solchen Sprüchen wie auch von den meisten Utopien ihrer idealistisch-verblendeten Parteigänger haben die Vertreter der NS-Parteispitze sicher nicht viel gehalten. Jedenfalls sprechen ihre Tischgespräche, Briefe, Geheimbefehle usw. eine ganz andere, das heißt viel nüchternere, unerbittlich realpolitische Sprache. Wohl am deutlichsten zeigt sich das in den Schriften, Gesprächen, Appellen und persönlichen Direktiven Heinrich Himmlers, der von Hitler zu Beginn des Rußlandfeldzuges mit allen rassenpolitischen Maßnahmen der Liquidierung, Aussiedlung und Eindeutschung der eroberten Ostgebiete im Hinblick auf ein künftiges »Großdeutsches Reich« betraut wurde. Und Himmler nahm sich als früherer Artamane, Tierzüchter, Rassenfanatiker, Judenhasser, Ordensstifter, Reichsführer der SS, erklärter Feind aller »Untermenschen« usw. dieser Aufgabe mit der für ihn charakteristischen Genauigkeit und fanatischen Hingabe an. Erst jetzt hatte er endlich freie Hand, das von ihm erträumte »Heilige Germanische Reich Deutscher Nation« zu schmieden, wie er am 23. November 1942 anläßlich einer Rede an der SS-Junkerschule in Tölz erklärte.[13] Um die deutsche Rassenmischung durch die Eroberung nichtgermanischer Gebiete nicht noch größer werden zu lassen, entschloß sich Himmler, der sich in diesem Punkte als »der germanische Arm des Führers« verstand,[14] in den neuen Ostgebieten durch massenhafte Liquidierungen und Aussiedlungen dafür zu sorgen, daß dort nur »Menschen wirklich deutschen germanischen Blutes« wohnen würden.[15] Nur wenn man das im Auge behalte, erklärte er, könne aus dem osteuropäischen Großraum ein »dauerhaftes Fundament« für eine »großartige Zukunft der germanischen Völker« werden.[16] Wie weiträumig sich Himmler dieses zukünftige Reich vorstellte, geht aus folgender Äußerung hervor, die er am 18. September 1942 bei einer Abendgesellschaft von sich gab und die in dem mitgeschriebenen Protokoll folgendermaßen lautet:[17]

63 Ernst Kretschmann: Panzerspähmann (1940).

»Gewaltig sei, was innerhalb eines Menschenalters praktisch vom Führer bisher erreicht worden sei und wahrscheinlich noch erreicht wird: Unser nach dem Versailler Schmachfrieden verkleinertes Reich wieder vergrößern und das Großdeutsche Reich zu schaffen. Nach dem Großdeutschen Reich kommt das germanische Reich, dann das germanisch-gotische Reich bis zum Ural, und dann vielleicht auch noch das gotisch-fränkisch-karolingische Reich.«

Und zwar hatte Himmler dabei vor allem das Baltikum und große Teile Polens, aber auch die Ukraine sowie die Krim im Auge, ja wollte sogar entlang großer Autobahnen germanische Siedlungskeile bis zum Ural vortreiben. Welche Form diese Germanisierungspolitik erhalten sollte, geht vor allem aus dem »Generalplan Ost« des Reichssicherheitshauptamtes vom 27. April 1942 hervor, der im Hinblick auf die Bevölkerung dieser Gebiete die Aussiedlung vom 31 Millionen Einwohnern und die Eindeutschung der restlichen 14 Millionen vorsah. All jene, die sich nicht zur Eindeutschung eigneten, also nicht blond und blauäugig waren, sollten entweder liquidiert, sterilisiert oder nach Sibirien sowie in das sogenannte Generalgouvernement gebracht werden, welches Himmler in ein »großes polnisches Arbeitslager«, das heißt ein »Reservoir an Arbeitskräften für niedrige Arbeiten« verwandeln wollte.[18]

Ausgerottet werden sollten nach diesem Plan und nach Himmlers Vorstellungen erst einmal die Juden. Daß dies selbst für die SS eine schwere, aber zugleich stärkende Aufgabe sein würde, war Himmler durchaus bewußt. Er sagte darüber anläßlich einer Rede am 4. Oktober 1943 vor einer ausgewählten Gruppe von SS-Offizieren in Posen, um diese Männer vor Rückfällen in »menschliche Schwächen« zu bewahren:[19]

»Ich meine jetzt die Ausrottung des jüdischen Volkes. Es gehört zu den Dingen, die man leicht ausspricht. ›Das jüdische Volk wird ausgerottet‹, sagt jeder Parteigenosse, ›ganz klar, steht in unserem Programm, Ausschaltung der Juden, Ausrottung, machen wir.‹ Und dann kommen sie alle an, die braven 80 Millionen Deutschen, und jeder hat seinen anständigen Juden. Es ist ja klar, die anderen sind Schweine, aber dieser eine ist ein prima Jude. Von allen, die so reden, hat keiner zugesehen, hat keiner es durchgestanden. Von Euch werden die meisten wissen, was es heißt, wenn 100 Leichen beisammenliegen, wenn 500 daliegen oder wenn 1000 daliegen. Dies durchgehalten zu haben, und dabei – abgesehen von Ausnahmen menschlicher Schwächen – anständig geblieben zu sein, das hat uns hart gemacht. Dies ist ein niemals geschriebenes und niemals zu schreibendes Ruhmesblatt deutscher Geschichte.«

Doch auch gegen die slawischen »Untermenschen« wollte Himmler mit der gleichen unmenschlichen Härte vorgehen, um die wertvollen Siedlungsgebiete im Osten von allen »biologisch unerwünschten« Elementen zu säubern. Nicht nur die »Herrenschichten« dieser Länder sollten kurzerhand »totgeschlagen«[20] oder »sterilisiert«[21] werden, wie Himmler und seine Unterführer immer wieder betonten, auch die »breiten Massen« sollten durch wahllose Erschießungsaktionen oder gnadenlose Arbeitsbelastungen nach und nach dezimiert werden. »Ob beim Bau eines Panzergrabens 10 000 russische Weiber an Entkräftung umfallen oder nicht, interessiert mich nur insoweit«, erklärte Himmler bei der gleichen Rede in Posen, »als der Panzergraben für Deutschland fertig wird«.[22] Und so ließ Himmler zwischen 1942 und 1944 durch SS-Einsatzkommandos »mindestens eine Million Slawen« einfach liquidieren.[23] Weitere Hunderttausende von Polen und Russen, in welchen die SS lediglich Freiwild, Bestien oder tierische Untermenschen sah, wurden bei sogenannten Partisanenkämpfen umgelegt oder in Kriegsgefangenenlager gebracht, wo ebenfalls Zehntausende, wenn nicht Hunderttausende an Hunger, Seuchen und Entkräftung starben.

Aber auch in den »Homelands«, in denen die SS die Reste der slawischen Bevölkerung zusammenpferchen wollte, sollten die Lebensbedingungen so niederdrückend sein, daß hier jede Hoffnung auf eine Änderung der Verhältnisse allmählich schwinden würde. Nicht nur körperlich, sondern auch geistig und seelisch wollte sie diese Menschen auf den Stand von bloßen Arbeitssklaven herabdrücken. Dementsprechend erließ Himmler am 16. September 1942 folgende Regeln für die Schulbildung dieser Bevölkerungsteile:[24]

»Die Gesamtlinie ist absolut die: Wir haben diesem Volke keine Kultur zu bringen. Es genügt, 1. wenn die Kinder in der Schule die Verkehrszeichen lernen, damit sie uns nicht in die Autos laufen, 2. wenn sie das kleine Einmaleins bis 25 lernen, damit sie soweit zählen können und 3. wenn sie ihren Namen schreiben können; mehr ist nicht nötig.«

Das Land, das durch diese Liquidierungs- und Aussiedlungsmaßnahmen »frei« wurde, sollte in Zukunft lediglich reinblütigen Germanen zur Verfügung stehen, um nur ja keine weitere »Rassenmischung« zu verursachen. Um genug Menschen »guten Blutes« für diesen neu erschlossenen Siedlungsraum zu haben, plante Himmler, nach dem siegreich beendeten Krieg alle germanisch bewußten Deutschen aus der gesamten Welt in diese Gebiete zu verpflanzen. Wie entschieden er in dieser Absicht war, geht aus folgender Äußerung hervor:[25]

»Alles gute Blut in der Welt, alles germanische Blut, was nicht auf deutscher Seite ist, kann einmal unser Verderben sein. Es ist deswegen jeder Germane mit bestem Blut, den wir nach Deutschland holen und zu einem deutschbewußten Germanen machen, ein Kämpfer für uns und auf der anderen Seite ist einer weniger. Ich habe wirklich die Absicht, germanisches Blut in der ganzen Welt zu holen, zu rauben und zu stehlen, wo ich kann.«

64 Wilhelm Dohme: Grenzschutz gen Osten. Sgraffito im Braunschweiger Dom (1940). Zerstört.

Im Hinblick auf die überseeischen Länder dachte Himmler hierbei vor allem an die »Volksdeutschen« in den Vereinigten Staaten und in Südafrika. Innerhalb Europas wollte er Teile der Engländer ins Baltikum, die Holländer nach Rußland und die Südtiroler auf die Krim umsiedeln, aber von Zeit zu Zeit auch »blutsmäßige Fischzüge« durch Frankreich machen, das heißt die gerade geborenen blonden Kinder nach Deutschland holen und dort als deutschbewußte Germanen großziehen lassen.[26] Auf diese Weise hoffte Himmler, das 80-Millionen-Volk der Deutschen in einer Generation in ein »120-Millionen-Volk« zu vergrößern und damit zur führenden »Ordnungsmacht« Europas zu machen.[27] Und die Basis für diese »Pflanzstätte guten Blutes«, wie er sich immer wieder ausdrückte, sollte in erster Linie der große, ja unendliche Raum im Osten sein,[28] durch den das deutsche Reich endlich jene rassische Stärke gewinnen könne, um für alle Zeiten gegen weitere An- und Übergriffe der Asiaten gewappnet zu sein. In der bereits zitierten Geheimrede, die Himmler im Oktober 1943 vor ausgewählten SS-Führern in Posen hielt, sagte er hierzu:[29]

»Der Osten wird damit die Voraussetzung sein, daß das germanische Reich in der Welt in den kommenden Jahrhunderten fähig ist, die nächsten Stöße, die früher oder später im geschichtlichen Rhythmus aus Innerasien immer wieder kommen werden, aufzuhalten, zurückzuschlagen, um abermals dann in den kommenden Generationen die Volkstumsgrenze hinauszuschieben, um letzten Endes nur das zurückzuholen, was Goten und Vandalen, was unsere germanischen Vorfahren einst als Reich und ihr Land besessen haben.«

Hitlers letzte Monologe

So viel zu Himmlers »Ostprogramm«, das in seiner Mischung aus eiskalter Berechnung und neureligiösem Fanatismus wohl die grausamste Manifestation des nazistischen Weltmachtstrebens darstellt. Hier trat jemand auf, der sich als »germanischer Arm des Führers« fühlte und seine ganze Willenskraft der Verwirklichung einer »Utopie« widmete,[1] wie sie die Welt noch nie gesehen hat und die zum endgültigen Sieg der »nordischen Rasse« über alle anderen Völker und Rassen der Welt führen soll. In diesem Programm setzte sich also jemand für etwas ganz Unerhörtes, welthistorisch Wahnwitziges ein, ohne daß je genauer bestimmt würde, worin denn – außer dem Eroberungstrieb, der ständigen Kampfbereitschaft und der unmenschlichen Härte – die besonderen Qualitäten der Deutschen bestehen, was sie denn dazu legitimiert, diesen Führungsanspruch über alle anderen Nationen der Welt zu erheben. Doch eine solche Frage ist vielleicht von vornherein abwegig. Eine Strategie, die auf dem Konzept des »auserwählten Volkes« beruht, hat noch nie nach einer Selbstrechtfertigung gefragt. Sie trägt ihren höchsten Zweck immer in sich selbst.

Die einzige Frage, die sich daraus ergibt, ist jene, ob dieses »Ostprogramm« lediglich die Konzeption Himmlers und seiner SS, also einer bis aufs Äußerste fanatisierten Teilgruppe der nationalsozialistischen Bewegung war, oder ob hinter solchen Vorstellungen auch Hitler und damit die höchste Autorität innerhalb dieses Systems gestanden hat? Da wir über Hitlers Anschauungen der Jahre 1941 bis 1944 – durch die Aufzeichnungen seiner Tischgespräche und Monologe aus dem Führerhauptquartier an der Ostfront – relativ gut unterrichtet sind,[2] läßt sich diese Frage nur mit einem abwägenden »jein« beantworten. Wenn man nämlich diese Äußerungen zu systematisieren versucht, wird man feststellen, daß sich viele der hier ausgedrückten Meinungen mit Himmlers Vorstellungen durchaus decken, andere jedoch weit über Himmlers recht engen Horizont hinausgehen und auch Aspekte ins Spiel bringen, die nicht nur in einer rein bäuerlich ausgerichteten Siedlungspolitik kulminieren. Doch gehen wir erst einmal auf jene Problemkomplexe ein, wo sich die Absichten Himmmlers mit denen Hitlers weitgehend decken.

So waren beide einer Meinung, daß das Hauptziel der NS-Bewegung darin bestehe, durch einen Krieg gegen die Slawen ein »Germanisches Großreich im Osten« zu schaffen, ohne das die späteren Weltherrschaftsabsichten keine wirkliche Basis hätten. Und beide waren sich zugleich einig, daß hierbei die strengsten Maßnahmen der national-sozialistischen »Blut und Boden«-Theorien angewandt werden müßten. Nicht nur Himmler wollte die Slawen und Juden in diesen Gebieten liquidieren, um endlich den nötigen Siedlungsraum für die deutschbewußten Germanen zu gewinnen, auch Hitler war für eine gnadenlose Liquidierungspolitik im Osten. Dementsprechend erklärte er in seinen »Tischgesprächen« immer wieder, daß die »Juden dieses Mal aus Europa verschwinden müßten«,[3] ja sagte ausdrücklich:[4]

»Wenn wir diese Pest ausrotten, so vollbringen wir eine Tat für die Menschheit, von deren Bedeutung sich unsere Männer draußen gar keine Vorstellung machen können.«

Nicht minder gnadenlos wollte Hitler mit den Slawen verfahren. Gerade im Hinblick auf die Russen und Polen, betonte er, sollten »unsere nach Osten abkommandierten Männer«, womit vor allem die SS-Kommandos gemeint sind, die deutschen »Volksbelange notfalls mit Brachialgewalt durchsetzen«.[5] Statt Schonung walten zu lassen, erklärte Hitler, müsse man in diesen Gebieten nach dem Prinzip der »verbrannten Erde« verfahren, das heißt alle russischen Städte, einschließlich des »schönen« Petersburg,[6] einfach dem Erdboden gleichmachen und die dort lebenden »Ureinwohner als Indianer betrachten«, also entweder umbringen oder nach Sibirien abschieben.[7] In diesem Sinne sagte Hitler am 6. Juli 1942 mit geradezu wahnwitziger Hybris:[8]

»Lächerliche hundert Millionen Slawen werden wir absorbieren oder verdrängen.«

65 Fidus: Haupt des Führers (1941).

Im Gegensatz zu jenen, die die restliche Bevölkerung im deutschen Sinne »zivilisieren« wollten,[9] trat Hitler dafür ein, diese Menschen auf den niedrigsten Stand der menschlichen Existenzweise herunterzudrücken, das heißt ihnen weder ärztliche Betreuung noch irgendeine Schulbildung zuzugestehen. »Wenn einer von Betreuen spricht«, sagte er einmal ärgerlich über die allzu Bildungsbeflissenen, welche den »freien Ukrainern« eine Universitätsbildung ermöglichen wollten, »den sollte man gleich ins KZ stecken«.[10] All diese Slawen, betonte Hitler immer wieder, hätten nichts anderes verdient als »Kopftücher, Glasketten als Schmuck und was sonst Kolonialvölkern gefällt«.[11]

Auf dem durch diese Ausrottungs-, Abschiebungs- und Versklavungsmaßnahmen »frei« gewordenen Boden wollte auch Hitler nur rassenreine »Germanen« ansiedeln, wobei er vor allem das »Baltikum«, den »Süden der Ukraine und die Krim« ins Auge faßte.[12] Und zwar dachte Hitler an eine Vielzahl nordischer Bevölkerungsschichten, die hier als »Wehrbauern« eine neue Heimat finden sollten: an die »zweiten, dritten und vierten Söhne« der deutschen Bauernfamilien,[13] an »arme Arbeiterfamilien aus Thüringen und dem Erzgebirge«,[14] aber auch an »Holländer, Norweger und vereinzelt sogar Schweden«, die er in den Osten verpflanzen wollte.[15] »Auf lange Sicht gesehen«, erklärte Hitler Anfang 1942, ist es das Ziel »meiner Ostpolitik«, »etwa 100 Millionen germanischer Menschen in diesem Raum ein Siedelgebiet zu erschließen«.[16]

Wie Himmler stellte Hitler bei diesen Umsiedlungsprojekten stets den Gedanken des Germanisch-Reinrassigen in den Vordergrund. Allerdings entwickelte er auf diesem Gebiet mehrere Konzepte, mit denen er eine solche planmäßige »Aufnordung« befördern wollte. Erstens forderte er, daß in Zukunft jede deutschbewußte Familie mindestens »vier Kinder« haben müsse.[17] Zweitens vertrat er die Forderung, in all jene Gebiete, in denen die »Zusammensetzung der Bevölkerung blutsmäßig schlecht« sei, SS-Elitetruppen wie die »Leibstandarte Adolf Hitler« zu verlegen, was sicher zu einer »Auffrischung« der dortigen Blutsverhältnisse beitragen würde.[18] Drittens forderte er, daß alle Volksdeutschen, wie etwa die »deutschen Elemente in Ungarn und Rumänien«, für die »großen Aufgaben im Osten« ins Reich zurückgeholt werden müßten.[19] Doch nicht allein das. Auch die Volksdeutschen in Amerika und Südafrika, erklärte Hitler, sollten sich endlich wieder auf ihr angestammtes Volkstum besinnen und nach Deutschland zurückkehren, da sich eine »wirkliche Weltherrschaft nur auf das eigene Blut gründen« lasse.[20] Aus all dem zog er die Folgerung:[21]

»Wo immer germanisches Blut in der Welt sich findet, nehmen wir das, was gut ist, an uns. Mit dem, was den anderen dann bleibt, werden sie gegen dieses germanische Reich nicht antreten!«

Und wie Himmler stellte auch Hitler als die Hauptcharakteristika der nordischen Rasse immer wieder den germanischen Eroberungstrieb, die ständige Kampfbereitschaft und die unmenschliche Härte als die Haupttugenden des deutschen Volkes hin. Was er auf diesem Gebiet besonders verdammte, war zweierlei. Erstens holte er ständig gegen die Vertreter der christlichen Kirchen aus, denen er vorwarf, als Prediger der Demut , Schwäche und Entsagung einen dem nordischen Geist der Stärke diametral entgegengesetzten Ungeist zu verbreiten, vertagte jedoch das »Kirchenproblem« auf die Zeit nach dem Kriege.[22] Zweitens machte er sich unentwegt über die »literarisch überzüchteten dekadenten« bürgerlichen Intellektuellen mit ihrer »übermäßigen Gehirnbildung« lustig.[23] Überhaupt erschien Hitler jede nur auf »totes Wissen« oder fruchtloses »Analysieren« hinauslaufende Bildung, die lediglich den naturgegebenen Willen zur Tat abschwäche, von vornherein suspekt.[25] Mit solchen Leuten, sagte er, »kann man nicht Geschichte machen«.[25] In einem ähnlichen Zusammenhang hatte Hitler bereits 1934 Hermann Rauschning gegenüber erklärt:[26]

»Meine Pädagogik ist hart. Das Schwache muß weggehämmert werden. In meinen Ordensburgen wird eine Jugend heranwachsen, vor der die Welt erschrecken wird. Eine gewalttätige, herrische, unerschrockene, grausame Jugend will ich. [...] Schmerzen muß sie ertragen. Es darf nichts Schwaches und Zärtliches an ihr sein. Das freie, herrliche Raubtier muß erst wieder aus ihren Augen blitzen. Stark und schön will ich meine Jugend. [...] Ich will keine intellektuelle Erziehung. Mit Wissen verderbe ich mir die Jugend. [...] Aber die Beherrschung müssen sie lernen. Sie sollen mir in den schwierigsten Proben die Todesfurcht besiegen lernen. Das ist die Stufe der heroischen Jugend.«

Was Hitler also liebte, waren jene »brutalen Naturen, die bereit sind, aus einer Erkenntnis die Konsequenzen zu ziehen«.[27] Und diese Naturen wollte er vor allem aus der »breiten Masse«, aus den »Arbeitern« und den mit »animalischer Kraft« ausgestatteten »Bauern« heraufholen, die noch einen Sinn für nordische »Tatkraft« hätten.[28] Wie Himmler sagte er daher an einer Stelle:[29]

»Ich zweifle keinen Augenblick, daß in hundert Jahren die ganze deutsche Führerschaft aus der SS hervorgeht.«

So weit entspricht also Hitlers Denken völlig jenen Eroberungs-, Vernichtungs-, Abhärtungs- und Aufnordungsvorstellungen, die auch Himmler in diesen Jahren hegte. Beide waren nach Beginn des Rußlandfeldzuges geradezu monomanisch auf eine imperialgestimmte »Ostpolitik« fixiert, die sie bis ins Detail hinein mit ihren arischen »Blut und Boden«-Theorien zu verbinden suchten.

Ja, bei Hitler war diese Fixierung so monomanisch, daß man häufig pathologische Züge in seiner Charakterstruktur dafür verantwortlich gemacht hat. So gibt es Historiker, die in ihm vornehmlich einen »Neurotiker«, wenn nicht gar »Hysteriker am Rande der Schizophrenie«[30] oder einen mit der »Parkinsonschen Krankheit« Behafteten sehen.[31] Doch solche Deutungsversuche geben letztlich nicht viel her.[32] Hitler war zwar in diesen Jahren häufig gereizt und neigte zu Wutausbrüchen, bewies jedoch in seinen Tischgesprächen, daß er viele der anstehenden Probleme in diesem Zeitraum wesentlich klarer beurteilte als in den zwanziger oder dreißiger Jahren. Wenn man diese Äußerungen genau liest, bekommt man eher den Eindruck einer an relativ vielen Fragen interessierten Persönlichkeit, die in der Breite ihrer Interessen sowie der Beurteilungskraft im Einzelnen weit über den recht engen Horizont eines monomanischen Fanatikers wie Himmler hinausreicht. Was Hitler beschäftigte, waren nicht nur die »Blut und Boden«-Aspekte der NS-Ideologie, sondern auch eine Fülle anderer Fragen, auf die er einerseits höchst pragmatisch, ja geradezu ökonomistisch oder technizistisch, andererseits höchst idealistisch-verblasen, ja geradezu utopisch oder dystopisch reagierte.

Beginnen wir mit seinem scharf ausgeprägten Sinn für Materielles, Technisches, Wirtschaftswissenschaftliches. So hatte Hitler, wie aus diesen Gesprächen und Monologen hervorgeht, eine äußerst genaue Kenntnis der russischen Bodenschätze, wußte also sehr wohl, was die dortigen Nickel-, Kohle-, Mangan- und Molybdän-Schätze für die deutsche Industrie bedeuteten.[33] In diesem Punkte erschien ihm die UdSSR geradezu als ein »Land der unbegrenzten Möglichkeiten«, das er nicht nur als idealen Siedelboden für deutschbewußte Germanen betrachtete, sondern durch ein wohlüberlegtes Kanalsystem zwischen »Donau, Don und Dnjepr« in ein produktives Industriegebiet verwandeln wollte, um aus dem Germanischen Großreich einen total »autarken« Staat zu machen.[34] Auch für Technisches zeigte Hitler immer wieder ein großes Interesse. Er nahm Einfluß auf den Bau des Volkswagens, beschäftigte sich mit der Konstruktion von Automotoren und bedauerte aufrichtig, daß Deutschland im Bereich des Autobaus »noch lange nicht dort sei, wo die Amerikaner sind«.[35] Überhaupt erschien ihm das Auto schon damals als das wichtigste Vehikel, das in Zukunft einmal die Völker miteinander verbinden werde.[36]

Von einer einseitigen Bauernverherrlichung findet sich also in diesen Gesprächen keine Spur. Im Gegenteil. Von all jenen NS-Theoretikern, die an einer Rückkehr zu altgermanischen Verhältnissen interessiert waren, hielt Hitler wenig oder nichts. So äußerte er sich einmal höchst abschätzig über die »Odins- und Wotans-Wald-Vorstellung«. Als er vor Jahren im Odenwald gewesen sei, erklärte er hämisch, habe er dort »lauter Kretins« gesehen.[37] »Es schien mir unsagbar töricht«, heißt es an anderer Stelle, »einen Wotanskult wieder erstehen zu lassen. Unsere alte Göttermythologie war überholt, war nicht mehr lebensfähig, als das Christentum kam. Es verschwindet immer nur, was reif ist unterzugehen!«[38] Besonders mißtrauisch war Hitler in diesem Zusammenhang gegen ein Werk wie *Der Mythus des 20. Jahrhunderts* von Alfred Rosenberg, das in seiner germanophilen Tendenz eindeutig ins »Mystische« tendiere, statt sich zu einer klaren, wissenschaftlich fundierten Erkenntnis durchzuringen.[39]

Doch nicht nur in solchen Abschnitten, auch in denjenigen Passagen, wo Hitler eindeutig ins Utopische oder Dystopische ausschweift, wäre es verfehlt, die Ursachen dafür in der Pathologie seines Charakters zu suchen. Dieser Mann wußte, was er tat. Und er tat es nicht aus monomanischem Zwang, sondern mit der für ihn typischen willensmäßigen Entschiedenheit. Im Hinblick auf das Utopische sind dabei drei Aspekte besonders wichtig: der volkssozialistische, der lebensreformerische und der ästhetische. Mit dem Begriff »volkssozialistisch« sind vor allem die Aspekte gemeint, in denen noch immer Teilelemente jener Ideologie weiterklingen, welche Hitler und seine Mitstreiter einmal veranlaßt hatte, ihrer Partei die Bezeichnung »Nationalsozialistische Deutsche Arbeiterpartei« zu geben. Dem entsprechen die vielen abschätzigen Bemerkungen, die Hitler noch in den Jahren zwischen 1941 und 1945 über die ältere Bourgeosie von sich gab. Vor allem in »politischen Dingen«, behauptete er in einem seiner Tischgespräche, komme ihm »keine Bevölkerungsschicht blöder vor als dieses sogenannte Bürgertum«.[40] Über die Arbeiterklasse, in der Hitler viel »wahren Adel« wahrzunehmen glaubte, drückte er sich dagegen fast immer positiv aus.[41] In einer Zeit wie der heutigen, »in welcher das Proletariat über derart hochwertige Menschen verfüge«, sagte er einmal, könne man die älteren »Standesvorurteile nicht mehr aufrechterhalten«.[42] Es müsse daher die Aufgabe der Zukunft sein, erklärte Hitler immer wieder, den »breiten Massen« endlich den »Weg nach oben« zu eröffnen«,[43] indem man alle »begabten Menschen auf Staatskosten erziehen« lasse.[44]

Ebenfalls utopische Elemente enthalten manche jener Monologe, in denen Hitler Forderungen der Lebensreform-Bewegung der Jahrhundertwende aufgreift, an denen er Zeit seines Lebens festgehalten hat. Das äußert sich nicht nur in seiner konsequenten Abstinenz Nikotin und Alkohol gegenüber, sondern kommt auch in seinem entschiedenen Vegetarismus zum Ausdruck, dem sowohl eine große Tierliebe als auch ein Verlangen nach Reinheit und Selbstheiligung zugrunde liegt. Auch seine ständig artikulierte Naturliebe gehört in diesen Zusammenhang. So wollte Hitler nach dem Krieg die gesamte Ukraine aufforsten lassen, um dieses Gebiet in eine »blühende Parklandschaft von ungewöhnlicher Schönheit« zu verwandeln.[45] Aus der Krim, deren »Schönheit« es ihm offenbar besonders angetan hatte, sollte später einmal ein Ferienparadies werden.[46] Doch nicht nur die Schönheit der Natur interessierte Hitler, sondern auch der schonende Umgang mit ihren Rohstoffen. So trat er schon 1941 dafür ein, daß man in Zukunft weniger Kohle und Öl als »Wasser, Wind und Gezeiten« zur Energieversorgung heranziehen solle, ja entwickelte bereits Pläne, wie man aus Faulschlamm Gas gewinnen könne.[47] Und zwar geschah das selten mit einem verbissenen Unterton, sondern meist mit einer deutlichen Freude am Gesunden, Natürlichen, Lebensspendenden, deren Hauptgegner jene christlichen Kirchen seien, die sich bemühten, zur angeblichen Ehre Gottes alle »Freude am Schönen« im Menschen zu unterdrücken.[48]

Auf ästhetischem Gebiet schweifte Hitler bei seinen Zukunftsplanungen der letzten Jahre fast nur ins Architektonische aus. Gespräche über Bilder und Statuen fanden daher im Führerhauptquartier zwischen 1941 und 1944 kaum statt. Auch Konzepte wie »Schönheit der Arbeit«, Schönheit als rassisches Auslesemuster, wie sie Konrad Lorenz damals vertrat, oder auch die von Breker, Thorak, Ziegler und anderen entwickelte Schönheitsnorm des nordischen Menschen werden in diesen Gesprächen selten oder nie erwähnt. Um so eindringlicher sprach dagegen Hitler vor seinen Gästen immer wieder von all den großen Städten, Volkshallen, Gemäldegalerien, Ehrenmalen und anderen Bauwerken, die er nach dem Kriege errichten lassen wollte. So sollte Linz, in der

66 Hitler vor einem Modell der Stadt Linz (März 1945).

er seine Heimatstadt sah, in der Nachkriegszeit die führende »Weltstadt an der Donau« werden.[49] Königsberg sollte eine große »Gemäldegalerie« erhalten.[50] In Nürnberg wollte er das Germanische Museum in etwas wahrhaft »Grandioses« umwandeln.[51] In Berlin sollte alles, was »häßlich« ist, schleunigst verschwinden und einer ins Monumentale gesteigerten Architektur Platz machen. Wie monumental, ja geradezu imperial sich Hitler das neue Berlin vorstellte, geht wohl am besten aus folgender Äußerung hervor:[52]

»Wer die neue Reichskanzlei betritt, muß das Gefühl haben, vor den Herrn der Welt zu treten, und schon der Weg dahin durch den Triumphbogen auf den breiten Straßen an der Soldatenhalle vorbei zum Platz des Volkes soll ihm den Atem nehmen.

Damit sind wir in der Lage, den einzigen Konkurrenten, den es gibt für uns, Rom, in den Schatten zu stellen. Die große Halle soll so werden, daß die Peterskirche mit dem Platz davor darin verschwinden kann.

Wir nehmen als Baustein Granit. Selbst die ältesten Findlinge aus Urgestein in der norddeutschen Tiefebene zeigen kaum einen Anflug von Verwitterung. Diese Bauten werden, wenn inzwischen nicht wieder das Meer die norddeutsche Ebene überspült, unverändert noch in zehntausend Jahren stehen!«

Mit einer ähnlich utopisch gesinnten Großmannssucht erklärte Hitler bei anderen Gelegenheiten: »Kriege kommen und gehen, nur die Werke der menschlichen Kultur bleiben«,[53] »Es gibt nichts Schöneres, als Kulturdenkmäler der Nation hinzustellen«[54] oder »Unsere Bauwerke aber werden stehen und jeden überwältigen, der an die herantritt«.[55]

Doch nicht immer nahm Hitler in den letzten Jahren des Krieges den Mund so voll wie in diesen Äußerungen. Selbst er, der sich bis dahin stets optimistisch und willensstark gegeben hatte, wurde in dieser Zeit von Zweifeln, wenn nicht gar pessimistischen oder dystopischen Anwandlungen heimgesucht. Um sich nicht davon überwältigen zu lassen, versuchte er solchen Stimmungen mit zwei ideologischen Hilfskonstruktionen entgegenzutreten: zum einen mit der Einsicht in die Naturgesetze des Sozialdarwinismus, zum anderen mit der ständigen Berufung auf die Hörbigersche Welteislehre. Beide dieser Ideologien empfand er im strengsten Sinne als »wissenschaftlich«.[56] Statt den Versuchungen der Mystik, des religiösen Trostes oder des Rückfalls ins Archaische nachzugeben, klammerte sich Hitler immer stärker an einen »Kultus der Vernunft« und wies jede Vermittlung zwischen seiner Person und irgendeiner Transzendenz schroff von sich.[57]

Was Hitler am Sozialdarwinismus anzog, war vor allem die These, daß der ständige Kampf aller gegen alle zu den Naturgesetzlichkeiten des Lebens gehört, daß jedoch bei diesen Kämpfen die rassisch Stärkeren stets den Sieg über die rassisch Schwächeren davontragen. »Wer leben will, der kämpft also«, erklärte er in diesen Jahren immer wieder, »und wer nicht streiten will in dieser Welt des ewigen Ringens, verdient das Leben nicht.«[58] Ebenso oft berief sich Hitler in diesem Zusammenhang auf die »unumstößliche« Erkenntnis, daß ja die »ganze Naturgesetzlichkeit« durcheinander geriete, wenn bei diesen Kämpfen »das Minderwertige des Stärkeren Herr würde«.[59] Solche Thesen bot Hitler vor allem dann auf, wenn es galt, den Zweiten Weltkrieg als einen Kampf um eine höhere Wertordnung im Sinne der rassisch überlegenen

67 Willy Meller: Schicksalsstunde (1944).

germanischen Völker hinzustellen. Ja, aus dieser Überzeugung leitete er nicht nur das »Naturrecht« der Deutschen auf eine kriegerische Erweiterung ihres »Lebensraums«, sondern auch auf die unbarmherzige Liquidierung aller rassisch Minderwertigen ab.[60] Solange die Deutschen von einem Sieg zum anderen eilten, schien diese sozialdarwinistische Sicht des Lebens voll mit der politischen Wirklichkeit übereinzustimmen und bestärkte Hitler in dem Gefühl, daß es für die deutschen Truppen – aufgrund ihrer rassischen Überlegenheit – ein Leichtes sein werde, auch mit den östlichen »Untermenschen« fertig zu werden. Problematisch wurde diese Sicht erst dann, als an der Ostfront die ersten Rückschläge einsetzten. Doch selbst danach hielt Hitler eisern an seinen sozialdarwinistischen Grundüberzeugungen fest und sagte schließlich grenzenlos verbittert, um für den unabwendbaren Gang der Dinge irgendeine »naturgesetzliche« Erklärung zu finden:[61]

»Da bin ich auch hier eiskalt: Wenn das deutsche Volk nicht bereit ist, für seine Selbsterhaltung sich einzusetzen, ganz gut: Dann soll es eben verschwinden!«

Mit derselben »eiskalten« Logik versuchte Hitler am Schluß seines Lebens die Hörbigersche Welteislehre mit dem unabwendbaren Gang der Geschichte in Einklang zu bringen. Während auf der Ebene der menschlichen Auseinandersetzungen weiterhin die sozialdarwinistische »Naturgesetzlichkeit« der höchste Maßstab für ihn blieb, fühlte sich Hitler auf der Ebene des Kosmischen vor allem durch jene Welterklärungsversuche bestätigt, denen im Sinne Hörbigers ein ewiger Kampf zwischen Feuer und Eis zugrunde liegt. Und auch hier faszinierte ihn vor allem die »Härte«, die in diesen Auseinandersetzungen zum Ausdruck komme. So wie der Autor der *Glazial-Kosmogonie* das gesamte Sternen- und Planetensystem nicht nur als einen Kampf zwischen Feuer und Eis, sondern auch als eine Folge interplanetarischer Katastrophen beschrieben hatte, sah auch Hitler, vor allem nach der höchst verlustreichen Niederlage von Stalingrad, die gesamte Geschichte der Menschheit als eine Folge großer Katastrophen, bei der nicht immer die rassisch Stärkeren den Sieg davontragen, sondern wo es auch einen Heroismus des Sinnlosen gibt, der sich in »tragischen« Untergängen manifestiert. Aus diesem Grunde kam Hitler in seinen späten Tischgesprächen immer wieder auf die Hörbigersche These von der großen »Mondkatastrophe« zu sprechen, der das »Weltreich Atlantis« und damit die »Vor-Mond-Menschen« zum Opfer gefallen seien.[62] Schon damals hätten sich die »Lebensbedingungen der Menschheit«, wie er erklärte, plötzlich in wenigen Jahren »von Grund auf verändert«, ohne daß dem Ganzen irgendein menschliches Versagen zugrunde gelegen habe.[63] Ja, eines Tages werde – als Folge der schrumpfenden Umlaufbahnen der Planeten – die Erde den Mars als ihren »nächsten Mond« einfangen, was sicher noch einmal gewaltige Katastrophen auslösen werde. Doch nicht allein das. Eines Tages, fuhr er fort, werde auch die Erde verschwinden, das heißt erst erkalten und dann in der »Sonne aufgehen«.[64] Und mit diesem Gefühl, daß letztlich alles seinem Ende entgegeneile, verstand Hitler in diesem Zeitraum auch sein eigenes Tun einerseits als völlig »naturgesetzlich«, andererseits als »heroisch«, mit dem er der ohnehin zum Aussterben bestimmten Menschheit das Spektakel eines welt- und menschenverachtenden Cäsarismus bieten wollte, der selbst den Untergang seines eigenen Reiches – wie Nero den Brand Roms – als eine tragische Erhöhung seiner eigenen Person genießt.

Anhang

Anmerkungen

Vorwort (S. 7–15)

1 Den besten Einblick in die gegenwärtige Forschungssituation bietet Wolfgang Wippermann in seiner Einleitung zu dem von ihm herausgegebenen Band »Kontroversen um Hitler«, Frankfurt 1986, S. 7–116.
2 So Wolfgang Emmerich: Zur Kritik der Volkstumsideologie, Frankfurt 1971, S. 106, im Anschluß an Georg Lukács: Zerstörung der Vernunft. Der Weg des Irrationalismus von Schelling zu Hitler, Berlin 1955, S. 565 ff.
3 Vgl. Jost Hermand: Kultur im Wiederaufbau. Die Bundesrepublik Deutschland 1945–1965, München 1986, S. 42–51.
4 Vgl. hierzu die Äußerungen von Jürgen Habermas in: »Historikerstreit.« Die Dokumentation der Kontroverse um die Einzigartigkeit der nationalsozialistischen Judenvernichtung, München 1987, S. 62 ff.
5 Hermand: Kultur im Wiederaufbau, S. 251 ff.
6 Bertolt Brecht: Arbeitsjournal, Frankfurt 1973, II, 589, 777.
7 Erste Ansätze zu ihrer Interpretation bieten Manfred Nagl: Science Fiction in Deutschland, Tübingen 1972; Jost Hermand: Ultima Thule. Völkische und faschistische Zukunftsvisionen. In: Ders.: Orte. Irgendwo. Formen utopischen Denkens, Königstein 1981; S. 61–86; Jost Hermand: Ein Volk von österlich Auferstehenden. Zukunftsvisionen aus dem ersten Jahr des Dritten Reichs. In: Literarische Utopie-Entwürfe. Hrsg. von Hiltrud Gnüg, Frankfurt 1982, S. 266–276; Peter S. Fischer: Fantasy and Politics: Visions of the Future in the Weimar Republic 1919–1933, Diss. Harvard masch. 1985.

Die aufgeklärte Vorstellung von »teutscher« Freiheit (S. 19–31)

1 Vgl. Tacitus: Germania. Hrsg. von Franz Fuhrmann, Stuttgart 1971, S. 71 f.
2 Ebd., S. 3, 34.
3 Ebd., S. 72 f.
4 Vgl. hierzu Gabrielle Bersier: Wunschbild und Wirklichkeit. Deutsche Utopien im 18. Jahrhundert, Heidelberg 1981, S. 262–301.
5 Friedrich Schiller: Sämtliche Werke, München 1958, I, 473 f.
6 Karl Marx / Friedrich Engels: Über Kunst und Literatur, Frankfurt 1968, I, 468.

7 Vgl. Die Klassik-Legende. Hrsg. von Reinhold Grimm und Jost Hermand, Frankfurt 1971, S. 7 ff.

8 Vgl. George L. Mosse: Nationalism and Sexuality. Respectability and Abnormal Sexuality in Modern Europe, New York 1985, S. 66 ff.

9 Johann Gottfried Herder: Sämtliche Werke, Stuttgart 1852 f., XXX, 139.

10 Vgl. u. a. Gerhard Kaiser: Pietismus und Patriotismus im literarischen Deutschland. Ein Beitrag zur Säkularisation, Wiesbaden 1961, und Hasko Zimmer: Auf dem Altar des Vaterlandes. Religion und Pietismus in der deutschen Kriegslyrik des 19. Jahrhunderts, Frankfurt 1971, S. 16 ff.

11 Herder: Sämtliche Werke, XVI, 47.

12 Ebd., XXX, 139.

13 Vgl. Wolfgang Emmerich: Zur Kritik der Volkstumsideologie, Frankfurt 1971, S. 139 f. und Klaus von See: Die Ideen von 1789 und die Ideen von 1914. Völkisches Denken in Deutschland zwischen Französischer Revolution und Erstem Weltkrieg, Frankfurt 1975, S. 9 ff.

14 Vgl. Der Göttinger Hain. Hrsg. von Alfred Kelletat, Stuttgart 1967, S. 404 ff.

15 Vgl. Werner Weiland: Die »deutsche Freiheit« in der bürgerlichen und proletarischen Emanzipationsgeschichte. In: Restauration der Götter. Antike Religion und Neo-Paganismus. Hrsg. von Richard Faber und Renate Schlesier, Königshausen 1986, S. 219–228, und Fred Zimmermann: Strukturen völkischer Ideologie und volkliche Vorstellungen in Deutschland zu Anfang und Ende des 19. Jahrhunderts. In: Traditionen und Traditionssuche des Faschismus. Hrsg. von Günter Hartung und Hubert Orlowski, Halle 1987, S. 22–37.

16 Walter Grab: Ein Volk muß sich seine Freiheit selbst erobern. Zur Geschichte der deutschen Jakobiner, Frankfurt 1984, S. 51 ff.

17 Vgl. Von deutscher Republik 1775–1795. Hrsg. von Jost Hermand, Frankfurt 1968, II, 90 ff. und 135 ff.

18 Ebd., II, 168 ff.

19 Inge Stephan: Literarischer Jakobinismus in Deutschland. 1789–1806, Stuttgart 1976, S. 87.

20 Anton Joseph Dorsch: Über die Geschichte der Vaterlandsliebe. In: Hansen 1, 1791, S. 1042.

21 Heinrich Christoph Albrecht: Versuch über den Patriotismus, Hamburg 1793, S. 10.

22 Vgl. Freyheit oder Mordt und Todt. Revolutionsaufrufe deutscher Jakobiner. Hrsg. von Walter Grab, West-Berlin 1979.

23 Vgl. neben Inge Stephans Buch »Literarischer Jakobinismus« auch Klaus Scherpes Aufsatz »...daß die Herrschaft dem ganzen Volk gehört!« Literarische Formen jakobinischer Agitation im Umkreis der

Mainzer Revolution. In: Literatur im historischen Prozeß III, 1, 1975, S. 139–204 sowie die vier Bände »Deutsche revolutionäre Demokraten«. Hrsg. von Walter Grab, Stuttgart 1971–73.

24 Vgl. hierzu Wolfgang Harich: Satire und Politik beim jungen Jean Paul. In: Sinn und Form 19, 1967, S. 1482 ff.

25 Johann Gottlieb Fichte: Sämtliche Werke, Berlin 1845 ff., III, 453.

26 Ebd., III, 423.

27 Ebd., III, 419.

28 Ebd., III, 421.

Von den Befreiungskriegen zur Achtundvierziger Revolution (S. 32–44)

1 Vgl. Jost Hermand: Napoleon im Biedermeier. In: Ders.: Von Mainz nach Weimar. 1793–1919. Studien zur deutschen Literatur, Stuttgart 1969, S. 102 f.

2 Vgl. Hasko Zimmer: Auf dem Altar des Vaterlandes. Religion und Patriotismus in der deutschen Kriegslyrik des 19. Jahrhunderts, Frankfurt 1971, S. 11–69.

3 Klaus von See: Die Ideen von 1789 und die Ideen von 1914. Völkisches Denken in Deutschland zwischen Französischer Revolution und Erstem Weltkrieg, Frankfurt 1975, S. 17.

4 Johann Gottlieb Fichte: Sämtliche Werke, Berlin 1845 ff., VII, 531.

5 Ernst Moritz Arndt: Ausgewählte Werke. Hrsg. von Heinrich Meiner und Robert Geerds, Leipzig o. J., I. 43.

6 Arndt: Blick aus der Zeit auf die Zeit, Germanien 1814, S. 275.

7 Zit. in See, S. 39.

8 Ebd., S. 39 f.

9 Friedrich Ludwig Jahn: Deutsches Volkstum, Leipzig 1817, S. 96.

10 Caspar David Friedrich in Briefen und Bekenntnissen. Hrsg. von Sigrid Hinz, Berlin/DDR 1968, S. 25. – Vgl. hierzu auch meine Aufsätze »Das offene Geheimnis. Caspar David Friedrichs nationale Trauerarbeit«. In: Jost Hermand: Sieben Arten an Deutschland zu leiden, Königstein 1979, S. 1–42, und »Dashed Hopes. On the Painting of the Wars of Liberation«. In: Political Symbolism in Modern Europe. Essays in Honor of George L. Mosse. Hrsg. von Seymour Dresher u. a., New Brunswick 1982, S. 216–238.

11 Vgl. Werner Weiland: Die »deutsche Freiheit« in der bürgerlichen und proletarischen Emanzipationsgeschichte. In: Restauration der Götter. Antike Religion und Neo-Paganismus. Hrsg. von Richard Faber und Renate Schlesier, Königshausen 1986, S. 231.

12 Vgl. hierzu Wolfgang Emmerich: Zur Kritik der Volkstumsideologie, Frankfurt 1971, S. 40 ff.
13 MEW, XIV, 31.
14 Abgedruckt bei Carl Ernst Jarcke: Carl Ludwig Sand und sein am russischen Staatsrat August von Kotzebue verübter Mord, Berlin 1831, S. 88 ff.
15 Zum bürgerlich-liberalen Charakter dieser Literatur vgl. meinen Aufsatz »Jungdeutscher Tempelsturm. Zur Austreibung des Poetischen aus der Literatur«. In: Das Junge Deutschland. Hrsg. von Joseph A. Kruse und Bernd Kortländer, Hamburg 1987, S. 65–82.
16 Vgl. hierzu Jost Hermand: Zersungenes Erbe. Zur Geschichte des »Deutschlandliedes«. In: Basis. Jahrbuch für deutsche Gegenwartsliteratur 7, 1977, S. 75–88.

Die völkische Opposition nach 1871 (S. 47–65)

1 Vgl. Theodore Hamerow: Moralinfreies Handeln. Zur Entstehung des Begriffs »Realpolitik«. In: Realismustheorien in Literatur, Malerei, Musik und Politik. Hrsg. von Reinhold Grimm und Jost Hermand, Stuttgart 1975, S. 31–47.
2 Alexander Tille: Von Darwin zu Nietzsche. Ein Buch Entwicklungsethik, Leipzig 1895, S. 10, 20.
3 Ebd., S. 207.
4 Ebd., S. 240.
5 Ebd., S. 241.
6 Vgl. hierzu Hedwig Conrad-Martius: Utopien der Menschenzüchtung. Der Sozialdarwinismus und seine Folgen, München 1955, S. 241.
7 Vgl. Hans-Ulrich Wehler: Das Deutsche Kaiserreich. 1871–1918, Göttingen 1973, S. 48 ff.
8 Zur Gründung des Alldeutschen Verbands vgl. Dietrich Bronder: Bevor Hitler kam. Eine historische Studie, Hannover 1964, S. 120 f.
9 Vgl. hierzu Wolfang Wippermann: Der »Deutsche Drang nach Osten«. Ideologie und Wirklichkeit eines politischen Schlagworts, Darmstadt 1981, S. 85–104.
10 Zit. in Max Robert Gerstenhauer: Der völkische Gedanke in Vergangenheit und Zukunft. Aus der Geschichte der völkischen Bewegung, Leipzig 1933, S. 31 f.
11 Über die Entstehung des Begriffs »völkisch« in den siebziger Jahren vgl. Günter Hartung: Völkische Ideologie. In: Weimarer Beiträge 33, 1987, H. 7, S. 1174–1185.
12 Tille, S. 10.

13 Eugen Richter: Sozialdemokratische Zukunftsbilder, Berlin 1892, S. 48.
14 Max Haushofer: Planetenfeuer. Ein Zukunftsroman, Stuttgart 1899, S. 47, 173. – Das Exemplar, das ich benutzte, stammt aus dem Privatbesitz Heinrich Himmlers, der in eigenhändigen Randbemerkungen die geschilderte Katastrophenstimmung wiederholt mit der Situation des Jahres 1932 vergleicht (S. 103, 104, 105). Außerdem wird am Rand (S. 291) auf Hanns Hörbiger hingewiesen, dessen »Glazial-Kosmogonie« (1913) eindeutig von Haushofers Roman beeinflußt zu sein scheint.
15 Ebd., S. 186.
16 Ebd., S. 140.
17 Wie früh im Bereich des »germanisch« inspirierten Schrifttums solche Katastrophenbilder auftauchen, die weit über den Brand der Halle im »Nibelungenlied« hinausgehen, beweist schon jene Passage in Friedrich Ludwig Jahns »Deutsches Volkstum«, wo er auf den Untergang der »großen Insel Atlantis« anspielt (2. Aufl., S. 98) sowie ein Buch wie Wolfgang Menzels »Geist der Geschichte« (1835), wo es gegen Schluß heißt, daß das Ende der Welt – wie schon in der »Edda« vorhergesagt – mit einer »Zerstörung der Natur« und zugleich einem »Kampf aller gegen alle« zusammenfallen werde (S. 194 f.).
18 Hanns Ludwig Rosegger: Der Golfstrom, Berlin-Leipzig 1913, hier nach der 6. Aufl. zitiert, S. 27 f.
19 Ebd., S. 30.
20 Ebd., S. 31 f.
21 Vgl. hierzu Manfred Nagl: Science Fiction in Deutschland, Tübingen 1972, S. 90–92.
22 Rosegger: Der Golfstrom, S. 130 f.
23 Ebd., S. 150.
24 Ebd., S. 115.
25 Ebd., S. 169.
26 Zit. in Ewiges Volk. Ein Lesebuch für höhere Schulen, Bd 8. Hrsg. von D. Sablotny und A. Schmudde, Leipzig 1940, S. 152.
27 Daniel Frymann [Heinrich Claß]: Wenn ich der Kaiser wär'. Politische Wahrheiten und Notwendigkeiten, Leipzig 1912, S. 23 f., 30.
28 Ebd., S. 8, 137, 142.
29 Ebd., S. 227.
30 Ebd., 5. Aufl., S. 256.
31 Heinrich Teut: Neudeutschland. Ein großdeutsches Zukunftsprogramm, Leipzig 1913, S. 6.
32 Ebd., S. 8.
33 Ernst Wachler: Osning, Leipzig 1914, S. 266 ff.

Der Gedankenkreis der »Fortschrittlichen Reaktion« um die Jahrhundertwende (S. 65–85)

1 Vgl. hierzu Fritz Stern: The Politics of Cultural Despair: A Study in the Rise of German Ideology, Berkeley 1961, George L. Mosse: The Crisis of German Ideology: Intellectual Origins of the Third Reich, New York 1964, und das Kapitel »Der Gedankenkreis der Fortschrittlichen Reaktion« in Richard Hamann / Jost Hermand: Stilkunst um 1900, Berlin 1965, S. 24–212.

2 Hermann Burte: Wiltfeber der ewige Deutsche. Die Geschichte eines Heimatsuchers, 7. Aufl., Leipzig 1916, S. 67.

3 Vgl. Jost Hermand: Gralsmotive um die Jahrhundertwende. In: Deutsche Vierteljahresschrift 36, 1962, S. 521–543.

4 Die Tat 1, 1909, S. 287.

5 Jahrbuch für die geistige Bewegung 3, 1912, S. IV, 144, 148.

6 Stefan George: Das neue Reich, Berlin 1928, S. 39.

7 Vgl. hierzu meinen Aufsatz »Germania germanicissima. Zum präfaschistischen Arierkult um 1900«. In: Jost Hermand: Der Schein des schönen Lebens. Studien zur Jahrhundertwende, Frankfurt 1972, S. 39–54.

8 Guido von List: Die Armanenschaft der Ario-Germanen, Wien 1911, II, 36, 83.

9 Ebd., II, 82.

10 Ebd., I, 70.

11 Joseph Ludwig Reimer: Ein pangermanisches Deutschland, Berlin 1905, S. 345.

12 Jörg Lanz von Liebensfels: Das Gesetzbuch des Manu. In: Ostara, Nr. 22, 1908, S. 8 f.

13 List: Die Armanenschaft der Ario-Germanen, II, 70.

14 Reimer: Ein pangermanisches Deutschland, S. 155.

15 Theodor Fritsch: Neue Wege. Gesammelte Aufsätze, Leipzig 1922, S. 236.

16 Willibald Hentschel: Varuna. Eine Welt- und Geschichtssicht vom Standpunkt des Ariers, 2. Aufl., Leipzig 1907, S. 610.

17 Ebd., S. 11.

18 Hans Blüher: Merkworte für den Freideutschen Stand, Hamburg 1919, S. 39.

19 Willibald Hentschel: Vom aufsteigenden Leben. Ziele der Rassenhygiene, Leipzig 1910, S. 27.

20 Ebd., S. 31 f.

21 Vgl. Hermand: Gralsmotive um die Jahrhundertwende, S. 526 f.

22 Vgl. das Kapitel über Dürers »Ritter, Tod und Teufel« in Hans Schwerte: Faust und das Faustische, Stuttgart 1962, S. 243 ff.

23 Vgl. Joachim Besser: Die Vorgeschichte des Nationalsozialismus im neuen Licht. In: Die Pforte 2, 1950, S. 763–784, George L. Mosse: The Mystical Origins of National Socialism. In: Journal of the History of Ideas 22, 1961, S. 81–96, und das Kapitel »Okkulte Wurzeln« in Dietrich Bronder: Bevor Hitler kam. Eine historische Studie, Hannover 1964, S. 219–244.
24 Prana 6, 1915–16, S. 2.
25 Ebd., S. 567.
26 Werdandi-Jahrbuch, 1913, S. 100.
27 Ernst Wachler: Über die Zukunft des deutschen Glaubens, Berlin 1901, S. 17.
28 Jörg Lanz von Liebensfels: Theozoologie oder die Kunde von den Sodomsäfflingen und dem Götterelektron, Wien-Leipzig-Budapest 1906, S. 159.
29 Adolf Harpf: Die Zeit des ewigen Friedens. Eine Apologie des Krieges als Kultur- und Rassenauffrischer. In: Ostara, Nr. 19/20, 1908, S. 3–17.
30 Adolf Bartels: Rassenzucht (1908). In: Ders.: Rasse und Volkstum, Weimar 1920, S. 164.

Hitlers »Wiener Lehr- und Leidensjahre« (S. 85–92)

1 Vgl. meinen Aufsatz »The Agrarian Ideology: Fascism as Utopia and Hypocrisy«. In: The University of Dayton Review 12, 1976, H. 2, S. 93-99.
2 Daß Himmler Friedrich Naumanns National-sozialen Verein als den Beginn der nationalsozialistischen Bewegung empfand, geht aus seinen Randbemerkungen zu Haushofers »Planetenfeuer« hervor (vgl. Fußnote 14 zu dem Kapitel »Die völkische Opposition nach 1871«).
3 Adolf Hitler: Mein Kampf, 16. Aufl., München 1933, S. 1.
4 Ebd., S. 1.
5 Ebd., S. 11.
6 Ebd., S. 135.
7 Ebd., S. 22.
8 Ebd., S. 108.
9 Ebd., S. 119.
10 Ebd., S. 127.
11 Ebd., S. 110.
12 Ebd., S. 109.
13 Ebd., S. 116.
14 Ebd., S. 133.
15 Ebd., S. 20.

16 Ebd., S. 21.
17 Vgl. Werner Maser: Adolf Hitler. Legende – Mythos – Wirklichkeit, München 1973, S. 176 ff.
18 Hitler: Mein Kampf, S. 145.
19 Ebd., S. 149.
20 Henry Picker: Hitlers Tischgespräche im Führerhauptquartier, München o. J., S. 94 (Aufzeichnung vom 25. Januar 1942).
21 Hanns Hörbiger: Glazial-Kosmogonie. Hrsg. von Philipp Fauth, Kaiserslautern 1913, S. 324 ff., 401 ff.
22 Ebd., S. 396.
23 Vgl. Jörg Lanz von Liebensfels: Theozoologie, Wien – Leipzig – Budapest 1906, S. 108.
24 Vgl. das Kapitel »Germanenkult«, S. 227 ff.
25 Dies geht aus den Randbemerkungen Himmlers zu Haushofers »Planetenfeuer« hervor (vgl. Fußnote 2).
26 Vgl. Reichsführer! Briefe an und von Himmler. Hrsg. von Helmut Heiber, Stuttgart 1968, S. 57.
27 Vgl. Wilfried Daim: Der Mann der Hitler die Ideen gab, München 1958.
28 Zit. nach G. Franz-Willing: Die Hitlerbewegung. Der Ursprung 1919–1922, Hamburg 1962, S. 66 f.

Die »Ideen von 1914« und die wilhelminisch-alldeutsche Annexionspolitik (S. 92–99)

1 Vgl. Klaus von See: Die Ideen von 1789 und die Ideen von 1914. Völkisches Denken in Deutschland zwischen Französischer Revolution und Erstem Weltkrieg, Frankfurt 1975, S. 108 f.
2 Ebd., S. 112.
3 Vgl. Richard Hamann/Jost Hermand: Stilkunst um 1900, Berlin 1965, S. 24 ff.
4 Joseph August Lux: Deutschland als Welterzieher, Stuttgart 1915, S. 24.
5 Zit. in Fritz Fischer: Zum Problem der Kontinuität in der deutschen Geschichte von Bismarck bis Hitler. In: Nationalsozialistische Diktatur 1933–1945. Eine Bilanz. Hrsg. von Karl-Dietrich Bracher u. a., Bonn 1983, S. 782.
6 Vgl. Fritz Fischer: Der Griff nach der Weltmacht. Die Kriegszielpolitik des kaiserlichen Deutschland 1914/1918, Düsseldorf 1967.
7 Zit. in Werner Kruck: Geschichte des Alldeutschen Verbandes 1894–1944, Wiesbaden 1954, S. 71 f.
8 Fischer: Der Griff nach der Weltmacht, S. 147.

Die Hoffnung auf einen neuen Kaiser in den religiösen Zukunftsvisionen (S. 103–107)

1 Deutschlands Wiederaufrichtung 1925 und ein neues Kaisertum? 3. Aufl., Köln 1920, S. 4.
2 Ebd., S. 17.
3 Franz Spirago: Die Zukunft Deutschlands nach der Lehninschen Weissagung, Lingen 1919, S. 3.
4 Ebd., S. 11.
5 Alfons Konzionator: Der kommende Monarch und die unter ihm bevorstehende Friedenszeit, Lingen 1920, S. 5.
6 Ebd., S. 34.
7 Ebd., S. 34.
8 Ebd., S. 9.
9 Ebd., S. 25.
10 Ebd., S. 15.
11 Ebd., S. 21.

Der Vorstoß der Neuen Rechten (S. 107–113)

1 Vgl. hierzu u. a. Uwe Lohhalm: Völkischer Radikalismus. Die Geschichte des Deutschvölkischen Schutz- und Trutzbundes 1919–1923, Hamburg 1970.
2 Zit. in Fritz Fischer: Zum Problem der Kontinuität in der deutschen Geschichte von Bismarck zu Hitler. In: Nationalsozialistische Diktatur 1933–1945. Eine Bilanz. Hrsg. von Karl Dietrich Bracher u. a., Bonn 1983, S. 780.
3 Artur Dinter: Die Sünde wider das Blut, 3. Aufl., Leipzig 1918, S. 370.
4 Artur Dinter: Völkisch-soziales Programm, Leipzig 1924, S. 26.
5 Oswald Spengler: Der Untergang des Abendlandes, München 1972, S. XI.
6 Zit. in Jürgen Naeher: Oswald Spengler, Reinbek 1984, S. 51.
7 Oswald Spengler: Preußentum und Sozialismus, München 1919, S. 4.
8 Ebd., S. 58.
9 Ebd., S. 97.
10 Ebd., S. 98 f.
11 Arthur Moeller van den Bruck: Das dritte Reich, 3. Aufl., Hamburg 1931, S. 242.
12 Ebd., S. 243.

Das Zukunftsprogramm der frühen NSDAP (S. 113–117)

1 Vgl. hierzu u. a. Joachim Petzold: Die Entstehung der Naziideologie. In: Kontroversen um Hitler. Hrsg. von Wolfgang Wippermann, Frankfurt 1986, S. 183–189.
2 Zit. nach Karl Haiden: Adolf Hitler. Das Zeitalter der Verantwortungslosigkeit, Zürich 1936, S. 76 f.
3 Vgl. Alexander Stein: Adolf Hitler, Schüler der »Weisen von Zion«, Karlsbad 1936, und Norman Cohn: Die Protokolle der Weisen von Zion. Der Mythos der jüdischen Weltverschwörung, Köln 1969, S. 97 ff.
4 Zit. nach Alan Bullock: Hitler. Eine Studie über die Tyrannei, 5. Aufl., Düsseldorf 1957, S. 92.
5 Zit. nach H. H. Hofmann: Der Hitlerputsch, München 1961, S. 186.

Deutschnationale Erlöser- und Retterutopien (S. 117–130)

1 Einige Angaben über die Auflagen dieser Zukunftsromane finden sich bei Peter S. Fischer: Fantasy and Politics: Visions of the Future in the Weimarer Republic 1918-1933, Diss. Harvard 1985, S. 12 f.
2 Ferdinand Eugen Solf: 1934. Deutschlands Auferstehung, Naumburg 1921, S. 29.
3 Ebd., S. 52.
4 Ebd., S. 45.
5 Ebd., S. 61.
6 Max Bauer: Die Zukunft der Welt! Völkerschicksale in den Jahren 1925 bis nach 3000, Leipzig 1925, S. 17, 21.
7 Ebd., S. 8.
8 Adolf Reinecke: Der Erlöser-Kaiser. Erzählung aus Deutschlands Zukunft und von seiner Wiedergeburt, Leipzig 1923, S. 36.
9 Ebd., S. 195.
10 Ebd., S. 250.
11 Alfred Reifenberg: Des Götzen Moloch Ende. Politische Zukunftsphantasie, Wolfratshausen 1925, S. 30 ff.
12 Ebd., S. 112.
13 Ebd., S. 149.
14 Ebd., S. 184.
15 Ebd., S. 139 ff.
16 Ebd., S. 204.
17 Dietrich Arndt: Kommen wird der Tag! Die Geschichte der nächsten Befreiung, Leipzig 1921, S. 38.
18 Wilhelm Gellert: Tragödie dreier Weltteile. Deutschlands Erhebung.

Der »Sturmvogel«, seine Taten und Fahrten in dem Fernen Osten, Stendal 1922, S. 23.

19 Ebd., S. 39.

20 Ebd., S. 36 f.

21 Ebd., S. 102. – Gellert war der Gründer und Führer der Organisation »Der deutsche Ring«, die sich als eine rechtsradikale Sammlungsbewegung verstand und sich zum Gedanken einer »deutschen Weltrevolution« bekannte. Vgl. sein Manifest: Vor großen Katastrophen. Der deutsche Aufstieg und die germanische Zeit, Naumburg 1921, wo Gellert erklärt, daß sich Deutschland im Weltkrieg als »das stärkste Volk der Welt« erwiesen habe, das auf den »Trümmern der alten Welt« sein zukünftiges »Germanenreich« errichten werde (S. 19, 85).

22 Ernst Otto Montanus: Die Rettung des Abendlandes. Eine Nibelungengeschichte aus der Gegenwart, Chemnitz 1921, S. 63.

23 Ebd., S. VI.

24 Ebd., S. 55, 119.

25 Ebd., S. 275, 281.

26 Ebd., S. 293.

27 Ebd., S. 155.

28 Kurt Anker: Unsere Stunde kommt! Leipzig 1923, S. 224.

29 Ebd., S. 238.

30 Ebd., S. 238.

31 Werner Grassegger: Der zweite Weltkrieg. Deutschland die Waffenschmiede. Eine militärisch-politische Prophezeiung, Naumburg 1922, S. 6, 12.

32 Ebd., S. 51.

33 Ebd., S. 74.

34 Joseph Delmont: Die Stadt unter dem Meere. Zit. nach Manfred Nagl: Science Fiction in Deutschland, Tübingen 1972, S. 155.

35 Ebd., S. 155.

36 Ebd., S. 156.

37 Heinrich Inführ: Alis. Die neue deutsche Kolonie. Das Ende von Versailles. Technischer Zukunftsroman, Friedeberg 1925, S. 13.

38 Ebd., S. 91.

39 Ebd., S. 261.

40 Ebd., S. 288.

41 Selbst einige der pazifistisch-orientierten Romane innerhalb dieses Genres sind nicht ganz frei von chauvinistisch-imperialistischen Elementen. So behauptet etwa Max Glass in seinem Roman »Die entfesselte Menschheit« (Leipzig 1919), daß sich die Deutschen, weil sie ihre Rüstungs- und Giftgasfabriken auf Friedensproduktion umstellten, als die Vorbilder und damit die »wahren Sieger« in dem großen Kampf »um die Führung der Welt« erwiesen hätten (S. 413 f.). Einen

zutiefst liberalen Charakter hat dagegen der Roman »Revanche für Versailles!« (1924) von Arthur Zapp, wo es zwar erst zu einem zweiten Weltkrieg kommt, der von den deutschen Rechtsradikalen vom Zaune gebrochen wird, sich dann jedoch in Deutschland die »Kulturpartei«, die sogenannte »Niewiederkriegspartei« durchsetzt, der es gelingt, die Deutschen zum Verzicht auf ihre nationale Selbständigkeit zu bewegen und einem Vereinigten Europa beizutreten.

Völkische Dystopien einer allgemeinen »Amerikanisierung, Verniggerung und Verjudung« Deutschlands (S. 133–139)

1 Hans Heyck: Deutschland ohne Deutsche. Ein Roman von übermorgen, Leipzig 1929, S. 127, 135.
2 Ebd., S. 304.
3 Vgl. noch Henry Picker: Hitlers Tischgespräche im Führerhauptquartier, München 1976, S. 94.
4 Josef Magnus Wehner: Die Wallfahrt nach Paris. Patriotische Phantasie, München 1933, S. 8.
5 Ebd., S. 74 ff.
6 Ebd., S. 206 f., 220, 73.
7 [Martin Bochow], Revolution 1933, Berlin 1930, S. 131.
8 Wolfgang Marken: Der große Karner, Werdau 1928, S. 291.
9 Karl August von Laffert: Feuer am Nordpol. Technisch-politischer Roman aus der Gegenwart, Leipzig 1924, S. 16.
10 Joseph Goebbels: Michael. Ein deutsches Schicksal in Tagebuchblättern, 6. Aufl., München 1935, S. 74.
11 Ebd., S. 37.
12 Ebd., S. 91.
13 Ebd., S. 91.
14 Ebd., S. 111.
15 Ebd., S. 121.
16 Ebd., S. 121, 138.
17 Ebd., S. 107.
18 Ebd., S. 116.

Bäuerliche und rassistische Aufartungskonzepte (S. 140–147)

1 Vgl. Elisabeth Fleiner: Genossenschaftliche Siedlungsversuche der Nachkriegszeit, Heidelberg 1931, S. 24.
2 Vgl. Zurück, o Mensch, zur Mutter Erde. Landkommunen in Deutschland 1890–1933. Hrsg. von Ulrich Linse, München 1983, S. 327 ff.

3 Ebd., S. 331. – Über die Entstehung des »Artamanen«-Bundes vgl. u. a. Klaus Bergmann: Agrarromantik und Großstadtfeindschaft, Meisenheim 1976, S. 247–276.
4 Margart Hunkel: Von deutscher Gottesmutterschaft, Sontra 1919, S. 18, 31, 40, 82.
5 Ernest Klee: Das arische Manifest, Leipzig 1922, S. 73 f.
6 Ebd., S. 83.
7 Ebd., S. 84.
8 Ebd., S. 88.
9 Ebd., S. 89.
10 Adolf Reinecke: Der Erlöser-Kaiser, Leipzig 1923, S. 33.
11 Ebd., S. 153.
12 Kurt Gerlach: Fernstenliebe. Bilder aus der Erneuerung des Abendlandes, Leipzig 1923, S. 17.
13 Ebd., S. 37.
14 Ebd., S. 167.
15 Ebd., S. 168.
16 Ebd., S. 172.
17 Ebd., S. 122.
18 Vgl. Hans-Jürgen Lutzhöft: Der Nordische Gedanke in Deutschland 1920–1940, Stuttgart 1971, S. 16 ff.
19 Vgl. George L. Mosse: Rassismus. Ein Krankheitssymptom in der europäischen Geschichte des 19. und 20. Jahrhunderts, Königstein 1978, S. 172 f.
20 Hans F. K. Günther: Kleine Rassenlehre des deutschen Volkes, München 1933, S. 142.
21 Ebd., S. 146.

Hitlers »Mein Kampf« (S. 147–154)

1 Adolf Hitler: Mein Kampf, 16. Aufl., München 1933, S. 433.
2 Ebd., S. 433 f.
3 Ebd., S. 438.
4 Ebd., S. 449.
5 Ebd., S. 452.
6 Ebd., S. 542.
7 Ebd., S. 470.
8 Ebd., S. 473.
9 Ebd., S. 486.
10 Ebd., S. 657.
11 Ebd., S. 608. – Besonders scharf geißelte Hitler gegen Ende des ersten Teils von »Mein Kampf« die alten »Völkischen« in diesem Zu-

sammenhang, denen er »Unklarheit«, »Weltfremdheit«, »Unkenntnis der Volksseele«, »Feigheit«, kurz: politische »Unfähigkeit« vorwarf (S. 394–400). Keinem dieser völkischen »Theoretiker«, »Quacksalber«, »Duckmäuser«, »Nachtfalter«, »Rauschebärte«, »Methusaleme«, »Altertumsschwärmer«, »religiösen Reformatoren«, »Sprücheklopfer«, »Wortmenschen«, »Nichtskönner« und »Nichtstuer« sei es bisher gelungen, heißt es hier, irgendein nennenswertes Gefolge hinter sich zu versammeln. Und nur darauf, schrieb Hitler, komme es schließlich in der Politik an. Als guter Stratege, der – um endlich an die Macht zu kommen – auch ideologische Hilfstruppen und »nützliche Idioten« keineswegs verschmähte, schwächte Hitler jedoch diesen vehementen Ausfall gegen die »Völkischen« schon zu Beginn des zweiten Bandes von »Mein Kampf« wieder leicht ab und nahm den Begriff »völkisch« einfach für seine eigene Partei in Beschlag (S. 419 ff.).

12 Ebd., S. 366.
13 Ebd., S. 369 ff.
14 Ebd., S. 726 ff.
15 Ebd., S. 742.
16 Ebd., S. 757.
17 Ebd., S. 742.
18 Ebd., S. 475.
19 Zit. nach Kurt Lüdecke: I Knew Hitler, London 1938, S. 721 f.

Die neuen Gruppen des antidemokratischen Nationalismus (S. 157–164)

1 Vgl. hierzu Kurt Sontheimer: Antidemokratisches Denken in der Weimarer Republik, 2. Aufl., München 1968, sowie zeitgenössische Dokumente wie Walter Gerhart: Um des Reiches Zukunft. Nationale Wiedergeburt oder politische Reaktion? Freiburg 1932, S. 133 ff., Max Robert Gerstenhauer: Der völkische Gedanke in Vergangenheit und Zukunft. Aus der Geschichte der völkischen Bewegung, Leipzig 1933, S. 48 ff. und Eugen Schmahl: Die Auferstehung der nationalen Idee, Stuttgart 1935, S. 168 ff.
2 Oswald Spengler: Der Mensch und die Technik. Beitrag zu einer Philosophie des Lebens, 2. Aufl., München 1932, S. 15.
3 Ebd., S. 14, 20, 65, 75.
4 Ebd., S. 76.
5 Ebd., S. 86.
6 Ebd., S. 86.
7 Ebd., S. 87.

8 Vgl. hierzu meinen Aufsatz »Explosionen im Sumpf. Zu Ernst Jüngers ›Der Arbeiter‹«. In: Sammlung. Jahrbuch für antifaschistische Literatur und Kunst 1, 1978, S. 5–11.
9 Vgl. Otto-Ernst Schüddekopf: Linke Leute von rechts, Stuttgart 1960.

Der »Endkampf um die Welt« als literarische Vision (S. 164–167)

1 Wilhelm Götz: Vor neuen Weltkatastrophen. Eine Warnung und ein Ziel. Ein sozialer Zukunftsroman, Stuttgart 1931, S. 34 f. – Fast die gleichen Anschauungen liegen seinem Buch »Der Weg zur deutschen Rettung. Ein Programm« (1930) zugrunde, das 1931 in 2. Auflage erschien und sich zwischen »Bolschewismus« und »Erfüllungspolitik« um einen Dritten Weg im Sinne eines nationalen Sozialismus bemüht.
2 Ebd., S. 17.
3 Ebd., S. 15.
4 Ebd., S. 34.
5 Ebd., S. 15.
6 Ebd., S. 68 f.
7 Ebd., S. 37.
8 Vgl. hierzu schon Ludwig Anton: Die japanische Pest, Leipzig 1925, in dem die Japaner sogar biologische Kampfmittel in ihrem Streben nach Weltherrschaft einsetzen wollen, aber durch einen deutschen Naturwissenschaftler daran gehindert werden.
9 Kondor: Gelb – Weiß. Ein Zukunftsroman, Leipzig 1932, S. 147.

Utopische Wunschbilder eines wiedererstarkten Deutschland (S. 168–182)

1 Näheres über Martin Bochow findet sich bei Peter S. Fischer: Fantasy and Politics: Visions of the Future in the Weimarer Republic 1913–1933. Diss. Harvard masch. 1985, S. 86 ff.
2 Martin Bochow: Krieg dem Hunger, Berlin 1931, S. 25.
3 Ebd., S. 27.
4 Ebd., S. 28.
5 Ebd., S. 91.
6 Ebd., S. 51.
7 Ebd., S. 49.
8 Ebd., S. 125.
9 Ebd., S. 139.
10 Ebd., S. 142.

11 Martin Bochow: Was wird aus Deutschland? Berlin 1932, S. 8.
12 Ebd., S. 102.
13 Ebd., S. 115.
14 Heinrich Mantel: Die sieben Töchter des Herrn von Malow. Ein Traum von Deutschlands Umwertung und Sammlung, Stuttgart 1931, S. 7.
15 Ebd., S. 15.
16 Ebd., S. 58.
17 Ebd., S. 87.
18 Ebd., S. 154.
19 Ebd., S. 294.
20 Franz Hermann: Die Erde in Flammen. Ein Zukunftsroman aus den Jahren 1937/38, Berlin 1933, S. 79.
21 Ebd., S. 76 ff.
22 Manfred Nagl: Science Fiction in Deutschland, Tübingen 1962, S. 164.
23 Ebd., S. 164.
24 Karl August von Laffert: Flammen aus dem Weltraum. Ein Zukunftsroman, Berlin 1927, S. 201.
25 Ebd., S. 188.
26 Thea von Harbou: Frau im Mond, Berlin 1926, S. 25.
27 Karl Ludwig Kossak-Raytenau: Katastrophe 1940. Nieder mit Versailles, Oldenburg 1932, S. 78.
28 Ebd., S. 69.
29 Ebd., S. 95.
30 Ebd., S. 263.
31 Junius Alter: Nie wieder Krieg. Ein Blick in Deutschlands Zukunft, Leipzig 1931, S. 11.
32 Ebd., S. 17.
33 Ebd., S. 139.
34 Ebd., S. 195.
35 Ebd., S. 196.
36 Ebd., S. 212 f.
37 Karl Bartz: Krieg 1960, Berlin 1931, S. 89.
38 Ebd., S. 63 f.
39 Ebd., S. 26.
40 Vgl. S. 103–107.
41 Josef Fischer-Hartinger: Der deutsche Diktator. Ist Adolf Hitler jener von den großen Sehern aller Zeiten angekündigte große Volksherzog, der Deutschland zum mächtigsten christlichen Weltreich machen wird? Traunstein 1933, S. 17.
42 Ebd., S. 32.
43 Ebd., S. 30.

44 Ebd., S. 18.
45 Ebd., S. 20.
46 Ebd., S. 23.
47 Ebd., S. 33.
48 Ebd., S. 37.
49 Ebd., S. 38.

Der Aufstieg der NSDAP zur »Regierungswürdigkeit« (S. 182–195)

1 Aufgrund dieser vielen Widersprüchlichkeiten innerhalb der nationalsozialistischen Propaganda, die sich nirgends zu einer kohärenten Ideologie zusammenschloß, hofften zu diesem Zeitpunkt noch viele der Liberalen und Linksliberalen, daß es bald zu einer Auflösung dieser Partei kommen würde. Dafür spricht unter anderem ein Buch wie »Kommt ›Das Dritte Reich‹?« (1930) von Walter Oehme und Kurt Caro, das auf der These beruht, daß das nationalsozialistische Parteiprogramm viel zu »zweideutig, vieldeutig, vielfältig schillernd, bunt, verworren und trügerisch« sei, um die Basis eines staatstragenden Konzepts abgeben zu können (Berlin 1930, S. 120). Was hier »aufbreche«, sei eine Bewegung, die überhaupt kein »Ziel« habe und außerdem viel zu »wenige Idealisten« in ihren Reihen aufweise, um der Weimarer Republik tatsächlich »gefährlich« werden zu können (S. 121). Dieses Buch, das völlig verkennt, daß die Systemlosigkeit nicht die Schwäche, sondern – im Gegenteil – die Stärke der sogenannten nationalsozialistischen Ideologie war, schloß daher noch mit den trügerisch-optimistischen Worten: »Das Dritte Reich Hitlers, ein Haus, das für die Zwecke der Agitation verheißungsvoll mit vielen Fahnen und schönen Sprüchen ausgestattet ist, wird nicht errichtet werden. Der Parteichef Hitler sollte zufrieden sein, daß es ihm überhaupt gelungen ist, ein immerhin recht ansehnliches Parteihaus zu schaffen. Der Nationalsozialismus ist Morphium für das deutsche Volk. Es bedarf einer energisch betriebenen Entziehungskur, um diese politische Krankheit radikal heilen zu können« (S. 121).
2 Otto Bangert: Deutsche Revolution. Ein Buch vom Kampfe um das dritte Reich, München 1929, S. 12.
3 Ebd., S. 14.
4 Ebd., S. 63.
5 Ebd., S. 85.
6 Alfred Rosenberg: Der Mythus des 20. Jahrhunderts. Eine Wertung der seelisch-geistigen Gestaltenkämpfe unserer Zeit, München 1930, S. 699.

7 Ebd., S. 553.
8 Edmund Schmid: Deutsche Siedlung im I., II. und III. Reich, München 1932, S. 120.
9 Ebd., S. 6.
10 Ebd., S. 94.
11 Ebd., S. 100.
12 Josef Ackermann: Heinrich Himmler als Ideologe, Göttingen 1970, S. 20–31.
13 Vgl. hierzu meinen Aufsatz »Juden in der Kultur der Weimarer Republik«. In: Juden in der Weimarer Republik. Hrsg. von Walter Grab und Julius H. Schoeps, Stuttgart 1986, S. 17 ff.
14 Rede vor dem Hamburger Nationalklub am 28. Februar 1926.
15 Joseph Goebbels: Der Kampf und seine Mittel. In: Almanach der nationalsozialistischen Revolution. Hrsg. von H. Kube, Berlin 1934, S. 96.
16 Reden des Führers. Politik und Propaganda Adolf Hitlers 1922–1945. Hrsg. von Erhard Klöss. München 1967, S. 58.
17 Ebd., S. 59.
18 Eine der wenigen warnenden Stimmen aus diesem Lager war die von Erich Ludendorff, der zu diesem Zeitpunkt an den Reichspräsidenten Hindenburg schrieb: »Sie haben durch die Ernennung Hitlers zum Reichskanzler unser heiliges Vaterland einem der größten Demagogen aller Zeiten ausgeliefert. Ich prophezeie Ihnen feierlich, daß dieser unselige Mann unser Reich in den Abgrund stürzen und unsere Nation in unfaßbares Elend bringen wird.« Zit. in »Der Hitler-Putsch«. Hrsg. von Ernst Deuerlein, Stuttgart 1962, S. 418.

Der Triumph der nationalen Idee (S. 199–215)

1 Max Robert Gerstenhauer: Der völkische Gedanke in Vergangenheit und Zukunft. Aus der Geschichte der völkischen Bewegung, Leipzig 1933, S. 1.
2 Ebd., S. 7.
3 Eugen Schmahl: Der Aufstieg der nationalen Idee, Stuttgart 1933, S. 1.
4 Deutsche Zeitenwende. Vom Nationalismus zum Nationalsozialismus. Hrsg. von Max Krebs, 2. Aufl., Dresden 1934, S. 268.
5 Gerstenhauer: Der völkische Gedanke, S. 159.
6 Julius Petersen: Die Sehnsucht nach dem Dritten Reich in deutscher Sage und Dichtung, Stuttgart 1934, S. 1, 61. – Besonders enthusiastisch äußerte sich diese völkische Aufbruchstimmung in der NS-Lyrik nach 1933. Vgl. Literatur unterm Hakenkreuz. Das Dritte Reich und

seine Dichtung. Hrsg. von Ernst Loewy, Frankfurt 1969, S. 239 ff. und Hans-Jochen Gamm: Der braune Kult, Hamburg 1962, S. 22 ff.

7 Vgl. Kirsten Belgum, Karoline Kirst-Gundersen und Paul Levesque: Faust im Braunhemd. In: Our Faust? Roots and Ramifications of the Faust Legend. Hrsg. von Reinhold Grimm und Jost Hermand, Madison 1987, S. 158 ff.

8 Vgl. Gotthard Jasper: Die gescheiterte Zähmung. Wege zur Machtergreifung Hitlers 1930–1934, Frankfurt 1986, S. 247.

9 Ebd., S. 173 f.

10 Ebd., S. 9.

11 Deutsche Reichsgeschichte in Dokumenten, Bd. 4, 1931–1934. Hrsg. von Johannes Hohlfeld, Leipzig 1934, S. 660.

12 Ebd., S. 660.

13 Die Reden des Führers. Hrsg. von Erhard Klöss, München 1967, S. 132.

14 Gottfried Feder: Der deutsche Staat auf nationaler und sozialer Grundlage, 10. Aufl., München 1933, S. 15.

15 Vgl. hierzu allgemein Joachim Petzold: Die Demagogie des Hitlerfaschismus, Berlin 1982.

Die Utopien der ersten Stunde (S. 215–226)

1 Vgl. hierzu auch meinen Aufsatz »Ein Volk von österlich Auferstehenden. Zukunftsvisionen aus dem ersten Jahr des Dritten Reiches«. In: Literarische Utopie-Entwürfe. Hrsg. von Hiltrud Gnüg, Frankfurt 1982, S. 266–276.

2 Vgl. Jakob Bleymehl: Beiträge zur Geschichte und Bibliographie der utopischen und phantastischen Literatur, Fürth 1965, S. 13.

3 Ernst Bergmann: Deutschland, das Bildungsland der neuen Menschheit, Breslau 1933, S. 217.

4 Ebd., S. 131.

5 Ebd., S. 140.

6 Ebd., S. 144 ff.

7 Ebd., S. 145, 151.

8 Ernst Bergmann: Die deutsche Nationalkirche, Breslau 1933, S. 253.

9 Ebd., S. 368.

10 Georg Richter: Reichstag 1975. Eine Vision, Dresden 1933, S. 9. – Die Szenerie dieses Romans erinnert in manchem an den ersten »Glaubensthing«, der im Juli 1933 von der Deutschen Glaubensbewegung einberufen wurde und an dem u. a. Vertreter der Deutschgläubigen Gesellschaft, der Nordisch-Religiösen Arbeitsgemeinschaft, der Herman-Wirth-Gesellschaft, des Rig-Kreises, des Freundeskreises

der Kommenden Gemeinde und der Gemeinschaft Deutscher Erkenntnis teilnahmen. Vgl. Friedrich-Wilhelm Haack: Wotans Wiederkehr. Blut-, Boden- und Rasse-Religion, München 1981, S. 77 f.
11 Ebd., S. 14.
12 Ebd., S. 17.
13 Ebd., S. 25.
14 Ebd., S. 27.
15 Ebd., S. 41.
16 Ebd., S. 42.
17 Schmid: Im Jahre 2000 im Dritten Reich. Eine Schau in die Zukunft, München 1933, S. 4.
18 Ebd., S. 9.
19 Ebd., S. 10.
20 Ebd., S. 29, 51.
21 Ebd., S. 68.
22 Ebd., S. 45 f.

Germanenkult und Aufnordungstendenzen (S. 227–253)

1 Josef Ackermann: Heinrich Himmler als Ideologe, Göttingen 1970, S. 72 f.
2 Vgl. Hans-Jürgen Lutzhöft: Der Nordische Gedanke in Deutschland 1920–1940, Stuttgart 1971, S. 24 f.
3 Vgl. Erstes Nordisches Thing. Hrsg. von Ludwig Roselius, Bremen 1933.
4 Richard von Hoff: Die nordischen Wurzeln des Nationalsozialismus. In: Rasse. Zeitschrift der Nordischen Bewegung, 1935, S. 81.
5 Ebd., S. 82.
6 Ebd., S. 82, 87.
7 Ebd., S. 89.
8 Ebd., S. 94.
9 Heinar Schilling: Germanisches Leben, Leipzig 1937, S. 170, 172. – Eine besonders wichtige Rolle spielte die vorbildliche Funktion der nordischen Heldengestalten in der Jugenderziehung. Vgl. Peter Aley: Jugendliteratur im Dritten Reich, Gütersloh 1967, S. 107 ff.
10 Hermann Hofmeister: Germanenkunde, Frankfurt 1936, S. VI. – Vgl. zu diesem Ideenkomplex auch Friedhelm Kaiser: Germanenkunde als politische Wissenschaft. Die Jahrestagung des »Ahnenerbes« zu Kiel, Neumünster 1939.
11 Ebd., S. V.
12 Ebd., S. VI.
13 Ebd., S. 247.

14 Walther Wüst: Zur Germanenkunde. In: Odal. Monatsschrift für Blut und Boden 5, 1936, S. 373.
15 Kurt Eggers: Die Heimat der Starken, Dortmund 1938, S. 77.
16 Ebd., S. 176.
17 Ebd., S. 177.
18 Ebd., S. 180.
19 So äußerte sich Gottfried Benn in: Der neue Staat und die Intellektuellen, Stuttgart 1933, S. 9 f.
20 Herman Wirth: Der Aufgang der Menschheit. Untersuchungen zur Geschichte der Religion, Symbolik und Schrift der atlantisch-nordischen Rasse, 2. Aufl., Jena 1934, S. 1.
21 Ebd., S. 2. – Während in den parteiamtlichen Schriften der NSDAP meist Norddeutschland als die Urheimat der Germanen hingestellt wurde, hielt Wirth eisern an seinem Atlantis-Konzept fest. Das gleiche tat Franz Carl Endres, der in seinem Buch »Das Erbe unserer Ahnen« (Stuttgart 1933) selbst die Statuen auf der Osterinsel als Kunstwerke der Atlanter zu deuten versuchte (S. 49).
22 Ebd., S. 2, 22.
23 Ebd., S. 3.
24 Ebd., S. 626.
25 Ebd., S. 626.
26 Wolfgang Schultz: Altgermanische Kultur in Wort und Bild. Drei Jahrtausende germanischen Kulturgestaltens, München 1934, S. 102.
27 Josef Strzygowski: Nordischer Heilsbringer und bildende Kunst, Wien 1939, S. 210.
28 Ebd., S. 206.
29 Josef Strzygowski: Das indogermanische Ahnenerbe des deutschen Volkes und die Kunstgeschichte der Zukunft. Eine Kampfschrift, Wien 1941, S. 128, 139.
30 Ebd., S. 140.
31 Edmund Kiß: Welt-Eis-Lehre, Leipzig 1933, S. 3.
32 Manfred Nagl: Science Fiction in Deutschland, Tübingen 1972, S. 178 ff.
33 Edmund Kiß: Das gläserne Meer, 4. Aufl., Leipzig 1941, S. 169.
34 Edmund Kiß: Frühling in Atlantis, Leipzig 1933, S. 21.
35 Edmund Kiß: Die Singschwäne von Thule, Leipzig 1939, S. 7.
36 Ebd., S. 219.
37 Ebd., S. 310.
38 Ebd., S. 208.
39 Ebd., S. 169.
40 Johannes G. Arnoldt: Vor Götterdämmerung. Phantastischer Roman aus nordischer Frühzeit, Leipzig 1934, S. 22, 102, 142.
41 Ebd., S. 10, 151.

42 Ebd., S. 102.
43 Ebd., S. 233.
44 Hermann R. Bartel: Der weiße Elefant, Hamburg 1937, S. 6.
45 Rudolf Brunngraber: Die Engel in Atlantis, Frankfurt 1954, S. 389.
46 Wilhelm Brepohl: Vom Ende der Tage. Sinn und Geschichte der Schlacht am Birkenbaum, Essen 1936, S. 9, 77 ff.
47 Paul Lamberty: Die Sage vom Weltreich der Arier, Klagenfurt 1937, S. 5 ff.
48 Ebd., S. 5.
49 Ebd., S. 66.
50 Ebd., S. 78 f.
51 Vgl. Carol Poore: Der Krüppel in der Orthopädie der Weimarer Zeit. In: Argument-Sonderband 113, 1984, S. 67-78.
52 Rassenhygiene im völkischen Staat. Tatsachen und Richtlinien. Hrsg. von Ernst Rüdin, München 1934, S. 1.
53 Ebd., S. 5.
54 Ebd., S. 12.
55 Ebd., S. 14.
56 Vgl. Hedwig Conrad-Martius: Utopien der Menschenzüchtung. Der Sozialdarwinismus und seine Folgen, München 1955, S. 105 ff. und Karl Saller: Die Rassenlehre des Nationalsozialismus in Wissenschaft und Propaganda, Darmstadt 1961, S. 150 ff.
57 Vgl. hierzu allgemein Nancy Vedder-Shults: Motherhood for the Fatherland: The Portrayal of Woman in Nazi Propaganda, Diss. Wisconsin masch. 1982, und Jost Hermand: Faschistische Matriarchatskonzepte. In: Argument 146, 1984, S. 539–555.
58 Ernst Bergmann: Erkenntnisgeist und Muttergeist. Eine Soziosophie der Geschlechter, Breslau 1932, S. 95.
59 Ebd., S. 99.
60 Ebd., S. 333, 369.
61 Ebd., S. 368.
62 Ebd., S. 387.
63 Ebd., S. 396.
64 Ebd., S. 404.
65 Ebd., S. 404.
66 Ebd., S. 447.
67 Alfred Bäumler: Bachofen als Mythologe der Romantik. In: Der Mythos von Orient und Okzident. Aus den Werken von J. J. Bachofen. Hrsg. von Manfred Schroeter, München 1926, S. CCLV ff.
68 Alfred Bäumler: Studien zur deutschen Geistesgeschichte, Berlin 1937, S. 341 ff.
69 August Mayer: Deutsche Mutter und deutscher Aufstieg, München 1938, S. 38.

70 Ebd., S. 38.
71 Ernst Bergmann: Deutschland, das Bildungsland der neuen Menschheit. Eine nationalsozialistische Kulturphilosophie, Breslau 1933, S. 22.
72 Ebd., S. 39.
73 Ebd., S. 43, 64.
74 Ernst Bergmann: Die deutsche Nationalkirche, Breslau 1933, S. 159, 347, 369.
75 Herman Wirth: Was heißt deutsch? Jena 1931, S. 27. – Über die Anfänge Wirths und seine Unterstützung von seiten Alfred Bäumlers und Heinrich Himmlers vgl. Michael H. Kater: Das »Ahnenerbe« der SS 1935–1945. Ein Beitrag zur Kulturpolitik des Dritten Reichs, Stuttgart 1974, S. 14 ff.
76 Herman Wirth: Die Frage der Frauenberge, Marburg 1972, S. 5.
77 Ebd., S. 8.
78 Ebd., S. 8.
79 Vgl. Herman Wirth: Um den Ursinn des Menschseins, Wien 1962, S. 84.
80 Vgl. Tim Mason: Women in Germany 1925–1940. In: History Workshop 1, 1976, S. 74–113 und 2, 1976, S. 3–32.
81 Nagl: Science Fiction in Deutschland, S. 167 ff.

Weiterbestehende Formen des Bauern- und Schollemythus (S. 253–266)

1 Vgl. Richard Hamann und Jost Hermand: Stilkunst um 1900, Berlin 1965, S. 56 f.
2 Edmund Schmid: Deutsche Siedlung im I., II., und III. Reich, München 1932, S. 14.
3 Ebd., S. 77.
4 Ebd., S. 95.
5 Ebd., S. 98.
6 Ebd., S. 100.
7 Ebd., S. 101.
8 Hans Heyck: Robinson kehrt heim. Ein Roman zwischen Gestern und Morgen, Leipzig 1934, S. 12.
9 Ebd., S. 261.
10 Hans Dominik: Land aus Feuer und Wasser, Berlin 1939.
11 Hans Dominik: Befehl aus dem Dunkel, Berlin 1933, S. 368.
12 Ebd., S. 375.
13 Manfred Nagl: Science-fiction in Deutschland, Tübingen 1972, S. 183.

14 Lok Myler: Sun Koh, der Erbe von Atlantis, Bd. 150, 1939, S. 61.
15 Lok Myler: Jan Mayen, Bd. 120, 1939, S. 45 f.
16 Carl Wührer: Germanisches Bauerntum auf der Krim. In: Odal 6, 1938, S. 456.
17 Kurt Freytag: Raum deutscher Zukunft – Grenzstaat im Osten, Dresden 1933, S. 249.
18 Vgl. Josef Ackermann: Heinrich Himmler als Ideologe, Göttingen 1970, S. 198 ff.
19 Ferdinand Oppenberg: Jugend und Bauerntum. In: Odal 5, 1937, S. 584.
20 Walter Darré: Blut und Boden. In: Grundlagen, Aufbau und Wirtschaftsordnung des nationalsozialistischen Staates, Bd. 1, Goslar o. J., S. 3.
21 Hermann Gauch: Die germanische Odal- und Allodverfassung, Berlin 1934, S. 268, 288 ff.
22 Hans Fuschlberger: Der Flug in die Zukunft, Leipzig 1937, S. 46.
23 Hermann Harder: Die versunkene Stadt. Ein Roman aus der kommenden Urzeit, Leipzig 1932, S. 12 f.
24 Wilfried Bade: Gloria über der Welt, Berlin 1937, S. 147.
25 Ebd., S. 148.
26 Ebd., S. 164 ff.
27 Ebd., S. 167.
28 Ebd., S. 205.
29 Ebd., S. 202.
30 Ebd., S. 225.
31 Ebd., S. 206.
32 Tim Mason: Women in Germany. 1925–1940. In: History Workshop 2, 1976, S. 17.

Die Rolle der »Schönheit« in Kunst und Alltag des Dritten Reichs (S. 267–279)

1 Vgl. hierzu meinen Aufsatz »Bewährte Tümlichkeiten. Der völkisch-nazistische Traum einer ewig-deutschen Kunst«. In: Die deutsche Literatur im Dritten Reich. Hrsg. von Horst Denkler und Karl Prümm, Stuttgart 1976, S. 102 ff.
2 Vgl. Hitlers Städte. Baupolitik im Dritten Reich. Hrsg. von Jost Dülffer, Jochen Thies und Josef Henke, Köln-Wien 1978, S. 41.
3 Zit. in ebd., S. 30.
4 Ebd., S. 87.
5 Vgl. die Abbildungen bei Werner Rittich: Architektur und Bauplastik der Gegenwart, Berlin 1938.

6 Vgl. Chup Triemert: Produktionsästhetik im Faschismus. Das Amt »Schönheit der Arbeit« von 1933 bis 1939, München 1980.
7 In: Das Taschenbuch Schönheit der Arbeit. Hrsg. von Anatol von Hübenet, Berlin 1938, S. 17.
8 Ebd., S. 9.
9 Ebd., S. 17 f.
10 Ebd., S. 238.
11 Ebd., S. 194.
12 Ebd., S. 20.
13 Ebd., S. 26.
14 Ebd., S. 26.
15 Vgl. Berthold Hinz: Die Malerei des deutschen Faschismus, München 1974, S. 61 ff.
16 Ebd., S. 127.
17 Vgl. Christian Groß und Uwe Großmann: Die Darstellung der Frau. In: Kunst im 3. Reich. Dokumente der Unterwerfung, Frankfurt 1974, S. 182–193.
18 Vgl. hierzu Klaus Wolbert: Die Nackten und die Toten des Dritten Reichs. Folgen einer politischen Geschichte des Körpers in der Plastik des deutschen Faschismus, Gießen 1982.

Der Kult des allesbestimmenden Führers (S. 279–286)

1 Vgl. Wolfgang Malanowski: »Meine Waffe heißt Adolf Hitler«. Die Tagebücher des Joseph Goebbels: Kindheit, Jugend, Studium. In: Spiegel, 1987, Nr. 36, S. 152–172.
2 Kontroversen um Hitler. Hrsg. von Wolfgang Wippermann, Frankfurt 1986, S. 14.
3 Zit. in Josef Ackermann: Heinrich Himmler als Ideologe, Göttingen 1970, S. 78 f.
4 Carl Schmitt: Staat, Bewegung, Volk, Hamburg 1934, S. 34 f.
5 Ernst Rudolf Huber: Verfassungsrecht des Großdeutschen Reiches, 2. Aufl., Hamburg 1939, S. 95.
6 Zit. in Spiegel, 1987, Nr. 5, S. 186.
7 Ebd., S. 186.
8 Vgl. hierzu den Abschnitt »Dem Führer!«. In: Literatur unterm Hakenkreuz. Das Dritte Reich und seine Dichtung. Eine Dokumentation. Hrsg. von Ernst Loewy, Frankfurt 1969, S. 256 ff.
9 Deutsche Zeitenwende. Vom Nationalismus zum Nationalsozialismus. Hrsg. von Max Krebs, 2. Aufl., Dresden 1934, S. 272.
10 Hanns Johst: Maske und Gesicht. Reise eines Nationalsozialisten von Deutschland nach Deutschland, München 1935, S. 208 f.

11 Dem Führer. Worte deutscher Dichter. Hrsg. von August Friedrich Velmede, o. O. 1941, S. 16.
12 Die Ernte der Gegenwart. Deutsche Lyrik von heute. Hrsg. von Will Vesper, 3. Aufl., Ebenhausen 1943, S. 384.
13 Ebd., S. 377.
14 Dem Führer. Worte deutscher Dichter, S. 14.
15 Hermann Stehr: Das Stundenglas. Reden, Schriften, Tagebücher, Leipzig 1936, S. 83 f.
16 Hermann Burte: Die Dichtung im Kampf des Reiches, 2. Aufl., Hamburg 1943, S. 71.
17 Aus diesem Grunde tilgte Hitler schon im Jahre 1930 in »Mein Kampf« alle Stellen, in denen er sich bisher für die »Wahl von Führern« im Sinne einer »germanischen Demokratie« eingesetzt hatte, und schrieb jetzt, daß in der NSDAP der Grundsatz der »unbedingten Autorität« herrschen müsse (S. 378 f.). Ja, am 23. November 1937 erklärte er in einer Geheimrede auf der Ordensburg Sonthofen, daß es innerhalb der Parteihierarchie nur »blinden Gehorsam und absolute Autorität« geben dürfe. Vgl. Henry Picker: Hitlers Tischgespräche im Führerhauptquartier, München 1979, S. 489.

Imperiale Ordens- und Gralsvorstellungen (S. 286–293)

1 Vgl. Klaus Vondung: Magie und Manipulation. Ideologischer Kult und politische Religion des Nationalsozialismus, Göttingen 1971, S. 52 ff.
2 Alfred Rosenberg: Der deutsche Ordensstaat. Ein neuer Abschnitt in der Entwicklung des nationalsozialistischen Staatsgedankens, München 1934, S. 4, 6, 8.
3 Ebd., S. 11.
4 Ebd., S. 16.
5 Zit. in Karl Saller: Die Rassenlehre des Nationalsozialismus in Wissenschaft und Propaganda, Darmstadt 1961, S. 151.
6 Vgl. John M. Steiner: Über das Glaubensbekenntnis der SS. In: Nationalsozialistische Diktatur 1933–1945. Eine Bilanz. Hrsg. von Karl Dietrich Bracher u. a., Bonn 1983, S. 206 ff.
7 Himmler wurde hierin am stärksten von Hans F. K. Günther unterstützt. Vgl. dessen Aufsatz »Die Notwendigkeit einer Führerschicht für den völkischen Staat«. In: H. F. K. Günther: Führeradel durch Sippenpflege, München 1936, S. 76–103.
8 Zit. in Steiner: Über das Glaubensbekenntnis der SS, S. 207.
9 Ebd., S. 213.
10 Ebd., S. 216 f.
11 Ebd., S. 210. – Vgl. hierzu auch Karl Hüser: Wevelsburg 1933–1945.

Kult- und Terrorstätte der SS. Eine Dokumentation, Paderborn 1982, und Reinhard Merker: Die bildenden Künste im Nationalsozialismus, Köln 1983, S. 234 ff.

12 Vgl. Michael H. Kater: Das Ahnenerbe der SS 1935–1945. Ein Beitrag zur Kulturpolitik des Dritten Reiches, Stuttgart 1974, S. 17 ff.

13 Vgl. Josef Ackermann: Heinrich Himmler als Ideologe, Göttingen 1970, S. 133 ff.

14 Zit. in Saller: Die Rassenlehre des Nationalsozialismus, S. 118.

15 Vgl. Jost Hermand: Gralsmotive um die Jahrhundertwende. In: Deutsche Vierteljahresschrift 36, 1962, S. 542. – Auch die NSDAP bezeichnete Hitler zeitweilig als einen »Orden«. Vgl. seine Rede zur »Deutschen Geschichte und zum Deutschen Schicksal« am 23. November 1937 auf der Ordensburg Sonthofen. In: Henry Picker: Hitlers Tischgespräche im Führerhauptquartier, München 1979, S. 488.

16 Hermann Rauschning: Gespräche mit Hitler, New York 1940, S. 216.

17 Vgl. Jean-Michel Angebert: The Occult and the Third Reich: The Mystical Origins of Nazism and the Search for the Holy Grail, New York 1974, S. 238.

18 Ebd., S. 48.

Science-fiction-Romane im Dienste der deutschen »Weltmission« (S. 293–311)

1 Vgl. hierzu allgemein Manfred Nagl: Science Fiction in Deutschland, Tübingen 1972, S. 172 ff.

2 Paul Eugen Sieg: Detatom, Berlin 1936, S. 142.

3 Egon Hundeicker: Alumnit. Ein phantastischer Roman, Berlin 1934, S. 8.

4 Ebd., S. 173.

5 Pagill: Gletscher über Europa. Zukunftsroman, Berlin 1940, S. 16.

6 Stanislaus Bialkowski: Der Radiumkrieg. Roman aus der Zukunft der Technik, Leipzig 1937, S. 16.

7 Ebd., S. 45.

8 Hans Dominik: Befehl aus dem Dunkel, Berlin 1933, S. 299.

9 Werner Chompton: Weltbrand von Morgen. Ein Zukunftsbild, Stuttgart 1934, S. 116.

10 Ebd., S. 96.

11 Ebd., S. 159.

12 Zit. in Karl Saller: Die Rassenlehre des Nationalsozialismus in Wissenschaft und Propaganda, Darmstadt 1961, S. 115.

13 Chompton: Weltbrand von Morgen, S. 103.

14 Titus Taeschner: Der Mars greift ein, Leipzig 1935, S. 223.
15 Hans-Joachim Flechtner: Front gegen Europa, Leipzig 1935, S. 232.
16 Wolfgang Lindroder: Die Brücke des Schicksals, Leipzig 1936, S. 271.
17 Walther Kegel: Dämme im Mittelmeer, Berlin 1937, S. 137.
18 Titus Taeschner: Eurofrika. Die Macht der Zukunft, Berlin 1938, S. 31.
19 Ebd., S. 188.
20 Stanislaus Bialkowski: Krieg im All. Roman aus der Zukunft der Technik, Leipzig 1935, S. 257.
21 Ebd., S. 176 f.
22 Ebd., S. 368.
23 Dietrich Kärrner: Verschollen im Weltall. Ein Zukunftsroman, Berlin 1938, S. 20.
24 Ebd., S. 21.
25 Ebd., S. 15.
26 Ebd., S. 14.
27 Ebd., S. 289.
28 Ebd., S. 291.
29 Ebd., S. 288.
30 Dietrich Kärrner: Per Krag und sein Stern. Ein Zukunftsroman, Berlin 1939, S. 8, 14.
31 Ebd., S. 15.
32 Ebd., S. 225.
33 Ebd., S. 310.
34 Zit. in Saller: Die Rassenlehre, S. 156.

Der Zweite Weltkrieg als »Befreiungskampf des deutschen Volkes« (S. 315–321)

1 Adolf Hitler: Mein Kampf, München 1933, S. 742.
2 Handschriftliche Aufzeichnungen des Generalleutnants Liebmann. In: Vierteljahreshefte für Zeitgeschichte, 1954, S. 435.
3 Die Pflichten des deutschen Soldaten, Berlin 1937, S. 1.
4 Zit. in: Adolf Hitlers »Mein Kampf«. Hrsg. von Christian Zentner, 4. Aufl., München 1974, S. 139.
5 Zit. in Ludolf Herbst: Der Totale Krieg und die Ordnung der Wirtschaft. Die Kriegswirtschaft im Spannungsfeld von Politik, Ideologie und Propaganda 1939–1945, Stuttgart 1982, S. 130. – Über die Kriegsziel-Debatte vgl. u. a. Hugh Redwald Trevor-Roper: Hitlers Kriegsziele. In: Vierteljahrshefte für Zeitgeschichte 8, 1960, S. 121–133, Norman Rich: Hitler's War Aims, New York 1974, Jo-

chen Thiess: Architekt der Weltherrschaft. Die ›Endziele‹ Hitlers, Düsseldorf 1976, und Wolfgang Benz: Der Generalplan Ost. In: Zur Germanisierungspolitik in den besetzten Ostgebieten 1939–1945. In: Die Vertreibung der Deutschen aus dem Osten. Hrsg. von W. Benz, Frankfurt 1985, S. 39–48.

6 Vgl. Frank Trommler: »Deutschlands Sieg oder Untergang«. Perspektiven aus dem Dritten Reich auf die Nachkriegsentwicklung. In: Deutschland nach Hitler? Zukunftspläne im Exil und aus der Besatzungszeit. Hrsg. von Thomas Koebner, Gert Sautermeister und Sigrid Schneider, Opladen 1987, S. 215 ff.

7 Zit. in Herbst: Der Totale Krieg, S. 176.

Die Hoffnung auf ein »Großgermanisches Reich im Osten« (S. 321–330).

1 Generaloberst Halder: Kriegstagebuch, Stuttgart 1963, II, 336 f.

2 Andreas Hillgruber: Die »Endlösung« und das deutsche Ostimperium als Kernstück des rassenideologischen Programms der Nationalsozialismus. In: Kontroversen um Hitler. Hrsg. von Wolfgang Wippermann, Frankfurt 1986, S. 241.

3 Ebd., S. 226 f. – Vgl. hierzu auch Wolfgang Wippermann: Der »Deutsche Drang nach Osten«. Ideologie und Wirklichkeit eines politischen Schlagworts, Darmstadt 1981, S. 107 ff.

4 Kriegstagebuch des OKW 1940–1945. Hrsg. von Percy Ernst Schramm, Frankfurt 1961, I, 1021.

5 Zit. in Hillgruber: Die »Endlösung«, S. 227.

6 Ebd., S. 227.

7 Staatsmänner und Diplomaten bei Hitler 1939–1941. Hrsg. von Andreas Hillgruber, Frankfurt 1967, S. 589.

8 Zit. in Hillgruber: Die »Endlösung«, S. 233.

9 Zit. in Ludolf Herbst: Der Totale Krieg und die Ordnung der Wirtschaft. Die Kriegswirtschaft im Spannungsfeld von Politik, Ideologie und Propaganda 1939-1945, Stuttgart 1982, S. 176.

10 Kunst im Kriege, Folge 1, 1943, S. 23.

11 Kunst im Kriege, Folge 2, 1944, S. 8.

12 Ebd., S. 25.

13 Bundesarchiv NS 19/422. – Vgl. zum folgenden auch Josef Ackermann: Heinrich Himmler als Ideologe, Göttingen 1970, S. 178 ff.

14 Bundesarchiv NS 19/neu 1558.

15 Zit. in Ackermann: Heinrich Himmler, S. 205.

16 Germanische Leithefte 1, 1941, Heft 1, S. 4.

17 Bundesarchiv NS 19/14.

18 Zit. in Ackermann: Heinrich Himmler, S. 216.
19 Bundesarchiv NS 19/14.
20 Zit. in Ackermann: Heinrich Himmler, S. 209.
21 Zit. in Hedwig Conrad-Martius: Utopien der Menschenzüchtung. Der Sozialdarwinismus und seine Folgen, München 1955, S. 107.
22 Zit. in Karl Saller: Die Rassenlehre des Nationalsozialismus in Wissenschaft und Propaganda, Darmstadt 1961, S. 118.
23 Vgl. Ackermann: Heinrich Himmler, S. 216.
24 Ebd., S. 220.
25 Bundesarchiv NS 19/422.
26 Vgl. Ackermann: Heinrich Himmler, S. 224 und Saller: Die Rassenlehre, S. 156.
27 Zit. in Saller: Die Rassenlehre, S. 156.
28 Ebd., S. 156.
29 Zit. in Ackermann: Heinrich Himmler, S. 295.

Hitlers letzte Monologe (S. 330–341)

1 Bundesarchiv NS 19/neu 1558.
2 Vgl. Henry Picker: Hitlers Tischgespräche im Führerhauptquartier, München 1979 und Adolf Hitler: Monologe im Führerhauptquartier 1941–1944. Die Aufzeichnungen Heinrich Heims. Hrsg. von Werner Jochmann, Hamburg 1980.
3 Monologe, S. 263.
4 Ebd., S. 99.
5 Tischgespräche, S. 285.
6 Monologe, S. 71.
7 Ebd., S. 91.
8 Ebd., S. 331.
9 Ebd., S. 331.
10 Ebd., S. 331.
11 Ebd., S. 63.
12 Ebd., S. 48.
13 Ebd., S. 270.
14 Ebd., S. 59, 63.
15 Ebd., S. 48 f.
16 Zit. in Adolf Hitlers »Mein Kampf«. Hrsg. von Christian Zentner, München 1974, S. 167.
17 Monologe, S. 95.
18 Tischgespräche, S. 253.
19 Ebd., S. 460.
20 Ebd., S. 95.

21 Monologe, S. 265.
22 Ebd., S. 150.
23 Ebd., S. 350, 375.
24 Ebd., S. 123.
25 Ebd., S. 123.
26 Hermann Rauschning: Gespräche mit Hitler, New York 1940, S. 237.
27 Monologe, S. 123.
28 Ebd., S. 123.
29 Ebd., S. 212.
30 Vgl. W. C. Langer: Das Adolf-Hitler-Psychogramm. Eine Analyse seiner Person und seines Verhaltens, Wien 1973.
31 Vgl. Werner Maser: Adolf Hitler. Legende – Mythos – Wirklichkeit, München 1975, S. 406.
32 Vgl. Kontroversen um Hitler. Hrsg. von Wolfgang Wippermann, Frankfurt 1986, S. 90 f.
33 Monologe, S. 78.
34 Ebd., S. 336.
35 Ebd., S. 255.
36 Ebd., S. 39.
37 Ebd., S. 129.
38 Ebd., S. 84.
39 Tischgespräche, S. 213. – Schon in »Mein Kampf« hatte sich Hitler kritisch über all jene »bezopften völkischen Theoretiker« und »deutsch-völkischen Wanderscholaren« geäußert, die von einem »altgermanischen Heldentum« schwärmten, statt sich in den Dienst einer mit allen Mitteln der modernen Medien operierenden »Propaganda« zu stellen (16. Aufl., München 1933, S. 395 f.). Über seine Haltung Rosenberg gegenüber vgl. Reinhard Bollmus: Das Amt Rosenberg und seine Gegner. Studien zum Machtkampf im nationalsozialistischen Herrschaftssystem, Stuttgart 1970, Wolfgang Emmerich: Zur Kritik der Volkstumsideologie, Frankfurt 1971, S. 108 f. und Hans-Jürgen Lutzhöft: Der Nordische Gedanke in Deutschland 1920–1940, Stuttgart 1971, S. 368 ff. Rosenberg reagierte nach 1945 auf diese Kritik mit scharfen Attacken auf jene »theatralisch-propagandistischen« Aspekte des Nationalsozialismus, die bei Hitler im Laufe der Jahre immer stärker in den Vordergrund getreten seien. Vgl. Alfred Rosenberg: Letzte Aufzeichnungen. Ideale und Idole der nationalsozialistischen Revolution, Göttingen 1955, S. 340 ff.
40 Zit. in Maser: Adolf Hitler, S. 229.
41 Tischgespräche, S. 98.
42 Ebd., S. 96.
43 Ebd., S. 96.

44 Monologe, S. 72.
45 Ebd., S. 90.
46 Ebd., S. 39.
47 Tischgespräche, S. 66.
48 Monologe, S. 149.
49 Tischgespräche, S. 246.
50 Monologe, S. 201.
51 Ebd., S. 201.
52 Ebd., S. 101.
53 Ebd., S. 201.
54 Ebd., S. 201.
55 Ebd., S. 102.
56 Ebd., S. 67.
57 Ebd., S. 67.
58 Kunst im Kriege, 2. Folge, 1944, S. 13.
59 Monologe, S. 421.
60 Ebd., S. 242.
61 Tischgespräche, S. 239.
62 Monologe, S. 101.
63 Ebd., S. 233.
64 Ebd., S. 287.

Quellennachweis der Abbildungen

Friedrich Arnold (Hrsg.): Anschläge. Politische Plakate in Deutschland 1900–1970 (Frankfurt: Büchergilde Gutenberg, 1972) 23

Hans Friedrich Blunck: Deutsche Heldensagen (Berlin: Th. Knaur, 1938) 31

Herbert Börsch-Supan und Karl Wilhelm Jähnig: Caspar David Friedrich (München: Prestel, 1973) 2

Karl-Dietrich Bracher: Adolf Hitler (Bern-München-Wien: Scherz, 1964) 59

Georg Bussmann (Hrsg.): Kunst im 3. Reich. Dokumente der Unterwerfung (Frankfurt: Kunstverein, 1974) 48

Ludwig Ferdinand Clauß: Die nordische Seele (München: J. F. Lehmann, 1934) 34

Deutschland erwacht (Altona: Zigarettenbilderdienst, 1933) 25

Gillo Dorfles: Der Kitsch (Gütersloh: Bertelsmann, 1977) 20

Jost Dülffer, Jochen Thies und Josef Henke (Hrsg.): Hitlers Städte (Köln-Wien: Böhlau, 1978) 44, 66

Janos Frecot, Johann Friedrich Geist und Diethart Kerbs: Fidus 1968–1948 (München: Rogner & Bernhard, 1972) 65

Große Deutsche Kunstausstellung (München, 1937), 28

Hamburger Stiftung für Sozialgeschichte des 20. Jahrhunderts (Hrsg.): Das Daimler-Benz-Buch (Nördlingen: Franz Greno, 1987) 54, 58

Berthold Hinz: Die Malerei des deutschen Faschismus (München: Hanser, 1974) 41

Anatol von Hübbenet (Hrsg.): Das Taschenbuch Schönheit der Arbeit (Berlin: Verlag der Arbeitsfront, 1938) 45

Hermann Knodt (Hrsg.): Deutscher Glaube (Lauterbach: Gustav Mandt, 1924) 15

Wilhelm Kottenrodt: Deutsche Führer und Meister (Frankfurt: Diesterweg, 1939) 19

Hans Kramer: Deutsche Kultur zwischen 1871 und 1918 (Frankfurt: Athenaion, 1971) 6

Max Krebs (Hrsg.): Deutsche Zeitenwende (Dresden: M. O. Groh, o. J.) 21, 27

Justus Möser: Osnabrückische Geschichte (Berlin: Nicolai, 1819) 1

Reinhard Müller-Mehlis: Die Kunst im Dritten Reich (München: Wilhelm Heyne, 1976) 67

Neue Gesellschaft für bildende Kunst (Hrsg.): Inszenierung der Macht. Ästhetische Faszination im Faschismus (Berlin, 1987) 57

Leni Riefenstahl: Hinter den Kulissen des Reichsparteitages (München: Franz Eher Nachf., 1935) 29
Werner Rittich: Architektur und Bauplastik der Gegenwart (Berlin: Rembrandt-Verlag, 1938) 43
Ders.: Deutsche Kunst der Gegenwart (Breslau: F. Hirth, 1943) 51
Johannes Scherr: Germania (Stuttgart: Speemann, 1880-1907) 7, 8, 9
Manfred Schlenke (Hrsg.): Preußen (Reinbek: Rowohlt, 1981) 18
Wolfgang Schultz: Altgermanische Kultur in Wort und Bild (München: J. F. Lehmann, 1934) 30
Franz Stassen: Die Edda (Goslar, 1934) 32
Peter Steinberg (Hrsg.): Nazi-Kitsch (Darmstadt: Melzer, 1975) 26
Klaus Theweleit: Männerphantasien (Frankfurt: Roter Stern, 1977) 50
Paul Vogt: Was sie liebten. Salonmalerei im 19. Jahrhundert (Köln: DuMont-Schauberg, 1969) 47
Wilhelm Westecker: Krieg und Kunst (Wien: Wiener Verlag, 1944) 60
Kraft durch Freude 35, 55
Die Kunst 12
Kunst dem Volke 36, 38, 62, 63
Kunst im dritten Reich 40, 42, 46, 49, 52, 53, 64
Nationalsozialistische Monatshefte 37
Odal 33
Rasse. Monatsschrift der Nordischen Bewegung 39, 56
Berlin/West, Nationalgalerie 3
Marburg, Foto Marburg 13
Nürnberg, Germanisches Nationalmuseum 5
Archiv des Verfassers 4, 10, 14, 16, 17, 22, 24, 61

Namenregister